핵무장 조선,
한국의 선택은

핵두장 조선,
한국의 선택은

이제훈 지음

사ⳆⳆ계절

여는 글

역사의 소맷자락을 움켜쥐려면

조선-미국 적대관계의 다른 얼굴인 '북핵 문제'는 탈냉전기 동북아시아의 가장 뜨거운 안보 현안이다. 목구멍에 걸린 가시이자 가슴을 짓누르는 돌덩어리다. 탈냉전기 내내 이 문제를 풀려고 무던히 애를 썼지만 목적지에 이르지 못했다. 언덕 위로 돌을 밀어 올리면 다시 굴러떨어지기를 무한 반복하는 그리스 신화 속 시시포스의 저주받은 운명과 다르지 않다.

　상황은 악화일로다. 미국을 포함한 세계의 다수 국가한테 '실패국가'로 멸시받아온 조선은 아홉 번째 '핵무장국가'가 됐다. 동북아 평화를 뿌리째 뒤흔든 핵실험을 하고도 "조선반도의 비핵화는 김일성 주석의 유훈"(조선민주주의인민공화국 외무성 대변인 담화, 2006년 10월 11일)이라던 김정일 국방위원장과 달리, 조선의 3대 최고지도자 김정은 조선로동당 총비서 겸 국무위원장은 "절대로 핵을 포기할 수 없다"(최고인민회의 14기 7차 회의 시정연설, 2022년 9월 8일)며 '핵 보유'와 '핵무기 고도화'를 헌법에 명시(최고인민회의 14기 9차 회의, 2023년 9월 26~27일)했다.

한반도 비핵화라는 국제사회의 공통 비전이 가물거리며 흐릿해지고 있다. 국제사회의 '북핵 문제' 대응 핵심 틀인 유엔 안전보장이사회가 작동 불능 상태에 빠졌다. 패권을 둘러싼 미국과 중국의 전략경쟁에 러시아–우크라이나 전쟁이 겹쳐 미국 대 러시아, 미국 대 중국의 갈등이 악화한 탓이 크다. 2024년 6월 19일 조선과 동맹관계를 복원한 러시아는 "북한에 적용되는 '비핵화'라는 용어는 모든 의미를 잃었고, 우리한테 이것은 '종결된 문제closed issue'다"라는 주장(세르게이 라브로프 러시아 외교장관, 2024년 9월 26일)까지 하기에 이르렀다. 미국은 중국의 비협조를 문제 삼는데, 중국은 미국이 조선과 대화와 협상에 나서지 않으면 백약이 무효라고 반박한다.

이 와중에 한국에선 자체 핵무장을 포함한 각종 핵 보유 주장이 난무하며 1991년 한반도비핵화공동선언 이래 오랜 비핵 노선을 흔들고 있다. 조선의 '핵 포기 불가' 선언과 망가진 국제 공조 틀, 무엇보다 2019년 2월 하노이 조미 2차 정상회담 결렬의 여파로 한국사회에 핵 무력감이 전염병처럼 번진 탓이다. 현직 대통령 시절 윤석열은 "우리 자신이 자체 핵을 보유할 수도 있다"라는 주장(2023년 1월 11일)으로 자체 핵무장론에 기름을 부었다.

첩첩산중이다. 조선의 핵 포기 불가 선언과 미-중, 미-러 대립이 불러온 북핵 대응 국제 공조 붕괴, 한국사회 일각의 자체 핵무장 주장

따위가 뒤엉켜 앞길을 가늠하기 어렵다. 조급함을 물리치고 멈춰 서 숨을 가다듬어야 할 때다. 산을 오르다 보면 숨이 턱턱 막히고 주저앉고 싶을 때가 있다. 정상이 시야에 있지만 아무리 올라도 닿지 못할 때의 아득함이란……. 하지만 비탈에 기대어 내려다본 세상은 또 다른 상념에 빠져들게 한다. '내가 이렇게나 많이 올라왔구나'. 그러곤 포기가 아닌 새로운 다짐을 가슴에 채우게 된다. 산을 오를 때의 고통과 기쁨을 떠올리자. 산이 높으면 골이 깊은 법이다.

    옛 어르신들이 말씀하셨다. 어디로 가야 할지 모르겠거든, 걸어온 길을 되돌아보라고. 지금이 그때다. 이 책은 핵 없는 한반도, 공존과 평화와 번영의 한반도라는 꿈을 포기하고 싶지 않은 이들의 깊은 고민과 성찰에 함께하려는 소망으로 쓰였다.

    책은 모두 세 개의 모둠으로 나뉜다. 1부의 1~7장은 아홉 번째 핵무장국가가 된 조선의 핵개발 역사를 다룬다. 조선은 언제 어떤 생각으로 핵무장에 나섰나, 미국·유엔의 가혹한 제재에도 조선은 왜 핵개발을 포기하지 않았나, 대북 제재는 왜 지금껏 원하는 결과 곧 조선의 핵무장 노선 포기를 이끌어내지 못했나, 꼬리에 꼬리를 무는 질문의 답을 찾으려는 여정을 갈무리한 게 1부다. 1장은 한국전쟁기 미국의 핵공격 위협에서 시작해 이른바 '북핵 문제'의 역사적 뿌리를 살핀다. 2장은 1994년 한반도를 전쟁 위기의 접경으로 몰아붙인 1차 핵 위기와 이를 해소하려는 조미 제네바합의를 다룬다. 3장은 2002~03년 제네바합의 틀 붕괴와 2차 핵 위기 발발 과정을 주로 살핀다. 전임 클린턴 행정부의 대북 정책을 전면적으로 부정한 조지 부시 미국 행정부의 ABC^{Anything} $_{But\ Clinton}$ 기조가 제네바합의 붕괴에 어떤 악영향을 끼쳤는지 따져봤다. 핵 없는 한반도로 가는 여정에서 잊지 말아야 할 '잃어버린 기회'다. 4장은 한반도 8천만 시민·인민을 핵 지옥에 내던진 조선의 1차 핵실험, 그에 앞선 6자회담 9·19공동성명과 방코델타아시아BDA 제재를 다룬다. 조선의 핵 활동을 8년간 동결한 제네바합의가 무너져내린 위기 상황에 맞닥뜨려 동북아 여섯 나라가 천신만고 끝에 마련한 동북아 탈냉전의 청사진인 9·19공동성명이 어떻게 무력화됐는지 되짚는다. 핵 없는 한반도 여정의 두 번째 '잃어버린 기회'다. 5장은 2000년대 후반~2010년대 중반 남과 북의 내부 정치, 곧 이명박 정권의 출범과 김정일의 뇌졸중 발병 뒤 조선의 3세 승계 움직임이 어떻게 뒤엉켜 핵 협상 진로를 가로막았는지를 따져본다. 핵 없는 한반도의 꿈을 이루는 과정에서 남과 북의 내부 정치 변수가 생각보다 큰 영향을 끼칠 수 있음을 보여주는 역사적 사례다. 6장은 회한 없이는 되돌아보기 어려운 2018년의 짧지만 빛나던 평화와 2019년 '하노이 노딜'의 역풍을 되짚는다. "호상(상호) 신뢰 구축이 조선반도의 비핵화를 추동할 수 있다는 것을 인정"한 2018년 6·12 싱가포르 조미 공동성명의 정신을 따라 2019년 2월 하노이에서 2차 조미 정상 합의가 이뤄졌다면 지금 한반도의 풍경은 어땠을까 부질없는 상상을 한다. 핵 없는 한반도 여정의 세 번째 '잃어버린 기회'다. 7장은 하노이 노딜 뒤 나빠지기만 하는 북핵 문제와 긴장이 높아지는 동북아 정세를 짚는다.

1부의 여정을 통해 우리는 40년 가까운 파란만장한 북핵 협상의 역사에서 핵 없는 한반도의 꿈을 이룰 기회가 적어도 세 차례는 있었음을 발견할 수 있다. 1994년 10월 조미 제네바합의, 2005년 6자회담 9·19공동성명, 2018년 남-북 및 조-미 정상의 판문점선언(4월 27일)과 싱가포르 공동성명(6월 12일) 그리고 평양공동선언(9월 19일) 등이 그것이다. 1부를 쓰며 놓치지 않으려 애쓴 화두는, 세 차례의 잃어버린 기회에서 핵 없는 한반도의 꿈을 다시 지필 불씨를 찾는 일이다.

2부 1~5장은 핵 문제와 관련한 남과 북의 선택을 가늠할 때 반면교사 또는 교사로 삼을 엇갈린 선택을 다룬다. 조선과 함께 비공인 핵무장국가인 이스라엘과 인도 그리고 파키스탄 3개국의 핵무장 역사, '비핵 3원칙'을 앞세워 핵연료주기를 완성한 일본의 복잡한 선택, 중국이라는 압도적 강자에 맞서 핵이 아닌 반도체를 전략무기로 벼린 대만의 선택이 그것이다.

1장에서 다룬 이스라엘은 여섯 번째 핵무장국가다. 핵실험을 했다거나 핵무기를 갖고 있다고 공식 발표한 적이 없는데, 다들 핵무장국가로 여긴다. 이슬람 세계의 한복판에 뿌리를 튼 서방의 전초기지인 이스라엘은 핵무장 과정에서 프랑스·영국 등 서방의 지원을 받았고, 미국의 제재를 받은 적이 없다. 이스라엘의 사례는 국제비확산체제와 관련해 미국 등 서방의 이중잣대를 살피고, 조선의 피포위 의식과 견줘보기에 맞춤하다.

2~3장에선 인도와 파키스탄 사례를 다룬다. 인도와 파키스탄은 2차 세계대전 종전 뒤 영국의 식민지에서 종교 정체성의 다름을 이유로

각자 분리 독립한 뒤 카슈미르 지역 문제로 여러 차례 전쟁을 치렀다. 심지어 두 나라가 연쇄 핵실험(1998년 5월)으로 핵무장을 공식 선언한 직후인 1999년에도 카슈미르 문제로 카길전쟁을 벌였다. 2장(인도)과 3장(파키스탄), 그리고 '보론'(카길전쟁)은 한꺼번에 읽는 게 좋겠다. 특히 보론으로 다룬 카길전쟁은 한국의 선택과 관련해 신중한 독서가 필요하다. 카길전쟁은 1969년 중-소 국경 분쟁에 이어 인류 역사상 핵무장국가 사이의 두 번째 전쟁이다. 카길전쟁은 핵무기는 절대무기여서 핵무장 조선에 맞서 대한민국의 평화를 지키자면 자체 핵무장 말고는 달리 대안이 없다는 한국 핵무장론자들의 주장이 근거가 부실함을 알려주는 경고등이다.

4장에선 유일무이한 피폭 국가로서 '비핵 3원칙'을 국가전략으로 앞세우면서도 핵무장의 기술적 기반인 핵연료주기를 완성한 일본의 복잡한 속내를 분석한다. 핵연료주기를 갖춘 덕분에 일본은, 전후 최장수 총리를 지낸 아베 신조의 "결심하면 1주일 안에 핵무기를 가질 수 있다"는 공언처럼, 핵무기를 갖고 있지 않지만 언제든 핵무장이 가능한 '가상 핵 국가'로 불린다. 일본은, 핵무기를 만들지는 않지만 핵무장의 기술적 기반은 갖춰놓자는 한국의 잠재적 핵능력 강화론자 또는 평화적 핵주권론자들의 선행 모델이다. 한국과 일본이 처한 안보 환경, 유일한 피폭 국가인 일본과 비핵 노선을 견지하면서도 북핵 문제로 가슴앓이를 해온 한국의 엇갈린 국내 여론 따위를 염두에 두고 읽기를 권한다.

5장에서 다룬 대만의 비핵 노선은 참으로 많은 것을 생각하게 한다. 압도적 강자인 중국에 밀려 유엔 회원국 지위마저 빼앗긴 대만도 안보 우려를 이유로 1960년대 중반부터 1980년대 중후반까지 핵무장을 시도했다. 그러나 대만은 궁극적으로 핵무기가 아닌 최첨단 반도체를, 대만이 치명적 안보 위기에 몰렸을 때 세계가 대만을 포기하지 못하게 할 전략무기로 선택했다. 독보적인 세계 1위 반도체 주문생산업체인 TSMC가 대만의 안보와 번영을 지킬 '실리콘 방패'다. 장제스·장징궈의 오랜 계엄 독재를 이겨낸 대만의 굳센 민주주의가 이런 대담한 평화 전략의 기반이다. 한국이 핵 없는 한반도의 꿈을 포기하지 않으며 미래지향적인 선택을 하려 한다면 대만의 선택은 숙고해야 할 필수 참고 사례다.

3부는 핵 문제와 관련한 한국의 선택을 살핀다. 한국도 한때 핵무기 개발에 나선 적이 있다. 1970년대 박정희 정권 때다. 닉슨과 카터 미 행정부 시기 주한미군 철수(또는 철수 시도), '월남 패망'과 베트남 '재통일', 1968~75년 사이 조선의 '제한전쟁' 등 안보 위기에 맞닥뜨린 박정희의 선택이었다. 박정희는 미국 몰래 플루토늄 추출 방식의 핵물질 생산 기반을 갖추려 했고, 핵탄두를 실어나를 한국형 탄도미사일을 자체 개발했다. 1970년대 초반 이후 박정희가 김재규의 총에 맞아 18년 독재자의 자리에서 급작스레 사라진 1979년 10월 26일까지 미국과 박정희의 숨바꼭질이 숨가쁘게 이어졌다. 박정희의 핵물질 확보 노력은 핵무장으로 이어지지 못하고 멈췄지만 한국 핵산업의 기반을 다졌다. 한국형 탄도미사일 개발 노력은 미사일 강국 한국의 밑거름이 됐다. 한국의 자체 핵무장론자의 우상인 박정희의 핵개발 시도는 1장에서 상세히 다룬다. 군사쿠데타에 저항한 광주와 호남 사람들을 학살하고 권력을 쥔 전두환은 미국의 정권 승인을 얻는 대가로 박정희의 핵프로그램을 폐기했고, 노태우는 탈냉전 초기 한국의 외교 지평을 소련(현 러시아)과 중국 등 북방으로 넓히고 남북관계를 개선하고자 1991년 조선과 함께 한반도비핵화공동선언을 발표하며 한국의 비핵 노선을 정초했다. 2장에서 살핀다.

2019년 2월 하노이 노딜 이후 한국사회에서 목소리를 높여가고 있는 자체 핵무장론, 잠재적 핵 능력 강화론, 전술핵 재배치 주장, NATO식 핵 공유론 등 각종 핵 보유 주장을 3장에서 다룬다. 한국의 오랜 비핵 노선을 뿌리부터 뒤흔드는 이런 주장을 누가 왜 하는지 따져본다.

노태우 정부 이후 역대 한국 정부는 비핵 기조를 국가 노선으로 삼아왔는데, 정작 다수의 한국인은 핵무장에 우호적이라는 평가가 많다. 각종 여론조사에서 핵무장 찬성 강도가 60퍼센트 안팎으로 나와서다. 핵무장 찬성 여론이 20퍼센트 초반에 묶인 일본과 사뭇 다른 사회심리다. '보론'에서 한국의 핵무장 찬성 여론의 허와 실을 따져봤다. 핵무장 시도가 불러올 국제사회의 고강도 제재, 한미동맹 훼손, 개방형 통상국가이자 'K' 브랜드를 내세운 '매력국가'인 한국의 국제적 신뢰도 추락 등을 언급하면 핵무장 찬성 여론이 낮아지는 현상, 그 와중에도 유지되는 30퍼센트 안팎의 핵무장 찬성 여론에 두루 주목할 필요가 있다.

4장은 자체 핵무장론을 포함한 각종 핵 보유 주장의 실현 가능성을 따져봤다. 윤리적 성찰을 포함한 당위적 판단은 제외하고 국제법, 정치외교적 환경, 기술적 측면에서 핵무장이 가능한지 기술적 분석에 치중

한다. 이 책의 잠정적 결론은 한국의 핵무장은 바람직하지도 않을뿐더러, 핵무장으로 가는 길이 사실상 막혔다는 쪽이다.

핵무장 조선과 한국사회 일각의 핵무장 주장 사이에서 많은 한국인들이 핵 무력감에 속앓이를 하고 있다. 그것이 조선의 핵공격에 대한 두려움이든 1990년대 초반 이후 탈냉전기를 관통하며 거듭된 핵 협상의 실패에 따른 절망감이든, 말 그대로 위기다. 그러나 잊지 말자. 위기危機는 위험危險과 기회機會의 두 얼굴로 찾아온다는 사실을. 그리고 상기하자. 세상에 영원한 것은 없다는 자명한 진리도 함께. '경제·핵 건설 병진노선'을 "항구적 전략노선"이라 선언(조선로동당 7차 대회 사업총화 보고, 2016년 5월 6~9일)한 김정은 국무위원장이 2018년 문재인 당시 대한민국 대통령과 도널드 트럼프 미국 대통령을 만나 "조선반도의 완전한 비핵화"를 거듭 약속한 사실을. 하노이 노딜 이후 "절대로 핵을 포기할 수 없다"는 김정은이 2018년과 같은 선택을 다시는 하지 않으리라 예단하지 말자. 언젠가 기회가 찾아오리라는 꿈을 버리지 말자. 절망하지 않고 위험을 줄이며 성실하게 준비하는 자만이 기회를 잡을 수 있다. 독일의 철혈 재상 비스마르크의 말처럼 "역사의 외투가 스쳐 지나가면 그 소맷자락이라도 움켜잡아야 한다." 이 책이 역사의 소맷자락을 움켜잡을 준비를 하려는 이들한테 터럭만 한 도움이라도 되면 좋겠다.

차례

◎ 여는 글 _ 역사의 소맷자락을 움켜쥐려면   4

1부 ──────────── 핵무장 조선

1장 북핵 문제의 역사적 뿌리   20

2장 조선의 핵무장 선언   42

3장 조미 제네바합의 붕괴: 치명적인 분기점   61

4장 BDA 제재와 1차 핵실험, 지옥문이 열리다   80

5장 김정일의 죽음, 김정은의 병진노선   98

6장 2018년의 짧은 평화와 '하노이 노딜'   122

7장 김정은의 조선은 어디로   144

2부 ──────── 엇갈린 선택

1장	이스라엘 … 유대 핵	166
2장	인도 … 힌두 핵	179
3장	파키스탄 … 이슬람 핵	192
보론	카길전쟁 … 핵무장국 사이의 재래식 전쟁	205
4장	일본 … Virtual Nukes	212
5장	대만 … 실리콘 방패, TSMC	227

3부 ──────── 한국의 선택

1장	박정희의 핵개발 프로그램	242
2장	전두환의 핵프로그램 폐기, 노태우의 비핵화선언	268
3장	목소리 높이는 핵 보유 주장	279
보론	핵무장 찬성이 많다는데	295
4장	한국, 핵무장으로 가는 길은 없다	302

◎ 닫는 글 _ 사막을 건너는 방법   316
   미주   324

1부
핵무장 조선

1부

핵무장 조선

조선민주주의인민공화국은 세계에서 아홉 번째 핵무장국가다.[1] 스톡홀름국제평화연구소(SIPRI)는 2024년 1월 기준, 조선이 50기의 핵탄두를 비축하고 있다고 추정한다.[2] 한 해 전의 핵탄두 30기 추정에 견줘 두 배 가까이 늘었다. 핵탄두 증가세가 가파르다. 조선은 2006년 10월 9일 첫 핵실험을 포함해 모두 여섯 차례 핵실험(2006. 10. 9 / 2009. 5. 25 / 2013. 2. 12 / 2016. 1. 6 / 2016. 9. 9 / 2017. 9. 2)을 했다(2024년 말 기준).

국제사회는 유엔 안전보장이사회의 대북 제재 결의 등으로 조선의 핵무장을 막으려 했다. 조선의 1차 핵실험에 대응한 결의1718호(2006년 10월14일)를 시작으로, 모두 열 차례의 대북 제재 결의[결의 1874호(2009. 6. 12), 결의 2087호(2013. 1. 22), 결의 2094호(2013. 3. 7), 결의 2270호(2016. 3. 2), 결의 2321호(2016. 11. 30), 결의 2356호(2017. 8. 5), 결의 2371호(2017. 8. 5), 결의 2375호(2017. 9. 11),

결의 2397호(2017. 12. 22)]로 조선의 핵실험과 대륙간탄도미사일^{ICBM} 발사에 대응했다. 미국 등 서방은 물론 중국·러시아까지 대북 제재 공조에 나섰지만, 아직 조선의 핵무장을 막지 못하고 있다. 핵실험과 대북 제재의 악순환이다.

조선은 어떤 생각으로 핵무장에 나섰고, 왜 핵무장을 포기하지 않나? 유엔 등 국제사회의 대북 제재는 왜 지금껏 원하는 결과, 곧 조선의 핵무장 노선 포기를 이끌어내지 못하나? 1990년대 초반 제1차 북핵 위기 발발 이래 40년 가까운 긴 세월 동안 조선의 핵 문제를 풀 기회는 없었나?

꼬리에 꼬리를 무는 이런 심각한 질문의 답을 찾으려는 탐색 과정이 1부를 이룬다. 1장은 한국전쟁기 미국의 핵공격 위협에서 시작해, 이른바 '북핵 문제'의 역사적 뿌리를 살핀다. 2장은 1994년 한반도를 전쟁 위기로 몰아넣은 1차 핵 위기와 이를 해소하려는 조미 제네바합의$^{Agreed\ Framework\ between\ the\ United\ States\ of\ America\ and\ the\ Democratic\ People's\ Republic\ of\ Korea}$를 주로 살핀다. 3장은 조선을 핵무장으로 치닫게 한 치명적인 분기점이었던 2002~03년 조미 제네바합의 붕괴와 2차 북핵 위기의 발발 과정을 주로 살핀다. 4장은 한반도에 '지옥문'을 연 조선의 1차 핵실험과 그에 앞선 6자회담과 방코델타아시아^{BDA} 금융제재를 다룬다. 5장은 2000년대 후반~2010년대 중반 남과 북의 내부 정치, 곧 이명박 정권의 출범과 김정일의 뇌졸중 발병 이후 조선의 3세 승계 움직임이 어떻게 핵 협상의 진로를 가로막았는지를 살핀다. 6장은 지금 생각하면 비현실적으로 느껴지는 2018년의 짧은 평화와 2019년 '하노이 노딜'의 역풍을 되짚는다. 하노이 노딜은 기나긴 북핵 협상 과정에서 심각한 변곡점이다. 7장은 하노이 노딜 이후 악화하는 북핵 문제와 긴장이 높아지는 동북아 정세를 살핀다.

1장

북핵 문제의 역사적 뿌리

조선민주주의인민공화국[1]을 영도한다는 조선로동당[2]의 지휘부가 언제, 어떤 이유로 핵에너지의 무기화, 곧 핵무기 개발을 결정하고 실행에 옮기기 시작했는지는 지금껏 정확히 알려진 사실이 없다. 북핵 문제[3]의 기원, 조선 수뇌부의 핵무기 개발 이유, 북핵 대처법 따위를 두고 한국과 미국을 포함한 각국 정부와 전문가들의 판단과 처방이 엇갈리는 까닭이다.

조선의 핵무기 개발 배경을 두곤 세 갈래 판단이 서로 엇갈리거나 중첩된다. 첫째, 대미 억지력이다. 둘째, 외교 협상력 강화 수단이다. 셋째, 정권 안보용이다. 셋 가운데 무엇을 중시하느냐에 따라 각국 정부와 전문가들의 판단과 처방이 달라진다.

조선을 독재자가 이끄는 실패국가 또는 불량국가로 간주하는 이들은 첫째와 셋째를 중시한다. 예컨대 "북한 정권은 오로지 세습 전체주의의 정권 유지를 위해 물불을 가리지 않고 있다"는 윤석열,[4] "김정은 같은 폭군이나 독재자의 비위를 맞추지 않을 것"이라고 공언한 카멀라 해리스[5]를 포함한 미국 정부와 의회 고위층의 인식이 이에 기반을 두고 있다.

반면 한국전쟁을 치른 미국과 조선의 오랜 적대관계에 주목하는 이들은 첫째와 둘째를 상대적으로 중시한다. "북핵 문제는 미-북 적대관계의 산물"이라며 "북한은 미국과의 적대관계를 해소하며 안전을 보장받고 정치·경제적 관계를 개선하는 데 핵 문제를 지렛대로 사용하고자 한 것"이라는 임동원 전 통일부 장관과 윌리엄 페리 전 미국 대북정책조정관 같은 이들이 대표적이다.[6]

조선의 핵무기 개발 시작 시기를 판단하는 데에도 대북 인식이 영향을 끼친다. 조선을 불량국가로 여기는 이들은 1950년대까지 그 시기를 끌어올리는 경향이 강하고, 조선의 핵무기 개발을 '억지력+협상용' 지렛대로 여기는 경향이 강한 이들은 조선의 고립 심화와 미국의 유일 초강대국화가 겹쳐진 탈냉전 초기, 북핵 문제가 처음으로 국제정치 현안으로 떠오른 사실에 주목한다. 이렇듯 사람들 머릿속에서 '사실'과 '인식'은 서로한테 영향을 주며 서로를 비튼다. 문제 진단과 해법 모색 과정에서 공론의 마련이 어려운 까닭이다.

한국전쟁기 미국의 핵공격 위협

조선이 언제 핵에너지의 무기화를 결정했느냐는 핵심 논점과 별개로, 조선이 핵무기 위협에 노출된 시점, 핵에너지 이용을 고민하기 시작한 시점은 1950년대 초반까지 거슬러 올라간다. 한국전쟁 전후의 조-미-중 관계, 조-소 관계에 그 뿌리가 있다.

한국전쟁 때 미국 수뇌부는 핵무기 사용 계획을 세웠고, 실제 사용을 두고 대통령과 최고사령관이 갈등을 빚기도 했다. 한국전쟁에서 미국이 진지하게 핵무기 사용을 고려한 첫 시점은 1950년 겨울이다. 1950년 10월 한국군과 유엔군이 38선을 돌파해 북진에 나서자, 신생 중화인민공화국의 중국인민지원군이 압록강을 건너 참전했다. 전황이 급작스레 나빠지자 미군 사령관 더글러스 맥아더는 핵무기 사용을 추진했다. 맥아더는 만주의 중국인민지원군 집결지에 네 기의 핵폭탄 투하를 포함해 조-중 접경인 압록강을 따라 모두 스물여섯 기의 핵무기를 투하해 방사능 벨트를 만들겠다는 재앙적 계획을 세우고 해리 트루먼 대통령의 승인을 요청했다. 한국전쟁을 핵전쟁으로 확대해 중화인민공화국까지 쓰러뜨리겠다는 계획이었다. 하지만 제3차 세계대전으로의 확전을 걱정한 트루먼은 맥아더의 요구를 거부했고, 맥아더를 사령관직에서 해임했다. 한민족은 그렇게 아무것도 모르는 채 핵전쟁의 문 앞에서 살아남았다.

그걸로 끝이 아니다. 임동원에 따르면, 이듬해인 1951년 봄 미국 합동참모본부가 소련 공군사단의 만주 배치와 중국인민지원군의 대규모 집결 관련 첩보를 입수한 뒤, 핵무기 사용 계획을 구체적으로 세웠다. 만주의 표적에 핵폭탄을 투하하고, 중국의 대규모 증원군이 투입되면 38선 언저리에 방사능 벨트를 형성한다는 계획이다. 이는 트루먼 대통령의 승인을 받았고, 그 실행을 위해 공군 제9폭격비행단이 괌에 배치됐다. 하지만 천만다행으로 소련과 중국이 모두 확전을 원치 않음이 확인되고 1951년 7월 정전 협상이 시작돼 이 계획은 백지화됐다.[7]

주한미군 근무 경험이 있는 미국의 군사전략 사상가인 에이드리언 루이스는 "한국전쟁에서 핵무기를 사용하지 않은 것은 기적"이라며 이런 설명을 덧붙였다. "한국전 당시 중국의 개입으로, 미군은 역사상 최대의 후퇴를 했다. 그래서 당시 해리 트루먼 대통령은 핵무기를 사용하라는 압박을 강하게 받았다. 그러나 트루먼은 사용하지 않기로 결정했다. 인위적 제한전이 생겨난 순간이다. 지고 있고, 후퇴하고 있는 전쟁에서도 핵무기를 사용하지 않는 건 어려운 결정이다. 현대전의 중요한 기점이 한국전쟁이다. 인위적 제한전의 시초였기 때문이다."[8]

한국전쟁 당시 미-중-소의 전략적 선택은 한반도에서 군사적 충돌이 언제든 핵전쟁으로 번질 위험이 있지만 정작 실행은 어렵다는 인식의 역사적 근거라고 할 수 있다.

김일성 "우리도 원자력 연구 시작할 때 됐다"

조선노동당 수뇌부가 핵에너지 활용을 위한 제도와 기구를 만들고, 국제협력에 나선 시점은 한국전쟁 직후 1950년대 중반이다. 1955년 7월 1일 김일성은 김일성종합대학 교직원과 학생들을 상대로 한 담화를 통해 "이제는 우리나라에서도 원자력에 대한 연구를 시작할 때가 되었다고 봅니다. 대학에서는 핵물리 연구 사업을 진행하는 한편 이 분야의 과학자들을 계획적으로 양성하여야 하겠습니다"라고 밝혔다.⁹ 김일성의 원자력 연구와 과학자 양성 지시에 앞서, 조선은 1955년 3월 과학원 2차 총회에서 '원자 및 핵물리학연구소' 설치를 결정했다. 이듬해 2월 28일에 소련과 '연합 핵연구소 조직에 관한 협정'을 맺고 소련 두브나합동원자핵연구소JINR에 과학자를 파견했다.¹⁰ 1956년 3월엔 소련과 '조-소 원자력의 평화적 이용에 관한 협정'을 체결했다. 소련의 도움으로 핵에너지 연구에 본격적으로 나선 것이다. 다만 이 시점에 김일성을 포함한 조선노동당 수뇌부가 연합연구의 공식 명분인 핵에너지의 평화적 이용을 넘어 무기화까지 목표로 삼았는지는 알 수 없다. 이후 역사적 행보에 비춰 그 가능성을 배제할 수 없으나 증거는 없다.

　소련 주도의 두브나합동원자핵연구소 설립·운영에 조선은 소련·중국·동독·루마니아·몽골·알바니아·체코슬로바키아·폴란드·헝가리 등과 함께 창립 멤버로 참여했다. 다만 조선은 전체 연구소 건설과 유지비의 0.05퍼센트 정도만 부담해 운영 주체로서 비중이 낮았다. 그럼에도 이 연구소의 창립·운영에 참여한 경험은 조선의 핵 전문가 집단 형성·발전에 밑거름이 됐다. 두브나합동원자핵연구소에 파견돼 소련 등의 핵 과학자들과 공동연구 경험을 쌓은 조선의 핵 과학자가 3백 명이 넘는다.¹¹ 조선 핵 과학자의 상징적 존재인 리홍섭도 두브나합동원자핵연구소와 인연이 있다. 세계적인 핵물리학자인 미국의 시그프리드 헤커 박사는 2008년 2월 영변 핵단지를 방문했을 때 당시 녕변원자력연구소 소장이던 리홍섭이 "나도 소비에트 시절에 두브나에 여러 번 가본 적이 있다"고 말했다고 전했다.¹² 리홍섭은 2024년 현재 조선의 핵무기연구소 소장으로 일하고 있으며, 핵무기 개발에 중핵적

구실을 한 공로로 조선노동당 중앙위원회 위원이 됐다.[13]

그렇다고 냉전기 소련과 중국이 핵에너지의 무기화와 관련해서 조선의 관심을 부추기거나 전략적으로 지원했다고 볼 일은 아니다. 중국은 조선의 핵개발에 우호적이었던 적이 없다. 예컨대 1964년 10월 16일 오후 3시 중국이 신장위구르자치구의 뤄부포사막에서 첫 핵실험에 성공한 직후, 조선의 핵개발 지원 요청을 거절했다는 여러 증언이 있다. 중국이 핵실험에 성공한 날은 니키타 흐루쇼프가 소련공산당 제1서기와 내각 수상직에서 해임된 날과 겹친다. 역사는 묘하다.

마오쩌둥, 김일성의 핵기술 공유 요청 거절

중국의 첫 핵실험 성공에 대한 조선노동당 수뇌부의 관심은 각별했던 듯하다. 조선노동당 중앙위 기관지인 《로동신문》은 1964년 10월 18일자 1면에 중국 핵실험 성공 관련 기사를 두 꼭지 실었다.[14] 아울러 김일성 당시 조선 수상은 마오쩌둥 중국공산당 중앙위 주석한테 보내는 편지를 지닌 대표단을 베이징에 파견해 중국의 핵개발 지원을 요청했다. 미국의 한반도 문제 전문가인 돈 오버도퍼는 일본인 전문가와 전직 중국 외교부 관리의 말을 따서 당시 마오쩌둥이 조선의 핵무기 제조 기술 공유 요청을 단호하게 거절했다고 전했다.[15] 오버도퍼는 1974년 김일성이 다시 한번 중국 쪽에 핵무기 제조 기술 공유를 요청했으나 역시 거절당했다고 덧붙였다. "중국 지도부는 핵무기 개발이 막대한 자금이 소요되는 사업인데다가 작은 나라인 북한에는 굳이 핵무기가 필요하지 않다고 생각했다"는 것이다. 일본 《마이니치신문》도 2013년 2월 조선의 3차 핵실험 뒤 조선노동당 내부 강연회에서 나온 당 간부의 발언 녹취를 근거로 중국의 첫 핵실험 직후 김일성이 마오쩌둥한테 핵무기 제조 기술 공유를 요청했다가 거절당했다고 보도했다.[16] 김일성의 요청을 받은 마오가 "중국은 인구도 많고, 국가도 크다. 체면이 필요하다. 그래서 핵개발을 했다. 조선이 거기까지 할 필요가 있을까"라고 반문했다는 것이다. 《마이니치신문》은 마오쩌둥이 인민해방군 책임자를 불러 핵시험에 든 비용이 얼마인가 물어 "20억 달러"라는 답변을 이끌어냈다고도 전했다. 이는 그해 여름 일본 도쿄에서 열린 올림픽 개최 비용 28억 달러에 육박하는 거액이다. 핵개발은 조선 같은 작은 나라가 감당하기엔 돈이 너무 많이 든다는 점을 거절 이유로 내세운 셈이다.

마오를 포함한 중국의 역대 최고지도부가 조선의 핵개발에 우호적이지 않았던 데에는 여러 이유가 있을 것이다. 마오가 입에 올린 '돈 걱정'은 어쩌면 부차적이다. 그보다는 조선의 핵개발과 핵무장은 한국과 일본, 최악의 경우 대만의 핵무장 여론을 자극해 동북아의 역내 길서를 뒤흔들고, 이는 동북아에서 미국의 영향력과 입지를 높이리라는 '대국'으로서의 전략적 판단이 작용했을 수 있다.

냉전기 소련은 중국과 다른 방식으로 조선을 대했다. 핵에너지의 평화적 이용은 지원하되 무기화 위험은 철저히 배제하는 방식이다. 소련은 1963년 6월 조선에 연구용 원자로 2메가와트(MWe)급 IRT-2000을 제공했고, 1985년 12월엔 조선과 '핵발전소 건설을 위한 경제·기술 협력 협정'을 맺고, 함경남도 신포에 4백 메가와트급(VVER 440형) 핵발전소 네 기를 건설하기로 약속했다.[17] 대신 조선에 핵확산방지조약 Non-Proliferation Treaty, NPT 가입을 조건으로 내걸었다. 소련의 압박에 조선은 1985년 12월 12일 NPT에 가입했다. 국제비확산체제International Non-Proliferation Regimes 울타리 안에 들어가 핵에너지의 평화적 이용과 관련한 국제사회의 지식을 공유하는 대가로 엄격한 사찰 의무를 받아들이기로 한 것이다. 그 2주 뒤 소련은 약속대로 경수로형 핵발전소 네 기를 건설한다는 협정에 서명했다. 소련이 핵발전소 네 기를 짓기로 한 신포는 1994년 10월 조미 제네바합의에 따라 영변 핵시설의 동결과 궁극적 해체를 조건으로 한반도에너지개발기구KEDO 주도로 조선에 제공하기로 한 경수로 두 기의 공사가 한동안 진행된 곳이기도 하다.[18] 소련의 압박에 따른 조선의 1985년 12월 NPT 가입은 뒷날 북핵 문제가 동북아의 최대 안보 현안으로 떠오른 뒤 유엔 안전보장이사회와 미국 등 각국 정부의 개입, 핵심적으로는 대북 제재를 정당화하는 국제법적 근거로 쓰였다.

'자력갱생'과 '사회주의 핵기술 개발 경로 추종'의 결합

세계에서 아홉 번째 핵무장국으로 불리는 조선의 핵에너지 무기화 기술이 어디에서 왔는지를 두고는 논란이 있다. 다만 헤커는 "서구에서 일반적으로 믿고 있는 바와 반대로, 조선의 핵무기 추구는 소련/러시아나 중국 정부로부터 지지를 받지 못했다. 지금의 상황은 토착 역량을 발전시키고자 했던 조선의 끈질긴 노력의 결과이다"라고 평가했다.[19] "자체의 힘과 기술로 연구개발"했다는 김정은 조선로동당 총비서 겸 국무위원장의 주장처럼 '주체기술'의 결과물이라는 것이다.[20] 헤커는 1986년부터 1997년까지 미국 로스앨러모스 국립연구소 소장을 지낸 세계적인 핵물리학자다. 로스앨러모스 국립연구소는 인류 최초로 핵무기를 개발한 미국 핵기술의 핵심 거점이다. 더구나 헤커는 2004년 1월~2010년 11월, 일곱 차례나 조선을 방문해 영변 핵시설을 직접 살펴보고 리홍섭 등 조선의 핵개발 핵심 인사들과 대화한 '현장에 간 핵 전문가'다. 그러므로 헤커의 평가는 신뢰도가 높다. 한국의 핵 전문가인 이춘근도 조선의 핵무장을 "조선식 자력갱생"과 "(냉전기 소련·중국의) 사회주의 핵기술 개발 경로 추종"의 결과라고 평가했다.[21]

헤커는 영변 핵단지를 조선 핵 능력의 '심장'에 비유한다.[22] 조선은 1962년 11월 2일 녕변원자력연구소를 설립했고, 1980년 7월 5메가와트 실험용 원자로(흑연감속로) 건설에 착수해 1986년 1월 기동을 시작했다.[23] 재처리시설(방사화학실험실)은 1985년 11월 착공해 1989년 가동을 시작했다. 5메가와트 흑연감속로와 재처리시설은 핵폭탄의 연료로 쓰일 플루토늄-239를 생성하고 추출하는 핵심 시설이다.

미국 정부는 김소월의 시 〈진달래꽃〉으로 유명한 영변에 조선이 핵시설을 짓고 있다는 사실을 1982년 4월 정찰위성 사진으로 처음 포착했다.[24] 미국 정보당국은 이후 영변 지역을 찍은 위성사진을 정밀 분석하며 영변의 변화를 추적했다. 하지만 그때만 해도 미국 정부는 영변의 변화를 근거로 조선의 핵개발 의혹을 국제사회에 공개적으로 제기하지는 않았다.

일찍이 평양 주재 헝가리대사관은 1976년 2월 조선이 "핵시설 건설을 원하고 있으며 미래에 핵무기를 생산할 수 있도록 이 문제에 대해 논의하고자 한다"라는 내용의 전문을 본국 정부에 보낸 터다.[25] 하지만 적어도 1980년대 중반에 조선이 핵에너지의 무기화에 진지하게 인력과 재원을 쏟아부었는지는 확인되지 않는다. 소련의 압박 때문이라고는 하지만, 1985년 12월 조선의 NPT 가입은 핵에너지의 무기화를 어렵게 하는 국제적 족쇄였다.

미국, 영변 핵단지를 문제 삼다

1989년 1월 출범한 조지 H.W. 부시(아버지 부시) 미 행정부는 동북아 관련국 정부에 미국이 알고 있는 조선의 핵무기 개발 계획 관련 정보를 알리며 국제 공조를 모색했다. 1989년 2월 미 국무부의 해리 던롭이 소련과 중국을 차례로 방문해 미국이 확보한 북핵 의혹 관련 정보를 설명했다. 부시 행정부는 1989년 5월엔 한국과 일본 정부에도 미국이 확보한 북핵 정보를 처음으로 포괄적으로 설명했다.[26] 이때만 해도 동북아 관련국 정부에 비공개로 은밀하게 정보를 공유하며 공조를 모색했을 뿐, 북핵 의혹을 공개적으로 문제 삼지는 않았다. 노태우 정부 시기에 남북 고위급회담의 모든 과정에 회담 대표로 참여한 임동원이 전한 미국 측 정보는 이렇다. "북한이 1987년 초부터 30메가와트급 원자로(나중에 발전용량 5메가와트급으로 확인됨)를 가동 중인데, 이는 발전용이 아니라 군사 목적용으로 보이며 연간 핵폭탄 1개를 제조할 수 있는 분량의 플루토늄을 생산할 수 있을 것으로 판단"한다는 내용이었다.[27]

미국이 조선의 핵개발 의혹을 공개적으로 문제 삼으며 동북아 핵심 안보 현안이자 국제정치 현안으로 밀어올린 시점은 1991년 2월 걸프전쟁 발발 직후다.[28] 걸프전을 거치며 미국은 이라크의 핵 및 생화학 무기 프로그램이 애초 예상보다 훨씬 진전됐다는 달라진 인식을 토대로 이른바 불량국가의 핵 확산 방지 정책 기조를 더 강화했는데, 그 첫 대상이 조선의 영변 지역 핵 활동이었다. 이라크의 비밀 핵무기 프로그램에 충격을 받은 미국과 국제원자력기구International Atomic Energy Agency, IAEA는 그 충격을 증폭해 조선에 과잉 대응했다.[29] 부시 행정부 국무장관 제임스 베이커는 당시 미국의 대조선 외교 전략이 "걸프전의 사막의 폭풍 작전 때 우리가 한 것의 거울상(mirror image)"이었다고 평가했다.[30]

냉전기 최대 맞수였던 소련이 해체되자 미국은 핵 확산 방지를 최대의 외교·안보 과제로 삼았다. 소련 해체와 함께 소련이 핵기술이 불량국가들에 넘어가지 않도록 사전에 차단해 압도적 핵 우위를 기반으로 탈냉전기 유일 패권국 지위를 확보·강화하려는 전략적 우선순위 조정이다. 예컨대 부시 대통령이 1991년 9월 27일에 "세계 각지에 배치된 미국의 지상·해상 발사 전술핵무기를 모두 철수하겠다"고 일방적으로 발표한 배경에는 '소련의 혼란'이 있었다. 그 한 달여 전인 1991년 8월 19일 소련 공산당 보수파는 미하일 고르바초프 소련 대통령 겸 공산당 서기장을 크름(크림)반도 포로스 별장에 50시간 동안 감금하는 쿠데타를 일으킨 터다. 이 쿠데타는 사흘 천하로 끝났지만, 휘청이던 소련을 연방 해체라는 낭떠러지로 민 결정타가 됐다. 부시의 회견 여드레 뒤인 10월 5일 고르바초프는 "전술핵무기 폐기를 포함한 광범위한 감축 조처를 취하겠다"고 화답했다. 그 두 달여 뒤인 1991년 12월 26일 소련은 해체됐다.

부시의 지상·해상 발사 전술핵무기 철수 결정에 따라 한국에 배치돼 있던 40여 기의 포병용 W-33 핵폭탄과 함정용 전술핵무기가 한반도 밖으로 빠져나갔다. 그런데 부시는 한 발짝 더 나아가 한국에 배치된 공중 발사 전술핵무기까지 철거하라는 별도의 명령을 내렸다. 그에 따라 군산 공군기지의 F16기 장착용인 B61 핵탄두도 한반도 밖으로 철수했다.[31] 공군의 전술핵무기는 당시 주한미군 핵전력의 핵심인데다 애초 부시가 텔레비전 방송 연설을 통해 일방적 철수를 지시한 지상·해상 발사 전술핵무기가 아니라는 사실 탓에 동북아 주변국 정부의 각별한 관심을 끌었다.

사실 부시 행정부는 1990년 한국 배치 전술핵무기 철수 문제를 내부적으로 검토했다. 예컨대 1991년 2월 입안된 '국가안보검토 28호'는 한국에 배치된 전술핵무기가 외교적 쟁점이 될 위험이 있음을 지적하며 철수 문제를 검토할 필요성을 제기했다.[32] 부시 정부 내부 강온파의 이견으로 최종 결론을 내지 못하던 차에 연방 해체의 벼랑으로 몰린 소련의 정세 급변이 결행의 촉매가 된 것이다.

북핵 문제, 남-북-미 삼각관계의 시원

부시의 한국 배치 전술핵무기 전면 철수 결정으로 1991~92년 사이에 벌어진 일은, 이후 탈냉전기 남북관계와 북핵 문제를 포함한 동북아의 진로에 중대 영향을 끼쳤다. 핵 문제가 남북관계의 안방으로 밀고 들어왔다. 냉전기 남-북과 한-미가 서로 영향을 끼치면서도 따로 작동하던 두 개의 양자관계가 조-미의 접촉으로 세 개의 양자관계로 확장

되는 한편 핵 문제를 고리로 남-북-미 삼각관계로 변화했다. 핵을 고리로 한 남-북-미 삼각관계의 출현은 남북관계의 자율성을 제약했다. 탈냉전 30여 년간 핵 문제가 악화하면 남북관계가 유탄을 맞는 악순환의 씨앗이 이때 뿌려졌다.

부시의 한국 배치 전술핵무기 전면 철수 결정·실행은 탈냉전 초기 미국의 글로벌 비확산 전략의 하위 범주였다. 한국 배치 전술핵무기 전면 철수를 마중물 삼아 동북아의 안보 현안으로 떠오를 조짐을 보이는 조선 핵개발 의혹을 해소하고, 한국의 핵무기 개발 기술 기반의 원천적 제거까지 염두에 둔 다목적 포석이었다. 예컨대 1991년 12월 31일 합의·발표된 한반도비핵화공동선언에 "남과 북은 핵에너지를 오직 평화적 목적에만 이용한다"라는 약속을 넘어 "남과 북은 핵 재처리시설과 우라늄 농축시설을 보유하지 아니한다"라고 명기한 건 미국의 한반도 비확산 전략의 명백한 승리다. '핵 재처리시설'이 조선의 영변 핵시설을 우선 겨냥한 것이라면, 당시 남-북 어디에도 없던 '우라늄 농축시설'은 한국의 잠재적 핵개발 기반을 원천 제거하려는 미국의 속내가 담긴 표적이었다. 사실 핵 재처리시설과 우라늄 농축시설은 핵에너지의 평화적 이용에 필요한 것이라, NPT와 IAEA의 핵안전조치협정에서도 금지하지 않은 시설이다. 전력 생산의 상당 부분을 핵발전소에 의존해온 한국에서 핵에너지의 평화적 이용까지 제한하는 주권 침해적 독소조항이라는 볼멘소리가 나온 까닭이다. 그런데도 남과 북이 이를 포기하기로 합의·발표한 데에는 남-북-미 3자의 서로 다른 처지와 셈법이 작용했다. 한국을 압박하고 조선을 유인하려 한 미국의 이중전략이 가장 큰 요인이고, 미국의 압박을 뿌리치지 못한 노태우 정부, '워싱턴으로 가는 길(조미관계 정상화)'을 어떻게든 뚫으려 한 조선의 '양보'가 두루 작용한 전략적 선택의 결과다.[33]

한반도비핵화공동선언, 먼저 온 미래

미국의 속내가 어디에 있든, 조선은 부시의 한국 배치 전술핵무기 전면 철수 결정에 적극 화답했다. 부시의 결정을 기정사실로 굳히며 핵문제를 대미 접근의 지렛대로 삼으려 한 것이다. 조선은 부시의 전술핵무기 철수 선언 바로 다음 날인 1991년 9월 28일 "조선반도의 비핵지대화를 실현하는 데서 무엇보다도 중요한 것은 남조선에서 미국의 핵무기를 철수시키는 것"이라며 "미국이 실지로 남조선에서 핵무기를 철수하게 되면 우리의 핵담보협정 체결의 길도 열리게 될 것"이라는 내용의 외교부 대변인 성명을 발표했다.[34] '핵담보협정'이란 IAEA의 핵안전조치협정을 뜻하는 것으로, 1985년 12월 조선의 NPT 가입 이후 이행이 미뤄진 해묵은 현안이자, 북핵 의혹의 진위를 가늠할 국제사회의 핵심 수단으로 간주되어왔다. 요컨대 조선은 미국이 한국에서 전술핵을 없앤다면 자기네도 그에 상응하는 선물을 내놓겠다고 화답한 셈이다.

남과 북의 유엔 동시·분리 가입(1991년 9월 17일)과 부시의 전술핵 철거 결정 직후인 1991년 10월 22~25일 평양 인민문화궁전에서 열린 제4차 남북 고위급회담은 탈냉전기 한반도의 역학과 진로에 중대한 영향을 끼친 분수령이다. 탈냉전기 남북관계의 진전과 후퇴에 핵심 변수로 작용한 핵 문제가 남북 당국 대화의 공식 의제로 다뤄진 첫 회담이어서다.

    북쪽 단장 연형묵 정무원 총리는 이 회담 첫날 기조연설에서 '조선반도의 비핵지대화에 관한 선언(초안)' 아홉 개 조항을 긴급 제안이라며 내놨다. 특히 연형묵은 "남조선에 있는 핵무기의 전면적이고 완전한 철거가 이루어지면 북남 동시 핵 사찰에 응할 것"이라고 밝혔다.[35] 9월 28일 외교부 대변인 성명 내용을 공식 회담에서 재확인하며 구체적 제안을 한 것이다. 이와 더불어 특기할 지점은 북쪽이 핵 문제를 남북회담에서 처음으로 공식 의제로, 그것도 선제적으로 제기했다는 사실이다. 연형묵은 1·2차 고위급회담 기조연설에서 "미군과 그의 핵무기 철수"를 언급했으나 정작 3차 회담에서 내놓은 '북남 불가침과 화해·협력에 관한 선언(초안)'에서 주한미군 핵무기 철수를 요구하지 않았다.[36]

    연형묵의 긴급 제안에 대한 남쪽의 답변은 4차 회담이 아닌 1991년 12월 10~13일 서울 쉐라톤그랜드워커힐호텔에서 진행된 5차 회담 첫날 '한반도 비핵화 등에 관한 공동선언(초안)' 긴급 제안 형식으로 이뤄졌다. 이로써 남과 북 모두 비핵화 공동선언 채택 필요성에 원론적 공감을 이룬 셈이다. 물론 그 속내는 서로 달랐다. 남쪽엔 미국의 집요한 압박과 4차 회담에서 핵 문제를 의제로 공식 제기한 북쪽의 회담 전략 변화가, 북쪽엔 부시 행정부의 전술핵무기 철수 결정을 기정사실로 굳히며 워싱턴으로 가는 길을 열겠다는 전략적 고려가 중요하게 작용했다. 부시의 전술핵무기 철수 결정이 남과 북에 서로 다른 이유로 회담 전략 전환의 촉매로 작용한 셈이다. 역사가 입증하는 바, 생각이 달라도 함께 길을 걸을 수 있다.

사실 4차 남북 고위급회담 이전엔 북쪽뿐만 아니라 남쪽도 핵 문제의 의제화를 피했다. 1~3차 남북 고위급회담 남쪽 수석대표인 강영훈 총리의 기조연설문에는 핵이라는 단어가 단 한 차례도 등장하지 않는다.[37] 4차 회담에서 연형묵의 긴급 제안에도 남쪽 수석대표인 정원식 총리는 A4 용지 열한 쪽 분량의 기조연설문에서 조선 핵 문제를 아홉 줄 세 문장, 예컨대 "귀측이 핵무기 개발을 중단하고 모든 핵물질과 시설에 대한 국제기구의 사찰을 무조건 받아야 한다"라는 원론적 대응으로 갈음했다. 이상옥 당시 외무장관의 회고에 따르면, 노태우 정부가 1~3차 고위급회담에서 핵 문제의 의제화를 회피한 데에는, 긴급현안이 아니라는 판단과 함께 핵 문제를 우선 과제로 앞세우면 남북관계 진전이 어려우리라는 전략적 고려가 작용했다.[38]

남과 북은 5차 고위급회담 직후 판문점에서 세 차례의 핵 문제 협의 대표 접촉을 벌여, 1991년의 마지막 날인 12월 31일 '한반도의 비핵화에 관한 공동선언'에 합의했다.[39] 그렇게 핵 문제는 4차 남북 고위급회담에서 한반도비핵화공동선언 채택에 이르는 과정을 거치며 남북관계의 자궁에 똬리를 틀었다.

남과 북이 유엔 동시·분리 가입(1991년 9월 17일), 남북 사이의 화해와 불가침 및 교류·협력에 관한 합의서(남북기본합의서, 1991년 12월 13일), 한반도비핵화공동선언(1991년 12월 31일)을 성취한 1991년은 남과 북의 8천만 시민·인민한테 '먼저 온 미래'다. 분단 이후 서로를 부인해온 남과 북이 국제사회에서 서로를 주권국가로 존중(유엔 가입)하는 한편, 양자관계에선 "통일지향 특수관계(기본합의서 서문)" 합의를 나침반

삼아 '적화통일'과 '흡수통일'을 배제하고 화해협력 → 평화공존 → 통일의 길을 걸으며, 더구나 핵 없는 한반도를 견지하기로 약속했기 때문이다. 이 약속이 착실히 실천됐다면 남북관계와 한반도의 풍경은 지금과 전혀 달랐을 것이다. 그런 점에서 먼저 온 미래로서 1991년은 남과 북의 8천만 시민·인민이 가야 할 길을 밝히는 밤하늘의 꺼지지 않는 별빛일지 모른다.

조선판 이이제이 전략과 미국의 냉대

그렇다면 어려운 경제 형편에도 영변 핵단지 건설·가동에 공을 들여온 조선 당국이 왜 한반도비핵화공동선언에 합의하며 한–미와 보조를 맞췄을까? 그 전략적 속내는 무엇이었을까?

한반도비핵화공동선언 합의 직후인 1992년 1월 '김정일의 남자'로 불린 김용순의 미국 방문이 중요하다. 김용순은 1992년 1월 22일 뉴욕 유엔 미국대표부에서 아널드 캔터와 마주 앉았다. 김용순은 조선노동당 국제담당 비서 겸 정치국 후보위원, 캔터는 미 국무부 서열 3위인 정무차관이었다. 한국전쟁 이래 사상 첫 조미 고위급회담이었다. 더구나 김용순은 당시 권력을 나눠 행사하던 김일성·김정일 부자의 특사였다. 조선의 김일성·김정일 최고지도부는 김용순의 방미길에 '평화유지군으로서 미군의 조선반도 주둔 용인(요청)' 카드를 선물보따리에 싸서 보냈다.[40] 한국전쟁 이후 미국을 승냥이에 비유하며 팀스피리트훈련 등을 통해 호시탐탐 북침을 노리는 최대의 주적이라 비난해온 조선 최고지도부의 놀라운 선택이다. 거기엔 1,334킬로미터에 이르는 긴 국경을 맞댄 '혈맹' 중국의 압도적 영향력을 미국과 관계 개선으로 중화하고 싶다는 속내가 담겨 있었다. 동아시아의 전통적 어법으로는 조선판 이이제이, 국제정치학 용어로는 헤징Hedging 전략이다. 사람들의 삶처럼, 국가의 삶도 복잡하다.

김용순의 방미길에 들려 보낸 미군 조선반도 주둔 요청 선물보따리는 미국의 친구가 되고 싶다는 간절함이 담긴 전략적 결단의 산물이다. 미국이 이때 조선이 내민 손을 마주 잡았다면, 탈냉전기 한반도의 진로는 달라졌을 것이고, 남과 북 8천만 시민·인민의 삶은 지금과 달리 평화롭고 좀 더 풍성해졌을 것이다.

그러나 김일성·김정일의 기대와 달리, 뉴욕에 간 김용순은 미국의 냉대에 시달렸다. 김용순을 어떻게 대할지, 달리 말하면 조-미 양자 직접 협상 여부를 둘러싼 부시 행정부 내부 투쟁에서 강경파가 승리한 탓이다. 김용순과 마주한 캔터는 "(관계) 정상화라는 표현은 절대 입에 올려선 안 된다" "협상하지 말 것" 따위의 냉랭한 지침을 벗어날 권한이 없었다.[41] 김용순은 주한미군 주둔 용인을 포함해 미국과 관계 정상화를 위한 포괄적 구상을 밝히며 회담에 임했지만, 캔터는 "핵 사찰을 받든가, 아니면 더 심한 고립과 경제적 붕괴의 길을 걷든가 양자택일의 선택지밖에 없다고 반복 강조"하는 식의 녹음기 재생 회담을 할 수밖에 없었다.[42] 김용순이 미국이 요구하는 핵 사찰을 받아들이면 어떤 보상을 기대할 수 있느냐고 묻자, 캔터는 '특정하지 않은 좋은 일'이 있을 수 있다는 식의 회피 어법으로 대응했다. 김용순과 대화에서 "아주 모호한 태도를 취하라" 따위를 포함해 준비된 발언 요지를 절대로 벗어나지 말라는 지침에 묶인 탓이다. 김용순이 이번에 합의에 이르지 못했으니 다음 만남 일정을 담은 공동문서라도 발표하자고 제안해도, 캔터는 '추가 만남 합의 불가'라는 지침 탓에 호응하지 않았다.

부시 행정부는 김용순을 뉴욕으로 불러놓고 왜 냉대했을까? 의문을 풀 실마리를 제임스 베이커 국무장관이 딕 체니 국방장관한테 보낸 비밀전문(1991년 11월 18일)에서 찾을 수 있다.[43] 베이커는 당시 서울에서 열린 아시아태평양경제협력체APEC 각료회의 때 첸치천 중국 외교부장을 만나 조선 문제에 대해 협의했는데, 그 내용을 전한 전문이다. 핵심 내용은 이렇다. "중국은 북한의 고립화 공포와 안보 불안을 완화하려면 (소련과 중국은 한국과 수교하고, 미국과 일본은 조선과 수교하는) 교차승인이 필요하며, 그를 통해 북한이 IAEA 핵 사찰을 받도록 할 수 있을 것이라고 말했다. 중국은 미국이 북한과 고위급회담을 해야 한다고 주장했다. 나는 북한과 접촉의 격을 높이겠지만, 그 접촉에서 평화 문제를 협상하지 않을 것이며, 다만 핵 문제와 관련해 우리의 방침과 기대사항을 분명하게 밝히는 것으로 주제를 한정하겠다고 답했다." 요컨대 김용순의 방미 초청은 중국 등의 요청을 고려한 것인데 미국의 관심 사항을 일방 통보할 뿐 협상은 하지 않겠다는 뜻이다.

당시 부시 행정부는 김용순의 방미를 '구걸 외교'로 여겼을지 모른다. '소련도 망하는데 북한 따위가……'라고 가벼이 생각했을 수도 있다. 그러나 약자의 생존술이 늘 그렇듯이 조선노동당 수뇌부의 전략은 그렇게 단순하지 않았다.

협상과 핵개발의 병행, 이중경로 전략

부시의 전술핵무기 철거 명령과 남북의 한반도비핵화공동선언 합의 사이에 조선로동당 수뇌부는 핵 문제를 대미 협상과 억지력 강화 수단으로 삼는 이중경로 전략을 결정·수행했다는 여러 증언이 있다. 임동원은 김일성이 1991년 10월 4~13일 중국 방문을 마친 뒤 조선로동당 중앙위 정치국회의를 열어 "미국과 관계 정상화를 최우선 과제로 추진하되 이를 위해 핵 문제를 대미 수교를 위한 협상카드로 적극 활용하겠다는 이른바 '전략적 결정'을 내렸다"는 중국의 한 탁월한 조선 문제 전문가의 말을 전했다.[44] 미국 언론인으로는 처음으로 김일성을 인터뷰하는 등 생전에 열한 차례 방북한 셀리그 해리슨은 '전략적 결정'의 무대를 그보다 두 달 뒤인 1991년 12월 24일, 9년 만에 열린 조선로동당 중앙위 전원회의로 봤다. 해리슨은 "북한 관리들이나 외교관들과 대화를 하면서 들은 내용을 종합"한 결과라며, 이 회의에서 강경파와 실용주의자 사이에 "만약 미국과의 협의가 실질적으로 진행된다면 핵프로그램은 유예될 수 있을 것이다. 그러나 미국과의 협의가 반드시 이 프로그램을 중단시키는 것은 아니라는 데 합의가 이뤄졌다"라고 전하며 이를 "불안한 타협"이라고 평가했다.[45] 조선노동당의 조직적 위계와 의사 결정 방식에 비춰, 소수만 모인 정치국회의에서 사실상 결정하고 정치국원을 포함한 중앙위원 모두가 모인 중앙위 전원회의에서 공식 결정했을 수도 있으니, 임동원과 해리슨의 전언이 상충하는 건 아니다.

억지(핵무장)와 협상의 이중경로를 지닌 전략적 결정인 셈인데, 당시 우선순위와 무게중심은 협상 쪽에 맞춰져 있었다. 때문에 조선은

1948년 조선민주주의인민공화국 창건 이래 첫 조-미 양자 고위급회담 기회를 쉽사리 포기하지 않았다. 뉴욕에 온 김용순을 천덕꾸러기 취급한 미국의 냉대는 조선에 당혹스러운 사태였을 텐데, 조선은 뉴욕 회담을 일단 긍정적으로 평가했다. 《로동신문》은 "회담은 솔직하고 건설적인 분위기 속에서 만족스럽게 진행됐다. 이미 시작된 조미 접촉을 조미 두 나라 사이에 존재하는 근본 문제를 풀 대화로 발전시키는 것이 중요하다"라고 보도했다.[46] 만났으니 이제 협상하자는 대미 메시지다. 김일성도 1992년 3월 31일 일본 《아사히신문》과 한 인터뷰에서 김용순-캔터 회담과 관련해 "아직은 첫 출발에 지나지 않는다"면서도 "조미관계를 개선하는 데서 일정한 의의"를 지니며 "우리는 앞으로 조미관계를 개선하기 위하여 계속 노력할 것"이라고 밝혔다.[47]

'최고존엄'인 김일성이 기대를 접지 않았는데, 김용순이 포기할 까닭이 없다. 김용순은 캔터와 2차 만남을 성사시키려 무던히 애를 썼다. 뉴욕 유엔 주재 조선대표부와 베이징 조-미 참사관급 접촉 창구를 통해 편지와 구두 메시지를 줄기차게 보냈으나 캔터는 미국의 요구 사항을 환기할 뿐 김용순이 원하는 답변을 내보이지 않았다.[48] 부시 행정부는 1993년 2월 국제회의 참석을 명분으로 워싱턴을 방문하겠다는 김용순의 마지막 몸부림에 비자 발급 거부로 응답했다.

핵 게임의 서막

냉담의 결과는 혹독했다. 해리슨은 김용순-캔터 회담이 아무런 성과 없이 끝난 건 평양의 실용주의자들한테 큰 타격을 주었으며, 이들로서는 내부의 강경파에 맞서고 미국과 추가 대화를 성사시키기 위해서라도 IAEA 사찰에 대한 조선의 양보와 조미관계 정상화 진전을 서로 연계시키는 것이 필요했다고 지적했다.[49] 미국이 조미관계 개선에 전혀 관심이 없음이 드러난 상황에서, 핵 게임은 조선한테 남은 사실상 마지막 선택지였을 수 있다는 점에서, 논리적으로나 당시 조선의 행보에 비춰 개연성이 있는 추정이다. 실제 조선은 협상의 문이 닫히자, 판을 뒤엎을 듯한 벼랑 끝 전술로 갈등과 대항을 통한 대미 접근 전략의 가속 페달을 밟았다. 1993년 3월 12일 조선은 '정부 성명'을 통해 NPT를 탈퇴하겠다고 발표했다.[50] 그 뒤 조-미 사이에, 그리고 한반도에 무슨 일이 벌어졌는지 우리는 이미 알고 있다. 가슴을 쓸어내리지 않고는 되돌아볼 수 없는 전쟁 위기의 섬뜩한 역사다.

2장

조선의 핵무장 선언

조선이 1993년 NPT 탈퇴 선언을 하기 훨씬 전인 1990년 9월 2~4일, 한국과 수교 방침을 사전 설명하려고 평양을 찾은 에두아르드 셰바르드나제 소련 외무장관한테 핵무기 개발 의지를 밝힌 사실을 기억할 필요가 있다. 김영남 조선 외교부장은 셰바르드나제와 단독 회담 자리에서 "쏘련이 남조선과 '외교관계'를 맺으면 조쏘동맹조약을 스스로 유명무실한 것으로 되게 할 것이다. 그렇게 되면 우리는 이때까지 동맹관계에 의거했던 일부 무기들도 자체로 마련하는 대책을 세우지 않을 수 없게 될 것이다"라고 협박조로 통보했다. 김영남의 이 발언은 내각 기관지인《민주조선》으로 공개됐다.[1] 김영남의 발언 중 "동맹관계에 의거했던 일부 무기들"이란 냉전기 소련의 핵우산을 지칭하므로, "자체로 마련하는 대책을 세우지 않을 수 없게 될 것"이란 조선의 자체 핵무기 개발을 뜻하는 것으로 해석할 수 있다. 이와 관련해 돈 오버도퍼는 "소련 측 대표 가운데는 김영남이 구체적으로 핵무기를 거론하며 위협했던 것으로 기억하는 사람도 있"다고 전했다.[2] 남북한 현대사를 연구한 와다 하루키는 "소련의 핵우산에 들어 있던 조선이 거기서 벗어나게 된다면, 미국과 한국의 핵에 대항하기 위해 자신들도 핵무기를 가질 수밖에 없다는 의미"라고 해석했다.[3] 김영남의 이 문제적 발언은 아직도 논란이 많은 조선이 언제 어떤 계기로 핵에너지의 무기화를 결심·실행하기 시작했는지를 가늠할 중요한 실마리다.

김영남이 평양을 찾은 셰바르드나제한테 통보하듯 밝힌 "우리는 이때까지 동맹관계에 의거했던 일부 무기들도 자체로 마련하는 대책을 세우지 않을 수 없게 될 것"이라는 선언이 빈말이 아님을 확인하는 데는 그리 오랜 시간이 필요하지 않았다. 협상을 통한 조미관계 정상화 시도가 벽에 부닥쳤음을 확인한 김용순의 뉴욕 회담 실패 직후다.

미량의 플루토늄 추출 자진 신고

조선은 1992년 4월 14일 영변 핵시설의 외관과 내부를 조선중앙텔레비전에 공개했고, 이는 이튿날 일본 방송의 중계를 거쳐 세계에 전파됐다. 조선 핵 능력의 심장 영변 핵단지가 외부에 처음으로 공개된 것이다. 그로부터 한 달도 지나지 않은 1992년 5월 3일 최정순 조선 원자력부 외사국장은 평양을 찾은 셀리그 해리슨 일행이 묻지도 않았는데 "실험을 목적으로 한 미량의 플루토늄을 추출했다"고 밝혔다. 그때까지 미국과 IAEA는 조선의 플루토늄 추출 사실을 파악하지 못한 터다. 요컨대 해리슨 일행은 조선에서도 극소수만 알고 있던 플루토늄 추출 사실을 알게 된 최초의 외부인이다. 깜짝 놀란 해리슨 일행이 평양을 떠날 때까지 얼마나 추출했냐고 거듭 물었지만, 최정순은 "거의 없는 거나 마찬가지"라는 답변을 반복했다. 2016년 숨지기 전까지 미국에서 조선의 속내를 가장 잘 읽어낸다는 평가를 받던 해리슨은 "우리는 그가 문제를 위기 상황으로 몰고 가지 않으면서 미국을 협상으로 끌어내려는 의도로 조심스럽게 준비된 발언을 한 게 아닌가 하는 인상을 받았다"고 평가했다.[4] 최정순의 발언 이튿날 조선은 핵안전조치협정 제62조에 따라 핵물질 재고 내역과 핵시설 설계 정보 등을 담은 최초 보고서를 IAEA에 제출했다. 조선은 이 최초 보고서에서 1990년 영변 5메가와트 실험용 원자로(흑연감속로)에서 꺼낸 훼손된 사용후연료봉에서 시험용으로 플루토늄 90그램을 한 차례 추출했다고 자발적으로 신고했다.[5] 최정순이 말한 '미량'을 조선 당국은 90그램이라고 특정했다. 협상에서 입지를 높이려고 핵 능력의 한 자락을 내비친 셈이다. 이후 30년 넘게 북핵 문제의 고빗길마다 마주하게 될, 공갈과 협상의 두 얼굴을 한 핵 게임의 시작이다.

그런데 사태가 조선의 통제 범위를 벗어나기 시작했다. IAEA가 조선의 협조를 받아 1992년 7월 7~20일 영변 핵시설 제2차 임시사찰 과정에서 채취한 샘플을 분석해보니, 조선이 플루토늄 재처리를 한 번이 아니라 최소한 세 번(1989/1990/1991년) 해서 148그램을 추출했다는 결과가 나온 것이다.[6] 이 시료는 오스트리아 빈에 있는 IAEA 연구소뿐만 아니라 냉전기 소련의 핵실험을 분석한 미국 플로리다주 공군기술응

용연구센터에 딸린 연구소에서도 정밀 검증이 이뤄졌다. 더군다나 조선이 IAEA에 자발적으로 건넨 플루토늄 90그램과 IAEA가 영변에서 채취한 샘플의 동위원소 기호가 불일치했다.[7] 조선은 이 중대한 불일치를 제대로 해명하지 못했다.[8] IAEA의 뒤에 있던 미국 정보기관의 주장, 즉 '북이 핵무기를 개발하려고 플루토늄을 몰래 빼돌리고 있을 수 있다'는 의혹에 힘을 실어주는 사태 전개다. 미국 정보기관은 이 중대한 불일치를 조선이 최소한 한두 기의 핵폭탄을 제조하는 데 필요한 플루토늄을 이미 생산했음을 보여주는 증거로 간주했다. IAEA는 1992년 8월 29일~9월 12일 제3차 임시사찰에서는 조선이 신고하지 않은 두 개의 핵시설이 영변 핵단지에 있음을 발견했다. 이 발견 뒤에도 IAEA에 위성사진을 건넨 미국 정보기관이 있었다.[9] 두 미신고 시설을 사찰 대상에 추가하자는 IAEA의 요구를 조선은 군사시설에 대한 사찰이 주권 침해라는 이유로 거부했다.

엎친 데 덮친 격으로 1992년 8월 24일 중국이 한국과 수교했다. 중국이 한국과 수교했다는 사실은 당연하게도 중국이 더는 한중수교를 조미수교와 연계하지 않겠다는 뜻이었다. 이는 조선이 중국의 지원과 협조를 전제로 추진해온 남방정책의 버팀목이 사라졌음을 뜻하는 것이었다.[10] 1992년 10월, 한-미 군 당국은 양국 모두 대선을 앞둔 정치적 과도기라는 틈을 타 1993년 팀스피리트훈련 재개를 준비하겠다는 방침을 발표했다. 한-미 정부가 팀스피리트훈련 재개 방침을 공식 발표한 1993년 1월 27일, 조선은 외교부 성명을 통해 "조선민주주의인민공화국 정부는 미국과 남조선 당국자들에 의하여 조선반도에 조성된 엄중한 사태에 대처하여 필요한 자위적인 조치들을 취하지 않을 수 없다"라고 반발했다.[11] 이어 1993년 2월 25일 IAEA 이사회가 조선한테 한 달 안에 IAEA의 특별사찰을 수용하라는 결의를 채택하자,[12] 조선은 1993년 3월 12일 "조선민주주의인민공화국 정부는 나라의 최고 리익을 수호하기 위한 조치로써 부득이 핵무기전파방지조약에서 탈퇴한다는 것을 선포한다"는 정부 성명을 발표했다.

조선의 NPT 탈퇴 선언과 1차 북핵 위기

1차 북핵 위기는 그렇게 발화했다. 돌이켜보건대 조선의 속내가 무엇이든 결과적으로 최초 보고서에 명시된 '플루토늄 90그램'은 미국·IAEA와 조선 사이에 대화 끝, 갈등 시작을 알리는 신호탄이었다. 그 뒤 30년 넘게 동북아 정세와 한반도 8천만 시민·인민의 삶을 뿌리째 뒤흔들고 있는 북핵 문제의 발화점인 셈이다.

조선이 1993년 3월 12일 정부 성명으로 발표한 NPT 탈퇴 선언은, 조약 10조에 따라 정확히 3개월 뒤인 1993년 6월 12일에야 탈퇴 효력이 발생한다.[13] 폭발을 막을 90일의 여유가 있는 시한폭탄이다. 더구나 조선은 정부 성명에 이 시한폭탄을 멈출 실마리를 담아놨다. "핵에네르기를 평화적 목적에 리용하려는 우리 공화국 정부의 정책에는 변함이 없으며 우리 인민은 앞으로도 조선반도의 비핵화를 실현하기 위하여 모든 노력을 다할 것"이라는 원칙적 견해 표명과 함께, "미국이 우리에 대한 핵 위협을 중지하고 국제원자력기구 서기국이 독자성과 공정성의 원칙으로 돌아설 때" 탈퇴 선언을 철회할 수 있음을 내비친 것이다.[14]

조선의 NPT 탈퇴 선언에 대한 국제사회 반응은 냉담했다. 1993년 5월 초 조선의 조약 잔류를 촉구하는 유엔 총회 결의문 채택에 반대한 회원국은 조선 혼자였다. 140개국이 찬성했고, 중국은 기권했다.

조선은 스스로 활로를 열어야 했다. 유엔 총회 결의문 채택 직후인 1993년 5월 중순의 어느 날 허종 유엔 조선대표부 대사는 미국 국무부 코리아 데스크로 전화를 걸어 케네스 퀴노네스와 통화하고 싶다고 했다. 허종은 전화기를 넘겨받은 퀴노네스한테 "나는 공화국 정부로부터 귀 정부에 양측 정부가 서로 만나 쌍방의 문제를 논의할 수 있는지를 알아보는 권한을 위임받았습니다"라고 밝혔다. 퀴노네스는 상부의 승인을 받아 뉴욕 유엔 본부에서 김종수 조선대표부 부대사를 만나 10분 만에 유엔 주재 미국대표부에서 6월 1일 양자협상을 하기로 합의했다.

NPT 탈퇴 선언과 협상 모색이라는 조선의 이중행보에 갓 출범한 빌 클린턴 미 행정부는 강압적 맞대응이 아닌 협상 모색으로 대응했다. 국제비확산체제의 신뢰성 훼손을 막아야 한다는 원칙적 태도와 더불어, 민주당으로 12년 만의 정권교체가 잘한 선택임을 유권자들한테 성과로 입증해야 할 집권 초에 북핵 문제에 발목이 잡히고 싶지 않다는 국내정치적 고려가 작용했다.

강석주 조선 외무성 제1부부장과 로버트 갈루치 미 국무부 차관보가 대표로 나선 1993년 6월 2~4일 첫 조미 양자협상은 평행선을 그었다. 한국전쟁 이후 반세기 동안의 적대와 단절을 뒤로 하고 첫 만남에서 바로 합의를 이루기엔 무지와 불신과 적대감의 골이 너무 깊었다고 퀴노네스는 회고했다. 퀴노네스는 뉴욕으로 와달라는 허종의 부탁 전화를 받고 뉴욕 맨해튼 42번가 헴슬리호텔 맞은편 두 평짜리 베이글 가게에서 '미스터 리(리용호)'를 만났다. '미스터 리'는 "공화국의 NPT 잔류가 미국에 그렇게 중요한가? 잔류할 경우 공화국에 돌아오는 이익은 무엇인가? 미국과 외교통상 관계를 정상화하려면 공화국이 뭘 해야 하나?" 따위의 질문을 쉼 없이 쏟아냈다.[15]

핵 게임 시계가 멈추던 날

조선의 NPT 탈퇴 선언이 효력을 발휘하기 하루 전인 1993년 6월 11일 "조선민주주의인민공화국과 미합중국 사이의 정부급 회담이 1993년 6월 2일부터 11일 사이에 뉴욕에서 진행되였다"로 시작하는 '조선민주주의인민공화국-미합중국 공동성명'이 발표됐다.[16] 미국은 "핵무기 포함 무력 사용·위협 배제, 자주권 존중, 내정 불간섭, 평등·공정한 대화"를, 조선은 "북남비핵화공동선언 지지" 표명과 함께 "핵무기전파방지조약으로부터의 탈퇴 효력을 필요하다고 인정하는 만큼 일방적으로 림시 정지"를 약속한 게 핵심이다.

이 공동성명은 조선의 정식 국호 '조선민주주의인민공화국'이 명시된 사상 첫 조미 양자 합의문이다. 조선으로선 역사적 성취다. 실제 강석주는 공동성명 발표 직후 뉴욕에서 한 기자회견에서 "공동성명 발표는 조선민주주의인민공화국과 미합중국 사이에 처음 있는 일"이라며 "역사적인 일"이라고 자평했다.[17]

강석주와 갈루치는 공동성명 발표 뒤 허종과 퀴노네스를 연락 창구로 지정했다. 저 유명한 '조미 뉴욕 접촉 창구'의 개설이다. 퀴노네스

는 "위기를 대화로 풀어간다는 차원에서 그(허종)가 전화를 걸어온 시점은 절묘했다"라고 회고했다.[18]

1993년 6월 공동성명은 조선의 NPT 탈퇴 선언이라는 시한폭탄 타이머를 임시로 멈춰 세운 것일 뿐, 시한폭탄을 제거하지는 못했다. 따라서 시한폭탄을 제거하기 위한 조미 협상이 추가로 필요했다. 강석주와 갈루치는 협상 무대를 옮겨 공동성명 채택 한 달여 뒤인 1993년 7월 13일 스위스 제네바 조선대사관에서 2차 조미 고위급회담을 열었다.

강석주가 먼저 자신의 패를 꺼내 흔들었다. "조선민주주의인민공화국은 핵무기를 제조할 의사가 전혀 없다. 국제사회가 에너지 수요를 충족시키기 위한 경수로를 제공한다면 국내 원자로를 경수로로 대체함으로써 원자력 개발 프로그램 전체를 수정할 용의가 있다." 강석주가 입에 올린 경수로는 과거이자 미래. 1985년 소련이 함경남도 신포에 건설하기로 했으나 중단된 과거의 그 경수로이자, 1994년 10월 21일 조미 제네바합의에 따라 KEDO 주도로 신포에 짓게 될 미래의 경수로다. 강석주는 이때 이미 제네바합의의 기본 뼈대인 '영변 핵시설 동결 ↔ 경수로 제공'을 공식 제안한 셈이다. 강석주가 경수로를 입에 올렸을 때, 갈루치 옆에 앉아 있던 미 국무부 정보분석관 로버트 칼린은 "저들은 핵 문제로부터 빠져나오기를 원한다"라고 노트에 메모했다.[19] 칼린은 날마다 《로동신문》 기사 원문을 읽는다.

갈루치는 강석주가 "핵 문제를 완벽하게 협상 대상으로 여긴다"라는 인상을 받았다. 그는 "경수로 제공이 북한의 핵개발 계획을 국제적 차원에서 통제할 수 있는 좋은 방법"이라 여겼다. 하여 엿새 일정의 회의 마지막 날인 1993년 7월 19일 갈루치는 "북한의 경수로 도입을 지지하며 (…) 조선민주주의인민공화국과 함께 경수로를 확보할 수 있는 방법을 모색할 것이다"라는 내용의 선언문을 채택하기로 강석주와 합의했다.[20] 강석주와 갈루치는 이때 이미 1994년 10월 21일 발표할 조미 제네바합의의 핵심 내용에 합의한 셈이다.

하지만 갈루치는 합의 내용을 공동성명 형식으로 발표하자는 강석주의 제안을 끝내 받아들이지 않았다. 오히려 추가 조건을 걸었다. 3차 조미 고위급회담이 성사되려면 남과 북, 그리고 조선과 IAEA 사이의 "진지한 논의·협상"이 이뤄져야 한다는 것이었다. 한 달여 전인 1993년 6월 11일 조미 공동성명 발표에 격하게 반발한 한국의 김영삼 정부를 달래려는 속도 조절이다.[21]

조선은 판을 깰 생각이 없었는지 반발하지 않고 갈루치의 조건을 받아들였다. 조선은 1993년 7월 19일 발표한 '조선민주주의인민공화국 대표단 보도문'을 통해 "IAEA와의 협상을 가능한 빠른 시일 내에 시작할 용의"와 함께 "북남회담을 가능한 빠른 시일 내에 시작할 용의"를 밝혔다.[22] 그리고 1993년 8월 3~10일 IAEA 사찰단의 영변 방문을 허용했다. 남북회담과 관련해선 김영삼 정부의 특사 교환 실무자 접촉 제안(1993년 6월 15일)에 응해 1993년 10월 5일 판문점 남북공동경비구역 JSA 북쪽 지역인 통일각에서 '남북 특사 교환을 위한 1차 실무대표 접촉'을 시작했다.[23]

그런데도 3차 조미 고위급회담의 문은 쉽사리 열리지 않았다. 조선이 IAEA 대표단의 영변 핵단지 사찰에 충분히 협조적이지 않았던 데다, 미국의 강권에 떠밀려 나선 남북회담에서 합의 지향적인 태도를 보이지 않은 사정 등이 영향을 끼쳤다. '영변 핵시설 동결 ↔ 경수로 제공' 방안에 이미 공감한 강석주와 갈루치는 포기하지 않았다. 뉴욕 접촉 창구를 활용한 수십 차례 접촉으로 마중물을 쉼 없이 부었다. 마침내 조-미는 1994년 2월 22~25일의 실무접촉을 통해 '영변 7개 신고 시설에 대한 IAEA 사찰+남북 특사 교환 실무대표 접촉 재개'와 '1994년 한미 팀스피리트훈련 중지+1994년 3월 21일 제네바에서 조미 3단계 회담 개최'를 맞바꾸는 이른바 '4개 동시 조처'를 3월 1일부터 실행하기로 합의했다.[24] 1994년 3월 1일이 화요일인 데 빗대, 미국 협상 대표단은 이를 '슈퍼 화요일' 타결안이라 불렀다.

조선 "제재는 곧 전쟁이다"

불행하게도, 미국이 내건 두 전제조건이 합의 문턱에 이른 조미관계를 갈등과 충돌의 벼랑으로 후퇴시킬 폭탄임이 드러나는 데에는 그리 오랜 시간이 걸리지 않았다. IAEA는 1994년 3월 1~15일 영변 핵시설 사찰 직후 3월 16일 열린 이사회에서 방사화학실험실(재처리시설)에 대한 사찰이 거부돼 조선이 추출한 핵물질이 핵무기 제조에 쓰이지 않았음을 검증하는 데 실패했다며 조선 핵 문제를 유엔 안전보장이사회에 회부한다는 '대북 결의(GOV/2710)'를 채택했다.[25] 남과 북은 1993년 10월 25일 3차 접촉 이후 다섯 달 가까이 중단된 '남북 특사 교환을 위한 실무대표 접촉'을 1994년 3월 2일 판문점 공동경비구역 남쪽 평화의집에서 재개(4차 접촉)했으나 합의는커녕 말싸움이 거칠어져만 갔다. 그러다 3월 19일 평화의집에서 열린 '남북 특사 교환을 위한 8차 실무 접촉'이 북쪽 단장의 이른바 '서울 불바다' 발언을 빌미로 결국 결렬됐다.[26] 남–북 대표단의 거친 말싸움 끝에 박영수 북쪽 단장(조국평화통일위원회 서기국장)이 "서울은 여기에서 멀지 않소, 전쟁이 일어나면 (우리뿐 아니라) 서울도 불바다가 될 것이오, 송 선생(남쪽 수석대표 송영대 통일부 차관)도 무사하지 못할 것이오"라는 폭탄 발언을 하고 회담장을 떠난 것이다. 김영삼 정부는 비공개 관례를 깨고 박영수의 '서울 불바다' 발언이 담긴 녹화 영상을 한국방송KBS에 건네 반북 여론에 불을 질렀다.[27]

갈루치는 남북회담의 '서울 불바다' 발언 사태를 두고 "슈퍼 화요일 합의를 담은 관에 최후의 못을 박았다"라고 평가했다.[28] 조선은 3월 21일 발표된 외교부 대변인 성명을 통해 "미국은 만일 우리가 (국제원자력)기구의 재사찰을 허용하지 않고 북남 특사 교환을 실현하지 않으면 '팀스피리트94' 합동군사연습을 재개하고 제3단계 조미 회담도 하지 않을 것이며 우리 문제를 유엔 안전보장이사회에 넘기겠다고 하고 있다"라며 "조미 뉴욕 접촉 합의문을 전면 뒤집어엎는 배신행위"라고 비난했다.[29] 당연하게도 3차 조미 고위급회담은 열리지 않았고, 조-미는 서로 반대 방향으로 힘껏 달렸다.

미국은 유엔 안전보장이사회, IAEA와 공조 체제를 구축하며 조선을 거세게 몰아붙였고, 조선은 더 위험한 상황을 만들어 출로를 뚫으려 했다. 흔히 '벼랑 끝 전술'이라 불리는, 지금은 너무나도 낯익은 이중궤도 전략이다. 클린턴 행정부도 협상과 제재의 이중궤도 전략을 구사했다.

조선은 4월 10일 영변 5메가와트 원자로를 멈춰 세웠고, 5월 12일부터 원자로에서 사용후핵연료를 꺼내기 시작했다. 한 달여 만인 6월 15일 조선은 8천 개의 사용후핵연료봉을 모두 꺼냈다. IAEA는 5월 28일 핵연료봉 교체 문제와 관련한 협상의 결렬을 발표했고, 6월 10일 이사회를 열어 대북 제재 결의를 채택했다. 조선은 6월 13일 외교부 대변인 성명을 통해 "'제재'와 대화는 양립될 수 없다"며 "IAEA로부터 즉시 탈퇴"를 선언했다.[30]

미국의 패트리어트 미사일이 4월 11일 부산항에 입항한 걸 시작으로 아파치 헬기, 브래들리 전차 등이 속속 한반도에 배치됐다. 한-미 국방장관은 4월 11일 서울에서 회담을 열어, 1994년엔 팀스피리트훈련을 중단하기로 한 3월 3일 발표를 뒤집고 11월에 훈련을 실시할 수 있다고 발표했다. 6월 2일 한스 블릭스 IAEA 사무총장이 "원자로 노심의 모든 중요한 부분들이 교체돼 연료봉을 분리해 확보할 여지가 사라졌다"고 유엔 사무총장한테 통보하자, 이튿날 미 국무부는 3차 조미 고위급회담을 취소한다고 발표했고, 클린턴은 유엔에서 대북 제재를 논의할 것이라 밝혔다.[31] 조선은 "'제재'는 곧 전쟁이며 전쟁에서는 자비가 없다"라는 제목의 조국평화통일위원회 성명으로 맞받았다.[32]

1994년 6월 한반도 전쟁 위기

1994년 6월 조-미가 마주 보고 달리는 열차처럼 '겁쟁이 게임'을 불사할 의지를 거듭 드러내자, 한반도 하늘은 전쟁 공포의 먹구름이 뒤덮었다. 한국의 주가가 폭락했고, 시민들은 피난 준비를 한다며 쌀·라면·양초 따위 비상물품을 사재기했다. 6월 14일부터 사흘간 한국에서

팔려나간 라면만 5천4백만 개에 이르렀다.[33]

장삼이사만 전쟁을 두려워한 게 아니다. 김일성과 클린턴도 전쟁으로 번질지도 모를 정면충돌을 피할 실마리를 찾으려 골몰했다. 특히 클린턴은 한반도 전쟁 재발의 재앙적 후과에 대해 비밀 브리핑을 받은 뒤 북핵 문제와 관련해 비군사적 대응 쪽으로 확연하게 방향을 틀었다. 클린턴은 1994년 5월 19일 윌리엄 페리 국방장관한테서 "미군이 영변의 핵시설을 공격해 북한의 핵프로그램을 몇 년 뒤로 돌려놓을 수 있지만 잘못하면 전쟁으로 이어질 수 있다"는 우려를 들었다. 아울러 "한반도에 전쟁이 발발하면 미군 3만 명과 한국군 45만 명, 민간인 1백만 명 이상의 사상, 6백억 달러 이상의 전비, 1조 달러에 이르는 한국 경제의 피해, 아시아 경제 불황" 따위가 예상된다는 페리와 존 샬리카시빌리 합참의장의 보고를 받았다.[34]

시끄럽게 짓는 개는 물지 않는다고 했던가, 밤이 깊을수록 새벽이 다가온다고 했던가, 하여튼. 전직 미국 대통령 지미 카터가 두 적대국가의 최고지도자인 김일성과 클린턴이 충돌을 피할 명분을 제공할 적임자로 떠올랐다. 사실 김일성은 1991년부터 해마다 카터의 조선 방문을 바란다는 초청장을 카터센터에 보내왔다. 카터도 평양에 가고 싶어 했으나, 미 국무부의 반대로 전직 미국 대통령의 방북은 번번이 무산돼온 터다. 1994년 6월 1일 카터는 클린턴한테 전화를 걸어 한반도 정세에 대한 우려를 표명했고, 6월 6일엔 앨 고어 부통령한테 전화를 걸어 "김일성이 직접 보낸 초청장은 아직 유효하며, 나는 초청을 수락하고 싶다"고 말했다. 고어는 카터의 방북에 찬성했으나, 국무부의 크리스토퍼

장관은 일관되게(이전처럼) 반대했다. 클린턴이 결정해야만 했다. 클린턴은 '미국을 대표하는 공식 사절이 아닌 민간인 자격으로 행동한다'는 조건을 달아 카터의 방북을 승인했다.[35] 클린턴은 자신의 결정과 관련해 고위 참모들한테 이렇게 설명했다. "카터 대통령의 방북을 허용하면 꽤나 말이 많을 것이라 생각했다. 하지만 북한한테 체면을 잃지 않은 채 내려올 수 있는 탈출구를 열어줄 필요도 있었다. 나는 그들이 '전직 미국 대통령이 이 나라에 왔다'고 말할 수 있으면 곧 물러설 거라고 생각했다."[36] 당시 국방장관 페리도 "우리는 전면전을 회피할 방법을 찾고 있었지, 전면전을 촉발할 방법을 모색한 게 아니다"라고 회고했다.

평양에 간 지미 카터

카터는 1994년 6월 13일 서울에 왔고, 이틀 뒤인 6월 15일 판문점을 거쳐 평양으로 갔다. 판문점에선 송호경 외교부 부부장이, 평양에선 김영남 부총리 겸 외교부장이 카터 일행을 맞이했다.[37] 카터가 판문점을 넘은 다음 날 아침 제임스 레이니 주한 미국대사는 한국에 있던 세 명의 손주들한테 사흘 안에 미국으로 떠나라고 말했다.[38] 카터가 판문점을 넘은 순간에도 한반도 정세는 한 치 앞을 가늠하기 어려운 상황이었다는 뜻이다.

서른일곱에 조선민주주의인민공화국의 최고지도자 자리에 올라 산전수전 다 겪은 김일성은 전직 미국 대통령과 첫 만남을 체면을 잃지 않고 위기에서 벗어날 기회로 능숙하게 활용했다.

김일성은 6월 16일과 17일 카터와 두 차례 회담을 했고, 이틀 모두

오찬도 함께했다. 17일엔 남포 서해갑문에도 함께 갔다.《로동신문》은 김일성과 카터가 "따뜻한 분위기 속에서, 호상(상호) 관심사로 되는 문제들에 대한 진지한 담화"를 나눴다며 관련 소식을 6월 17일과 18일자 1면 머리기사로 사진과 함께 대서특필했다.[39] 조미 고위급회담 북쪽 단장인 강석주가 배석했다. 두 차례 회담을 통해 김일성과 카터는 '영변 핵 동결 ↔ 경수로 제공' 방안이 유효함을 재확인했다. 김일성은 카터한테 비자 만료가 임박한 IAEA 사찰단의 체류 연장을 확약했다. 평양에 오기 전 서울에서 김영삼한테서 조건 없는 남북정상회담 의지를 확인한 카터의 요청에 "언제 어디서든, 조건 없이, 가급적 이른 시일 안에" 정상회담에 응하겠다고 적극적으로 화답했다.[40] 《로동신문》은 이런 내용을 구체적으로 보도하지 않았다. 다만 카터가 6월 18일 판문점에서 이뤄진 기자회견에서 "조-미 사이의 직접 대화가 재개될 것이며 북조선의 흑연감속로는 경수로 체계로 전환될 것"이라며 "핵 문제를 둘러싼 모든 문제들이 순조롭게 풀려나갈 수 있을 것"이라고 밝혔다고《로동신문》은 전했다.[41] 김일성과 카터가 한반도의 전쟁 위기를 넘길 방안에 공감을 이뤘다는 뜻이다.

    카터는 전직 미국 대통령이 아닌 민간인 자격으로 방북을 승인받은 터라, 미국 정부를 대표해 김일성과 협상할 권한이 없었다. 그런데도 김일성과 두 차례 회담을 통해 한반도의 전쟁 위기를 넘기고 충돌 직전의 조미관계의 방향을 다시 대화 쪽으로 돌릴 방안에 공감의 폭을 넓힌 것이다. 카터는 패권국 미국의 대통령을 지낸 이답게 이 딜레마를 노회한 솜씨로 처리했다. 카터는 6월 16일 김일성과 첫 만남 뒤 백악관에 전화를 걸어 김일성과 논의 결과를 설명하며, 이를 자신의 방북에 동행한 CNN 취재진과 생중계 회견 방식으로 공개하겠다고 통보한 것이다. 김일성과 논의 결과를 기정사실로 굳히려는 포석이었다.

백악관은 논란 끝에 카터의 CNN 회견 내용을 미국에 최대한 유리하게 해석하는 식으로 대응하기로 했다. 최종 결정권자인 대통령 클린턴이 "외교적으로 또 심리적으로 최선의 방법"은 카터의 회견 내용을 미국에 최대한 유리하게 해석한 뒤, 그게 아니라면 부인의 부담을 조선 또는 카터한테 넘기자고 정리한 데 따른 것이다.[42] 대통령이 직접 언론 앞에 섰다. "오늘 카터 전 대통령과 회담에서 북한이 몇 가지 새로운 제안을 했다는 보도가 있었다. IAEA 사찰단과 사찰 장비의 잔류를 허용하고 현재의 핵프로그램을 확산 위험이 덜한 신형 경수로 프로그램으로 교체하기를 원한다는 것이다. 오늘 일어난 일들이 북한이 대화가 진행되는 동안 핵프로그램을 진정, 그리고 검증 가능한 방법으로 동결하는 것을 의미한다면 우리는 고위급회담을 재개할 용의가 있다."

클린턴이 자리를 뜨자 갈루치가 마이크를 이어받았다. 갈루치는 미국의 생각을 좀 더 구체적으로 밝혔다. "북한이 연료봉 재장전을 하지 않고 사용후연료봉도 재처리하지 않을 것이라는 내용을 외교 창구로 확인하면 미국은 3차 회담에 나설 용의가 있다"는 것이다. '재처리 금지+추가 장전 금지'를 3차 회담의 전제조건으로 내건 셈인데, 이는 기존의 '재처리 금지' 요구보다 수위를 크게 높인 것이다. 당장 "미국이 요구 수위를 높인 것인가?"라는 기자의 질문이 나오자, 갈루치는 머뭇거리지 않고 "그렇다"고 답했다.[43] 그런데도 조선은 군말 없이 바로 받아들였다. 제재는 전쟁이고 전쟁에는 자비가 없다며 길길이 날뛰던 조선이 내심으론 미국과 정면충돌을 피하려 노심초사했음을 느낄 수 있다. 그렇게 1994년 한반도 전쟁 위기는 한고비를 넘겼다.

김일성의 죽음

조-미는 1994년 7월 8일 스위스 제네바 조선대표부에서 3차 고위급회담을 재개했다. 충돌의 위기를 넘긴 뒤의 만남이라서인지 강석주와 갈루치는 회담 결과를 낙관했다. 강석주는 "미국이 공화국에 경수로를 제공하기 위한 실질적 조치를 취하면 양측은 핵 문제의 근본적 해결에 도달할 수 있을 것"이라고 말했다.[44] 그런데 제네바 시각으로 7월 9일 정오, 조선 매체가 특별방송 형식을 빌려 "경애하는 수령 김일성 동지께서 7월 7일 심한 심근경색이 발생되고 심장쇼크가 합병돼, 7월 8일 2시에 사망하시였다"라고 발표했다.[45] 당연하게도 회담은 멈춰섰다.

클린턴 행정부는 어렵사리 살려낸 조선과의 협상 동력이 떨어지지 않도록 세심하게 움직였다. 클린턴은 조문 성명을 발표했고, 갈루치는 제네바 조선대표부로 조문을 갔다. 클린턴의 조문 성명 전문이 《로동신문》에 실렸다. 내용은 이랬다. "나는 미국 인민들의 이름으로 김일성 주석의 서거에 즈음하여 북조선 인민에게 진심으로 조의를 표시합니다. 우리는 두 정부 사이의 회담 재개를 위한 김일성 주석의 영도력을 평가합니다. 우리는 회담이 적절하게 계속되기를 희망합니다."[46] 조전弔電보다 격이 낮은 성명 형식을 취하고 조의의 대상을 북조선 인민으로 한정해 정치·외교적 논란을 피하면서도 "회담 재개를 위한 김일성 주석의 영도력"을 띄우는 방식으로 조미 회담의 지속을 바란다는 정책의제를 강조한 것이다. 클린턴 행정부 인사는 이런 선택과 관련해 "미국한테는 사소한 일이지만 북한에는 엄청나게 중요한 상징적 의미를 갖는 일이었다. 미국 정부는 사소한 것으로 크게 생색을 낼 수 있는 기회였다"라고 회고했다.[47]

조-미는 7월 21일 뉴욕 접촉 창구를 통해 3차 고위급회담 재개에 원칙적 합의를 봤고, 8월 5일 제네바 미국대표부에서 회담을 재개했다. 회담은 8월 12일까지 이어졌고, 조-미 양자의 첫 문서 합의인 1993년 6월 11일 공동성명의 원칙을 재확인한다는 내용을 포함한 네 개 항의 합의 성명을 8월 13일 발표했다. 클린턴 행정부는 체면을 중시하는 조선을 상대로 섬세한 조문외교를 펼쳐 김일성의 죽음이라는 돌발악재를 1차 북핵 위기를 봉인할 조미 제네바합의로 가는 디딤돌로 삼았다.[48]

조미 제네바합의에 이르다

조-미는 1994년 10월 21일 제네바합의에 이르렀다. 조선은 영변 핵시설 동결과 궁극적 해체, NPT 잔류와 IAEA 핵안전조치협정 이행 등을 약속했다. 미국은 경수로 제공 주선과 "북한에 대한 핵무기 불위협 또는 불사용에 관한 공식 보장"을 포함한 "정치·경제적 관계의 완전 정상화 추구"를 약속했다.[49] 조선 쪽 단장인 강석주는 합의 당일 제네바에서 한 기자회견에서 "역사적 의의를 가지는 문건으로, 우리는 합의문에 대해 좋게 생각한다"며 기쁨을 굳이 감추려 하지 않았다.[50] 조선민주주의인민공화국을 주권국가로 인정하지 않던 미국을 상대로 처음으로 상호 의무사항이 명시된 문서 합의를 이끌어냈으니 그럴 만도 했다. 조선은 "미합중국 대통령 빌 클린톤(클린턴)"이 "조선민주주의인민공화국 최고지도자 김정일 각하"한테 합의 이행 "담보 서한"을 보내왔다는 소식을 《로동신문》 1면 머리기사로 싣는 등 조미 제네바합의 관련 소식을 연일 대서특필했다.[51]

그렇게 조미 제네바합의는 1980년대 말 이후 한반도 평화를 뒤흔들던 이른바 제1차 북핵 위기를 봉인했다. 조미 제네바합의는 이후 8년간 한반도 평화의 튼실한 기반으로 작동했다. 무엇보다 제네바합의는 조-미 두 나라가 대화로 갈등을 녹이며 공존의 길을 열 수 있음을 실증한 첫 역사적 이정표다. 하여 제네바합의는 흘러간 과거도, 실패한 외교도 아닌, 조미관계와 한반도 평화의 미래를 밝히는 안내자다.[52]

3장

조미 제네바합의 붕괴: 치명적인 분기점[1]

탈냉전기 동북아 최대 안보 현안의 하나인 북핵 문제가 조미 제네바합의로 영변 핵시설 동결 수준으로 봉인되자 남-북, 조-미, 조-일 관계에 변화의 바람이 불어왔다. 한국에선 사상 첫 평화적 여야 정권교체에 따른 1998년 김대중 정부 출범이 남북관계사에 중대 변곡점을 만들어 냈다. 김대중 정부 출범 첫해인 1998년 11월 18일 현대금강호가 첫 금강산 관광객 826명을 포함한 1,418명을 싣고 강원도 동해항을 떠나 열네 시간 만인 이튿날 아침 8시께 강원도 고성군 금강산 장전항에 닻을 내렸다. 남북 분단사 최대·최장 교류협력 사업인 금강산 관광의 시작이었다.

금강산 관광 시작

　금강산 관광은 21세기 탈냉전 한반도의 길을 열어갈 마중물 구실을 했다. 1998년 11월 20일 저녁 6시 두 번째 금강산 관광선 현대봉래호가 강원도 동해항에서 떠나는 모습을 서울 신라호텔에서 텔레비전으로 본 클린턴은 다음 날 김대중과 한미정상회담 뒤 기자회견에서 "매우 신기하고 아름다운 장면"에 감동했다고 밝혔다.[2] 그러곤 앞으로 대북 문제는 "김대중 대통령께서 운전석에 앉으시고 나는 조수석에서 돕겠다"고 약속했다. 김대중과 클린턴은 대북 정책에서 한미동맹사에 유례를 찾을 수 없을 정도로 긴밀하게 공조했다. 장기적으로 한반도 냉전 종식을 추구한 "포괄적이고 통합된 접근 방식의 대북 정책", 곧 페리 프로세스Perry Process 조율이 대표적이다. 이는 김대중과 그의 참모 겸 동반자 임동원이 함께 벼린 '한반도 냉전구조 해체를 위한 포괄적 접근 전략'에서 많은 영감을 얻은 것이었다. 클린턴 행정부의 초대 대북정책조정관인 윌리엄 페리는 1999년 3월 9일 청와대에서 김대중과 임동원을 만나 자신의 대북 정책 구상이 "사실 김 대통령의 구상에 다름 아닙니다. 임동원 (외교안보)수석비서관으로부터 좋은 아이디어를 많이 제공받았으며, 부끄러운 일이지만 임동원 수석이 제시한 전략 구상을 도용하고 표절하여 미국식 표현으로 재구성한 데 불과합니다"라고 말했다.[3] 동맹의 협력 정신을 강조한 외교적 수사의 측면이 있지만, 그 시기 김대중–클린턴 정부의 대북 정책 공조의 한 단면을 보여준다고 할 수 있다. 김대중과 김정일은 온갖 어려움을 헤치고 금강산 관광선을 띄운 신뢰와 협력의 정신을 바탕으로 2000년 6월 13~15일 분단 사상 첫 남북정상회담을 성사시켰다. 김대중과 김정일은 이 회담이 "서로 이해를 증진시키고 남북관계를 발전시키며 평화통일을 실현하는 데 중대한 의의를 가진다"라고 평가하며 다섯 개 항으로 이뤄진 남북공동선언(6·15남북공동선언)을 발표했다.

조선인민군 서열 1위, 워싱턴에 가다

1차 북핵 위기를 봉인한 조미 제네바합의, 그리고 남-북 정상이 직접 나선 한반도의 탈냉전 화해·협력 기세를 디딤돌 삼아 2000년 10월 조-미가 마침내 전략적 접근을 시도했다. 김정일의 최측근이자 군 서열 1위인 조명록 국방위원회 제1부위원장 겸 조선인민군 총정치국장이 워싱턴에 간 것이다. 조선 수뇌부는 조명록의 방미 사실을 《로동신문》 1면 기사로 인민에게 알렸다. 《로동신문》은 조명록이 "김정일 동지의 특사로 미국을 방문"하려고 "(10월) 8일 특별비행기로 평양을 출발"했으며 "외무성 강석주 제1부상" 등이 수행한다고 밝혔다.[4] 성과를 예견했다는 뜻이다. 조명록은 조선노동당 창건 55돌 기념일인 2000년 10월 10일 백악관에서 클린턴을 만나 김정일의 친서를 전달했다. 클린턴-조명록의 만남에 배석한 웬디 셔먼 미 대북정책조정관은 "관계 개선을 위한 노력에 외무성뿐 아니라 군부도 함께하고 있다는 중요한 메시지를 전달하고 있다고 생각한다"고 평가했다.[5] 관계 개선의 의지가 강한 건 조선만은 아니었다. 조명록은 백악관을 방문한 첫 조선 관리였다. 1992년 1월 방미한 김용순은 워싱턴에 가지 못했다. 김용순과 아널드 캔터의 사상 첫 조미 고위급회담은 워싱턴이 아닌 뉴욕에서 열렸다. 조명록의 워싱턴 방문은 클린턴 행정부의 대북 의전 격상을 뜻한다. 조명록이 백악관에서 클린턴을 만난 날 저녁 매들린 올브라이트 국무장관은 환영 만찬에서 "얼었던 것은 녹을 수 있으며, 다툼의 땅은 시간이 지나면 화합의 땅이 될 수 있다"고 했다. 전쟁을 치른 두 적대국이 공존의 미래를 열 수 있다는 희망의 메시지다. 조명록의 답사는 결연했다. "김정일 동지는 우리 공화국의 자주권과 영토 보전과 안전에 대한 미국의 담보만 확인되면 대립과 적의의 조미관계를 평화와 친선 관계로 전환시킬 수 있는 중대 결단을 내릴 것이다. 나는 김정일 최고사령관의 특사로 미국을 방문해 김정일 최고사령관이 조-미 사이의 관계 개선을 하는 데 대한 의사를 빌 클린턴 대통령에게 직접 전달했다."

미 국무장관의 평양 방문

조-미 양국은 조명록 방미를 계기로 2000년 10월 12일 "쌍방은 그 어느 정부도 타방에 대하여 적대적 의사를 가지지 않을 것이라고 선언하고 앞으로 과거의 적대감에서 벗어난 새로운 관계를 수립하기 위하여 모든 노력을 다할 것이라는 공약을 확언"했다는 내용 등을 담은 '조선민주주의인민공화국과 미합중국 사이의 공동 코뮤니케Joint Communique between DPRK and USA'를 발표했다. 이 공동 코뮤니케엔 "조선민주주의인민공화국과 미합중국은 력사적인 북남 최고위급 상봉에 의하여 조선반도의 환경이 변화되었다는 것을 인정"하고 "쌍무관계를 근본적으로 개선하는 조치들을 취하기로 결정했다"는 내용이 담겨, 조-미 양국의 전략적 접근에 2000년 남북정상회담이 가교 구실을 했음을 공개적으로 인정했다. 이 공동 코뮤니케의 알짬은 맨 마지막 문장이다. "조선민주주의인민공화국 국방위원회 김정일 위원장께 윌리암 클린톤 대통령의 의사를 직접 전달하며 미합중국 대통령의 방문을 준비하기 위하여 매덜레인 알브라이트 국무장관이 가까운 시일에 조선민주주의인민공화국을 방문하기로 합의하였다." 미국 대통령 클린턴의 방북을 준비하려고 미 국무장관 올브라이트가 먼저 방북한다는 내용이다. 《로동신문》은 2000년 10월 13일자 1면 머리기사로 실은 '공동 코뮤니케' 전문 가운데 이 문장만은 특별히 크고 굵은 글씨로 인쇄해, 그에 대한 강렬한 기대감을 숨기지 않았다.[6] 클린턴의 방북이 성사되고 김정일-클린턴이 합의에 이른다면, 이는 조미관계 정상화로 가는 대문이 열린다는 뜻이니 과하지 않은 기대다.

올브라이트는 2000년 10월 22일 0시 워싱턴 인근 앤드루스 공군기지에서 전용기에 탔다. 목적지는 평양. 올브라이트를 수행한 고위 관리는 "마지막 냉전적 적대가 끝나가려는 역사적 순간"이라고 읊조렸다.[7] 조명록이 백악관을 방문한 첫 조선 관리이듯, 올브라이트는 평양에 온 첫 현직 미국 각료였다. 역사적인 교차 방문이다.

2000년 10월 24일 백화원 영빈관에서 올브라이트를 만난 김정일은 "올브라이트 장관이 해를 가지고 왔습니다"라고 했다. 올브라이트는 평양 방문 결과를 밝히는 기자회견에서 "대통령의 방북은 아직 결정되지 않았다. 방문 결과를 대통령한테 보고한 뒤 얼굴을 맞대고 평가할 것"이라면서도 "(김정일과 회담에서) 특히 미사일 문제에서 중요한 진전을 거뒀다"라고 긍정적인 평가를 내놨다. 클린턴의 평양행은 기정사실처럼 여겨졌다.

남-북, 한-미, 조-미 세 개의 양자관계가 선순환하며 1980년대 말~1990년대 초 절반에 그친 한반도의 탈냉전, 곧 비대칭탈냉전을 온전한 탈냉전으로 완성할 기회의 창이 열렸다고 평가할 만한 상황 진전이었다.[8]

미국 대선 재검표 논란에 가로막힌 클린턴 방북

그러나 역사의 신은 쉽사리 곁을 내주지 않았다. 누구도 예상하지 못한 미국 대선 재검표 논란이, 한반도를 평화와 탈냉전의 너른 들판으로 이끌 수도 있었던 클린턴의 방북을 가로막았다.

조명록-올브라이트의 교치 방문 직후 치러진 미국 대선(11월 7일)과 관련해 대통령 선거인단 25명이 걸린 플로리다에서 검표 논란이 일어 35일간 법정 공방이 이어지며 당선자 확정이 늦춰진 것이다. 더군다나 연방대법원은 5대 4로 클린턴 행정부의 부통령이던 앨 고어 민주당 후보가 아닌 공화당 조지 W. 부시(아들 부시)의 손을 들어줬다. 엎친 데 덮친 격으로 미국 대외 정책에서 우선순위가 매우 높은 이스라엘-팔레스타인 문제가 클린턴의 발목을 잡았다. 결국 클린턴은 12월 21일 아침 김대중한테 전화를 걸어와 "북한 방문은 거의 불가능합니다"라고 말했다.[9] 그러곤 2000년 10월 28일 "대통령 재임 중 미국의 국익을 증진할 북한과의 합의를 준비하고 평양 방문의 기반을 마련하기에는 시간이 충분하지 않은 것으로 결론지었다"라는 내용의 '방북하지 않겠다'는 성명을 발표했다. 그렇게 한반도에 공고한 평화를 다질 역사적 기회가 눈

앞에서 사라졌다. 클린턴은 뒷날 김대중을 서울에서 만나 "당시 나한테 1년이라는 시간만 더 있었다면 한반도의 운명이 달라졌을 것"이라며 아쉬워했다.[10]

네오콘 "Anything But Clinton"

클린턴의 방북 무산과 부시의 당선은 한반도의 하늘을 감싼 평화와 탈냉전의 온기를 일거에 날려버릴 먹구름을 몰고 왔다. 부시 행정부의 고위 인사들은 시도 때도 없이 'ABC$^{Anything\ But\ Clinton}$'를 주문처럼 외쳤다. 클린턴 행정부의 1994년 조미 제네바합의, 2000년 올브라이트의 방북과 클린턴의 방북 추진을 "세계 유일 초강대국인 미국의 자존심에 상처를 준 '저자세 외교'의 극치"라고 폄훼했다. 그러곤 "(북한이라는) 불량국가에 대해 이런 수치스러운 일은 다시 없을 것이다. 클린턴 행정부의 대북 정책은 전적으로 잘못된 것이고 결코 계승해서는 안 될 것이다. 우리는 클린턴과 정반대의 대북 정책을 펼 것이다"라고 주장했다.[11] 부시 행정부에서 조선을 악마화하며 대북 정책에서 ABC를 주도한 이들은 부통령 딕 체니를 대장으로 한 폴 울포위츠 국무부 부장관, 존 볼턴 국무부 차관보 등 네오콘^{Neocon}들이었다. 부시 행정부 초대 국무장관인 콜린 파월의 비서실장을 지낸 로런스 윌커슨은 이들을 "대통령 집무실의 비밀결사$^{Oval\ Office\ Cabal}$"라고 불렀다. 민주정부에 존재해선 안 될 음모집단이라는 멸칭蔑稱이다.

설상가상으로 부시의 임기 첫해인 2001년 9월 11일, 오사마 빈 라덴이 이끄는 알카에다의 뉴욕·워싱턴 비행기 동시 자살테러, 곧

9·11테러는 부시 행정부의 대북 강경 기조에 기름을 부었다. 건국 이래 초유의 본토 공격을 당한 패권국의 최고사령관 부시는 '테러와의 전쟁'을 선언하며 "중립지대는 없다. '적과 동지' 가운데 하나를 선택해야 할 것"이라며 세계를 상대로 윽박질렀다.

조선은 지체 없이 '부시의 편'에 서겠다고 공개 선언했다. 조선 외무성은 9·11테러 이틀 뒤인 9월 13일 "유엔 회원국으로서 모든 형태의 테러, 그리고 테러에 대한 어떤 지원도 반대하며 이러한 입장은 변하지 않을 것"이라고 밝혔고, 두 달 뒤인 11월 3일 '테러에 대한 재정지원을 억제할 데 대한 국제협력(테러 자금 조달 억제를 위한 국제협약)'과 '인질반대협약(인질 억류 방지를 위한 국제협약)'에 서명·가입 결정을 발표했고, 실제 가입했다.[12] 《뉴욕타임스》는 이를 '북한으로부터의 구애'라 해석했다.[13]

부시 "북한은 악의 축"

헛수고였다. 부시 행정부는 평양발 신호를 무시했다. 부시와 네오콘은 조선에 '도덕 절대주의' 잣대를 들이밀었다.[14] 그들은 조선을 악으로 간주했다. 부시를 포함한 네오콘은 김정일을 포함한 조선 수뇌부에 대한 혐오 감정을 굳이 숨기려 하지 않았다. 예컨대 부시는 2001년 3월 한미정상회담 직후 기자회견에서 김정일한테 회의적이라 했고 김대중과 비공개 대화에선 "북한에 '자유의 바람'을 불어넣어 북한 체제를 붕괴시켜야 한다"라고 했다.[15] 2003년 1월 2일엔 기자들에게 김정일을 거론하며 "나는 자기 국민을 굶주리게 하는 자에게 아무런 연민을 느끼지 않는다"고 말했다.[16] 언론에 공개되지 않은 자리에서는 그 표현 방식이 좀 더 자극적이었다. 2002년 5월 공화당 상원의원들과 만남에서는 "피그미" "만찬 테이블을 망쳐놓는 아이" "휴스턴만 한 강제노동수용소에 지식인들을 가둬놓은 자" 등의 표현을 써가며 김정일을 비난했다.[17] 부시 행정부의 부통령이자 '백악관 비밀결사' 수장인 체니는 "악은 굴복시켜야 할 대상일 뿐, 우리는 악과 협상하지 않는다"라며 조선과 협상하는 일은 없을 것이라고 단언했다.[18]

2002년 1월 29일 부시의 의회 연설은 조선을 대하는 이런 '도덕 절대주의'의 핵심이다. 부시는 이 연설에서 조선을 이라크·이란과 함께 3대 악의 축axis of evil으로 규정했다.[19] 부시 행정부에 조선은 이라크·이란과 함께 "선제공격으로 정권교체를 해야 할 대상"이라는 공개 선언이었다. 당연하게도 '악의 축'과 양자 대화를 통한 진지한 협상은 고려 대상이 아니다.[20] 미국의 원로 독립 언론인 시모어 허시는 '행정부 내부 인사'와 '백악관 회의에 날마다 참석하는 미 정보기관 관리'의 말을 따서 "부시 대통령과 체니 부통령은 김정일의 목을 베어 쟁반에 올려놓고 싶어 했다. 그들에게는 계획이 있었다. 그들이 히틀러나 다름없다고 여기는 이 남자를 이라크 다음에 때려잡는 것"이라고 전했다.[21] 실제 볼턴은 2002년 5월 초 한 연설에서 "악의 축 세 나라 중 첫 번째 군사공격 목표는 이라크요, 그다음은 북한, 세 번째가 이란"이라고 예고했다.[22]

고이즈미, 평양에 가다

그러나 이즈음 미국의 동북아시아 동맹국인 한국과 일본은 부시 행정부의 대북 강경 기조에 호응하지 않았다. 그러기는커녕 대북 관여정책의 가속 페달을 밟았다. 김정일도 1998년 조선의 최고통치자로 공식 등장한 이래 처음으로 내부 개혁과 대외 개방의 두 바퀴를 동시에 굴리려 했다.

먼저 남북관계. 김대중과 김정일은 2002년 4월 3~6일 임동원 대통령 특보의 평양 방문을 계기로 한 '간접 회담'으로 부시 행정부 출범과 9·11테러의 여파로 꺼져가던 남북관계 개선의 불씨를 되살렸다.[23] 남과 북은 특사 방북 협의를 토대로 경의·동해선 철도·도로 단절 구간 연결 공사 착공식(9월 18일), 남북 군 당국 간 직통전화 개통(9월 24일), 제14회 부산 아시아경기대회 북쪽 선수단 및 응원단 668명 참가(9월 29일~10월 14일), 북쪽 경제시찰단 방남(박남기 국가계획위원회 위원장 등 18명, 10월 26일~11월 3일), 금강산 육로 관광(2003년 2월 14일) 등을 통해 화해협력의 가속 페달을 밟았다.

'백년 숙적'이라는 조일관계에도 오랜만에 훈풍이 불었다. 오랜 물밑 협상을 토대로 9월 17일 평양에서 김정일과 고이즈미 준이치로 일본 총리의 사상 첫 조일정상회담을 통해 '평양선언'을 채택했다. 평양 백화원 영빈관에서 열린 이 역사적인 회담에서 김정일은 일본인 납치 문제를 시인하고 재발 방지를 약속했다. 고이즈미는 식민지배 사과/사죄(평양선언 발표문에서 조선은 '사죄', 일본은 '사과'라는 표현을 썼다), 과거 보상의 의미로 무상 자금 협력, 저금리 장기 차관 공여 등 경제협력, 10월 중 조일 국교 정상화 교섭 재개 등 굵직한 합의를 쏟아냈다. 김정일과 고이즈미 둘 다 엄청난 국내정치적 부담을 무릅쓰고 톱다운 top-down 방식의 관계 개선에 시동을 건 것이다. 이는 1990년 9월 28일 '조일관계에 관한 조선노동당, 일본의 자유민주당, 일본사회당의 공동선언(3당 공동선언)' 이후 여덟 차례의 조일수교 교섭 협상에도 실패한 정상회담을 성사시켰다는 점에서 역사적 만남이었다.

김정일도 이즈음 개혁·개방으로 간주할 만한 전향적 조처를 쏟아냈다. 7·1경제관리개선조처,[24] 신의주특별행정구기본법 채택(9월 12일) 및 특구 지정 발표(9월 21일, 조선중앙통신),[25] 금강산관광지구 지정(10월 23일) 및 관광지구법 채택(11월 13일) 사실 발표(11월 25일, 조선중앙통신), 개성공업지구 지정(11월 13일) 및 공업지구법 채택(11월 20일) 사실 발표(11월 27일, 조선중앙통신) 등이 줄을 이었다.

김정일이 당시 남북 협력 강화 및 조일정상회담, 개혁·개방 조처로 불릴 만한 조처를 동시에 병행적으로 진행한 데는 당연하게도 전략적 셈법이 깔려 있었을 것이다. 예컨대 엄청난 재원 투입이 필요한 7·1경제관리개선조처와 신의주특구 지정 등은 조일관계가 개선되면 일본한테서 받을 수 있으리라 기대한 1백억 달러가량의 경제원조 및 차관을 염두에 뒀을 가능성이 있다. 이런 상황을 두고 주한 미국대사를 지낸 제임스 레이니는 당시 조선이 사상 최초로 남한과 일본, 미국 모두에 동시에 관여 — 심지어 공격적일 정도로 — 하고 있었다고 평가했다.[26]

네오콘의 '2차 북핵 위기' 만들기

'백악관의 비밀결사', 곧 부시 행정부의 네오콘이 이를 수수방관할 리가 없다. 그들은 2002년 10월 부시 대통령 특사의 조선 방문을 판을 뒤엎을 비밀공작의 무대로 삼았다. 특사 방북을 당시 한반도 평화의 핵심 기반의 하나인 조미 제네바합의 체제를 무너뜨릴 무기로 썼다.

　미국 대통령 특사의 방북 카드는 김대중과 김정일이 2002년 4월 임동원의 방북을 계기로, 부시 행정부발 역풍을 막아내려 벼린 회심의 이벤트였다. 임동원을 만난 김정일은 "(부시가) 더는 험담을 하지 않는다면 나도 김(대중) 대통령의 권고를 받아들여 미국과 대화할 용의가 있어요. 미국 국무부 대사가 오겠다면 와도 좋겠지요"라고 밝혔고, 평양에서 돌아온 임동원은 이를 근거로 부시 행정부를 설득했다.

　부시 행정부가 대통령 특사의 방북 계획을 발표하자 각국의 주요 언론은 기대 섞인 전망을 내놨다. 2002년 9월 25일 부시가 김대중한테 전화를 걸어 특사 방북을 결정했음을 알리고, 9월 26일 《뉴욕타임스》 등이 이를 보도하자 한국 등 각국 언론은 미국 대통령 특사 방북을 계기로 조-미 대화가 재개되는 수순에 들어설 것이라는 전망을 내놨다. 부시와 네오콘이 2001년 1월 부시 행정부 출범 이후 'ABC'를 외치며 조선과 양자협상은 절대로 없다고 거듭 공언해온 터이니, 어쩌면 당연한 반응이라고 할 수 있다. 그렇게 미국 대통령 특사인 제임스 켈리 미국 국무부 동아시아태평양 담당 차관보를 단장으로 한 미국 대표단이 2002년 10월 3~5일 평양을 방문했다[27]. 그러나 특사 방북이 남-북, 조-일 관계 개선을 뒷받침하는 추가 동력을 제공하리라는 기대가 헛물켜였음이 드러나는 데에는 시간이 많이 필요하지 않았다.

　특사 방북 이전부터 불길한 조짐이 있었다. 부시 행정부는 2002년 4월 30일 "북한이 프리처드 대사를 초청했으며 미국은 이를 수용한다"고 백악관 대변인이 발표해놓고 한참을 미적거렸다. 그러더니 미국 정부의 대북 협상 창구였던 찰스 프리처드를 "클린턴 행정부의 잔재로 북한에 저자세이고 신뢰할 수 없다"며 옆으로 밀쳐내곤, 제임스 켈리를 대통령 특사단장으로 지목했다.[28] 대통령 특사의 방북을 어떤 수단으로 쓸지, 예컨대 문제 해결을 위한 협상이냐, 정권교체를 위한 빌미 찾기냐를 둘러싼 부시 행정부 내 협상파와 강경파의 힘겨루기에서 강경파가 승리했다는 신호였다. 네오콘 돌격병 볼턴은 협상파와의 힘겨루기를 '정부 내부의 전쟁'이라 규정했다.

그리고 '불길한 예감은 틀리는 법이 없다'는 대중가요 노랫말과 같은 기막힌 일이 벌어졌다. 켈리는 평양에 가기 전날인 10월 2일 청와대에서 임동원 등을 만나 자신의 방북 목적이 협상에 있지 않음을 거듭 강조했다. 이런 식이었다. "북한의 고농축우라늄계획High Enriched Uranium Program, HEUP에 대한 확실한 증거가 있으며, 이를 폐기하라고 통보하기 위해 평양에 간다. 이 계획의 폐기가 대화의 전제조건임을 분명히 하게 될 것이다. 북한의 답변을 기대하는 것은 아니지만, 조선이 자기 입장을 제시한다면 듣기는 할 것이나 논의하지는 않을 방침이다. 미국이 지금까지 문제 삼았던 플루토늄 핵개발, 장거리미사일, 재래식 군사력 문제 등과 인권 문제 등도 포괄적으로 언급할 것이지만, 그런 문제보다는 HEUP에 더 큰 관심을 갖고 있다."[29] 임동원은 "협의하러 가는 것이 아니라 통보하러 간다"는 켈리의 말에 놀라움과 충격을 금할 수 없었다고 회고했다.

2002년 10월 5일 오후 방북 일정을 마치고 서울에 온 켈리는 한남동 외교부장관 공관에서 임동원 대통령 통일외교안보특보, 최성홍 외교부장관 등 한국 정부 고위 인사들한테 최악의 폭탄을 투척했다. 평양에서 만난 강석주 조선 외무성 제1부부장이 "반항적인 어투로 '미국 측이 제시한 HEUP가 실재한다'고 시인했다"는 것이다.[30] 조선은 켈리 특사 방북 직후 "미국의 특사는 심히 압력적이고 오만하게 나왔다"(10월 7일, 외교부 대변인)라거나, "특사는 이번에 대화 재개 문제에 대해서는 논의조차 하려 하지 않았고 대화라는 말 자체를 입 밖에 낸 적도 없다"(10월 16일, 조선중앙통신)라고 불만을 드러냈으나, 문제의 HEUP에 대해선 입도 뻥끗하지 않았다.

그러자 부시 행정부는 언론 유출을 빌미로 특사 방북 때 조선의 HEUP 시인 사실을 함께 발표하자고 한국 정부를 압박했다. 그렇게 2002년 10월 17일 오전 미국 국무부 대변인과 한국 외교통상부 대변인이 조선이 HEUP를 시인했다는 성명을 동시에 발표했다. 부시 행정부는 이 성명에서 "북한 관계자들은 그런 프로그램을 갖고 있다고 인정했다"며, "북한의 비밀 핵무기 계획은 제네바협정과 NPT, IAEA와의 합의, 한반도비핵화공동선언 등을 중대하게 위반"했다고 지적했다. "제네바협정 위반"이라는 문구에 볼턴 등 부시 행정부의 네오콘이 진짜 원하는 바가 숨겨져 있었다.

조미 제네바합의 파기

한-미 정부의 10월 17일 공동 발표 직후 조선도 공식 반응을 내놨다. 2002년 10월 25일 조선민주주의인민공화국 외무성 대변인 담화를 통해 "우리는 미국 대통령 특사에게 미국의 가중되는 핵 압살 위협에 대처하여 우리가 자주권과 생존권을 지키기 위해 핵무기는 물론 그보다 더한 것도 가지게 되어 있다는 것을 명백히 말해주었다"라고 밝힌 것이다.[31] 특유의 맞받아치기식 대응이다. 다만 《로동신문》에 실린 담화의 제목(〈조-미 사이의 불가침조약 체결이 핵 문제 해결의 방도이다〉)이 시사하듯 "협상의 방법도 있을 수 있고 억제력의 방법도 있을 수 있으나 우리는 될수록 전자를 바라고 있다"라며, 충돌보다 협상을 원한다는 신호를 빠뜨리지 않았다.

볼턴 등 부시 행정부의 네오콘은 켈리 방북의 결과를 조미 제네바합의 파기라는 '결실'로 마무리하려 속도전을 펼쳤다. 예컨대 《뉴욕타임스》는 2002년 10월 19일자에서 미국 정부의 한 고위 관리의 말을 따서, 부시 행정부가 조미 제네바합의를 파기하기로 결정했다고 보도했다.[32] 부시 행정부의 대북 협상 대사이자 특사방북단의 일원인 프리처드는 "국방부 관리들은 북한으로 가려고 공해에 머무르던 중유 선적 화물선을 돌려세워야 한다고 요구했다"고 증언했다.[33] 해마다 50만 톤씩 조선에 중유를 지원하는 일은 조미 제네바합의에 따라 미국 행정부가 떠맡은 가장 중요한 의무사항이다. 따라서 미국 행정부의 중유 지원 중단 결정은, 1994년 이후 조선의 영변 핵시설 동결을 가능케 한 조미 제네바합의의 실질적 붕괴를 뜻하는 것이었다. 부시 행정부는 한국과 일본 정부를 집요하게 압박해 KEDO 차원의 중유 공급을 2002년 12월부터 중단한다는 결정을 받아냈다. 볼턴 등 네오콘의 완승이었다. 볼턴은 대북 중유 제공 중단 조처 관철로 조미 제네바합의 체제를 사실상 무너뜨린 뒤 "해냈습니다, 신이여 감사합니다"라고 감격해했다.[34]

그러나 한반도 평화의 핵심 기반을 파괴한 이 역사적 결정은 어떤 증거 제시도 없이 감행됐다. "미국 특사는 아무런 근거자료도 없이 우리가 핵무기 제조를 목적으로 농축우라늄 계획을 추진하여 조미 기본합의문을 위반하고 있다고 걸고들면서"라는 조선의 항변(10월 25일, 외무성 대변인 담화)은 일방적 주장이 아니다. 켈리와 평양에 함께 간 프리처드도 "켈리는 증거를 제시하지는 않았다"고 밝혔다.[35] 볼턴은 2002년 여름 미중앙정보국CIA이 제공했다는 이른바 결정적 정보를 "오래도록 찾아온, 제네바합의를 산산이 부숴버릴 망치"라 불렀지만, 네오콘한테 중요한 건 '증거'가 아니었다.[36] 볼턴이 2007년 4월 5일 미국기업연구소AEI 강연에서 "확실히 말하지만, 나는 증거를 발견하기 전부터 제네바합의를 종료시킬 시점을 찾고 있었다"고 밝힌 사실을 기억할 필요가 있다.[37] 부시 행정부는 '강석주가 HEUP의 존재를 시인했다'는 켈리의 단정적 통보를 의심한 한-일 양국 정부의 강석주-켈리 대화록 공유 요청도 거부했다.[38]

조선, NPT 탈퇴 선언

부시 행정부가 중유 공급 중단 결정으로 조미 제네바합의 의무사항 이행을 거부하자, 조선도 제네바합의에 따라 8년간 동결해온 영변 핵시설의 재가동을 향해 질주했다. 조선은 KEDO의 중유 공급 중단이 확인된 2002년 12월 12일 외무성 대변인 담화로 '핵 동결 해제'를 선언하고는 동시다발적 대응 행동에 돌입했다. 예컨대 조선은 핵 동결 해제 및 핵시설 재가동 선언(12월 12일) → 영변 원자로 봉인 제거(12월 21일)

→ 사용후연료봉 저장시설 봉인 제거(12월 22일) → 재처리시설 봉인 제거(12월 23일) → 핵연료봉 공장 봉인 제거(12월 24일) → IAEA 사찰관 추방(12월 31일) 따위의 수순을 전광석화처럼 해치웠다. 그러곤 2003년 1월 10일 마침내 "국가의 최고 이익이 극도로 위협당하고 있는 엄중한 사태에 대처해 자주권·생존권·존엄을 지키기 위해" NPT를 탈퇴한다고 선언하는 정부 성명을 발표했다.[39] 1993년 3월 12일 조선의 NPT 탈퇴 선언은 효력을 발휘하기 하루 전인 1993년 6월 11일 북미공동성명으로 무효화했지만, 이번엔 그런 행운은 없었다.

부시·네오콘이 ABC 깃발 아래 조미 제네바합의 체제를 부숴버리자, 제네바합의 틀 안에 봉인돼 있던 북핵 문제가 풀려나와 '제2차 북핵 위기'라는 먹구름이 한반도의 푸른 하늘을 잠식해 들어가기 시작했다.

시그프리드 헤커는 조미 제네바합의 체제 붕괴를 북핵 역사에서 "가장 치명적인 분기점"이라고 평가했다.[40] 부시 행정부가 당시 실체가 정확히 확인되지 않은 조선의 HEUP 의혹을[41] 빌미로 조미 제네바합의를 파괴한 건 "강경파들에게는 이데올로기적 승리였을지 모르지만, 미국 안보라는 면에서는 참사"라는 것이다. "10년은 더 걸릴 장기적 위협 때문에 영변 가동을 재개하고 채 1년도 안 걸려 플루토늄 폭탄을 제조할 무료입장권을 주어버린, 도저히 용납할 수 없는 일"이라는 이유에서다.[42] 그는 조미 제네바합의가 유지되던 "1994년부터 2002년까지는 플루토늄이 생산되지 않았다"라고 전제한 뒤, 제네바합의가 파기되자 "평양은 이중경로 전략의 우선순위를 (외교에서 폭탄 제조로) 바꿨다. 폭탄 제조가 이제는 최고의 목표가 되었다"라고 짚었다.[43]

부시는 왜 조미 제네바합의를 파기했을까

2002년 말 부시 행정부의 조미 제네바합의 체제 파괴와 관련해 남은 질문은 이런 거다. 부시와 네오콘이 '조선=악의 축'이라 규정한 게 전적으로 '도덕 절대주의'를 동력으로 한 것일까, 아니면 다른 전략적 속내가 있었던 것일까? 남과 북, 그리고 일본, 세 나라 정부가 모두 숨겨둔 다른 속내가 있었으리라는 비판적 견해를 밝힌 사실은 시사하는 바가 많다.

먼저 조선은 2002년 10월 25일 발표한 외무성 대변인 담화에서 "미국 특사는 아무런 근거자료도 없이 우리가 핵무기 제조를 목적으로 농축우라늄 계획을 추진하여 조미 기본합의문을 위반하고 있다고 걸고 들면서 그것을 중지하지 않으면 조미 대화도 없고 특히 조일관계나 북남관계도 파국상태에 들어갈 것이라고 하였다"라고 밝혔다. 켈리가 평양을 특사 방문했을 때 이미 부시 행정부의 시야에는 "조일관계나 북남관계"도 들어 있었다는 얘기다.

일본 쪽도 의구심을 숨기지 않았다. 2002년 9월 김정일-고이즈미 평양 회담을 실무적으로 준비한 후지이 아라타 일본 외무성 북동아시아 과장은 이렇게 증언했다. "(1990년 9월) 가네마루 (방북) 때는 (미 국무장관) 베이커가 핵 문제를 꺼냈다. 결국 미국의 말이 옳았음을 나중에 알게 되긴 했지만, 그렇다고 왜 좀 더 일찍 정보를 주지 않았던 것일까. 우리가 움직이면 미국은 반드시 제지하려 든다는 생각이 들기도 한다."[44]

"우리가 움직이면 미국은 반드시 제지하려 든다"는 아라타의 강한 의구심은 일방적이지 않다. 부시 행정부가 조선의 HEUP 의혹을 한국과 일본 정부에 처음으로 제기한 때는 2002년 8월 29일이다. 존 볼턴 국무부 차관보가 서울과 도쿄에 와서 전했다. 2002년 8월 29일은 일본 총리의 사상 첫 방북과 조일정상회담 계획을 공식 발표하기 하루 전이자, 서울에서 남북경제협력추진위원회 2차 회의가 열리던 때다. 남북은 이 회의에서 경의선·동해선 철도·도로 연결 공사 남북 동시 착공 등 여덟 개 항의 합의를 발표했다. 남-북, 조-일 등이 1980년대 말~1990년대 초 비대칭탈냉전에서 멈춘 동북아의 탈냉전을 진전시키려 관계 개선의 가속 페달을 밟던 때다.

네오콘의 행동대장 볼턴의 서울-도쿄 방문 시기와 HEUP 의혹 통보는 그래서 문제적이다. 당시 한국 대통령으로서 부시와 네오콘을 직접 상대한 김대중은 그들의 감춰진 속내를 이렇게 짚었다. "네오콘 그 사람들은 말하자면 중국을 앞으로 미래 가상 적으로 생각하고, 지금 미사일방어체계 같은 군비확장을 하려고 하는데, 그럼 뭔가 구실이 있어야 하지 않느냐. 그게 바로 북한이오."[45] 네오콘한테 필요한 건 동북아의 탈냉전을 향한 화해협력이 아니라 긴장이었고, 그러자면 조선이라는 악당이 필요했다는 것이다. 이런 상황을 두고 임동원은 "우리는 부시 행정부의 네오콘 강경파들이 구축한 '신냉전의 방벽'을 극복하기에는 힘에 부쳤고 핵개발로 강경대응하려는 북한을 설득하기도 어려웠다"라고 한탄했다.[46]

4장

BDA 제재와 1차 핵실험, 지옥문이 열리다

탈냉전 초기 한반도의 평화를 지탱하던 조미 제네바합의 체제가 무너지자, 조선은 2003년 4월 30일 "우리는 부득불 필요한 억제력을 갖추기로 결심하고 행동에 옮기지 않을 수 없게 되었다"라는 외무성 대변인 담화를 발표했다.[1] 핵무기 개발에 나서겠다는 공개 선언이다. 그로부터 2년이 채 흐르지 않은 2005년 2월 10일 조선은 "자위를 위해 핵무기를 만들었다"라는 외무성 성명을 내놨다.[2] 이미 핵무기를 보유하고 있다는 주장이다. 다시 그로부터 1년 8개월이 흐른 뒤인 2006년 10월 9일 조선은 첫 핵실험을 감행했다. 그렇게 한반도의 지옥문이 열렸다. 조미 제네바합의 체제 붕괴 이후에도 북핵 문제의 진로를 바꿔 조선의 핵실험을 막을 기회는 있었다.

6자회담, 북핵 문제의 '국제화'와 중국의 등장

조-미 양자협상을 거부하며 조미 제네바합의 체제를 무너뜨린 부시 행정부는 북핵 문제의 국제화를 추진했다. 부시 행정부가 처음 꺼낸 카드는 'P5+5'였다. 유엔 안전보장이사회 상임이사국 5개국(미국·영국·프랑스·중국·러시아)에 남북한과 일본·오스트레일리아·유럽연합, 이렇게 10개국 주체가 참여하는 다자협상 틀이다. 10개국 가운데 조선에 우호적이리라 기대할 수 있는 주체는 중·러뿐이니, 7 대 3 구도의 다자협상 틀이 현실화하리라 기대한 이는 부시 행정부의 네오콘 정도를 빼고는 아무도 없었다. 부시 행정부는 이내 5자협상 틀(한국·조선·미국·일본·중국)로 카드를 바꿨다. 2003년 2월 25일 한국의 노무현 대통령 취임식에 참석하러 온 콜린 파월 국무장관이 베이징에 들러 중국에 5자회담을 조직해달라고 제안했다. 중국은 확답을 피하며 뜸을 들였다.

부시 행정부가 북핵 문제의 국제화를 추진한 데에는 이라크 침공(2003년 3월)으로 북핵 문제에 집중할 여력이 없었던 데다, 조-미 양자협상을 애초부터 선택지로 여기지 않은 탓이다. 프리처드는 "미국이 다자적 접근을 택한 목적은 평양과 양자 접촉을 피하기 위한 것"이라고 평가했다.[3]

미적대던 중국이 드디어 움직이기 시작했다. 2003년 4월 23일 베이징에서 조-중-미 3자회담이 열린 것이다. 북한과 양자협상은 절대 안 한다는 미국엔 '양자가 아닌 3자'라고, 미국과 양자협상을 고집하던 조선엔 '3자 틀 안의 양자'라고 설득한 결과다. 베이징 3자회담은 손에 잡히는 성과 없이 끝났다. 하지만 실패가 아닌 성공에 가깝다. 조선의 NPT 탈퇴 선언(2003년 1월 10일) 백여 일 만에 조-미가 협상 테이블에 마주 앉았다는 사실이 중요하다. 베이징 3자회담은 2003년 8월 1차 6자회담 개최의 마중물 구실을 했다. 외교의 세계는 오묘하다.

베이징 회담 뒤 부시 행정부는 5자회담 카드를 6자회담 카드로 바꿨다. 러시아 쪽이 "도대체 러시아를 배제한다는 아이디어를 누가 냈냐"고 따진 것이다.[4] 조선도 "직방 6자회담 개최"에 호응했다.[5] 김정일이 6자회담을 받아들인 데에는 6자회담 당사국 구성(남·북·미·중·일·러)이 최소 3(한·미·일) 대 3(조·중·러) 구도인 데다, 당시 노무현 정부가 일방적으로 미국 편만 들지는 않으리라는 계산도 작용했을 것이다.

그렇게 제2차 북핵 위기를 해소할 국제협력 틀로 6자회담이 세상에 모습을 드러냈다. 2003년 8월 27~30일 베이징 댜오위타이에서 1차 회담이 열렸다.

중국이 6자회담 의장국을 맡았다. 부시 행정부가 북핵 위기 해소의 책임을 중국에 외주 형식으로 떠넘긴 셈이다. 중재자 중국의 출현이다. 중국의 선택엔 "강경파들로부터 북한에 대한 군사력 사용 입력을 많이 받고 있다. 북한을 지금 견제하지 않으면 일본의 핵무장화도 배제할 수 없다"는 부시의 하소연 겸 공감, 4세대 지도자 후진타오 국가주석 체제의 등장과 함께 중국의 외교역량을 국제사회에 과시하려는 전략적 판단 등이 두루 작용한 것으로 볼 수 있다.[6]

6자회담은 부시 행정부의 조-미 양자협상 회피의 부산물이다. 그러나 나쁜 선택이기는커녕 의도하지 않은 좋은 협상 틀이다. 한반도 임시군사정전체제를 항구적 평화체제로 판올림하는 데 필수 당사국인

남·북·미·중 4개국에 동북아 냉전질서를 탈냉전의 협력안보질서로 바꾸는 데 함께 힘을 모아야 할 일본·러시아가 결합한 구도여서다. 동북아시아의 역내 질서에 직접적 이해관계를 지닌 모든 당사국이 협상테이블에 둘러앉게 된 것이다. 6자회담은 동북아 탈냉전의 씨앗을 품은 훌륭한 배양기였고, 결국 2005년 4차 회담에서 '9·19공동성명'을 합의·채택하는 데 성공했다. 9·19공동성명은 동북아시아 탈냉전의 청사진이라 불린다.

6자회담의 초기 성적표는 겉으로 볼 때 형편없었다. 1차 회담(2003년 8월 27~30일), 2차 회담(2004년 2월 25~28일), 3차 회담(2004년 6월 23~26일) 모두 합의를 내놓지 못했다. 1차 땐 의장 요약문, 2차와 3차 땐 의장 성명을 내놓는 데 그쳤다. 더구나 10개월 사이에 1~3차 회담을 진행한 뒤 4차 회담이 1년 넘게 소집되지 못했다. 6자회담 무용론이 쏟아졌다. "진실은 사과나무와 같아/진실이 무르익는 시간이 있다"는 박노해의 시(《살아서 돌아온 자》)처럼 외교에도 축적의 시간이 불가피하다. 합의문을 내놓지 못했다고 섣불리 실패한 외교라 단정할 일이 아니다. 예컨대 2차 회담 뒤 의장인 왕이 중국 외교부 부부장은 "차이점 존재"를 확인한 "소박한 진전"이 있었다고 평가했고, 3차 회담에선 "'말 대 말'과 '행동 대 행동'" 원칙에 공감의 폭을 넓혔다. 이는 9·19공동성명 5조에 "6자는 '공약 대 공약', '행동 대 행동'의 원칙에 입각해 (…) 상호조율된 조치를 취할 것을 합의했다"는 문구로 명시됐다.[7]

20일간의 4차 6자회담, 9·19공동성명을 벼리다

13개월 만의 4차 회담 소집을 앞두고 6자회담 진로에 중대 영향을 끼칠 긍정적 변화의 싹이 미국 쪽에서 움텄다. 2차 북핵 위기 발발 이후 휘청이던 남북관계에도 관계 개선 속도를 다시 높이려는 움직임이 가시화했다. 1~3차 회담과 관련해 "미국의 대북 정책, 바로 이것이 우리가 직면한 문제"라고 지적한 6자회담 의장의 한탄에 비춰보면, 미국의 변화가 중요했다.

재선에 성공했으나 의회 선거에선 패배한 부시가 외교안보 라인을 교체한 것이다. 1기 부시 행정부의 대외 정책을 맨 앞에서 이끌던 네오콘을 뒤로 물린 부시의 선택엔 2차 북핵 위기를 해소해 퇴임 전에 외교 업적을 만들어내겠다는 전략적 포석이 깔려 있었다. 프리처드는 9·19공동성명을 만들어낸 4차 회담을 1~3차 회담과 차별화한 동력은 "미 행정부에서 일어난 세 가지 중대한 변화"라고 평가했다.[8] 첫째 1기 부시 행정부의 대북 정책이 실패했다는 중간 평가, 둘째 그에 따른 콘돌리자 라이스 안보보좌관의 국무장관 임명, 셋째 한국내사를 지낸 크리스토퍼 힐을 국무부 동아시아태평양 담당 차관보 겸 6자회담 수석대표로 임명한 게 그것이다. 프리처드는 힐의 6자회담 수석대표 임명이 "전술적 측면에서 가장 중요했다"고 짚었다. 한국의 4차 6자회담 전략을 청와대에서 총괄 조율한 이종석도 "미 국무부가 체니 부통령 등이 지지하는 강압 외교에 맞서 협상 지향의 외교적 방식을 추구하는 것"이라고 평가했다.[9]

힐은 2005년 7월 9일 베이징 세인트레지스호텔 뒤편 비즈니스센터 다이닝룸에서 조선의 6자회담 수석대표인 김계관 외무성 부상한테 만찬을 대접하는 '양자 식사 외교'로 미국이 달라졌다는 신호를 보냈다.[10] 조선은 늘 미국에 주권국가로서 정당한 대우를 호소해왔으니, 당연히 효과가 있었다. 한국과 중국은 대북 특사 파견으로 김정일의 회담 참가 약속을 이끌어내는 마중물 외교로 13개월 만의 4차 회담 소집의 밑돌을 놓았다.

4차 회담은 1단계(2005년 7월 26일~8월 7일, 13일간)와 2단계(2005년 9월 13~19일, 7일간)로 나뉘어 모두 20일에 걸쳐 진행됐다. 1~3차 회담 일수를 모두 더한 11일의 두 배에 육박하는 장기 협상이었다.

조-미가 선선히 절충해서 9·19공동성명이 세상에 나온 건 아니다. 그렇기는커녕 조선과 미국은 4차 회담 마지막 순간까지 핵 포기와 경수로 제공 문제에서 팽팽하게 맞섰다. 김계관은 현존하는 모든 핵무기와 핵 계획을 포기하려면 경수로 제공으로 상징되는 평화적 핵에너지 이용 권리 보장이 전제돼야 한다고 했다. 김계관은 경수로가 "기본의 기본"이자 "모든 것을 푸는 열쇠"라며 배수진을 쳤다.[11] 반면 힐은 합의문에 경수로의 '경' 자도 적을 수 없다고 맞섰다. 김계관과 힐의 주장을 비교하면 경수로 문제에서 접점을 찾으면 핵 포기는 자연스레 합의에 이를 수 있으니, 결국 남은 쟁점은 경수로 문제였다.

힐의 강경 기조는 힐의 생각은 아니었다. 힐은 당시 자신의 처지를 두고 "북한과 접촉에 적대감을 지닌 네오콘과 초강경보수주의자들은 '북한 사람들이 포함된 어떤 공식 자리에서도 건배하지 말라'는 지침을 문서로 보내왔다"라며 "나는 북한이 핵프로그램 폐기 대가로 경수로를 요구하는 협상에서 거의 유연성을 발휘할 수 없었다"라고 회고록에서 밝혔다.[12] 2선으로 물러난 네오콘의 영향력이 2기 부시 행정부 초기에도 여전히 막강함을 보여주는 불길한 징후였다.

한-중의 빛나는 협력외교

조–미의 가망 없는 대치 형국을 한국과 중국이 협력외교로 출로를 뚫었다. 한–중은 4차 회담 합의문에 조선의 "모든 핵무기와 현존하는 핵 계획 포기"와 함께 한·미·중·일·러가 "적절한 시기에 조선민주주의인민공화국에 대한 경수로 제공 문제에 대해 논의하는 데 동의했다"라는 문구를 병기하기로 뜻을 모으고 조–미 모두를 설득·압박했다. 힐한테는 "적절한 시기에 경수로 제공 문제 논의"는 경수로 제공 확약이 아니니 합의하라고, 김계관한테는 "'경수로'가 공동성명에 명시됐으니, 앞으로 문제를 잘 풀어가면 당연히 경수로가 제공될 수 있을 것"이라는 말로 설득과 압박을 병행했다.[13] 한국의 6자회담 수석대표 송민순 외교통상부 차관보와 6자회담 의장 겸 중국 수석대표 우다웨이 외교부 부부장은 김계관과 힐을 각각 따로 불러 "나머지 5자는 모두 동의했으니 합의 무산은 전적으로 당신네 책임"이라는 외교적 공갈도 겸했다. 한국과 중국은 베이징 회담장뿐만 아니라 평양–워싱턴–뉴욕을 잇는 다중 외교 교섭으로 마침내 조–미 모두의 동의를 이끌어냈다.[14] 한중관계사에 가장 빛나는 협력외교였다. 4차 6자회담의 한국 수석대표였던 송민순은 9·19공동성명을 이끌어낸 당시 한국의 회담 전략을 "한미 공조, 한중 조율, 남북 소통의 삼박자 가동"으로 풀이했다.[15]

난산에 난산을 거듭한 끝에, 한-중의 눈부신 협력외교와 조-미의 전략적 선택의 결과로 세상에 나온 9·19공동성명엔 탈냉전기 동북아시아 역내 질서의 뇌관이자 최대 안보 현안으로 여겨온 북핵 문제를 해소하고 동북아의 비대칭탈냉전 질서를 협력적 탈냉전 질서로 판올림하는 데 필요한 거의 모든 약속이 담겨 있었다. "평화적인 방법으로 한반도의 검증 가능한 비핵화 달성"(1조), 동북아의 비대칭탈냉전을 온전한 탈냉전으로 끌어올릴 "북미·북일 관계 정상화"(2조), 6자의 "에너지·교역·투자 분야 경제협력, 양자·다자적 증진"(3조), 한반도 임시군사정전체제를 항구적 평화체제로 바꿀 "직접 관련 당사국들의 한반도 영구 평화체제 관련 협상"과 "6자의 동북아 안보협력 증진 모색"(4조) 등이 그것이다. 6자회담 수석대표들은 2005년 9월 19일 낮 12시에 시작된 4차 회담 2단계 회의 폐막회의에서 9·19공동성명을 합의·채택하며 "돌이킬 수 없는 거대한 첫걸음"(송민순), "불가능하다고 믿었던 합의"(러시아 수석대표 알렉산드르 알렉세예프), "만리장정의 첫걸음"(우다웨이), "조선반도 비핵화의 첫걸음을 뗄 기초"(김계관)라고 자평했다.[16]

당연하게도 세계 각국의 언론은 동북아 탈냉전의 청사진이 마련됐다며 6자의 9·19공동성명 합의·발표를 대대적으로 보도했다.

네오콘의 6자회담 흔들기 ①: 해가 서쪽에서 뜰 때까지 경수로는 없다

그러나 4차 회담 2단계 회의 폐막회의가 열린 베이징 댜오위타이 팡페이위안 회의장 분위기는 뜻밖에도 아주 어둡고 냉랭했다. 20일간의 장기 협상이 합의 없이 깨진 듯했다. 9·19공동성명 합의로 회의장을 가득 채운 희망에 찬 온기가 힐의 독자 성명 발표와 함께 얼어붙었다.

힐이 회의 종결 발언 때 읽은 미국 쪽 최종성명은 9·19공동성명에 경수로 제공 문제가 언급된 데 불만을 품은 밥 조지프 등 네오콘 강경파들이 공동성명에 뿌린 '독약'이었다. 이 성명을 읽은 당사자인 힐조차 "모골이 송연해지는, 무례하고 상스러운, 북한 대표들이 화를 내도록 자극하기 위해 교묘하게 설계된 것"이라고 비난했을 정도다.[17] 힐은 자신의 생각과 전혀 다른 최종성명을 건조하게 읽어내려갔다. 9·19공동성명에 명기된 경수로 제공 문제를 논의할 "적절한 시기"란 "북한이 모든 핵개발 계획과 핵무기를 포기하고 NPT와 IAEA 안전조치에 복귀한 후에 핵기술 확산이 정지됐다는 것이 입증될 때"라고 못 박았다.[18] 9·19공동성명의 정신과 배치되는 '핵 폐기 먼저, 경수로 논의 나중'이다. 힐이 읽은 최종성명엔 "미국은 올해(2005년) 말까지 KEDO의 종결을 지지한다"는 내용도 담겨 있었다. KEDO는 1994년 제네바합의에 따라 조선 함경남도 신포에 경수로 두 기 건설을 주도해온 국제기구인데, 부시 행정부의 조미 제네바합의 체제 무너뜨리기로 인공호흡기에 의지해 연명해오던 처지였다. 네오콘이 최종성명에 KEDO 활동 종료를 명시한 건 9·19공동성명에 따른 경수로 제공 논의와 KEDO가 만나는 불상사를 원천 봉쇄하려는 다리 끊기나 다름없었다. '해가 서쪽에서 뜰 때까지 경수로는 없다'라는 네오콘의 공개 선언이었다.[19] 아울러 힐은 "조선의 인권 침해, 생화학무기 계획, 탄도미사일 계획과 확산, 테러리즘, 불법행위에 대한 우려 해소"를 조미관계 정상화 논의의 필요조건이라고 했다.

후일 힐은 자신의 회고록에선 "(북한과 같은) 적들과 협상하는 것을 나약함의 표현이라고 규정"하는 비뚤어진 신념을 지닌 워싱턴의 "네오콘과 초강경보수주의자들"을 의식한 제스처라고 변명했다.[20] 그러나 송민순이 보기에 "워싱턴 내부의 갈등이 어느 정도인지를 실감"케 한 미국 쪽 최종성명은 아무리 좋게 봐줘도 "하나의 망치로 여러 개의 못을 동시에 박으려는 것만큼 현명치 못한 일"이자 "9·19공동성명이 가야 할 험난한 길"을 예고하는 것이었다.[21]

아니나 다를까, 김계관이 힐을 발언을 "마치 결별 선언과 같다"며 맞받았다. "힐 선생의 발언을 듣고 보니 이제부터 더 큰 산을 넘어야 한다는 느낌이 든다. 먼저 우리를 무장해제시키고, 인민이 선택한 제도와 사상을 전면 부정하고 체제를 전복시킨다는 의지에 변화가 없다는 것으로 들린다. 이는 마치 결별 선언과 같다. 핵 문제를 이용해 이른바 관계 개선이라는 감언이설로 우리 제도를 어찌해보려 한다면 망상이다. 우리는 공동선언 이행을 위해 먼저 움직이지는 않을 것이다. 철저히 상응조치에 따를 것이다."[22]

네오콘의 6자회담 흔들기 ②: BDA 제재

불행하게도 네오콘 강경파의 반격은 여기서 멈추지 않았다. BDA(방코델타아시아) 사태가 그것이다. 힐이 읽은 별도 성명이 네오콘의 말 폭탄이라면 BDA 사태는 실물 폭탄이었다.

BDA 사태의 발단은 이렇다. 미국 재무부는 4차 6자회담 2단계 회의가 한창이던 2005년 9월 15일, 중화인민공화국 마카오 특별행정구에 있는 은행인 BDA를 재무부장관이 "돈세탁 우선 우려 대상 금융기관"으로 예비지정한 사실을 관보에 실었다고 발표했다. 미 재무부는 "BDA는 북한과 특별한 관계를 지니고 있으며, 북한의 국가범죄 수행을 도왔다"고 밝혀, 이 조처의 표적이 조선임을 굳이 숨기려 하지 않았다. 미 재무부는 실제 표적은 BDA가 아닌 조선임을 강조하려는 듯 이렇게 부연했다. "북한 정부의 대표 기관들 중 일부가 자금세탁용으로 BDA를 이용한 정황이 있으며 다른 불법 활동에도 연루돼 있다. 북한 정부 기관이 연계된, 마약 밀매와 상품·화폐 위조 등 광범위한 불법 거래를 저지른 대표기업들이 많이 보고됐다. 은밀한 범죄행위로 얻은 수익은 정량화하기 힘들지만 연간 약 5억 달러에 이르는 것으로 밝혀졌다."[23] 비국가 행위자인 알카에다의 9·11테러에 대응해 국제 테러리즘을 뿌리 뽑겠다며 만든 애국법US Patriot Act 311조의 첫 적용 대상을 국가 행위자인 조선으로 고른 것이다. 미 재무부 발표 이후 고객의 대량 인출 사태(뱅크런)에 BDA가 휘청이자 마카오 당국은 2005년 9월 28일 BDA 예금인출 동결 조치를 했고, 이 은행의 조선 계좌 52개, 2천5백만 달러도 함께 묶었다. 미국의 제재외교를 오래도록 추적한 일본의 원로 언론인 스기타 히로키도 재무부의 이 발표를 "북한을 노린 미국의 금융제재"라고 평가했다.[24] 송민순은 "BDA 내 수십 개의 북한 계좌들은 평양 내부 파벌 간 경쟁과도 얽혀 있는 것으로 파악됐다"고 했다.[25] 2기 부시 행정부에서 2선으로 밀린 네오콘이 6자회담 열차의 전복사고를 노린 BDA 폭탄을 터트린 것이다.

흔히 금융·경제제재는 '다른 수단에 의한 전쟁'으로 불린다. 예컨대 미국의 보수 관료들은 "경제제재는 국제분쟁에서 전쟁을 대신하는 수단"이자 "전쟁보다 훨씬 좋은 수단"(스티븐 므누신, 트럼프 1기 행정부 재무장관)이며 "21세기형 정밀무기"(마이클 헤이든, 부시 행정부 CIA 국장)라고 자찬한다.[26]

네오콘은 환호했지만, 사태는 심각했다. 미 재무부의 BDA 제재 사실을 접한 우다웨이는 "도대체 뭐 하는 거냐"고 따졌고, 힐은 "'그저 법 집행일 뿐'이라고 잦아드는 목소리로 대답했다"고 회고록에 적었다.[27] 조선도 "미국의 BDA 제재는 선 핵 포기 관철을 위한 우회적 압박 공세"(2005년 10월 18일, 외무성)라고 격하게 반발했다. 김계관은 송민순한테 "싱가포르에서 무슨 물건을 사 오려고 해도 송금이 안 되니 마대에 돈을 싸가야 한다"거나 "금융제재는 살점을 떼어내는 것과 같아서 결코 무시하고 넘어갈 수 없다"고 하소연했다. 그러곤 "금융은 피와 같다. 이것이 멈추면 심장도 멈춘다"며, BDA 금융제재의 해결 없이는 협상 탁자에 앉을 수 없다는 태도를 고수했다.[28]

BDA 금융제재의 본질에 대한 판단은 힐도 김계관·우다웨이와 크게 다르지 않았다. 힐은 "네오콘인 볼턴의 정치적 측근"이자 "이데올로기적 편향이 있는" 재무부 차관 스튜어트 레비가 실무적으로 주도한 BDA 제재는 "협상을 총체적으로 이탈시키려는 의도가 강했으며, 협상에 대한 도전이라는 시각이 6자회담 당사국 사이에 지배적이었다"고 평가했다.[29]

9·19공동성명 채택 50여 일 뒤에 열린 5차 6자회담 1단계 회의(2005년 11월 9~11일)는 사흘 만에 결렬됐다. 9·19공동성명을 합작한 협

상가들은 조-미-중 수석대표 회동(2006년 1월 18일, 베이징)과 조-미 금융 문제 실무접촉(2006년 3월 7일, 뉴욕) 등으로 꺼져가는 불씨를 살리려 했으나 손에 잡히는 성과가 없었다. 조선은 '6자회담 미국 수석대표 방북' 카드로 돌파구를 열려 했다. 그런데 "부통령 체니를 비롯해 볼턴, 밥 조지프, 에릭 에델먼 등 네오콘"이 "(조지 부시) 대통령이 북한 문제를 풀려고 중국이나 다른 나라와 협력하는 데 주력하는 것을 방해하려고 대통령 등 뒤에서 음모를 획책"해, 이를 무산시켰다.[30]

네오콘이 준비한 미국의 최종성명과 BDA 금융제재라는 두 개의 폭탄은 9·19공동성명을 실은 6자회담 열차의 전복사고를 의도한 것이었고, 그 후폭풍은 거셌다. "부시 행정부 안의 이데올로기적 전쟁 상태"는 그렇게 한반도 평화의 목을 거칠게 옥쥈다.[31]

조선의 첫 핵실험, 지옥문을 열다

오버도퍼와 칼린에 따르면, 네오콘이 주도한 BDA 금융제재 이후 "북한 외무성에서 미국과의 외교관계 추진을 주장했던 사람들조차 자신의 주장을 후회했다."[32] 조선은 화약 연기와 방사능이 범벅된 고강도 무력시위로 네오콘이 막아선 길을 강압적으로 돌파하려 했다. 말로 하는 외교로는 길을 열 수 없다고 판단한 것이다.

김정일은 2006년 7월 4일 미국의 독립기념일에 맞춰 대포동 2호와 노동·스커드 등 각종 탄도미사일 일곱 발을 쏘아 올렸다. 이 가운데 두 발은 미국 플로리다에서 우주왕복선 디스커버리호가 이륙한 직후에 발사됐다. 미국의 전략·기술 분석 전문가인 폴 브래큰은 이를 두고 "우주왕복선의 발사를 미국의 미사일 선제공격이라 가정한 것"이라며 "냉전 시대에 미국과 소련도 이런 방법을 쓰곤 했다"고 주장했다. 브래큰은 "북한이 보내는 메시지는 만일 미국이 북한을 공격하면 한국과 일본이 즉각적으로 공격을 당할 각오를 하라는 것"이라며 "이 물귀신 작전은 미국에 '너희 동맹국들이 원망할 짓은 생각조차 하지 말라'는 경고"라고 했다. 그는 조선을 "핵 이빨을 가진 굶주린 쥐"에 비유하고는 "나쁘지 않은 전략"이라 평가했다.[33]

조선의 탄도미사일 무더기 발사에 맞닥뜨린 국제사회는 유엔의 첫 대북 제재 결의(안전보장이사회 결의 1695호, 2006년 7월 15일)로 조선의 폭주를 멈추려 했으나 제동장치가 작동하지 않았다. 김정일은 내처 핵단추를 눌렀다. 조선노동당 창건 61돌 기념일을 하루 앞둔 2006년 10월 9일 함경북도 길주군 풍계리 만탑산 동쪽 지하갱도에서 사상 첫 지하핵시험을 감행한 것이다. 플루토늄형 폭탄을 터트린 위력 0.8킬로톤, 규모 3.9Mb의 핵실험이다.[34] 조선은 엿새 전인 10월 3일 외무성 성명으로 "조선민주주의인민공화국 과학연구 부문에서는 앞으로 안전성이 철저히 담보된 핵실험을 하게 된다"라고 예고한 터다.[35] 중국과 러시아에도 미리 알렸다. 예고 핵실험이다. 조선은 핵실험 이틀 뒤인 10월 11일 외무성 대변인 담화를 통해 1차 핵실험은 "미국의 핵 위협과 제재압력 책동 때문"에 "전쟁 위험을 막고 나라의 자주권과 생존권을 지키기 위해 부득불 핵무기 보유를 실물로 증명해 보이지 않을 수 없게 되었"기 때문이라고 주장했다.[36] 헤커는 1차 핵실험을 두고 "북한이 여덟 번째 핵 선언 국가가 된 것만은 분명했다. 북한이 핵의 길로 가지 않도록 막으려던 모든 노력이 실패했음을 모두가 인정하지 않을 수 없었다"라고 평가했다. 아울러 조선이 1차 핵실험에 사용한 핵폭탄이 "미사일 장착 가능한 폭탄과 상당히 흡사한 설계였을 가능성"이 있다고 봤다.[37] 조선이 1차 핵실험 때부터 미사일에 장착 가능한 핵폭탄이라는 목표를 염두에 두고 핵실험을 설계·실행했으리라는 분석이다. 그렇게 한반도의 위태로운 평화를 집어삼킬 지옥문이 열렸다.

중국 "제멋대로 핵실험, 확고한 반대"

김정일의 조선이 "핵실험이라는 사실상의 레드라인"을 넘어서자,[38] 한반도 정세가 한 치 앞을 가늠할 수 없는 안갯속으로 빨려들어 갔다.

국제사회는 유엔 안전보장이사회 대북 제재 결의 1718호(2006년 10월 14일) 채택으로 조선의 폭주를 제어하려 했다. 결의 1718호의 핵심은 흔히 '1718위원회'로 불리는 대북 제재위원회 구성이다. 1718위원회는 이후 유엔 차원의 대북 제재를 실무적으로 총괄하는 국제공조 틀로 작동해왔다.

이렇듯 1차 핵실험 닷새 만에 대북 제재 결의가 나올 정도로 국제사회의 충격과 분노는 컸다. 특히 조선의 후견국으로 불리던 중국의 격한 반응이 도드라졌다. 중국은 조선의 1차 핵실험 당일 발표한 외교부 성명을 통해 조선이 "제멋대로" 핵실험을 했으며, 중국 정부는 이에 "확고한 반대"를 표명한다고 밝혔다.[39] 아울러 한반도 비핵화 실현과 핵 확산 반대는 중국 정부의 확고부동한 입장이라고 강조했다. 왕광야 유엔 주재 중국대사도 10월 10일 "조선 핵실험에 대해 어떤 징계 조처가 있어야 한다. 그 조처는 단호하면서도 건설적이고 적절하며 신중해야 한다"라고 밝혔다.[40] 중국 정부가 제재에 찬성한다는 공개 발언이다. 중국 정부의 강한 반발은 서로 다른 두 맥락에서 볼 필요가 있다. 첫째, 중국의 자제 요청을 무시한 조선에 대한 강력한 불만 표현이다. 둘째, '혹시 중국이 도와준 거 아닌가'라는 국제사회의 의혹의 시선을 거부하는 '중국은 전혀 무관하다'는 외교적 방어막의 측면도 있다.

중국 정부의 반응만 예상을 벗어난 게 아니다. 조선의 1차 핵실험 뒤 부시 행정부의 대응은 더욱 놀랍다. 유엔 차원의 대북 제재 강도 높이기와 함께, 조선을 6자회담 협상장으로 돌아오게 하려 적극 나선 것이다. 예컨대 "(2006년) 10월 북한의 지하핵실험 뒤 라이스 장관은 협상에 복귀해야 할 필요가 있다고 판단해 조용히 중국 외교부장과 전화 접촉에 나섰"고, 이어 남태평양 작은 섬나라인 바누아투에 출장 가 있던 힐을 베이징으로 급파해 김계관과 비공개 양자협의를 하게 했다고 힐은 회고록에 적었다.[41] 9·19공동성명 합의·채택 앞뒤로 '해가 서쪽에서 뜰 때까지 경수로는 없다'는 취지의 미국 쪽 최종성명 발표와 BDA 금융제재라는 두 개의 폭탄 투척으로 6자회담의 앞길을 끊어버린 기세등등과 확연히 달라진 대응이다.

속내가 어떻든 부시 행정부의 달라진 태도 덕분에 조선의 핵실험 두 달여 뒤인 2006년 12월 18~22일 6자회담 5차 2단계 회의가 열렸다. 조선은 회담 종료 직후 미국과 비공개 실무협의 때 "유럽에서 조용히 만나 협의를 지속하자"고 제안했고, 라이스는 부시를 설득해 힐을 베를린으로 보냈다. 2007년 1월 16~18일 베를린에서 김계관과 힐이 비공개로 만났다. 힐은 BDA 문제 해결을 약속했고, 김계관은 "핵시설을 불능화할 준비가 돼 있다"고 화답했다.[42] 둘의 만남 직후 열린 6자회담 5차 3단계 회의(2007년 2월 8~13일)에서 '2·13 합의'라 불릴 '9·19공동성명 이행을 위한 초기 조처'가 채택됐다. 네오콘의 폭탄 투척으로 탈선한 6자회담 열차가 외교 협상 궤도로 다시 올라탄 것이다.

BDA 폭탄 제거 작전

네오콘이 설치한 BDA 금융제재라는 폭탄을 제거하는 작업은 난해했다. 사태 초기 한국의 노무현 정부가 나섰지만 미국 재무부의 제재를 두려워한 한국 금융기관의 거부로 실행에 옮기지 못했다. 이어 중국 정부가 나섰다. 역시 미국 재무부의 제재를 걱정한 중국 금융기관의 몸 사리기로 아무런 성과를 거두지 못했다. 결국 부시 대통령을 포함한 6자회담 참가국 정상들과 각국 중앙은행이 대거 동원되는 방식으로 해법을 찾았다. BDA에 묶여 있던 조선의 52개 계좌 2천5백만 달러는 ①BDA → ②마카오 중앙은행 → ③뉴욕 연방준비은행FRB → ④러시아 중앙은행(모스크바) → ⑤러시아 극동상업은행(블라디보스토크) → ⑥조선무역은행(평양)을 잇는, 지구를 한 바퀴 도는 복잡하고 긴 송금 절차를 밟아 2007년 6월 25일 조선 수중에 돌아갔다.[43] 네오콘이 6자회담 앞길에 묻어둔 BDA 금융제재 폭탄을 제거하는 데 미·중·러 3개국 정상과 조·미·중·러 4개국 중앙은행이 동원됐다. 그날 조선 외무성 대변인은 "우리 요구대로, 말썽 많던 동결자금 문제가 해결됐다. 동결자금 문제가 해결된 조건에서 우리도 '행동 대 행동' 원칙에 따라 2·13 합의 이행에 들어가게 될 것이다. 그 일환으로 26일부터 평양에서 IAEA 실무대표단과 핵시설 가동 중지·검증 감시와 관련한 협의를 하게 된다"라고 조선중앙통신 기자의 질문에 답하는 형식을 빌려 밝혔다.[44]

힐은 BDA 소동을 두고 "북한 계좌 2천5백만 달러 동결은 북한 경제에 그 어떤 영향도 끼치지 않았다. 은행계좌를 동결한 유일한 효과는 후속 협상을 18개월간 궤도 이탈시켰다는 점"이라고 냉소했다.[45] 송민순은 "BDA에 예치된 북한의 돈은 2천5백만 달러 정도에 불과했지만, 결국 그 돈 때문에 6자회담은 21개월간이나 발목이 잡혔고 그사이 북한은 2006년 10월, 핵실험이라는 사실상의 레드라인도 넘었다"고 한탄했다.[46]

헤커는 "볼턴의 망치는 우리에게 북한의 폭탄을 가져다주었다. 9월 19일 협상을 무용지물로 만들어버린 조지프의 펜은 북한 최초의 핵실험을 우리에게 선물했다"며 "그로써 모든 것이 바뀌었다"고 평가했다. 또한 네오콘이 불러온 일련의 사태를 두고 "부시 정부는 나쁜 결정이 결국 나쁜 결과를 몰고 오는 또 하나의 변곡점을 만들고야 말았다"라고 탄식했다.[47] 부시 행정부 네오콘이 주도한 조미 제네바합의 체제 붕괴는 조선의 핵무기 개발을 가능케 했고, BDA 금융제재 등은 9·19공동성명의 이행을 가로막아 조선의 핵실험이라는 지옥문을 열어줬다는 평가다.

5장

김정일의 죽음, 김정은의 병진노선

2007년 6월 BDA 금융제재 폭탄이 제거되자, 한반도에 탈냉전의 기운이 용솟음쳤다. '남북한 유엔 가입+남북기본합의서+한반도비핵화공동선언'을 성취한 1991년, 사상 첫 남북정상회담과 조미정상회담을 추진한 2000년에 이은 한반도 냉전구조 해체를 향한 세 번째 평화의 파도라 할 만한 움직임이었다.¹

먼저 대한민국 대통령 노무현과 조선민주주의인민공화국 국방위원장 김정일은 2007년 10월 2~4일 평양에서 2차 남북정상회담을 열어 '남북관계 발전과 평화번영에 관한 선언(10·4정상선언)'을 발표했다. '10·4정상선언'은 "남북관계 발전과 한반도 평화, 민족 공동의 번영과 통일 실현"(서문)을 위해, "군사적 적대관계를 종식시키고 한반도에서 긴장 완화와 평화를 보장하기 위해 긴밀히 협력"(3조)하며, "현 정전체제를 종식시키고 항구적인 평화체제를 구축해나가야 한다는 데 인식을 같이하고, 협력"(4조)하기로 원칙적으로 합의했다.[2] 특히 노무현과 김정일은 "남과 북은 해주지역과 주변 해역을 포괄하는 '서해평화협력특별지대'를 설치하고 공동어로구역과 평화수역 설정, 경제특구 건설과 해주항 활용, 민간선박의 해주 직항로 통과, 한강하구 공동이용 등을 적극 추진해나가기로 하였다"(5조)고 밝혔는데, 이는 한반도 임시군사정전체제의 가장 위험한 화약고로 불리는 서해 북방한계선NLL 일대 남북 접경 해역에서의 군사 충돌을 광역 경협으로 원천 차단하려는 합의였다. 합의 당사자인 노무현은 갈등·충돌의 바다를 평화·번영의 바다로 바꿔나가겠다는 이 서해평화협력특별지대 구상을 "남북공동선언에서 가장 핵심적인, 가장 진전된 합의"('대국민 보고', 도라산출입사무소, 2007년 10월 4일)라고 자평했다.

조-미 양국도 9·19공동성명과 후속 합의 이행에 속도를 높였다. 2008년 6월 26일 조선은 핵 신고서를 제출했고, 미국은 조선을 테러지원국 명단과 적성국 교역법 적용 대상에서 삭제하는 절차에 들어간다고 공식 발표했다.[3] 다음 날인 6월 27일 조선 외무성은 "6자회담 10·3 합의에 따라 우리에 대한 경제제재를 해제하는 실천적 조치"에 들어가며 "우리는 이를 긍정적 조치로 평가하며 환영한다"라고 밝혔다.[4] 그리고 바로 그날 "모든 현존하는 핵시설을 불능화"한다는 6자회담 합의 이행의 일환으로 영변 핵단지의 냉각탑이 폭파됐다. 힐을 포함한 6자회담 수석대표들이 현장에서 지켜보는 가운데 진행된 냉각탑 폭파는 CNN으로 세계에 생중계됐다. 더구나 부시는 2007년 9월 7일 아시아태평양

경제협력체APEC 정상회의를 계기로 오스트레일리아 시드니의 인터콘티넨탈호텔에서 노무현을 만나 "김정일이 먼저 검증 가능하게 핵프로그램을 폐기해야 한다"는 전제를 달아 "한국전쟁은 종결해야 한다. 김정일과 평화협정도 가능하다"라고 밝혔다.[5] 한반도 임시군사정전체제를 항구적 평화체제로 바꿀 평화협정 체결에 나설 수 있다는 전향적 발언이었다.

그러나 지금 되돌아보면, 2007년 여름부터 2008년 여름까지 한반도에 용솟음친 희망에 찬 탈냉전의 기운은, 사그라드는 불꽃의 마지막 몸부림이었는지 모른다. 2008년 한반도 군사분계선 남쪽에서 이명박 정부가 출범하고, 조선의 '최고존엄'으로 불리던 김정일이 누구도 예상하지 못한 뇌졸중으로 쓰러지자, 한반도 하늘에 먹구름이 밀려들었다. 둘의 뜻하지 않은 화학반응은 한반도의 평화를 뿌리부터 뒤흔들며 6자회담 열차를 또다시 탈선시킬 어둠의 동력으로 커져만 갔다.

탈냉전기 한반도의 핵 위기를 모두 조선 탓으로 돌리는 게 편견에 불과하듯, "이게 다 미국 때문이야"라는 푸념도 진실에 뿌리를 내리지 못한다. 2000년대 중후반~2010년대 초중반 한반도 핵 위기의 악화는 남과 북의 책임을 빼고는 온전히 설명하기 어렵다. 이는 뒤집으면 한반도 핵 위기 해소 과정에서 남과 북의 자율적 공간이 있다는 뜻이기도 하다. '실패는 성공의 어머니'라는 옛말을 잊지 말 일이다.

이명박의 ABR

2008년 2월 25일 출범한 이명박 정부는 'ABR$^{\text{Anything But Rho}}$', 곧

'노무현 정부와 반대로'를 외쳤다. 부시 행정부의 'ABC'를 연상시키는 역주행이었다. 이명박은 21세기 남북관계의 주춧돌이자 버팀목인 6·15공동선언과 10·4정상선언의 승계를 거부했다. 정부 출범 한 달여 뒤인 2008년 3월 26일 서울 종로구 삼청동 남북회담본부에서 열린 통일부 업무보고 자리가 6·15공동선언과 10·4정상선언 부정 공식화의 무대가 됐다. 이명박은 "과거처럼은 안 할 것"이라며 "통일부의 모든 간부들은 이제까지 해오던 방식의 협상 자세를 바꿔야 한다"고 주문했다.[6] 이후 통일부 업무보고와 이명박의 발언에 6·15공동선언과 10·4정상선언은 단 한 차례도 등장하지 않았다. 사실상 김대중·노무현 정부와 전면적 단절 선언이었다. 10·4정상선언을 "북남관계 발전과 평화번영을 위한 지침"이라며 승계·이행을 촉구해온 북쪽이 이를 어떻게 받아들였을지는 묻지 않아도 짐작할 수 있다.

이명박 정부는 6자회담에도 찬물을 끼얹었다. 이명박 정부는 미국의 네오콘 강경파와 손잡고 북핵 검증을 빌미로 6자회담을 좌초시키려 했다. 2008년 12월 8~11일 베이징에서 열린 6자회담 수석대표 회의는 조선의 비핵화 조치 검증 방법 합의에 실패했는데, 이것이 마지막 6자회담이었다. 이후 6자회담은 지금(2025년 5월 기준)까지 다시 열리지 못하고 있다. 2008년 2기 부시 행정부 임기 마지막 해의 상황과 관련해 헤커는 "2008년 상반기 동안 부시 정부 내의 극심한 분열과 기능 장애로 불능화 합의의 골대를 옮기는 일까지 벌어졌다. 2008년의 외교는 그 뿌리가 이미 흔들리고 있었다"라고 말했다.[7]

2008년 8월, 그 누구도 예상하지 못한 대형 폭탄이 평양에서 터졌다. 북쪽의 2대 수령이자 유일무이한 '최고존엄' 김정일이 뇌졸중으로 쓰러진 것이다. 김정일이 1941년 2월 16일생이니 60대 중반에 벌어진 일이다. 2008년 9월 9일 평양 김일성광장에서 열린 조선민주주의인민공화국 창건 60돌 경축 열병식과 당·정·군 간부들의 금수산기념궁전 참배에 김정일은 함께하지 못했다. 김정일이 조선인민군 제1319군 부대를 시찰했다는 8월 15일 《로동신문》 보도[8] 이후 김정일의 부재가 길어졌다. 마침내 김정일이 2009년 1월 23일 평양을 찾은 왕자루이 중국공산당 중앙위 대외연락부장을 만났다는 《로동신문》 보도가 나왔다.[9] 163일 만에 《로동신문》 1면에 실린 사진 속 김정일은 2008년 8월 15일에 비해 배가 쏙 들어가는 등 훨씬 홀쭉해지고 늙어 보였다. 당시 뇌졸중으로 쓰러진 김정일은 프랑스 의사 자비에 루 박사와 중국 의료진 등의 도움으로 가까스로 건강을 회복했다.[10] 당시 국가정보원과 CIA가 김정일의 뇌 컴퓨터단층촬영 사진을 구해 정밀 분석한 뒤 "3~5년 안 사망"을 예상했다고, 일본 《아사히신문》이 '한-미 양국 소식통'의 말을 따서 2016년 12월 23일 보도했다.

김정일이 뇌졸중을 털고 일어서 다시 공개활동에 나선 지 두어 달 지난 2009년 4월 5일 조선은 "시험통신위성 '광명성 2호' 발사"를 명분으로 로켓을 쏘아올렸다.[11] '광명성'은 김정일의 별칭이다. 미국 최초의 흑인 대통령 버락 오바마가 체코 프라하에서 '핵 없는 세계'를 주제로 연설하기 몇 시간 전이었다. 유엔 안전보장이사회가 비난성명을 발표하자 조선은 6자회담 합의에 따라 멈춰 세운 영변 핵시설의 재가동을 발표하고 핵단지에 머물던 IAEA 사찰단을 쫓아냈다.[12] 조선은 내처

2009년 5월 25일 2차 핵실험을 감행했다. 1차 핵실험 뒤 2년 7개월 만이다. 1차 핵실험과 마찬가지로 함경북도 길주군 풍계리 만탑산 지하 갱도에서 이뤄진 2차 핵실험은 위력 3~4킬로톤, 규모 4.5Mb로 강도가 크게 높아졌다.[13] 헤커는 "2009년 (2차) 핵실험의 성공은 북한이 사용 가능한 플루토늄 폭탄을 보유하고 있다는 사실에 의문의 여지가 거의 없도록 만들었다"라고 평가했다.[14]

이는 2009년 1월 20일 대통령 취임 연설에서 "권력을 쥔 자들이 불끈 쥐고 있는 주먹을 편다면 미국은 손을 내밀 것"이라며, 오랜 적대국과도 대화와 협상으로 외교 현안을 풀어가겠다고 공언한 오바마의 뺨을 후려친 것과 다름없었다. 오바마는 이를 "개인적 모욕"으로 받아들였다.[15] 오바마가 이후 8년 임기 내내 '전략적 인내'라는 이름의 조선 방치 정책 기조로 돌아서게 된 첫 계기다. 오바마는 김정일의 2차 핵실험에 "탄도미사일 기술을 이용한 북한의 어떠한 발사도 금지한다"는 내용을 담은 유엔 안전보장이사회 대북 제재 결의 1874호 채택(2009년 6월 12일)을 주도하는 것으로 대응했다.

김정일 뇌졸중+3대 세습 기반 닦기

2009년 봄 김정일은 왜 오바마가 내민 손을 로켓 발사와 핵실험으로 뿌리쳤을까? 2차 핵실험 직후 나온 조선중앙통신사 보도를 1차 핵실험 직후 발표문과 비교해볼 필요가 있다. 눈에 띄는 차이점이 둘 있다. 첫째, 2차 핵실험을 미국 탓으로 돌리지 않았다는 사실이다. 조선은 2차 핵실험을 "공화국의 자위적 핵 억제력을 백방으로 강화하기 위한 조치의 일환"이라 설명했다.[16] 1차 핵실험은 "미국의 핵 위협과 제재 압력 책동 때문"이라던 2006년 10월 11일 외무성 대변인 담화와 초점이 다르다. 둘째, 2차 핵실험 발표문엔 "비핵화 실현 의지"에 대한 강조 문구가 없다. 1차 핵실험 직후 외무성 대변인 담화엔 "대화와 협상을 통한 조선반도 비핵화 실현 의지에는 여전히 변함이 없다"는 문구가 있었던 사실과 대비된다. 대신 2차 핵실험 보도문엔 "이번 핵시험의 성공은 강성대국의 대문을 열어제끼기 위한 새로운 혁명적 대고조의 불길을 세차게 지펴올리며 150일 전투에 한 사람같이 떨쳐나선 우리 군대와 인민을 크게 고무하고 있다"라는 문장이 있다. 2차 핵실험에 국내정치적 수요가 크게 작용했음을 짐작게 하는 표현이다.

　북핵 문제를 오래도록 추적해온 헤커는 2009년 5월 조선의 2차 핵실험을 3세 승계 계획과 연계해 해석했다. 헤커는 "김정일의 뇌졸중으로 승계 계획이 필요해졌다. 그들의 최우선 과제는 북한에 효과적인 핵폭탄이 있다는 것, 미국에 대한 억지력을 발휘할 수 있다는 것을 증명하기 위한 2차 핵실험이었을 것"이라며 "2차 핵실험은 세계에, 그리고 스스로 제 기능을 할 수 있는 핵무기가 있다는 것을 믿도록 만들기 위해 북한으로서는 꼭 필요한 일"이라고 평가했다.[17] 헤커는 "핵전선에서의 정치적 변화를 이해하기 위해서는 북한 국내 정권 이양기의 이런 극적인 상황을 고려하지 않으면 안 된다"라고 덧붙였다. '수령제 국가'라 불리기도 하는 조선의 최고권력 승계기의 불안정성을 제어할 이벤트로 2차 핵실험이 필요했다는 지적이다.

　대북 정책을 국내정치에 오용한 이명박 정부, 권력 승계기의 불안정을 제어할 국내정치적 목적으로 '외부의 적'이 절실했던 조선의 처지가 결합하자, 한반도가 난기류에 휩싸였다. 운명의 2009·2010년 남과 북은 '난타전'을 벌였다. 대청해전(2009년 11월 10일, 북쪽 경비정 반파+8명 사망) → 천안함 '폭침'(2010년 3월 26일, 승조원 46명 사망) → 5·24 대북 제재(2010년 5월 24일, 개성공단 제외 모든 남북 교류협력 사업 금지) → 북의 연평도 포격(2010년 11월 23일, 남쪽 민·군 4명 사망) 따위로 군사 충돌이 꼬리를 물며 숱한 목숨을 앗아갔다.

김정은의 등장

남-북의 군사 충돌과 조선의 2차 핵실험 등으로 한반도 정세가 얼어붙은 2010년 9월 28일, 김정일은 44년 만에 조선노동당 대표자회를 소집해 20대인 아들 김정은으로 3세 승계를 공식화했다. 당 대표자회 전날 김정은한테 '조선인민군 대장' 칭호가 부여됐다.[18] 이어 대표자회와 같은 날 열린 조선노동당 중앙위 전원회의에서 김정은이 조선노동당 중앙군사위 부위원장과 조선노동당 중앙위원에 선출됐음을 공표했다.[19] 그리고 2010년 9월 30일자 《로동신문》 1면에 김정은이 아버지 김정일 옆에 앉아 있는 사진이 공개됐다.[20] 김정은의 첫 공개 사진이었다. 10월 6일엔 김정은이 김정일을 수행해 조선인민군 제851군 부대 군인들의 협동훈련을 참관했다는 《로동신문》 보도가 나왔다.[21] 3세 리더 김정은의 첫 공개 활동이다. 그날 《로동신문》 1면에 실린 사진을 보면 김정일과 김정은 뒤로 "위대한 김정일 동지를 수반으로 하는 혁명의 수뇌부를 목숨으로 사수하자!"라는 구호판이 선명하다. 10월 8일 최고인민회의 상임위 부위원장인 양형섭은 평양에서 미국 APTN(AP통신의 영상 부문 계열사)과 한 인터뷰에서 "이제 우리는 청년대장 김정은 동지를 모실 영예를 얻게 됐다"고 밝혔다. '청년대장 김정은'이 조선민주주의인민공화국의 3대 수령 자리를 예약했다는 대외 공표였다.

김정은은 1984년 1월 8일생으로 알려져 있다(1982년 또는 1983년 1월 8일이라는 견해도 있다).[22] 공직 경험이 없다시피 한 20대 중반의 아들을 후계자로 공개 낙점한 김정일은 마음이 놓이지 않는지, 아픈 몸을 이끌고 분주하게 움직였다. 김정일은 2010~11년 이태 동안 중국을 세 차례(2010년 5월 3~7일 / 8월 26~30일 / 2011년 5월 20~27일), 러시아를 한 차례(2011년 8월 20~27일) 오가며 뒷배를 다졌다. 예컨대 김정일은 후진타오를 만나 "조중 친선의 바통을 후대들에게 잘 넘겨주고 그것을 대를 이어 강화 발전시켜나가도록 하는 것은 우리들이 지닌 중대한 역사적 사명"이라고 거듭 호소했다.[23]

당시 한국의 이명박 정부는 김정일의 건강 이상과 3대 세습 시도를 조선의 붕괴 조짐으로 간주했다. 이명박은 "통일이 가까운 것을 느낀다"(2010년 12월 9일, 말레이시아 동포 간담회)거나 "통일은 도둑같이 올 것이다. 그리 오래 걸리지 않을 것"(2011년 6월 21일, 민주평통 간부위원 임명장 수여식)이라며 북한 붕괴론을 쉼 없이 제기했다. 그에 앞서 2010년 8·15 광복절 경축사에선 느닷없이 "통일은 반드시 온다"며 통일세 신설을 제안하기도 했다.

김정일의 죽음

2011년 12월 19일 정오 조선중앙텔레비전은 중대 보도로 조선의 두 번째 최고지도자 김정일이 숨을 멈췄음을 세계에 알렸다. "강성국가 건설을 위한 초강도 강행군의 나날에 겹쌓인 정신육체적 과로로 하여 주체100년 12월 17일 달리는 야전열차 안에서 중증 급성 심근경색이 발생되고 심한 심장성 쇼크가 합병됐다. 발병 즉시 모든 구급치료 대책을 세웠으나 주체100년 12월 17일 8시 30분에 서거하시였다"는 것이다.[24] 공교롭게도, 조선의 두 '영원한 수령'이자 부자 사이인 김일성과 김정일의 사인은 같았다.

열하루가 지난 2011년 12월 28일 눈발이 휘날리는 금수산기념궁전(현 금수산태양궁전) 광장에서 김정은 조선노동당 중앙군사위 부위원장은 장성택 국방위 부위원장 등 권력 핵심들과 함께 김정일의 주검을 직접 운구했다. 조선의 공식 발표가 있기 전, 한동안 그 이름이 '김정운'으로 잘못 알려진 미지의 20대 최고권력자의 전면 등장은 동북아 정세의 불안정성을 높이는 중대 변수로 간주됐다.

주변국의 우려와 달리, 김정은의 첫 출발은 나쁘지 않았다. 김정은은 아버지의 장례를 치른 날 조선노동당 고위 간부들을 모아놓고 "세상에 제일 좋은 것이라고 소문을 내고 있는 경제관리 방법들을 다 참고해 우리 식의 경제관리 방법을 창조해야 한다"고 주문했다고 한다.[25] 김정은식 경제개혁에 나서겠다는 내부 선언인 셈이다. 김정은은 2012년 4월 15일 최고지도자에 오른 뒤 첫 공개 연설에서 "우리 인민이 다시는 허리띠를 조이지 않게 하며 사회주의 부귀영화를 마음껏 누리게 하자는 것이 우리 당의 확고한 결심"이라고 선언했다.[26] 젊은 지도자의 민생 강조는 외부의 눈길을 잡아챘다.

그에 앞서 2012년 2월 29일, 이른바 '2·29조미합의'가 발표됐다. 2009년 1월 오바마 행정부 출범 뒤 첫 조미합의였다. 김계관과 글린 데이비스 미국 국무부 대북정책특별대표가 2월 23~24일 베이징에서 3차 고위급회담을 한 결과다. 미국은 조선을 적대시하지 않고 양자관계 개선에 나서고 영양식품 24만 톤 등을 제공하며, 조선은 회담이 진행되는 동안 "핵시험과 장거리미사일 발사, 영변 우라늄 농축 활동 임시 중지에 관한 IAEA의 감시를 허용"하기로 했다. 김정은의 조선이 영변 핵시설 동결과 함께 핵·ICBM 모라토리엄까지 약속한 터라, 2008년 12월 6자회담 결렬 이후 조선의 2차 핵실험 등으로 악화의 비탈길을 내려오던 북핵 문제에 반전의 계기로 여겨졌다.

김정은이 무대에 오르자마자 안으론 경제개혁, 밖으론 핵·미사일 활동 중단 약속을 마중물 삼은 대미 관계 개선 노력에 나선 셈이다. 20대 '경애하는 최고령도자'의 초기 행보는 외부의 우려에 찬 시선에 비해 전향적이었다.

김정은의 갈지자 행보

그러나 이상 징후가 바로 돌출했다. 2012년 3월 16일 조선우주공간기술위원회가 "위대한 수령 김일성 동지의 탄생 100돌"을 맞아 "지구관측위성 '광명성 3호'를 발사할 예정"이라고 발표한 것이다. '조선우주공간기술위원회 대변인 담화' 형식의 이 발표는 "위대한 김일성 민족, 김정일 조선을 세계가 우러러보게 하자"라는 머리 띠를 두른 3월 17일자 《로동신문》 1면에 실렸다. 조선은 미국 등의 반대에도 2012년 4월 13일 오전 7시 38분 평안북도 철산군 서해위성발사장에서 광명성 3호를 발사했다. 발사는 "김정은 동지를 조선로동당의 최고수위에 높이 추대"한 조선노동당 4차 대표자회(2012년 4월 11일)[27] 이틀 뒤, 조선이 '태양절'이라 부르는 김일성 탄생 100돌 경축 기념일(2012년 4월 15일) 이틀 전에 이뤄졌다. 다분히 3세 승계기 국내정치적 수요를 의식한 행보라는 방증이다.

    문제는 이를 오바마 행정부가 2·29조미합의 위반으로 받아들일 수밖에 없다는 점이다. 조선은 주권국의 권리인 "평화적 목적의 위성 발사"로 2·29조미합의와 무관한 일이라고 주장했다. 합의 당사자인 김계관은 글린 데이비스의 항의에 "내가 약속한 건 장거리미사일 발사 중단이지 로켓이 아니다"라고 둘러댔다는 게 당시 사정에 밝은 한국의 고위 외교 소식통의 전언이다.[28] 오바마 행정부는 "도발"(백악관 대변인 성명)로 규정하고, 조선이 2·29조미합의를 파기했으니 식량 지원도 중단한다고 맞받았다. 김계관의 말은 형식논리를 갖췄지만, "탄도미사일 기술을 이용한 어떠한 발사도 금지"라는 유엔 안전보장이사회 대북 제재 결의 1874호(2009년 6월 12일)에 비춰 오바마 행정부의 대응이 과했다 하기는 어렵다. 이 당혹스런 사태로 데이비스는 김계관의 이중플레이에 놀아난 '바보'로 간주됐고, 조선과 협상으로 핵 문제를 풀어야 한다고 주장해온 협상파들은 반강제적으로 입을 닫을 수밖에 없는 어려운 처지로 내몰렸다. 2009년 5월에 이어 2012년 4월 또다시 조선에 뒤통수를 맞은 오바마는 8년 임기를 마치는 2017년 1월 19일까지 다시는 조선과 진지한 협상에 나서지 않았다.

그럼에도 김정은의 등장과 함께 이뤄진 2·29조미합의가 이행의 첫발도 내딛기 전에 휴지통에 버려진 건 참으로 아쉬운 일이다. 헤커는 당시 김정은의 선택을 두고 "권력을 잡은 지 겨우 넉 달밖에 안 된 김정은은 부친(김정일)이 할아버지(김일성) 탄생 100돌을 기념해 계획한 미사일(인공위성) 발사를 그대로 시행할 수밖에 없었을 것"이라고 했다.[29] 권력이 안정되지 못한 '초보 권력자'인 김정은으로선 당시 다른 선택의 여지가 없었으리라는 추정이다. 헤커는 당시 오바마 행정부의 선택을 두고 "워싱턴은 오로지 정치적 시각으로만 대응했다"라며 "미국의 정책과 기술적 평가가 유리된 또 하나의 예"이자 "나쁜 결정"이라고 평가했다. 무엇보다 "감시자들을 영변 핵단지 현장에 다시 돌려놓고 그곳 원심분리기의 회전을 멈추고 또 핵실험과 장거리미사일 실험 모라토리엄을 이룰 기회"를 놓침으로써, 미국은 "핵 노선의 전면 부상"이라는 "값비싼 대가"를 치르게 됐다는 점에서 그렇다는 것이다.[30]

유엔은 조선의 광명성 3호 발사 사흘 뒤인 2012년 4월 16일 "강력 규탄"한다는 메시지를 담은 유엔 안전보장이사회 의장성명으로 대응했다.[31] 추가 대북 제재 결의는 아니라는 점에서 먼지를 가라앉힐 여지를 둔 대응이라 할 수 있다.

그러나 조선은 그해 12월 12일 인공지구위성 광명성 3호 2호기를 실은 장거리 로켓 '은하 3호'를 다시 쏘아올렸다. 궤도 진입에 실패한 4월의 발사와 달리 이번엔 궤도 진입에 성공했다. 광명성 3호 2호기 발사 성공 사실을 알린 조선중앙통신사 보도는 "우리의 과학자, 기술자들은 어버이수령님의 탄생 100돌이 되는 2012년에 과학기술위성을 쏴 올릴 데 대한 위대한 장군님의 유훈을 빛나게 관철하였다"라고 선언했다.[32] 2·29조미합의를 좌초시킨 4월 13일의 발사는 김정일 유훈에 따른 것이라는 공개 확인이다. 김정은이 꼭 하고 싶어서 주도한 건 아니라는 뜻으로 읽을 수도 있지만, 미국과 유엔은 조선의 그러한 내부사정을 존중할 생각이 없었다.

조선의 3차 핵실험

유엔은 이번엔 지난 4월과 달리 추가 제재로 대응했다. 유엔 안전보장이사회 결의 2087호(2013년 1월 22일)가 그것이다. 조선은 그로부터 두 시간도 안 돼 "핵 억제력을 포함한 자위적인 군사력을 질량적으로 확대·강화하는 임의의 물리적 대응조치"를 취하겠다는 외무성 성명으로 반발했다. 그 21일 뒤인 2013년 2월 12일 오전 11시 57분 함경북도 길주군 풍계리 만탑산 지하갱도에서 3차 핵실험을 강행했다. 위력 약 6~7킬로톤, 규모 4.9Mb로 1·2차 핵실험보다 강도가 세졌다.[33] 3차 핵실험 사실을 알린 조선중앙통신사는 "미국의 포악무도한 적대행위에 대처하여 나라의 안전과 자주권을 수호하기 위한 실제적 대응조치의 일환"으로 "이전과 달리 폭발력이 크면서도 소형화, 경량화된 원자탄을 사용"했다고 밝혔다. 2차 핵실험 보도문과 비교해 정치외교적 측면에선 다시 등장한 '미국 탓', 기술적으론 "소형화, 경량화된 원자탄"이라는 표현에 주목할 필요가 있다. 플루토늄을 사용한 1~2차 핵실험과 달리 고농축우라늄을 처음으로 핵실험에 사용했다는 점도 중요하다. 헤커는 3차 핵실험이 "히로시마 폭발과 비슷한 규모"라며 "북한이 (핵)폭탄으로 가는 제2의 경로를 확보했음이 확인됐다"라고 평가했다.[34] 1~3차 핵실험을 거치며 조선의 핵 능력에 가속이 붙고 있음을 알 수 있다. 유엔 안전보장이사회는 제재 결의 2094호(2013년 3월 7일)로 대응했다.

경제·핵 건설 병진노선

김정은의 폭주가 시작됐다. 김정은은 2013년 3월 31일 노동당 중앙위 전원회의에서 한 보고(연설)를 통해 "경제 건설과 핵무력 건설을 병진시킬 데 대한 새로운 전략적 노선을 제시"했다.[35] 저 악명 높은 '경제·핵 건설 병진노선'이다. 말이 '병진'이지 선행 모델인 1962년 김일성의 경제·국방 건설 병진노선이 '국방 먼저, 경제 나중'이었던 것과 마찬가지로 '핵 먼저, 경제 나중' 노선이다.[36] 실제 김정은은 자신의 경제·핵 건설 병진노선을 "위대한 수령님께서 제시하시고 위대한 장군님께서 철저히 구현하여오신 경제와 국방 병진로선의 계승이며 심화발전"이라 성격 규정했다.[37]

김정은은 "미국의 공화국 압살 야망"을 거론하곤 "핵무기가 세상에 출현한 이후 근 70년간 세계적 규모의 랭전이 오랜 기간 지속되고 여러 지역들에서 크고 작은 전쟁들도 많이 있었지만 핵무기 보유국들만은 군사적 침략을 당하지 않았다"는 주장으로 자신의 병진노선을 정당화했다.[38] 이는 그 본질에서 "내가 살아 있는 한 우리나라에는 핵무기가 존재하지 않을 것"이라던 김일성의 호언(1991년 12월 18일, 스티븐 솔라즈 미 하원 외교위 아시아태평양소위원회 위원장 면담),[39] 핵실험을 하고도 "비핵화는 수령님의 유훈"이라고 거듭 다짐한 김정일의 모호한 태도와 전혀 다른 노골적인 핵무장 선언이었다.

1·2차 핵실험에 이은 김정은의 경제·핵 건설 병진노선은 3대 세습 초기 권력 다지기와 무관하지 않다. 외부의 적을 빌미로 위기를 조성해 내부의 이견을 누르고 권력 집중을 추구한 정치전략 측면이 있기 때문이다. 김정은이 병진노선을 공식화한 그해 12월 장성택 처형 사건은 병진노선의 국내정치적 맥락과 관련해 시사하는 바가 많다. 장성택은 김정일의 처남이자 김정은의 고모부다. 김정일이 뇌졸중에서 회복돼 3대 세습을 결심한 뒤 김정은의 후견인으로 세운 인물이다. 김정은 집권 초기 명실상부한 2인자가 어느 날 갑자기 "국가전복 음모"를 꾀한 "개만도 못한 추악한 인간쓰레기"이자 "반당 반혁명적 종파 사건"의 주모자로 지목돼 처형된 것이다.[40] 장성택이 "왼새끼를 꼬면서 령도의 계승 문제를 음으로 양으로 방해하는 천추에 용납 못할 대역죄"를 저지른 "현대판 종파의 두목"이라는 국가안전보위부 특별군사재판의 단죄는 장성택 처형이 3대 세습 초기 내부 권력투쟁 및 김정은 권력 강화와 직접 맞닿아 있음을 가리킨다.[41]

경제·핵 건설 병진노선은 이후 김정은 집권기 전체를 관통하는 김정은식 국가발전전략의 원형을 이룬다는 점에서, 특히 경제정책과 안보정책의 상관관계 및 결합 방식과 관련한 김정은의 심층 인식을 드러낸다는 점에서 좀 더 구체적으로 살펴볼 필요가 있다. 첫째, 힘에 의지한 평화 노선이다. 김정은은 "강위력한 핵무력 우에 평화도 있고 부강번영도 있으며 인민들의 행복한 삶도 있다"라며 "경제를 발전시키고 인민생활을 높이기 위한 투쟁은 강력한 군사력, 핵무력에 의해 담보되여야 성과적으로 진행될 수 있다"라고 주장했다. 둘째, 가성비 높은 국방전략으로서 핵무장이다. 김정은은 "새로운 병진로선은 국방비를 늘리지 않고도 적은 비용으로 나라의 방위력을 더욱 강화하면서 경제 건설과 인민 생활 향상에 큰 힘을 돌릴 수 있게 한다"라며 "우리의 실정에 맞게 나라의 경제 발전과 국방력 강화에서 최대의 효과를 낼 수 있게 하는 현실적인 로선"이라고 했다. 재래식 군사력에서 압도적으로 우세한 한미 연합 군사력과 균형을 맞추려면 재래식 군비 강화보다 핵무장이 싸게 먹힌다는 주장이다. 셋째, 병진노선을 채택한 회의에서 김정은식 개혁·개방 구상이 함께 천명된 대목도 눈여겨볼 필요가 있다. 김정은은 "경제강국 건설을 다그치고 인민 생활을 획기적으로 높이는 것은 현시기 우리 당 앞에 나서는 가장 중요하고 절박한 과업"이라며, "우리 식의 경제 관리 방법 연구 완성"과 "원산지구와 칠보산지구를 비롯한 나라의 여러 곳에 관광지구를 잘 꾸리고 각 도들에 경제개발구를 내오고 특색있게 발전시켜야 한다"고 강조했다.[42] '우리식 경제 관리 방법'이 김정은식 경제 개혁의 플랫폼이라면 '경제개발구'는 김정은식 대외 개방의 다중 거점이라고 할 수 있다. 문제는 고강도 제재를 몰고 올 핵무장 노선과 개혁개방 노선이 현실적으로 함께 갈 수 없다는 데 있다. 이는 병진노선 채택 이후 조선 경제의 행로가 입증한다.

36년 만의 조선노동당대회, 조선의 4차+5차 핵실험

2016년 김정은은 36년 만에 소집된 노동당대회인 조선로동당 7차

대회(2016년 5월 6~9일)에서 병진노선을 "항구적 전략노선"이라 선언했다.[43] 김정은은 당대회 앞뒤로 4차 핵실험과 5차 핵실험을 감행했다. 4차 핵실험은 김정은의 생일을 이틀 앞둔 2016년 1월 6일 오전 10시 30분 함경북도 길주군 풍계리 만탑산 지하갱도에서 진행됐다. 3차 핵실험 뒤 3년 만이다. 위력 약 6킬로톤, 규모 4.8Mb.[44] 핵실험 직후 조선은 "조선노동당의 전략적 결심"에 따라 "우리의 지혜, 우리의 기술, 우리의 힘에 100퍼센트 의거"한 "주체조선의 첫 수소탄 시험이 성공적으로 진행됐다"며 "반만년 민족사에 특기할 대사변"이라고 알리는 조선민주주의인민공화국 정부 성명을 발표했다.[45] 《로동신문》은 "력사적인 조선로동당 제7차 대회가 열리는 승리와 영광의 해 2016년의 장엄한 서막을 첫 수소탄의 장쾌한 폭음으로 열어제낌으로써 온 세계가 주체의 핵강국, 사회주의 조선, 위대한 조선로동당을 우러러보게 하라"라는 김정은의 2015년 12월 15일 친필 서명, "당 중앙은 수소탄 시험을 승인한다. 2016년 1월 6일 단행할 것"이라는 김정은의 2016년 1월 3일 친필 서명을 김정은 사진과 함께 1면에 대서특필했다.[46] 4차 핵실험은 국내 정치적 측면에서 36년 만의 노동당대회를 앞둔 축포라는 뜻이다.

4차 핵실험 사실을 알린 조선의 정부 성명은 미국을 "날강도" "승냥이"라 비난하며 "미국의 극악무도한 대조선 적대시 정책이 근절되지 않는 한 우리의 핵개발 중단이나 핵 포기는 하늘이 무너져도 절대로 있을 수 없다"고 주장했다. 조선은 성명에서 4차 핵실험으로 "소형화된 수소탄의 위력을 과학적으로 해명"했다고 주장했는데, 헤커는 "전형적인 수소폭탄 폭발치고는 너무 낮았다"면서도 "이 실험에서 성공적인 수소

폭탄 실험으로 보이는 2017년 9월의 6차 실험을 위한 충분한 정보를 얻었을 것"이라고 평가했다.[47]

4차 핵실험의 유탄을 맞아 남북경제협력사업의 최고봉이라 할 개성공단이 문을 닫았다. 한국의 박근혜 정부가 개성공단 전면 중단을 발표(2016년 2월 10일)하자, 김정은의 조선이 전면 폐쇄(2016년 2월 11일)로 맞받은 것이다.

조선의 4차 핵실험에 대응해 유엔이 추가 제재 결의를 내놓는 데에는 전례 없이 오랜 시간이 걸렸다. 결의 2270호는 핵실험 뒤 55일 만인 2016년 3월 2일 발표됐다. 1~3차 핵실험 뒤 빠르면 닷새, 늦어도 23일 만에 제재 결의를 발표한 선례에 비춰 눈에 띄게 더딘 대응이다. 추가 대북 제재의 범위와 강도를 두고 미국과 중국의 이견을 조정하는 데 시간이 길어진 탓이다. 늦은 만큼 제재 강도가 높아졌다. 조선의 독보적 1순위 외화소득원인 석탄 수출이 금지됐다. 미국과 중국의 '밀당' 끝에 '민생 목적 석탄 수출 예외 인정'이라는 단서가 달린 탓에 당시엔 내용 없는 제재 강화라는 평가도 있었으나 이후의 경과는 다른 진실을 가리킨다. 결의 2270호는 유엔의 대북 제재가 사상 처음으로 조선의 비군사 경제를 표적지에 올렸음을 뜻하는 것이어서, 유엔 대북 제재 역사의 분수령에 해당한다.

대북 제재 ↔ 핵실험·미사일 발사 악순환

이후 조선의 핵실험·미사일(로켓) 발사와 유엔 등 국제사회의 추가 제재가 맞물리며 한반도 8천만 시민·인민을 (핵)전쟁 문턱까지 내모는 악순환이 본격화했다.

당대회 넉 달 뒤이자 조선민주주의인민공화국 창건 68돌 기념일인 2016년 9월 9일 함경북도 길주군 풍계리 만탑산 지하갱도에서 5차 핵실험이 진행됐다. 위력 약 10킬로톤, 규모 4.8Mb.[48] 한 해 두 차례, 8개월 만의 핵실험이다. 조선의 핵실험 주기가 빨라진 것이다. 5차 핵실험 사실을 전한 조선민주주의인민공화국 핵무기연구소 성명은 "조선인민군 전략군 화성포병부대들이 장비한 전략탄도로케트들에 장착할 수 있게 표준화, 규격화된 새로 연구제작한 핵탄두"로 핵실험을 했다며 "소형화, 경량화, 다종화된 보다 타격력이 높은 각종 핵탄두들을 마음먹은 대로 필요한 만큼 생산할 수 있게 되었다"라고 밝혔다.[49] 탄도미사일에 탑재할 핵탄두를 대량생산할 수 있게 됐다는 주장이다. 아울러 성명은 5차 핵실험이 "미국을 비롯한 적대세력들의 위협과 제재 소동에 대한 실제적 대응조치의 일환"이라며 "국가 핵무력의 질량적 강화 조치는 계속될 것"이라 밝혔다.

8개월 만의 핵실험이라는 전례 없는 사태에 유엔의 제재 결의 논의 또한 전례 없이 길어졌다. 4차 핵실험 직후와 마찬가지로 미국과 중국의 외교적 수싸움이 치열했던 탓이다. 핵실험 83일 만인 2016년 11월 30일 유엔 안전보장이사회 결의 2321호가 발표됐다. 결의 2270호의 석탄 수출 금지 조항에 달려 있던 '민생 목적 수출 예외 인정'이라는 단서가 제거됐다. 민생 목적을 앞세워 제재를 회피할 수 없도록 한 것이다. 대신 '연간 750만 톤 또는 4억87만 달러'라는 수출 상한이 설정됐다. 조선의 최대 외화 획득 수단인 석탄 수출 금지의 실효성을 높이는 조처다. 김정은의 핵 폭주에 맞서 유엔의 조선 민수 경제 옥죄기가 본격 가동되기 시작한 것이다. 이는 "본 결의에 의해 부과된 조치들이 조선민주주의인민공화국 주민들에게 부정적인 인도적 영향을 의도한 것이 아님을 재확인한다"(결의 2321호 46조)라는 유엔의 선언과 상충한다는 지적도 있다.[50]

조선의 5차 핵실험 두 달여 뒤인 2016년 11월 오바마는 대선에서 승리한 도널드 트럼프를 상대로 한 단 한 차례의 인수인계 회의 때 조선 핵 문제를 국가안보의 최우선 과제로 꼽았다.[51] 그러나 헤커는 "그것이 전략적 인내였든, 깊은 불신이었든, 점잖은 무시였든 간에 오바마 정부는 북한의 위협을 상황이 요구하는 바에 따라 최우선으로 생각한 적이 한 번도 없었다"라고 혹평했다.[52] 사실 오바마는 미국 대통령으로 일한 8년간 조선의 핵실험을 네 차례(2~5차 핵실험)나 지켜봐야 했다. 오바마의 북핵 대응과 대북 정책이 대실패했다는 숨길 수 없는 증거다. 오바마가 8년 임기를 마친 뒤 펴낸 회고록 《약속의 땅 *A Promised Land*》에서 조선과 관련한 언급을 극구 피한 까닭이다. "(2009년 1월) 오바마 대통령이 취임할 때 북한은 한 차례 핵실험을 실시했고 초보적 핵무기 다섯 개 정도를 만들 만큼 플루토늄을 축적해놓았으나 이런 것을 미사일로 실어 나를 역량은 없는 상태였다. (2017년 1월) 그가 백악관을 떠나는 시점에 북한은 네 차례 더 핵실험 경험을 쌓았고 대략 25개의 핵무기를 만들 수 있는 충분한 플루토늄과 고농축우라늄을 보유하고 있었으며 십수 번의 미사일 실험 성공을 통해 미사일 역량을 인상적으로 증명한 상태였다."[53] 헤커의 이런 평가는 뼈아프다.

한반도 전쟁 위기, 조선의 6차 핵실험

2017년 1월 20일 도널드 트럼프 미 행정부 출범 이후 한반도는 전례 없는 속도와 강도로 전쟁 위기의 수렁으로 깊이 빠져들어 갔다. 김정은은 미국 독립기념일인 7월 4일 "대륙간탄도로케트 '화성-14형'"을 쏘아 올리고는 "미국의 심장부를 타격할 수 있는 대륙간탄도로케트 화성-14형 시험발사 대성공은 장장 수십 년 세월 세기를 이어온 반제반미 대결전에서 우리 인민이 이룩한 또 하나의 빛나는 승리"라고 선언했다.[54] 김정은은 화성-14형 시험발사를 "(미국) 독립절 선물보따리"라며 "앞으로 심심치 않게 크고 작은 '선물보따리'를 자주 보내주자"라고 덧붙였다. 《로동신문》은 화성-14형이 "최대정점고도 2,802킬로미터까지 상승하여 거리 933킬로미터 조선 동해 공해상의 설정된 목표 수역을 정확히 타격"했다고 밝혔는데, 미국·러시아 등 각국의 군 정보당국은 "미국의 심장부를 타격할 수 있는 대륙간탄도로케트"라는 조선의 주장과 달리 중거리탄도미사일IRBM급으로 미국 본토가 아닌 알래스카 정도에 도달할 수 있는 수준이라고 평가했다.[55] 그럼에도 헤커는 미국을 겨냥해온 "북한의 핵·미사일 개발에 이정표가 되는 사건"이라고 평가했다.[56] 김정은은 7월 28일 화성-14형을 또다시 쏘아 올렸고, 고각 발사가 아닌 정상 발사라면 미국 본토에 닿을 수 있는 능력이라는 전문가들의 평가가 나왔다.

김정은의 잇단 화성-14형 발사에 유엔은 제재 강화로 대응했다. 7월 4일 첫 발사 뒤 32일 만인 2017년 8월 5일 결의 2371호를 발표했다. 이전의 석탄 수출 금지에 달린 상한을 제거하고 전면 금지로 강화했다. 조선의 주요 외화 확보 수단인 해외 파견 노동자를 겨냥해 그 규모 확대를 금지한다는 새로운 제재가 추가됐다.

당연하게도 김정은은 "미국이 우리의 자주권과 생존권, 발전권을 말살하는 유엔 안전보장이사회 제재 결의를 끝끝내 조작해낸 이상 우리는 이미 천명한 대로 단호한 정의의 행동에로 넘어갈 것이다. 미국이 경거망동한다면 그 어떤 최후 수단도 서슴지 않고 불사할 것"이라며 추가 군사행동을 예고했다.[57] 트럼프가 맞불을 놨다. 조선의 정부 성명 발표 바로 다음 날 트럼프는 백악관 회견에서 "세계가 보지 못했던 화염과 분노에 북한이 직면할 것"이라고 엄포를 놨다. 이번엔 조선인민군 전략군 대변인이 나서 "괌 주변 포위사격 검토"를 입에 올렸다.[58]

한반도 하늘을 전쟁 위험의 먹구름이 뒤덮은 2017년 9월 3일 함경북도 길주군 풍계리 만탑산 지하갱도에서 6차 핵실험이 진행됐다. 위력 약 50킬로톤, 규모 5.7Mb.[59] 1~5차 핵실험에 비해 위력이 대폭 강화됐다. 헤커는 "이 실험으로 만탑산 비탈이 눈에 띄게 움직였고 국경 너머의 중국 주민들이 진동에 놀라 허둥대고 대피하는 소동을 겪었다"라고 전했다.[60] 핵실험 사실을 알린 조선민주주의인민공화국 핵무기연구소 성명은 "대륙간탄도로케트 장착용 수소탄 시험"이라며 "우리의 핵무기 설계 및 제작 기술이 핵탄의 위력을 타격 대상과 목적에 따라 임의로 조정할 수 있는 높은 수준에 도달하였다"고 밝혔다.[61]

유엔은 6차 핵실험 여드레 만인 9월 11일 결의 2375호로 대응했다. 결의 2375호는 조선의 1위 수출품인 석탄에 이어 2위 수출품인 섬유·의류제품 수출을 전면 금지하고 원유·정제유 대북 수출 총량제한

제를 도입하는 등 비군사 경제제재 범위를 확대하며 대북 압박의 강도를 한껏 끌어올렸다. 대응 속도와 강도 모두 이례적으로 빠르고 강했다. 김정은은 유엔 결의 2375호에 맞서 8월 19일과 9월 15일 "중장거리 전략탄도로케트 '화성-12형'"을 일본 홋카이도 상공을 지나 북태평양 바다에 떨어지게 쏘아 올렸다.[62]

'이러다 진짜 전쟁 나는 거 아니냐'는 위기의식이 시민들 사이에 전염병처럼 빠르게 번졌다. 2017년 5월 10일 한국 대통령에 취임한 문재인은 전쟁의 공포에 맞서 "우리가 추구하는 것은 오직 평화"(7월 6일, 독일 쾨르버재단 초청 연설)라며 "대한민국 정부는 모든 것을 걸고 전쟁만은 막을 것"(8월 15일, 광복절 경축사)이라고 밝혔다. 김정은의 '괌 포위 사격'은 물론 트럼프의 '화염과 분노'를 함께 겨냥한 "전쟁은 절대 안 돼"라는 절규다.

6장

2018년의 짧은 평화와 '하노이 노딜'

2017년 11월 29일 평양 외곽에서 또다시 탄도미사일이 솟구쳤다. 발사 직후 조선민주주의인민공화국 정부 성명이 발표됐다. "김정은 동지는 새 형의 대륙간탄도로케트 '화성-15형'의 성공적 발사를 지켜보시면서 오늘 비로소 국가 핵무력 완성의 역사적 대업, 로케트 강국 위업이 실현되었다고 긍지 높이 선포하시였다." 화성-15형은 "정점고도 4,475킬로미터, 사거리 950킬로미터를 53분간 비행"했다. 고각 발사가 아닌 정상 각도 발사라면 추정 사거리 9천~1만3천 킬로미터로 미국 전역에 이를 수 있다는 분석이 나왔다. 다음 날《로동신문》1면엔 "당과 조국을 위하여 용감히 쏘라"는 김정은의 친필 명령이 김정은이 집무실 책상에서 서명하는 사진과 함께 실렸다.[1] 그 아래 받쳐진 정부 성명은 화성-15형 발사를 "미제와 그 추종세력들의 악랄한 도전과 겹쌓이는 시련 속에서도 추호의 흔들림 없이 우리 당의 병진로선을 충실하게 받들어온 위대하고 영웅적인 조선 인민이 쟁취한 값비싼 승리"라 자찬했다.

유엔은 추가 제재로 대응했다. 화성-15형 발사 24일 만에 나온 결의 2397호(2017년 12월 22일)는 원유(연 4백만 배럴)와 정유제품(연 50만 배럴)의 대북 공급 상한을 낮추고, 해외 파견 노동자의 12개월 안 귀국 조처 등을 담고 있었다. 에너지 공급과 외화 획득 통로를 옥죄려는 제재 강화 조처다.

김정은의 국가 핵무력 완성 선언

밤이 깊으면 새벽이 가깝다 했던가. 문재인과 그의 외교안보 분야 참모들은 화성-15형 시험발사 성공 뒤 나온 김정은의 국가 핵무력 완성 선언에서 기회의 창을 발견했다. 한반도 전쟁 위기의 와중에 평창겨울올림픽(2018년 2월) 준비에 분주하던 문재인이 승부수를 던졌다. 2017년 12월 19일 강원도 평창으로 가는 대통령 전용열차 안에서 미국 NBC 방송과 인터뷰를 통해 "한미연합훈련의 연기 가능성을 검토하는 것이 가능하다. 나는 미국에 이를 제안했고, 미국은 검토하고 있다"고 밝혔다. 한미연합군사연습을 대북 적대시 정책의 가장 집중적인 표현이라 비난해온 조선의 올림픽 참가를 끌어내, 평창올림픽을 한반도의 전쟁 위기를 딛고 평화의 꽃을 피워올릴 다각적 정상외교의 지렛대로 삼으려는 전략에 따른 발언이었다.

사실 김정은의 국가 핵무력 완성 선언은 뜬금없는 것이었다. 핵은 지속적인 개발·유지·보수 대상이라 완성이란 논리가 성립할 수 없다.

당연하게도 공인 핵국가인 미국·러시아·중국·영국·프랑스는 핵무력 완성 선언 따위는 한 적이 없다. 문재인과 그의 참모들이 김정은의 국가 핵무력 완성 선언을, 2013년 3월 경제·핵 병진노선 채택 이후 악순환의 늪에 빠진 핵실험-제재 강화 고리를 끊고 싶다는, 대치에서 협상으로 전략 방향을 전환하고 싶다는 '특유의 북한식 화법'으로 받아들인 까닭이다.

문재인의 독법과 승부수가 통했다. 김정은은 2018년 1월 1일 신년사에서 "남조선에서 머지않아 열리는 겨울철올림픽경기대회에 대해 말한다면 그것은 민족의 위상을 과시하는 좋은 계기로 될 것이며 우리는 대회가 성과적으로 개최되기를 진심으로 바란다"며 "우리는 대표단 파견을 포함해 필요한 조치를 취할 용의가 있으며 이를 위해 북남 당국이 시급히 만날 수도 있을 것"이라고 밝혔다. 평창올림픽 참가와 남북 당국 회담을 한데 묶어 제안한 것이다. 1988년 서울올림픽 때 남북 공동 개최 주장이 받아들여지지 않자 서울올림픽에 불참하고 1989년 평양에서 제13회 세계청년학생축전을 주최해 국력을 낭비한 김일성·김정일의 '냉전 정치'와 극적으로 대비되는 선택이었다. 전쟁 위기의 벼랑 끝에 매달린 한반도의 8천만 시민·인민을 화해협력과 공존의 너른 마당으로 이끌 대화의 문이 마침내 열린 것이다.

평창올림픽, 평화로 가는 문

남과 북은 1월 9일 판문점 고위급회담에서 조선의 평창올림픽 참가에 공식 합의했고, 국제올림픽위원회는 1월 20일 조선의 평창 참가와 여자아이스하키 남북단일팀(엔트리 12명 증원) 구성 승인으로 화답했다. 남북의 평화 노력에 대한 국제올림픽위원회 차원의 지지·격려였다. 2018년 1월, 그렇게 한반도에 때 이른 평화의 봄이 찾아왔다.

평창올림픽 개막일인 2018년 2월 9일 김정은의 특사대표단이 인천공항에 모습을 드러냈다. 단장인 김영남 최고인민회의 상임위원장보다 김정은의 동생인 김여정 조선노동당 중앙위 제1부부장한테 세계 언론의 시선이 꽂혔다. 김여정은 2월 10일 청와대를 찾아 문재인한테 조선민주주의인민공화국 국무위원장의 친서로 '편하신 시간에 북을 방문해주시기를 요청한다'는 뜻을 전했다.

평창올림픽이 무사히 끝나자 문재인은 대북특별사절단을 평양에 보냈다. 2018년 3월 5일 서해 직항로를 거쳐 평양에 간 정의용 청와대 국가안보실장과 서훈 국가정보원장 등 다섯 명의 특사단은 조선노동당 중앙위 본부청사에서 김정은을 만났다. "최고령도자 (김정은) 동지께서는 남측 특사로부터 수뇌상봉(정상회담)과 관련한 문재인 대통령의 뜻을 전해들으시고 의견을 교환하셨으며 만족한 합의를 보셨다"라고 《로동신문》이 다음 날 아침 전했다.[2] 3월 6일 경의선 육로로 귀환한 특사단장 정의용은 판문점 공동경비구역 남쪽 평화의 집 기자회견에서 "남과 북은 4월 말 판문점 평화의 집에서 제3차 남북정상회담을 개최하기로 했다"라고 공식 발표했다. 남북정상회담 합의 발표는 예견된 일이었다. 그런데 정의용이 예상 밖의 의미심장한 발언을 덧붙였다. "미북 대화를 시작할 충분한 여건이 조성돼 있다 판단한다. 저는 서훈 국정원장과 함께 미국을 방문한다." 그러곤 정의용은 2018년 3월 9일 백악관에서 트럼프를 만난 뒤 백악관 출입기자들 앞에서 세계 언론이 앞다투어 긴급 타전할 수밖에 없는 중대 발표를 했다. "김정은 위원장은 트럼프 대통령을 가능한 조기에 만나고 싶다는 뜻을 표명했고, 트럼프 대통령은 항구적인 비핵화 달성을 위해 김정은 위원장과 5월 말까지 만나겠다고 말했다." 2000년 김정일과 클린턴의 평양 회담이 막판에 무산된 지 18년 만의 사상 첫 조미정상회담 개최 원칙 합의다.

평창의 맵찬 추위를 녹인 평화의 봄바람을 타고 세 번째 남북정상회담과 사상 첫 조미정상회담 합의 소식이 느닷없이 8천만 남북 시민·인민의 마음을 뒤흔들었다. 그렇게 2018~19년 동북아 정세를 뒤흔든 연쇄 양자 정상외교의 출발 신호가 울렸다.

김정은은 문재인과 트럼프를 만나기에 앞서 전용열차를 타고 시진핑 중국공산당 중앙위 총서기 겸 중화인민공화국 주석을 만나러 베이징에 갔다. 2012년 조선의 최고지도자 자리에 오른 뒤 첫 국외 여행이었다. 2018년 3월 26일 베이징 인민대회당에서 열린 1차 정상회담에서 김정은은 "김일성 주석과 김정일 총서기의 유훈에 따라 반도 비핵화 실현에 힘을 다하는 것은 시종 우리의 변하지 않는 입장"이라고 비핵화 의지를 다짐했다. 이어 "지금부터 (시진핑) 총서기 동지와 계속 만나고, 상호 특사 파견, 친필 서신 발송 등 방식으로 밀접한 소통을 유지하기를 희망한다"고 밝혔다. 시진핑은 "중-조 전통 우의는 쌍방의 공동된 보배이자 재부"라며 "중-조 친선을 중시하고 끊임없이 계승 발전시켜나가는 것은 중국 당과 정부의 전략적 선택이며 확고부동한 의지"라고 화답했다.[3]

김정은의 이런 행보는, 2000년 아버지 김정일이 사상 첫 남북정상회담과 조미정상회담 추진에 앞서 장쩌민 당시 중국 국가주석을 만나러 간 선례와 판박이처럼 똑같다. 김정일의 2000년 5월 29~31일 베이징 방문도 1998년 공식적으로 최고지도자 자리에 오른 뒤 첫 국외 여행이었다. 조선의 운명을 좌우할 전략적 방향 선회에 앞선 뒷마당 다지기다. 아울러 중국의 존재감을 드러내는 역사적 선례로 기억할 필요가 있다.

김정은의 궤도 바꾸기, 병진노선 → 경제집중노선

김정은은 판문점에서 문재인을 만나기 이레 전인 2018년 4월 20일 조선노동당 중앙위 제7기 3차 전원회의를 소집했다. 김정은은 이 회의에서 "경제 건설과 핵무력 건설을 병진시킬 데 대한 우리 당의 전략적 로선이 밝힌 력사적 과업들이 빛나게 관철되였다"라며 "전당, 전국이 사회주의 경제 건설에 총력을 집중하는 것, 이것이 우리 당의 전략적 로선"이라고 선언했다.[4] 병진노선을 끝내고 경제 건설 총력집중 노선을 시작하겠다는, 요컨대 국가발전전략의 최우선 순위를 핵에서 경제로 바꾼다는 공식 선언이다. 김정은은 내처 "이제 우리에게 그 어떤 핵시험과 중장거리·대륙간탄도로케트 시험발사도 필요 없게 되었으며 이에 따라 북부핵시험장도 자기의 사명을 끝마치였다"며 "(2018년) 4월 21일부터 핵시험과 대륙간탄도로케트 시험발사 중지"와 "북부핵시험장 폐기"를 약속했다. 핵실험·ICBM 발사 모라토리엄에 더해 1~6차 핵실험을 진행한 함경북도 길주군 풍계리 만탑산의 지하갱도를 아무런 조건을 달지 않고 폐쇄하겠다는 뜻이다. 국가발전전략의 최우선 순위를 핵에서 경제로 바꾼다는 자신의 선언이 빈말이 아닌 진심임을 강조하려는 조건 없는 선제 신뢰 구축 조처다. 트럼프의 약속을 현실로 바꿔 조미관계 정상화를 이루려는 김정은의 간절함이 밴 승부수다. 덩샤오핑 주도로 중국의 체제 개혁과 대외 개방 정책을 공식화한 중국공산당 제11기 중앙위·제3회 전체회의(1978년 11월 18~22일)에 비견되는 방향 선회라는 평가가 뒤따른 까닭이다.

2018년 4월 27일 오전 9시 27분 대한민국 대통령 문재인과 조선민주주의인민공화국 국무위원장 김정은이 판문점 공동경비구역의 폭 50센티미터 높이 5센티미터 군사분계선을 사이에 두고 마주 선 뒤 이내 군사분계선을 함께 넘나들었다. 문재인과 김정은은 회담 결과를 담은 '한반도의 평화와 번영, 통일을 위한 판문점선언(4·27판문점선언)'을 통해 "한반도에 더 이상 전쟁은 없을 것이며 새로운 평화의 시대가 열리었음을 8천만 우리 겨레와 전 세계에 엄숙히 천명"하고 "완전한 비핵화를 통해 핵 없는 한반도를 실현한다는 공동의 목표를 확인했다"라고 밝혔다. 김정은이 병진노선을 동력으로 한 핵무장 질주를 뒤로 하고 "완전한 비핵화, 핵 없는 한반도"로 나아가겠다고 하는 공식·공개 선언이다.

문재인을 만난 김정은은 다시 시진핑을 찾아갔다. 지난 3월 첫 만남 때 "지금부터 총서기 동지와 계속 만나고, 밀접한 소통을 유지"하겠다던 공언대로다. 2018년 5월 7일 중국 다롄 방추이다오에서 진행된 2차 정상회담에서 시진핑은 "중-조 두 나라는 운명공동체, 변함없는 순치의 관계"라고 강조했고, 김정은은 두 나라가 "혈연적 유대"로 이어진 "한집안 식구"라며 "중국 동지들과 굳게 손잡고 나아갈 것"이라 다짐했다.[5] 3월의 첫 만남에 견줘 김정은과 시진핑 모두 관계를 묘사하는 표현의 강도가 '운명·순치·한집안' 따위로 강해졌다. 트럼프와 담판에 앞서 시진핑의 지지를 거듭 확인하려는 김정은의 고심, 동북 접경의 완충지대인 조선을 통제권에 두려는 시진핑의 전략이 빚어낸 동상이몽의 기투합이다.

다롄에서 돌아온 김정은은 5월 9일엔 평양을 두 번째 찾은 마이크 폼페이오 미 국무장관을 노동당 중앙위 본부청사에서 만나, 김동철·김상덕·김학송 씨 등 조선에 억류돼 있던 (한국계) 미국인 세 명을 귀국길에 데려가라고 했다. 김정은의 선물에 기분이 좋아진 트럼프는 5월 10일 새벽께부터 메릴랜드주 앤드루스 공군기지에서 귀환행사를 치르고 "매우 기대되는 김정은과 나의 회담이 싱가포르에서 6월 12일 개최될 것"이라는 트윗을 올렸다. 마침내 사상 첫 조미정상회담의 시간과 장소(2018년 6월 12일, 싱가포르)가 확정됐다.

김정은은 기다렸다는 듯이 5월 12일 외무성 공보로 "23~25일 사이 (함경북도 길주군 풍계리) 북부핵시험장 폐기"를 발표하고, 5월 24일 한국·미국·중국·영국·러시아 5개국 취재진이 현장에서 지켜보는 가운데 "공화국 북부핵시험장을 완전히 폐기하는 의식"을 벌였다.[6] 다음 날 《로동신문》은 "경애하는 최고령도자 김정은 동지께서 원산 갈마해안관광지구 건설장을 현지지도하시였다"는 제목을 달아 환하게 웃는 김정은의 사진과 함께 1~2면에 펼쳐 보도했다. 관광사업은 대외 개방 없이 성과를 거두기 어렵고, 김정은과 트럼프의 만남은 그를 가능케 할 터였다. 5월 16일엔 조선노동당 시·도당위원장 전원이 참여한 친선참관단(단장 박태성)이 베이징 인민대회당에서 시진핑을 만나 "중국의 경제 건설과 개혁·개방의 경험을 배우러 왔다"고 말했다는 중국 관영 CCTV의 보도가 나왔다. 5월 18일엔 김정은이 조선노동당 중앙군사위 제7기 제1차 확대회의를 소집해 "인민군대가 조국 보위도 사회주의 건설도 다 맡자"라는 구호를 제시했다는 소식이《로동신문》1면에 대서특필됐다.[7] 인민군한테 총뿐만 아니라 삽도 쥐어줘 사회주의 경제 건설 총력집중이라는 새 전략노선의 앞길을 열 "혁명의 전위대오, 주력군"으로 삼아 건설 등 경제 현장에 대거 투입하겠다는 뜻이다. 김정은이 트럼프와 만남에서 얻고 싶은 목록 가운데 대외 개방과 경제 발전을 가능케 할 제재 완화·해제의 우선순위가 높으리라는 방증이다.

'하루짜리, 사후 발표' 정상회담

그런데 워싱턴에서 비보가 날아들었다. 풍계리 만탑산에서 북부 핵시험장 완전 폐기 의식이 치러진 5월 24일, 트럼프가 "싱가포르 정상회담은 열리지 않을 것"이라며 일방적으로 회담 취소 선언을 한 것이다. 트럼프는 "친애하는 (김정은) 위원장"한테 보내는 편지 형식을 빌려 "슬프게도, 당신들의 최근 담화가 보여준 엄청난 분노와 공개적 적대감을 볼 때, 나는 오랫동안 계획된 이 만남이 이번에는 부적절하다고 느낀다. 싱가포르 정상회담은 열리지 않을 것이다"라고 했다. "트럼프 행정부가 일방적인 핵 포기만을 강요하려 든다면 조미수뇌회담에 응하겠는가를 재고려할 수밖에 없을 것"이라는 외무성 제1부상 김계관의 담화(5월 16일)와 백악관 국가안보좌관 볼턴과 부통령 마이크 펜스를 실명 비난하며 "미국이 우리의 선의를 모독하고 계속 불법무도하게 나오는 경우 조미수뇌회담을 재고려할 데 대한 문제를 최고지도부에 제기할 것"이라는 외무성 최선희 부상 담화(5월 24일)가 회담 취소의 빌미가 됐다. 그런데 트럼프는 회담을 취소한다면서도 "결국 중요한 것은 대화다. 언젠가 당신을 만나기를 고대한다"고 덧붙였다. 자칭 '거래의 달인'다운 뒷문 열어두기다.

날벼락을 맞은 김정은이 수습에 나섰다. "우리는 아무 때나 어떤 방식으로든 마주 앉아 문제를 풀어나갈 용의가 있음을 미국 측에 다시금 밝힌다"라는 김계관 담화(5월 25일)로 안심이 안 됐는지, 김정은은 문재인한테 급히 도움을 요청했다. 김계관의 사태 수습용 담화 발표 다음 날인 2018년 5월 26일 판문점 공동경비구역 북쪽 지역에 있는 통일각에서 문재인과 김정은이 만났다. '일체의 형식 없이 만나고 싶다'는 김정은의 요청에 따른 예고 없는 만남이었다. 문재인–김정은의 2차 정상회담이자, 남북 분단사에 전례없는 '하루짜리, 사후 발표' 정상회담이다. 문재인은 5월 27일 청와대 춘추관에서 한 정상회담 결과 발표 기자회견에서 "김정은 위원장은 한반도의 완전한 비핵화 의지를 분명히 했으며 북미정상회담의 성공을 통해 전쟁과 대립의 역사를 청산하고 평화와 번영을 위해 협력하겠다는 의사를 피력했다"고 밝혔다. 이어 "우리 두 정상은 6·12북미정상회담이 성공적으로 이뤄져야 하며, 한반도의 비핵화와 항구적인 평화체제를 위한 우리의 여정은 결코 중단될 수 없다는 점을 확인하고, 이를 위해 긴밀히 상호협력하기로 하였다"라고 강조했다. 트럼프를 만나고 싶다는 김정은의 강렬한 의지를 문재인이 대신 세계에 타전한 것이다. 같은 날 《로동신문》은 김정은이 "조미수뇌회담을 위하여 많은 노력을 기울여온 문재인 대통령의 노고에 사의를 표"했다고 보도했다.[8] 역시 초점은 조미수뇌회담이다.

    트럼프가 취소한 조미정상회담을 되살리려는 남과 북 정상의 직접 수습 작업이 효과를 발휘했다. 문재인-김정은이 만난 통일각에서 5월 27일 최선희와 성김 필리핀 주재 미국대사가 비밀리에 만나 실무협상을 벌였다. 협상은 30일까지 이어졌다. 그사이 김영철 조선노동당 중앙위 부위원장 겸 통일전선부장 겸 조선아시아태평양평화위원회 위원장이 김정은의 특사 자격으로 워싱턴으로 향했다. 트럼프는 6월 1일 백악관에서 김영철을 만나 "우리는 6월 12일 싱가포르에서 만날 것이다. 그날 빅딜이 있을 것이다"라고 밝혔다.[9] 조-미의 기싸움 속에 한때 죽었던 조미정상회담이 5·26남북정상회담을 지렛대 삼아 다시 궤도에 올랐다.

문재인+김정은+트럼프, 한반도 냉전구조 해체 지도를 그리다

    운명의 2018년 6월 12일 아침 9시 4분 싱가포르 센토사섬 카펠라 호텔 회담장 로비에서 조선민주주의인민공화국 국무위원장 김정은과 아메리카합중국 대통령 도널드 트럼프가 서로 마주 보며 걸어와 12초간 악수를 했다. '3년 전쟁'을 포함한 조-미의 70년 적대를 과거사로 만들 수도 있을 역사적 담판의 시작을 알리는 12초 악수다. 트럼프는 이 세기의 담판을 "한 번도 가보지 않은 길"이라 했다. 세계 언론의 관심이 쏠린 김정은과 트럼프의 만남은 12초 악수 → 단독 정상회담(36분) → 확대 정상회담(100분) → 업무 오찬(50분) → 1분 산책 → 공동성명 서명식(6분) → 트럼프 단독기자회견(65분) 순으로 5시간 가까이 숨 가쁘게 이어졌다.

현직 미국 대통령과 만남이라는, 할아버지 김일성과 아버지 김정일이 이루지 못한 역사적 꿈을 실현한 김정은은 이날 비장한 낯빛으로 가슴에 담아뒀던 많은 말을 쏟아냈다. "우리 발목을 잡는 과거가 있고 그릇된 편견과 관행이 때로는 우리 눈과 귀를 가리기도 했는데 우린 모든 것을 이겨내고 이 자리까지 왔다"(단독회담 머리발언), "훌륭한 출발을 한 오늘을 기회로 해서 함께 거대한 사업을 시작해볼 결심은 서 있다"(확대회담 머리발언), "우리는 오늘 과거를 덮고 새 출발을 알리는 역사적인 문건에 서명을 하게 됩니다. 세상은 아마 중대한 변화를 보게 될 것입니다"(공동성명 서명식)……. 트럼프의 미국이 상응조처로 호응한다면 핵을 버리고 국제사회의 당당한 일원으로 살아갈 '거대한 사업'에 적극 나서겠다는 약속이자 미국과 세계를 향한 기대의 표현이다.

조선민주주의인민공화국 국무위원장 김정은과 아메리카합중국 대통령 도널드 트럼프가 함께 서명한 사상 첫 조-미 정상 합의문인 '6·12싱가포르공동성명'은 전문과 4개 조로 이뤄져 있다. 새로운 조미관계 수립(1조), 한반도에서 항구적·공고한 평화체제 구축 공동 노력(2조), 판문점선언 재확인과 한반도의 완전한 비핵화 노력 확약(3조), 한국전 미군 유골 발굴·송환 확약(4조)이 그것이다. 4조는 남-북 사이 이산가족상봉 사업처럼 조-미 사이 신뢰 쌓기의 마중물이다. 1·2·3조와는 역사적 무게와 차원이 다른 조선의 대미 서비스다.

전문가들은 탈냉전 시대에 해소되지 않은 한반도 냉전구조가 △

남-북 불신·적대 △조-미 적대관계 △핵 등 대량살상무기WMD를 포함한 군비경쟁 △군사정전체제라는 네 개의 기둥에 의지해 잔명殘命을 이어가고 있다고 지적해왔다.[10] 뒤집으면 6·12공동성명의 조미관계 정상화(1조) + 한반도 비핵화(2조) + 한반도 평화체제(3조)에, 4·27판문점선언의 "일체의 적대행위 전면 중지"(2조 1항)와 "단계적 군축 실현"(3조 2항)을 결합하면 탈냉전의 한반도·동북아로 가는 길을 열 수 있다는 뜻이다. 요컨대 문재인-김정은의 4·27판문점선언과 김정은-트럼프의 6·12공동성명으로 탈냉전 한반도·동북아를 이룰 청사진이자 설계도가 사실상 완성된 셈이다. 남은 건 말과 문서로 한 약속을 실천하는 일이다.

김정은은 평양으로 돌아오자마자 시진핑을 만나러 베이징으로 향했다. 2018년 들어 세 번째 중국행이다. 2018년 6월 19일 베이징 인민대회당에서 김정은은 시진핑과 "조선반도 비핵화 해결 전망을 비롯한 공동의 관심사"에 "공통된 인식"에 이르렀으며, "뿌리 깊은 혈연적 유대로 연결된 조-중 두 나라의 형제적 친선의 정"을 토대로 "사회주의를 수호하고 조선반도와 지역의 새로운 미래를 열어나가는 력사적인 려정에서 중국 동지들과 한 참모부에서 긴밀히 협력하고 협동할 것"이라고 다짐했다.[11] 시진핑은 김정은한테 "조선 경제의 발전과 민생의 개선을 지지"한다고 화답했다. 그러곤 "국제 및 지역 형세가 어떻게 변하는지와 무관하게, 중국 당과 정부는 중조관계를 공고히 발전시킨다는 굳은 입장은 변할 리 없다" "중국 인민의 조선 인민에 대한 우호적 정도 변할 리 없다" "중국의 사회주의 조선에 대한 지지도 변할 리 없다"고 강조했다.

김정은과 시진핑의 19일 회담과 관련해 중국 CCTV가 전한 시진핑의 이른바 '세 개의 불변' 약속이다. 김정은이 조중관계가 "한 참모부"라 운을 떼자 시진핑이 "변할 리 없는 지지"로 화답한 것이다. 요약하면 시진핑은 김정은과 세 번째 만남에서 김정은의 민생 개선 노력 지지와 함께 체제 안전 보장을 약속한 셈이다. 2018년 한반도 정세가 급류를 타는 와중에 김정은과 시진핑의 협력 강도가 더 빠르게 강화되고 있음을 가리킨다. 기실 김정은이 싱가포르에 갈 때 탄 전용기도 시진핑이 빌려준 중국 비행기였다.[12] 그렇게 무대 밖 중국·시진핑의 존재감이 커져갔다.

워싱턴발 역풍에 휘말리다

그런데 김정은과 트럼프의 6·12공동성명 합의 이후 미국의 본진이라 할 워싱턴에서 거대한 역풍이 불어왔다. 많은 전문가들은 "트럼프가 얻은 것 없이 내주기만 했다" "김정은한테 놀아났다" 따위의 비난성 반응을 쏟아냈다. 한반도를 포함한 동북아 문제에 집중해온 적잖은 관리들과 전문가들은 관계 정상화(1조) → 평화체제 구축(2조) → 비핵화(3조) 순으로 정리된 6·12공동성명의 구조를 문제로 삼았다. 특히 전문의 "상호 신뢰 구축이 조선반도 비핵화를 추동할 수 있다"는 문구를 걸고넘어졌다. 공동성명의 구조가 미국 정부의 전통적 접근법인 '선 핵 폐기, 후 관계 정상화'가 아닌, 북쪽의 '선 신뢰 조성, 후 비핵화' 접근법을 기반으로 하고 있다는 비판이다. 역사에 비춰 이들의 주장이 일방적 억지는 아니다. 실제로 1980년대 말 아버지 부시 행정부 이래로 미국의 모든 정부는 글로벌 비확산 정책에 따라 핵 문제 해결을 대북 정책의 최우선 과제로 삼아온 터다.

하지만 달리 생각해볼 필요가 있다. 6·12공동성명 전문의 "호상 신뢰 구축"은 실은 냉전기 미국과 소련의 핵 군축협상을 떠받친 핵심 철학이다. 이 문구는, 조선을 의심해 '비핵화 먼저(선 비핵화)' 노선을 고수해온 역대 행정부와 달리 상호 신뢰 쌓기로 '김정은 조선'의 미국에 대한 두려움을 녹여 핵 문제를 해소해보겠다는 트럼프의 전략에 따른 것으로 볼 수 있다. 사람 사는 세상의 모든 일이 그렇듯이 불신은 대화와 '함께 걷기'의 적이다. 그러므로 6·12공동성명 전문의 "호상 신뢰 구축"은, 트럼프의 말마따나 "한 번도 가보지 않은" 길고 험난한 여정에서 예상치 못한 사고를 피할 나침반이자 등불로 맞춤하다.

불행하게도 워싱턴의 역풍은 김정은과 트럼프가 벌려놓은 잔치마당에 먹구름을 몰고 왔다. 2018년 7월 6일, 6·12공동성명 이행 협의 목적으로 평양을 방문한 마이크 폼페이오 미 국무장관이 워싱턴발 역풍의 민낯을 드러냈다. 폼페이오의 전용기가 평양국제비행장에서 뜨자마자 격한 어조의 조선 외무성 대변인 담화가 조선중앙통신으로 발표됐다. "미국 측은 싱가포르 수뇌상봉과 회담의 정신에 배치되게 CVID(완전하고 검증 가능하며 돌이킬 수 없는 비핵화)요, 신고요, 검증이요 하면서 일방적이고 강도적인 비핵화 요구만을 들고나왔다 (…) 미국 측이 회담에서 끝까지 고집한 문제들은 과거 이전 행정부들이 고집하다가 대화 과정을 다 말아먹고 불신과 전쟁 위험만을 증폭시킨 암적 존재이다 (…) 이번 첫 조미 고위급회담을 통하여 조-미 사이의 신뢰는 더 공고화되기는커녕 오히려 확고부동했던 우리의 비핵화 의지가 흔들릴 수 있는 위험한 국면에 직면하게 되었다."[13] 6·12공동성명 이행 방안을 논의하겠다던 폼페이오가 평양에 빈 가방을 들고 와 "일방적이고 강도적인 비핵화 요구"만 앵무새처럼 반복했다는 공개적 불만 표출이다. 그러곤 자기네는 폼페이오한테 "공동성명의 모든 조항들의 균형적인 리행을 위한 건설적인 방도들", 곧 조미관계 개선을 위한 다방면적인 교류 실현 문제(공동성명 1항 '새로운 조미관계 수립'), 조선정전협정 65돌을 계기로 종전선언 발표 문제(성명 2항 '항구적이고 공고한 평화체제 구축 노력'), ICBM 생산 중단, 물리적 확증 위한 대출력발동기(엔진) 시험장 폐기 문제(성명 3항 '완전한 비핵화 노력'), 미군 유골 발굴 실무협상 조속 시작 문제(성명 4항 '유골 발굴 진행과 송환')를 제안했다고 담화는 밝혔다. 자기네는 6·12공동성명을 성실하게 이행하고 싶은데 미국이 협조하지 않는다는 주장이다.

폼페이오는 평양에 이틀 머물렀는데 김정은을 만나지 못했다. 폼페이오가 평양에 와서 김정은을 만나지 못한 건 그때가 처음이다. 그럼 김정은도 협상 포기? 그럴 리가. 외무성 대변인은 폼페이오의 협상 태도를 맹비난하면서도 "우리는 트럼프 대통령에 대한 신뢰심을 아직 그대로 간직하고 있다"고 강조했다. 트럼프가 나서서 역풍을 막아달라는 김정은식 호소다. 폼페이오를 비난한 이 담화는 대외용 매체인 조선중앙통신에만 실리고 일반 인민들도 접할 수 있는《로동신문》에는 실리지 않았다.

김정은은 '먼저 약속 지키기'로 길을 열겠다는 듯 트럼프한테 다시 선물을 보냈다. 6·12공동성명 4조 "발굴 확인된 전쟁포로 및 행방불명자 유골 즉시 송환" 약속 이행에 나선 것이다. 조선은 한국전쟁 정전 기념일인 7월 27일 전쟁 때 숨진 미군 유해 55구를 미국에 넘겨줬다. 미군 글로브마스터 수송기(C-17)가 원산까지 와서 오산으로 옮겼다.

김정은 "영변 핵시설 영구 폐기 용의"

2018년 9월, 워싱턴발 역풍에 시달리던 트럼프를 움직이려는 문재인과 김정은의 협력 외교가 다시 무대에 모습을 드러냈다. 문재인과 김정은은 세 번째 만남 결과를 담은 2018년 9월 19일 '평양공동선언'에서 "북측은 미국이 6·12북미공동성명의 정신에 따라 상응조치를 취하면 영변 핵시설의 영구적 폐기와 같은 추가적인 조치를 계속 취해나갈 용의가 있다고 표명하였다"(5조 2항). 헤커가 '북한 핵 능력의 심장'에 비유한 영변 핵시설을 매물로 시장에 내놓은 것이다. 2018년 봄에 그런 것처럼 문재인의 도움을 받아 '남북정상회담 → 2차 조미정상회담'의 경로를 뚫으려는 김정은의 승부수였다.

그리고 트럼프가 화답했다. 9·19평양공동선언 발표 닷새 뒤인 9월 24일 트럼프는 워싱턴에서 문재인을 만나 "2차 미북정상회담을 멀지 않은 장래에 하게 될 것"이라고 밝혔다. 김정은은 10월 7일 평양을 다시 찾은 폼페이오를 극진하게 대접하며 "매우 생산적이고 훌륭한 담화"를 나누고 "조만간 2차 조미수뇌회담과 관련한 훌륭한 계획이 마련될 것이라 확신"한다고 밝혔다.[14] 트럼프는 2019년 1월 19일 백악관에서 김정은 특사 김영철을 만난 뒤 2월 말 2차 미북정상회담 계획을 기자들한테 밝혔다. 김정은이 고대하던 트럼프와의 두 번째 담판 기회를 잡은 것이다.

김정은은 트럼프와 두 번째 정상회담이 가시권에 들자 시진핑을 만나러 베이징을 다시 찾았다. 4차 중국 방문이다. 김정은은 2019년 1월 8일 베이징 인민대회당에서 시진핑을 만나 "조-중 친선의 불변성, 불패성"을 강조하며 "조선반도 정세 관리와 비핵화 협상 과정을 공동으로 연구조종해나가는 문제와 관련해 심도 있고 솔직한 의사소통"을 진행했다.[15] 시진핑은 "중국 측은 앞으로도 조선 동지들의 믿음직한 후방이며 견결한 동지, 벗"이라며, 김정은의 방북 초청을 "쾌히 승낙하고 그에 대한 계획을 통보"했다. 2012년 중국 최고지도자 자리에 오른 뒤 한 번도 조선을 찾지 않은 시진핑이 방북 계획을 김정은한테 알렸다는 뜻이다. 김정은의 네 차례 방중 만의 화답이었다. 2018~19년 동북아 정세 급변과 함께 김정은과 시진핑의 공조 밀도도 높아져가고 있었다.

트럼프의 변심, 하노이의 저주

김정은과 트럼프의 두 번째 만남 장소는 베트남 하노이의 소피텔 레전드 메트로폴 하노이 호텔(메트로폴호텔)이었다. 메트로폴호텔은 1972년 크리스마스이브에 존 바에즈가 미군의 폭격을 피해 숨어든 지하 방공호에서 미국의 베트남 침략에 반대하는 이들의 성가인 〈우리 승리하리라We shall overcome〉를 부르고 또 부른 곳이다. 1961~68년 미 국방장관으로 베트남 침략을 설계·집행한 로버트 맥나마라와 반미 전사이던 응우옌꼬탁 전 베트남 외무차관이 1997년 6월 20~23일 처음 만나 왜 전쟁에 빠졌고, 빨리 끝내지 못했는지를 되짚어 또 다른 과오를 막고자 '적과의 대화'를 한 장소이기도 하다. 맥나마라는 뒷날 "적을 이해하라" "상대가 적이라도 최고지도자끼리 대화를 계속해야 한다"를 이 대화의 교훈으로 꼽았다.[16] 메트로폴호텔은 조-미 정상이 두 번째 담판을 짓기에 맞춤한 장소다. 처절한 전쟁을 치르고도 친구로 거듭난 미국-베트남처럼 조선과 미국도 친구가 될 수 있다는 희망의 거처이기에 더욱 그랬다.[17]

김정은은 트럼프와 하노이에서 만나기 나흘 전인 2019년 2월 23일 오후 4시 32분 평양역에서 전용열차에 올라 66시간, 3천8백 킬로미터에 걸친 긴 열차 여행에 나섰다. 《로동신문》의 당시 보도 태도가 아주 특이했다. 《로동신문》은 최고지도자의 정상외교를 대부분 결과 위주로 보도한다. 한국·미국 등의 언론과 달리 시시각각 속보를 내며 중계보도하는 경우가 없다. 그런데 김정은의 하노이행과 관련해서 "당과 정부, 무력기관의 간부들은 경애하는 (김정은) 최고영도자 동지께서 제2차 조미수뇌상봉과 회담에서 훌륭한 성과를 거두고 안녕히 돌아오시기를 충심으로 축원하였다"는 2월 24일자 보도를 시작으로 연일 하노이회담 띄우기에 열을 올렸다.[18] 김정은을 포함한 조선노동당 수뇌부가 하노이회담의 성공을 확신했으리라는 방증이다. 2월 27일자엔 김정은의 베트남 도착 소식과 함께 "경제 발전에 힘을 넣고 있는 웰남(베트남)"이라는 제목의 기사도 실었다. 베트남처럼, 이제 조선도 국제사회의 일원으로 경제 발전의 과실을 누릴 날이 눈앞에 다가왔다는 기대감이 역력하다.[19]

김정은과 트럼프는 하노이회담 첫날인 2019년 2월 27일 6·12공동성명의 '비핵화·관계 정상화' 원칙의 이행을 담보할 중요 실천 조처,

곧 '제재 완화 ↔ 영변 핵시설 폐기' 방안에 접점을 찾아가는 듯했다. 김정은은 "미국이 유엔 제재의 일부, 즉 민수 경제와 인민 생활에 지장을 주는 항목의 제재를 해제하면 우리는 영변 핵단지의 플루토늄과 우라늄을 포함한 모든 핵물질 생산시설을 미국 전문가들의 입회하에 두 나라 기술자들의 공동 작업으로 영구적으로 완전히 폐기하겠다"고 제안했다.[20] 트럼프도 "합의문에 '제재를 해제했다가도 조선이 핵 활동을 재개하는 경우 제재는 가역적이다'는 내용을 포함시킨다면 합의가 가능할 수도 있다는 신축성 있는 입장"을 보이며 화답했다.[21] 하노이회담 첫날 김정은과 트럼프는 영변 핵시설 영구 폐기와 제재 일부 해제를 맞바꾸되 조선이 비핵화 약속을 어기면 제재를 되살리는 스냅백snapback을 안전장치로 두는 방안에 공감했다는 뜻이다.[22]

그런데 다음 날 트럼프의 태도가 180도 바뀌었다. 저 유명한 트럼프의 하노이 변심이다. 워싱턴 정치가 하노이를 집어삼킨 것이다. 사정은 이렇다. 첫날 김정은과 친교만찬까지 함께하며 좋은 시간을 보내고 숙소인 JW메리어트로 돌아온 트럼프는 밤새 잠은 자지 않고 CNN 화면만 뚫어지게 바라봤다. CNN은 김정은-트럼프의 하노이회담 소식은 화면 아래 자막으로만 처리하고 코언 청문회를 생중계했다. 그 시각 하노이에서 1만3천4백 킬로미터 떨어진 워싱턴에선 트럼프의 개인 변호사이자 해결사로 불린 마이클 코언이 의회 하원 감독개혁위원회의 공개 청문회에 증인으로 나서 트럼프를 "사기꾼·인종주의자·범죄자"라 비난하는 모습이 담긴 CNN의 생중계 화면이 미국 전역과 세계에 송출된 터였다.

2019년 2월 28일 아침 이틀째 단독회담에 앞서 트럼프는 "속도는 중요하지 않다. 서두르지 않겠다. 중요한 것은 우리가 올바른 합의를 하는 것"이라고 말했다. 싱가포르 회담 전부터 '충분한 실무협상을 거쳐 정상회담을 하는 게 적절하다'는 고위 참모들의 조언을 무시해온 트럼프의 입에서 "속도는 중요하지 않다"거나 "올바른 합의"라는 말이 튀어나온 것이다. "오늘도 역시 훌륭한 최종적으로는 좋은 결과가 나올 수 있도록 모든 노력을 다하겠다. 나의 직감으로 보면 좋은 결과가 생길 거라고 믿는다"라며 적극적인 태도를 숨기지 않은 김정은의 머리발언과 온도 차가 확연했다. 불길한 징조였다. 결국 트럼프는 "오늘은 합의문에 서명할 준비가 돼 있지 않았다"는 이유를 대며 회담 결렬을 선언했다. 그러곤 혼자 나선 기자회견에서 이렇게 말했다. "언론 비판과 달리 미국은 어떤 것도 북한에 양보하거나 포기하지 않았다. 영변 핵시설 해체만으론 미국이 원하는 모든 비핵화가 아니라고 판단했다."

CNN은 트럼프가 김정은과 회담이 결렬됐다고 선언한 뒤에야 하노이 소식을 생중계 화면에 담고 코언의 청문회 소식은 자막으로 내렸다. 많은 이들이 코언 청문회를 '하노이 노딜'의 이유로 꼽았다. 하지만 트럼프의 하노이 변심이 코언 청문회 때문만이라고 단정할 일은 아니다. 한반도 현대사의 파란만장을 겪은 원로이자 한반도 평화 프로세스의 핵심 설계자인 임동원은 "트럼프 대통령이 한반도에서 변화보다는 현상유지를 원하는 군산복합체 등 보수 강경파들의 제동에 걸려 앞으로 나아가지 못하고 주저앉았다"고 한탄했다.[23]

최선희 "미국은 천재일우의 기회를 놓쳤다"

최선희는 트럼프의 청천벽력 같은 결렬 선언 직후 하노이에서 이용호 외무상과 함께 기자회견을 자청해 "미국은 천재일우의 기회를 놓친 것"이라고, 당시로는 혼잣말인지 한탄인지 경고인지 가늠하기 어려운 발언을 했다. 헤커는 하노이 노딜을 두고 "조선 핵프로그램의 위협을 뒤로 돌릴 기회를 다시 잃어버린 '가장 심각한 변곡점'"이라 평가했다.[24] "(하노이) 정상회담이 열릴 즈음엔 이미 조선의 핵무력이 규모와 정교화 면에서 막대하게 성장한 상태였기 때문"이라는 이유에서다.

위기라는 말은 위험과 기회가 한 몸의 다른 얼굴임을 가르쳐준다. 세상사 역사적 기회를 놓치면 그보다 더한 전례 없는 위험에 직면하기 일쑤다. 하노이 노딜이 딱 그랬다. "미국은 천재일우의 기회를 놓친 것"이라는 최선희의 항변대로, "역사의 외투가 스쳐 지나가면 정치가들은 그 소맷자락이라도 움켜잡아야 한다"는 비스마르크의 조언을 무시한 대가는 혹독했다.

7장

김정은의 조선은 어디로

하노이 노딜 이후, 꺼진 불씨를 되살리려는 노력이 이어졌다. 김정은은 2019년 4월 12일 평양 만수대 의사당에서 진행된 최고인민회의 14기 1차 회의 시정연설을 통해 "미국의 시대착오적인 오만과 적대시 정책"을 맹비난하면서도, "어쨌든 올해 말까지는 인내심을 갖고 미국의 용단을 기다려볼 것"이라고 밝혔다.[1] 그는 "미국이 올바른 자세를 가지고 우리와 공유할 수 있는 방법론을 찾은 조건에서 제3차 조미수뇌회담을 하자고 한다면 우리로서도 한 번은 더 해볼 용의가 있다"고 덧붙였다. 트럼프를 다시 만나고 싶다는 김정은식 화법이다.

김정은은 최고인민회의 시정연설 직후 러시아 블라디보스토크를 찾았다. 2012년 집권 이후 첫 방러이자 블라디미르 푸틴 러시아 대통령과 첫 정상회담이다. 김정은은 2019년 4월 25일 푸틴을 만나 "친선적이고 허심탄회한 분위기 속에서 건설적인 담화"를 했으며, 이는 "제2차 조미수뇌회담 이후 불안정한 조선반도 정세를 전략적으로 유지관리해나가는 데 중요한 의의를 가지는 유익한 계기"가 됐다는 데 공감했다.[2] 하노이 노딜로 손상된 내부 지도력을 추스르며, 트럼프를 상대로 뒷배를 다지려는 전략적 행보다.

2019년 6월 20일, 시진핑이 '1월의 약속'대로 평양을 찾았다. 시진핑은 중-조 외교관계 설정 70돌을 계기로 한 방북에 맞춰 《로동신문》에 〈중-조 친선을 계승하여 시대의 새로운 장을 계속 아로새기자〉라는 기고문을 실어 "중-조의 우정은 천만금을 주고도 바꿀 수 없는 것"이라 강조했다.[3] 김정은은 시진핑의 첫 평양 방문이 "조-중 친선의 불변성과 불패성을 온 세계에 과시하는 결정적 계기"라고 추어올렸다.[4]

김정은이 시진핑과 푸틴을 잇달아 만나며 하노이 노딜의 충격을 추스르려 애쓰는 와중에 문재인이 김정은과 트럼프의 세 번째 만남을 주선하려고 분주하게 움직였다. 하노이 노딜에 빈정이 상한 김정은이 애꿎은 문재인을 겨냥해 "좌고우면하며 오지랖 넓은 '중재자' '촉진자' 행세" 운운하는데도 아랑곳하지 않았다.[5] 트럼프가 2019년 6월 28~29일 일본 오사카에서 열릴 주요 20국^{G20} 정상회의에 참석하는 계기에 서울까지 들러 6월 29~30일 한미정상회담을 할 수 있게 일정을 조율한 것이다. 서울은 김정은이 있는 평양까지 지척(195킬로미터)이다. 판문점은 더 가깝다(41.9킬로미터).

이심전심이었을까? 오사카에 온 트럼프가 특유의 트윗 외교를 시전했다. 트럼프는 2019년 6월 29일 아침 7시 51분 이런 트윗을 날렸다.

"중국 시(진핑) 주석과의 회담을 포함해 매우 중요한 회담을 마치고 (문재인 대통령과 함께) 일본을 떠나 한국으로 향할 예정이다. 그곳에서 북한의 김(정은) 위원장이 이 글을 본다면 휴전선/DMZ에서 만나 악수라도 하고 인사(?)를 나눌 수 있을 텐데!" 자기가 서울에 가는 김에 판문점에서 만날 생각이 있다는 메시지다.

문재인+김정은+트럼프의 판문점 만남

트럼프의 '판문점에서 만나자' 트윗 이후 남·북·미 3국의 고위 실무자들이 분주하게 움직였다. 번갯불에 콩을 구워 먹듯 남·북·미 3국 정상의 판문점 회동이 그렇게 조율됐다.

트럼프는 6월 30일 청와대에서 한미정상회담을 마친 뒤 문재인과 함께 판문점으로 향했다. 2019년 6월 30일 오후 3시 46분 판문점 공동경비구역 군사분계선을 사이에 두고 김정은과 트럼프가 마주 섰다. 트럼프가 "마이 프렌드"라고 하자, 김정은이 "이런 데서 각하를 만나게 될 줄 생각 못했습니다"라고 화답했다. 트럼프가 "내가 군사분계선을 넘어가도 되겠느냐"라고 묻자, 김정은이 "영광"이라고 답했다. 트럼프는 군사분계선 경계석을 오른발로 밟고 왼발로 넘었다.[6] 트럼프는 그렇게 조선민주주의인민공화국 땅을 밟은 첫 미국 현직 대통령이 됐다. 2018년 4월 27일 문재인과 김정은이 손을 마주 잡고 군사분계선을 넘는 모습이 세계 언론의 스포트라이트를 받은 사실을 잊지 않고 부러워한 트럼프의 꿈이 이뤄진 것이다. 《로동신문》은 "적대와 대결의 산물인 군사분계선 비무장지대에서 북남조선과 미국의 최고수뇌들이 분단의 선을 자유롭게 넘나들고 만나는 력사적인 장면"은 "오랜 세월 불신과 오해, 갈등과 반목의 력사를 간직한 판문점에서 화해와 평화의 새로운 력사가 시작되였음을 보여주었다"라고 추어올렸다.[7]

군사분계선을 함께 오르내린 김정은과 트럼프는 판문점 공동경비구역 남쪽 자유의 집에서 마주 앉았다. 문재인은 방에 들어가지 않았다. "트럼프 대통령과 김 위원장 둘이서 대화할 기회를 우리가 마련해주마"라는 약속을 지킨 것이다.[8] 단둘이 마주 앉은 김정은과 트럼프는 53분 동안 대화했다. 예상보다 긴 만남이었다. 기대가 부풀었다. 아니나 다를까. 김정은과 트럼프는 "조선반도 비핵화와 조미관계에서 새로운 돌파구를 열어나가기 위한 생산적인 대화를 재개하고 적극 추진해나가기로 합의"했다.[9] 《로동신문》은 김정은과 트럼프가 "회담 결과에 커다란 만족을 표시하시였다"라며 "두 나라 사이에 전례 없는 신뢰를 창조한 놀라운 사변"이라고 추어올렸다. 하노이 노딜로 꺼져버린 듯하던 협상의 불씨가 되살아나리라는 기대 섞인 전망이 쏟아졌다.

김정은과 트럼프의 판문점 만남을 《로동신문》은 "조미 최고수뇌분들의 단독환담과 회담", 곧 3차 조미정상회담으로 규정했다. 그러나 백악관은 '회담(Summit)'이 아닌 '회동(Meeting)'이라고 규정했다. 회담과 회동 사이엔 생각보다 심각한 심연이 놓여 있음이 드러나는 데에는 오랜 시간이 걸리지 않았다.

남·북·미 정상의 판문점 회동의 달뜬 흥분이 가시기도 전인 2019년 8월 11~20일 후반기 한미연합지휘소훈련이 진행됐다. 조선은 전통적으로 한미연합군사연습을 북침 전쟁소동이라 비난해왔다.

조-미 대화의 앞길이 순탄치 않으리라는 불길한 징조다. 한미연합훈련 외중인 8월 16일 조선은 강원도 통천에서 단거리 탄도미사일 두 발을 발사했다. 한미연합훈련 직후인 8월 24일엔 함경남도 선덕에서 단거리 탄도미사일 두 발을 또 쏘아올렸다. 무언의 항의다. 김정은은 6·30 판문점 회동 이후 처음으로 트럼프한테 보낸 친서(2019년 8월 5일)에서 한미연합군사연습을 "전쟁 연습"이라 규정하곤 "우리가 중요한 문제를 계속 논의하게 될 실무급 양자협상을 앞두고 도발적인 연합군사훈련이 취소 또는 연기될 것으로 믿었습니다. 저는 정말로 기분이 상했습니다"라고 썼다.[10] 김정은과 트럼프가 판문점에서 만나 고위급 실무협상을 이어가기로 합의했고, 트럼프는 여름철 한미연합군사연습을 하지 않겠다고 했는데, 이게 뭐냐는 항의였다.

스톡홀름 조미 협상 결렬

김정은과 트럼프의 6·30 판문점 합의의 후속 조처를 협의할 조미 실무협상이 한미연합군사연습이 불러일으킨 난기류를 뚫고 2019년 10월 4~5일 스웨덴 스톡홀름에서 성사됐다. 스웨덴은 조-미 양국과 대사급 외교관계를 맺고 있을뿐더러, 조선에서 미국의 영사 기능을 대행하는 국가다. 조-미가 협상을 벌이기에 나쁘지 않은 장소다. 조선 외무성 순회대사 김명길과 스티븐 비건 미 국무부 대북특별대표가 양쪽 협상 단장으로 나섰다. 조-미는 이틀간 8시간 30분에 걸쳐 긴 협상을 이어갔다. 그런데 결과는 예상보다 나빴다. 조선 쪽 단장 김명길 대사는 비건과 협상을 마치고 스웨덴 주재 조선대사관 앞에서 기자회견을 자청해 협상 결렬을 선언하며 "매우 불쾌"하다고 했다. 미국이 "구태의연한 입장과 태도를 버리지 못하고, 우리가 요구한 계산법을 하나도 들고 나오지 않았다"는 것이다.[11] 김명길의 결렬 선언과 달리 미국이 "북한 대표단과 좋은 대화를 나눴다"라는 국무부 대변인 성명을 내놓자, 조선은 10월 5일 저녁 외무성 대변인 담화를 따로 내어 "우리는 이번 협상을 통해 미국이 조미관계를 개선하려는 정치적 의의를 가지고 있지 않으며 오직 저들의 당리당략을 위해 조미관계를 악용하려 하지 않는가 하는 생각을 가지게 되었다"라며 "조미 대화의 운명은 미국에 달려 있으며 그 시한부는 올해 말까지"라고 되받았다.[12]

남·북·미 정상의 6·30 판문점 회동으로 가까스로 되살린 듯하던 협상의 불씨가 다시 사그라들 조짐이 역력했다. 문재인은 6·30 판문점 회동을 이렇게 회고했다. "다시 대화가 이어질 수 있겠구나, 기대를 했죠. 그러나 결국은 소용없는 일이었어요. 아마도 김(정은) 위원장은 2018년 5월 26일 나와 한 판문점 번개회담처럼 약식회담이 되기를 바랐을 텐데, 트럼프 대통령은 준비 없이 한국 방문길에 김 위원장을 만나 친분을 나누는 회동 정도로 생각했던 것 같아요."[13]

2019년 12월 들어 조미관계가 아주 험악해졌다. 12월 3일 리태성 조선 외무성 미국 담당 부상이 "이제 남은 것은 미국의 선택이며 다가오는 크리스마스 선물을 무엇으로 선정하는가는 전적으로 미국의 결심에 달려 있다"는 공갈성 담화를 내놨다.[14] 그러자 트럼프는 영국 런던 북대서양조약기구NATO 정상회의 기자회견에서 조선의 미사일 발사 관련 질문이 나오자, 김정은을 '로켓맨'이라 지칭하고는 "희망컨대 우리는 무력을 사용할 필요가 없기를 바란다. 그러나 그래야 한다면 우리는 그것을 사용할 것"이라고 답했다. 트럼프의 '로켓맨' 발언 직후 조선인민군 총참모장 박정천이 나서 "우리 무력의 최고사령관"이 "매우 불쾌"해했다며 "만약 미국이 우리를 상대로 그 어떤 무력을 사용한다면 우리 역시 임의의 수준에서 신속한 상응행동을 가할 것이라는 점을 명백히 밝힌다"고 되받았다.[15] 시간을 2017년으로 되돌린 듯한 '말의 전쟁'이다.

짧았던 평화의 봄

그즈음 김정은은 '주체혁명의 성산'이라 불리는 백두산 천지에 올라 "제국주의자들과 계급적 원쑤들의 책동"을 거론하며 "자력갱생의 불굴의 정신력"을 강조했다.[16] 김정은이 천지에 오른 소식이 전해진 닷새 뒤 김영철이 "트럼프는 조선에 대하여 너무나 모르는 것이 많다. 우리는 더 이상 잃을 것이 없는 사람들이다"라는 무시무시한 내용의 담화를 내놨다.[17]

군불 때기가 끝나자 김정은이 직접 나서 '협상 끝, 대결 시작'을 공식 선포했다. 김정은은 2019년 12월 28~31일 나흘간 진행된 조선노동당 중앙위 7기 5차 전원회의에서 "조-미 간의 교착상태는 불가피하게 장기성을 띠게 되어 있다"라며 "정면돌파전", 곧 "자력갱생과 제재와의 대결"을 선언했다. 그는 "날강도 미국, 파렴치한 미국과의 장기적 대립을 예고하는 현 정세는 우리가 앞으로도 적대세력들의 제재 속에서 살아가야 한다는 것을 기정사실화하고 내부적 힘을 강화할 것을 절박하게 요구하고 있다"며 "자력갱생, 자급자족"을 강조했다.[18] 김정은이

2018년 6월 12일 싱가포르에서 트럼프를 처음 만나 밝힌, "더 나은 삶의 시작을 앞당기려는 꿈"[19]을 담은 '거대한 사업'이 일단 실패했다는 공개적인 자기 평가다.

이로써 2018~19년 한반도 남과 북 8천만 시민·인민을 달뜨게 한 짧은 평화의 봄이 막을 내렸다. 언제일지 모를 대화와 협상의 무대가 다시 마련될 때까지 격화할 말의 전쟁과 무력시위의 악순환이 되풀이될 터. 1948년 분단 이후 지겹도록 보아온 살풍경이다.

그러나 김정은은 "자력갱생과 제재와의 장기 대결"을 선언하고도 바로 폭주하지는 않았다. 2018년 4월 20일 노동당 중앙위 7기 3차 전원회의에서 밝힌 "(2018년) 4월 21일부터 핵시험과 대륙간탄도로케트 시험발사 중지" 선언을 유지했다. 2018년 9월 19일 문재인과 평양 회담에서 합의한 "역사적인 '판문점선언' 이행을 위한 군사분야 합의서"를 파기하지도 않았다. 달라진 점이 있다면, 전보다 자주 단거리탄도미사일을 쏘아 올리며 "핵전쟁 억제력을 더한층 강화"하겠다고 선언하는 정도였다.[20]

코로나 팬데믹, 조선을 강타하다

나쁜 일은 한꺼번에 몰려온다고 했던가? 2020년 처음과 끝을 김정은이 예상하지 못한 악재가 열고 닫았다. 2019년 말 중국 우한에서 시작된 코로나19 감염병이 세계로 빠르게 번졌다. 3년 남짓 이어질 세계적 코로나19 대유행의 시작이다. 김정은은 2020년 1월 28일 국가비상방역체제 전환을 선포하고,[21] 1월 31일 모든 국경을 폐쇄했다. 사람도 물자도 조선 국경을 넘나들 수 없는 1백 퍼센트 폐쇄다. 김정은은 세계적 코로나19 대유행과 그에 따른 국경 폐쇄를 "건국 이래의 대동란"이라며 전례 없는 위기의식을 드러냈다.[22] 김정은의 얼굴색이 흙빛으로 변하고 웃음기가 사라졌다.

엎친 데 덮친 격으로 2020년 11월 3일 미국 대선에서 트럼프가 재선에 실패하고 조 바이든이 새 대통령으로 뽑혔다. 트럼프가 코로나19 대응에 실패한 영향이 컸다. 김정은으로선 두 차례 정상회담을 포함해 세 차례나 직접 만나 담판을 벌이고 수십 차례 친서를 주고받은 트럼프의 퇴장은 심각한 정치외교적 손실이 아닐 수 없었다.

2021년 1월, 김정은이 미국을 "혁명 발전의 기본 장애물, 최대의 주적"이라 규정했다. 그러곤 "강 대 강, 선 대 선의 원칙에서 미국을 상대할 것"이라고 선언했다. 2021년 1월 5~12일 여드레 동안 열린 조선노동당 제8차 대회 사업총화 보고(연설)에서다.[23] 공식성이 가장 강한 정치회합인 당대회에서 한 발언이라 무게감이 남다르다. 김정은은 "미국에서 누가 집권하든 미국이라는 실체와 대조선 정책의 본심은 절대로 변하지 않는다"라며 "대외 정치활동을 미국을 제압하고 굴복시키는 데 초점을 맞추고 지향시켜나가야 한다"라고 주문했다. 김정은은 여드레간의 당대회 논의를 갈무리한 1월 12일 결론(연설)에선 "핵전쟁 억제력을 보다 강화하면서 최강의 군사력을 키우는 데 모든 것을 다해야 한다"고 강조했다.[24] 조선의 공식 대미 인식과 핵무장 노선이 2018년 이전으로 원점 회귀한 것이다.

그러나 코로나19 대유행과 그에 따른 국경 폐쇄의 부정적 영향은 김정은에게서 외부에 신경을 쓸 여유를 한동안 앗아갔다. 김정은의 입에서 "더욱 간고한 '고난의 행군'을 할 것을 결심하였다"라는 말이 튀어나왔다.[25] 조선올림픽위원회가 2021년 7월 23일 일본 도쿄에서 개막 예정인 제32회 올림픽에 "악성 비루스감염증에 의한 세계적인 보건 위기상황으로부터 선수들을 보호하기 위해 참가하지 않기로 결정했다"고 외부에 공표하고 사흘 뒤다.[26] '고난의 행군'은 김정은과 2천5백만 조선 인민들한테는 다시 겪고 싶지 않은 악몽이다. 1990년대 한국의 소련·중국과 수교에 따른 '조·중·소(러) 사회주의 우호 경제 네트워크' 종료에 잇단 자연재해, 김일성의 죽음 따위가 겹치며 최소 수십만의 굶어 죽은 이를 낳은 위기의 시대를 일컫는 말이어서다. 김정은의 낯빛이 더 어두워졌다.

문재인이 임기 첫해의 바이든을 찾아가 "2018년 판문점선언과 싱가포르 공동성명 등 기존의 남북 간, 북미 간 약속에 기초한 외교와 대화가 한반도의 완전한 비핵화와 항구적 평화 정착을 이루는 데 필수적이라는 공동의 믿음을 재확인"하고 바이든이 "남북대화와 관여, 협력에 대한 지지를 표명"했다는 공동성명(2021년 5월 21일)을 이끌어냈다.[27] 문재인과 트럼프가 김정은과 합작해 만든 정상 합의를 계승하겠다는 바이든의 공개 약속은 꺼져가는 불씨를 살리려는 문재인의 혼신의 노력의 소산이었다.

효과가 없지는 않았다. 김정은은 그해 9월 최고인민회의 14기 5차 회의 시정연설을 통해 "우리의 주적은 전쟁 그 자체이지 남조선이나 미국 특정한 그 어느 국가나 세력이 아닙니다"라고 문재인-바이든이 보

낸 신호에 나쁘지 않은 반응을 보였다.[28]

그러나 거기까지였다. 2022년이 시작되자 협상을 통한 조-미 적대와 북핵 문제의 해소, 반전·반핵·평화 한반도로 가는 여정을 가로막는 역풍이 거침없이 몰아닥쳤다.

김정은의 핵·ICBM 모라토리엄 철회

김정은은 1월 19일 노동당 정치국회의에서 "우리가 선결적으로, 주동적으로 취하였던 신뢰 구축 조치들을 전면 재고하고 잠정 중지하였던 모든 활동들을 재가동하는 문제를 신속히 검토해볼 데 대한 지시"를 내렸다.[29] 2018년 4월, 남북정상회담과 조미정상회담을 앞두고 조건 없이 선언한 핵·ICBM 모라토리엄 철회를 내비친 것이다. 김정은은 이 회의에서 "싱가포르 조미수뇌회담 이후 우리가 조선반도 정세 완화의 대국면을 유지하기 위하여 기울인 성의 있는 노력에도 불구하고 미국의 적대시 정책과 군사적 위협이 더 이상 묵과할 수 없는 위험계선에 이르러, 국가의 존엄과 국권, 국익을 수호하기 위한 우리의 물리적 힘을 더 믿음직하고 확실하게 다지는 실제적인 행동에로 넘어가야 한다"는 결론에 이르렀다고 강조했다. '제재와 자력갱생의 대결'을 말이 아니라 전략적 군사행동으로 옮기겠다는 선언에 다를 바 없다.

그리고 운명의 2022년 2월 24일, 푸틴이 텔레비전에 나와 이렇게 밝혔다. "나는 특별군사작전을 결정했다. 작전 목적은 지난 8년간 괴롭힘과 집단 학살을 겪어온 사람들을 보호하려는 것이다. 우크라이나의 비군사화와 비나치非Nazi화를 위해 싸우겠다." 푸틴의 우크라이나 침공, 세계의 세력 판도와 지정학을 뒤흔들 러시아-우크라이나 전쟁의 시작이다.

    김정은은 좌고우면하지 않고 러시아 편에 확실하게 섰다. 조선은 푸틴의 우크라이나 침공 나흘 뒤인 2월 28일 "우크라이나 사태가 발생하게 된 근원은 미국과 서방의 패권주의 정책"이고 "세계가 직면한 가장 큰 위험은 미국과 그 추종세력들의 강권과 전횡"이라는, 러-우 전쟁과 관련한 외무성의 공식 견해를 처음으로 밝혔다.[30] 그해 4월 7일 유엔총회는 러시아를 유엔 인권이사회에서 쫓아냈는데, 그와 관련한 표결에서 조선은 반대표를 던졌다. 5월 10일엔 김정은이 푸틴한테 축전을 보내 "적대세력들의 정치군사적 위협과 공갈을 근원적으로 제거하고 나라의 존엄과 평화와 안전을 수호하기 위한 로씨야(러시아) 인민의 위업에 굳은 련대성을 보낸다"라고 밝혔다.[31]

    푸틴의 우크라이나 침공 직후인 3월 9일 한국에서 치러진 20대 대통령 선거에서 문재인이 속한 더불어민주당 후보가, '멸콩(멸공)'을 외친 국민의힘 후보한테 0.73퍼센트(247,077표) 차이로 패했다. 김정은과 세 차례 만난 문재인의 대북정책 노선이 폐기되리라는 예고였다.

    그리고 조선은 2022년 3월 24일 "신형대륙간탄도미싸일 '화성포-17형'"을 시험발사했다. 화성포-17형 발사 다음 날 《로동신문》은 "조국과 인민의 위대한 존엄과 명예를 위하여 용감히 쏘라"는 김정은의 친필 서명을 1면에 실은 뒤 4면까지 관련 소식으로 대서특필했다.[32] 김정은이 2018년 4월 20일 노동당 중앙위 7기 3차 전원회의에서 스스로 약속한 핵·ICBM 모라토리엄 선언을 폐기했음을 알리는 전략적 군사

행동이었다. 문재인은 "북한이 국제사회에 약속한 대륙간탄도미사일 발사 유예를 스스로 파기한 것"이라 "강력히 규탄"한다는 정부 성명을 발표했다. 김정은은 내처 그해 4월 25일 "핵무력을 최대의 급속한 속도로 더욱 강화발전시키기 위한 조치들을 계속 취해나갈 것"이라고 선언했다.[33]

러-우 전쟁, 미·중·러 대북 제재 공조를 무너뜨리다

2022년 5월 26일 국제사회의 북핵 대응 공조 체제가 사실상 무너졌음을 알리는 중대 사태가 발생했다. 김정은의 화성포-17형 발사에 대응해 미국 주도로 유엔 안전보장이사회에 상정된 추가 대북 제재 결의안 채택 시도가 표결 끝에 13 대 2로 무산된 것이다. 거부권을 지닌 러시아와 중국이 반대한 탓이다. 우크라이나 침공 이후 미국이 주도한 서방의 제재에 직면한 러시아는 동병상련 마음인지 "제재의 소용돌이로 위협해 평양을 무조건 비핵화시킨다는 것은 소용없는 짓"이라며 반대 의사를 굽히지 않았다.[34] 러시아의 강한 반대는 가는 게 있으면 오는 게 있다는 세상 셈법을 일깨워준다. 곤란한 처지에 놓인 중국은 "미국이 비핵화 협상을 완전한 교착상태로 몰았다"며 미국에 제재가 아닌 실질적인 대북 협상에 나서라고 촉구했다. 이는 유엔 안전보장이사회의 대북 제재 논의 과정에서 미·중·러 3국이 이견을 좁히는 긴 밀당 끝에 결국은 만장일치에 이르렀던 역사에 조종을 울리는 전례 없는 풍경이다. 러시아의 우크라이나 침공 이후 미-러의 적대적 대치의 역풍이 한반도에 예기치 못한 태풍을 몰고 온 셈이다.

2022년 5월 10일 한국에서 윤석열 정부가 출범한 뒤 윤석열과 김정은은 서로를 '주적'으로 규정하며 긴장의 강도를 높였다. 김정은과 '거대한 사업'을 함께 도모한 트럼프와 문재인이 무대 뒤로 사라지고, 홀로 남은 김정은은 정책 기조를 2018년 이전으로 되돌렸다. 그러나 김정은의 입지는 2017년과 비교할 수 없게 좋아졌다.

2020년 1월 코로나19 바이러스가 김정은을 국경 폐쇄의 감옥에 가뒀다면, 푸틴의 우크라이나 침공은 움츠린 김정은의 어깨에 날개를 달아줬다. 작동 불능에 빠진 유엔 안전보장이사회의 대북 제재 논의가 상징하듯 러-우 전쟁 이후 국제사회의 대북 공조 체제 붕괴는 하노이 노딜과 코로나19 대유행이라는 겹악재에 치여 썩어가던 김정은의 낯빛을 환하게 밝힐 예기치 못한 선물이었다.

김정은 "절대로 핵을 포기할 수 없다"

김정은은 2022년 9월 7~8일 열린 최고인민회의 14기 7차 회의에서 시정연설을 통해 "미국이 노리는 목적은 우리 정권을 붕괴시켜버리자는 것"이라며 "절대로 핵을 포기할 수 없다"고 선언했다.[35] 조선은 이 회의에서 '조선민주주의인민공화국 최고인민회의 법령 조선민주주의인민공화국 핵무력정책(핵무력정책법)'을 채택했다. 2013년 4월 1일 김정은의 '경제·핵 건설 병진노선' 선포와 함께 채택된 "조선민주주의인민공화국 최고인민회의 법령 '자위적 핵보유국의 지위를 더욱 공고히 할 데 대하여(핵보유국법)'"를 대체하는 법이다. "국무위원장은 핵무기와 관련한 모든 결정권"을 가지며 "국가 핵무력에 대한 지휘통제체계가 적대세력의 공격으로 위험에 처하는 경우 핵타격이 자동적으로 즉시에 단행된다"는 내용이 담겼다.[36] 아울러 "국가의 존립과 인민의 생명 안전에 파국적인 위기를 초래하는 사태가 발생"했을 때 등 다섯 가지 핵무기 사용조건을 명시해, 사실상 선제 핵공격의 문을 열어뒀다.[37] 공격적인 핵 태세 엄포로 한미동맹의 압도적 군사력을 억지하려는 전략적 포석이다. 파키스탄이 군사력이 훨씬 강한 인도를 억지하려고 '선제 핵공격을 하지 않겠다'는 공개 약속을 끝내 하지 않는 것과 같은 이치다.

2022년 11월 2일 남과 북의 군이 서로 동해 북방한계선으로 포를 쏘아댔다. 2018년 9월 19일 평양 정상회담 때 합의·서명한 9·19군사분야 합의서를 처음으로 동시에 위반한 것이다. 김정은은 11월 18일엔 신형 ICBM 화성포-17형 시험발사 현장에 10대 딸 김주애를 데리고 나와 "핵에는 핵으로, 정면대결에는 정면대결로 대답할 것"이라 선언했다.[38] 그렇게 2017년 11월 29일 국가 핵무력 완성 선언 이후 멈췄던 김정은의 폭주가 다시 시작됐다.

이즈음 김정은은 요동치는 지정학적 변화를 "신랭전, 다극화"로 요약하며 "강 대 강, 정면승부의 대적투쟁 원칙"을 강조했다. 이전의 '강 대 강, 선 대 선'에서 사실상 외교와 협상을 뜻하는 '선 대 선'을 떼어낸 것이다. 그러곤 "핵탄 보유량을 기하급수적으로 늘리고 첫 군사위성을 발사하겠다"고 선언했다.[39]

김정은은 자신의 동생이자 사실상 대변인인 김여정 조선노동당 중앙위 부부장의 담화 형식을 빌려 "로씨야 군대와 인민과 언제나 한 전호(참호)에 서 있을 것"이라고 밝혔다.[40] "한 전호에 서 있을 것"이란 표현은 전쟁을 함께 치르겠다는 의지의 표현이다. 푸틴은 전쟁이 장기화하자 김정은한테 포탄 등의 제공을 요청했고, 김정은은 이를 외화 획득과 조러관계 강화의 마중물로 한껏 활용했다. 이후 김정은은 국방경제사업을 강조하며 군수공업공장 현지 지도에 가속 페달을 밟았다.[41]

2023년 9월 13일 김정은과 푸틴이 러시아 아무르주 보스토치니 우주기지에서 만났다. 2019년 4월 블라디보스토크 회담 이후 4년여 만이다. 김정은은 "조로관계를 최중대시"한다며 "불패의 전우 관계, 백년대계의 전략적 관계"를 선언했다. 1,334킬로미터에 이르는 긴 국경을 맞댄 전통 후견국인 중국보다 러시아를 더 가까이 여긴다는 문제적 주장이다. 김정은과 푸틴은 "중대한 문제들과 당면한 협조사항들에 만족한 합의와 견해 일치"를 봤다.[42] 러시아에서 돌아온 김정은은 "제국주의 반동세력들에 의해 전지구적 범위에서 '신랭전' 구도가 현실화하고 있다"며, 헌법에 "핵무기 발전을 고도화한다"라는 문구를 새로 넣었다.[43]

김정은과 푸틴의 보스토치니 회담 이후 조-러 두 나라는 다양한 분야에서 교류협력을 대폭 확대했다. 2023년 11월 21일 조선국가항공우주기술총국은 "주체112년 11월 21일 22시 42분 28초에 평안북도 철산군 서해위성발사장에서 정찰위성 '만리경-1호'를 신형위성운반로케트 '천리마-1형'에 탑재하여 성공적으로 발사하였다"라고 발표했다. 한-미 정부는 만리경-1호가 궤도를 정상적으로 돌고 있음을 확인했다. 실패를 거듭하던 조선의 군사정찰위성 궤도 진입 성공을 두고 러시아의 기술 지원이 있었으리라는 관측이 쏟아졌다.

김정은과 푸틴, 군사동맹을 복원하다

김정은과 푸틴은 2024년 6월 19일 평양에서 다시 만나 '조선민주주의인민공화국과 로씨야련방 사이의 포괄적인 전략적 동반자관계에 관한 조약'을 채택했다. 보스토치니 회담 이후 9개월 만이자, 푸틴의 24년 만의 평양 방문이었다. 조약 4조는 "쌍방 중 어느 일방이 개별적인 국가 또는 여러 국가들로부터 무력 침공을 받아 전쟁 상태에 처하게 되는 경우 타방은 유엔 헌장 제51조와 조선민주주의인민공화국과 로씨야련방의 법에 준하여 지체 없이 자기가 보유하고 있는 모든 수단으로 군사적 및 기타 원조를 제공한다"고 돼 있다.[44] 1990년 9월 30일 한소수교로 붕괴된 조러 군사동맹을 34년여 만에 복원한 것이다.

러시아-우크라이나 전쟁의 장기화와 그에 따른 미러 대립의 첨예화 등 동북아를 둘러싼 지정학적 구도의 급변은 대북 제재 공조 틀 붕괴를 넘어 비핵화 목표까지 흔드는 지경으로 상황을 악화시키고 있다.

급기야 세르게이 라브로프 러시아 외무장관은 2024년 9월 26일 '조선 비핵화'라는 개념은 종결된 문제라고 주장했다.[45] 한국과 미국을 포함한 여러 정부의 비판이 쏟아지자, 러시아 외교부는 2024년 10월 2일 "한미 군사동맹이 한국 정부가 광고하는 것처럼 핵 수준으로 성장한 시점에서 한반도 비핵화는 불가능하다"며 라브로프의 발언을 재확인했다.[46]

조선은 2024년 현재 "50기의 핵탄두를 조립했고, 90기의 핵탄두를 조립할 수 있을 정도의 핵분열 물질을 보유"한 것으로 추정된다.[47] 지금 이 시각에도 조선이 보유한 핵탄두와 핵분열 물질은 늘고 있다. 남과 북 8천만 시민·인민의 평화로운 일상과 장기 공존할 수 없는 시한폭탄이다.

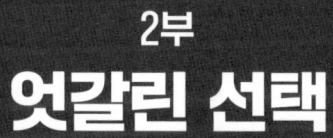

2부
엇갈린 선택

2부

엇갈린 선택

2부에서는 조선의 핵무장, 그리고 한국의 대응 전략을 살피는 데 주요한 참조 사례가 될 만한 이스라엘, 인도, 파키스탄, 일본, 대만 5개국의 전략적 선택을 다룬다.

    1~3장에선 NPT가 인정한 다섯 핵보유국 외에 조선에 앞서 핵무장한 이스라엘, 인도, 파키스탄의 핵무장 추진 경과와 국제사회의 대응을 상세히 살핀다.

    1장에서 분석한 이스라엘은 세계에서 여섯 번째 핵무장국가다. 이스라엘은 이슬람 세계의 한복판에 침투한 서방의 전초기지다. 핵무장 과정에서 프랑스·영국 등 서방의 지원을 받았고, 미국의 제재를 받은 적이 없다. 이스라엘의 핵무장은 국제비확산체제의 민낯을 드러낸다.

    세계 일곱 번째 핵무장국인 인도, 여덟 번째 핵무장국인 파키스탄 사례를 2장과 3장에서 다룬다. 인도와 파키스탄의 사례는 한꺼번에 읽는 게 좋겠다. 두 나라는 2차 세계대전 종전 이후 영국의 식민지에서 종교 정체성의 다름을 이유로 각자 분리 독립한 뒤 지금껏 경쟁·갈등해왔다. 카슈미르 지역을 두고 여러 차례 전쟁을 했고, 심지어는 두 나라 모두 연쇄 핵실험(1998년 5월)으로 핵무장을 공식 선언한 직후인 1999년에도 카길전쟁을 벌였다. '보론'에서 따로 다룬 카길전쟁은 '핵에는 핵으로 대응할 수밖에 없으며, 핵 균형만이 지속 가능한 평화를 가져온다'는 주장의 문제점을 드러내는 실제 사례다.

1~3장에서 다룬 이스라엘과 인도, 파키스탄은 애초부터 NPT에 가입하지 않아 이 세 나라의 핵무장은 NPT 위반이라는 논리가 성립하지 않는다. NPT에 가입했다 탈퇴를 선언하고 핵무장을 한 조선이 NPT 위반을 이유로 유엔과 각국 정부의 고강도 제재를 받고 있는 현실과 다르다. 아울러 이스라엘과 인도, 파키스탄의 핵무장 추진과 관련한 국제사회의 대응, 특히 미국의 전략적 선택은 주의 깊게 살펴볼 필요가 있다. 비확산이 미국 대외 전략의 최우선 순위가 아님을 실증하는 역사적 사례다.

이스라엘, 인도, 파키스탄이 핵무장 사례라면 4장의 일본과 5장의 대만은 또 다른 전략적 선택을 한 사례다. 4장에선 '비핵 3원칙'을 국가 전략으로 강조하면서도 핵연료주기Nuclear Fuel Cycle를 완성한 일본의 복잡한 속내를 분석한다. 유일무이한 피폭국인 일본은 '핵 알레르기'라 불리는 반핵 여론이 강하지만, 역대 일본 정부는 집요하게 잠재적 핵 능력을 강화해왔다. 전후 최장수 총리를 지낸 아베 신조의 "결심하면 1주일 안에 핵무기를 가질 수 있다"는 공언처럼, 일본은 핵무기를 갖고 있지 않지만 언제든 핵무장이 가능한 '가상 핵Virtual Nukes 국가'로 불린다.

5장에서 다룬 대만의 비핵 노선은 각별히 주의 깊게 읽을 필요가 있다. 압도적 강자인 중국에 밀려 유엔 회원국 지위마저 상실한 대만도 1960년대 중반에서 1980년대 중후반까지 핵무장을 시도했다. 그러나 대만은 궁극적으로 핵무기가 아닌 최첨단 반도체를 전략무기로 벼렸다. 독보적인 세계 1위 반도체 주문생산 업체인 TSMC가 대만의 안보와 번영을 지킬 전략무기, 곧 '실리콘 방패'다.

1장

이스라엘 … 유대 핵

이스라엘은 세계에서 여섯 번째 핵무장국가다. 스톡홀름국제평화연구소는 2024년 1월 기준 이스라엘이 90기의 핵탄두를 비축하고 있다고 추정한다.[1] 실제론 더 많다는 주장도 많다. 예컨대 미국 대통령을 지낸 지미 카터는 2014년 이스라엘이 3백 기가 넘는 핵탄두를 보유하고 있다고 밝힌 적이 있다.[2] 카터의 증언이 사실이라면, 이스라엘은 세계 6위권의 핵무장국이 된다.

핵무장국으로서 이스라엘의 행태는 독특하다. 이스라엘은 핵무기를 갖고 있다고 공식 선언한 적이 없다. 그렇다고 핵무기가 없다고 한 적도 없다. 핵실험 여부를 두고도 했다는 쪽과 하지 않았다는 쪽으로 나뉘어 국제 학계의 논쟁이 여전하다. 핵 보유 선언을 한 적이 없기에 이스라엘이 언제부터 핵무기를 보유하게 됐는지도 분명하지 않다. 적어도 1969년 이전에 이스라엘이 핵무장국이 됐다는 정황 증거가 있다.

기밀 해제된 미국 정부의 문서와 학자들의 연구 등에 비춰 보면, 이스라엘의 핵무장은 서구의 도움을 받아 이뤄졌다. 프랑스와 영국이 적극적으로 도왔고, 미국은 묵인했다. NPT 체제 밖의 다른 핵무장국인 인도, 파키스탄, 조선의 경로와 다르다.

핵무장국 이스라엘을 이해하려면 이스라엘의 지정학적 위치부터 살펴야 한다. 이스라엘은 서아시아의 남부 레반트 지역에 있다. 북쪽으로 레바논과 시리아, 동쪽으로 요르단과 서안지구, 남서쪽으로는 이집트와 가자지구, 서쪽으로 지중해와 맞닿아 있다. 사방이 이스라엘의 영혼이라 할 유대 정체성을 부정하는 '적'으로 둘러싸여 있다. 더구나 이스라엘은 영토(22,145제곱킬로미터)가 대한민국 영토(100,210제곱킬로미터)의 22퍼센트, 인구도 1천만 명이 되지 않는 작은 나라다. 이스라엘의 피포위 의식은 조선의 그것에 견줘 약하지 않다.

이스라엘은 이슬람 세계의 한복판에 침투한 서방의 전초기지다. 이스라엘의 핵무장을 프랑스가 결정적으로 돕고 영국이 거들고, 미국이 묵인한 까닭이다. 이스라엘의 핵무장은 이러한 지정학적 위치와 국제정치적 맥락, 특히 패권국 미국과의 특수관계를 빼고는 설명하기 어렵다. 예컨대 이스라엘은 핵무기의 존재를 시인도 부인도 하지 않는 특유의 '모호성 정책'을 유지하는데,[3] 그 배경엔 이스라엘의 핵무장을 묵인한 미국과의 밀약이 있다.

홀로코스트 트라우마와 핵무장 결심

이스라엘은 1948년 5월 14일 건국을 선언하기 전부터 핵무장의 꿈을 키웠다. 이스라엘 초대 총리인 벤구리온은 1945년 8월 일본 히로시마(6일)와 나가사키(9일)에 인류 최초의 핵무기인 미국의 핵폭탄이 떨어져 만들어낸 가공할 버섯구름을 보고 핵무장을 결심했다고 한다. 벤구리온은 "아인슈타인, 오펜하이머, 텔러 세 사람이 미국에 해준 일을 이스라엘 과학자들이 이스라엘 국민을 위해 해줄 수 있을 것이다"라고 말했다.[4] 벤구리온이 입에 올린 로버트 오펜하이머와 에드워드 텔러는 인류 최초의 핵무기 개발 계획인 맨해튼프로젝트의 주역이며, 아인슈타인을 포함해 셋 모두 유대인이다.

이스라엘의 핵무장 꿈의 심연엔 2차 세계대전기 나치가 자행한 유대인 집단학살이라는 홀로코스트 트라우마가 자리 잡고 있다. 어떤 적으로부터도 스스로를 완벽하게 지켜낼 '궁극의 억제 무기'를 꿈꾼 까닭이다.[5]

이스라엘은 건국과 동시에 전쟁을 치렀다. 건국 선언 다음 날인 1948년 5월 15일 팔레스타인에 유대인 국가가 세워지는 걸 반대한 아랍연맹이 공격해온 것이다. 이집트·요르단·시리아·레바논·이라크 5개국 군대가 공격해왔다. 흔히 '1차 중동전쟁'이라 불리는 1948년 아랍-이스라엘 전쟁은 1949년 3월 10일 이스라엘의 건국 확인으로 끝났다. 이스라엘의 승리. 팔레스타인의 유대 국가는 기정사실이 됐다.

유대 국가 건국에 성공한 이스라엘은 바로 핵무장 추진에 나섰다. 벤구리온은 1949년 군에 우라늄 탐사를 지시했다. 벤구리온의 지시를 받은 이스라엘군 내 과학부대인 '헤메드 짐멜'이 2년여에 걸쳐 네게브사막을 구석구석 누비며 지질조사를 벌였다. 석유 시추라는 공식 설명과 달리 우라늄 탐사가 숨겨진 이유였다. 헤메드 짐멜을 모체로 만들어진 '마르콘4'는 핵에너지 연구의 핵심 기반인 중수를 자체 생산하는 데 성공했다.

1955년 재집권에 성공한 벤구리온은 겉과 속이 다른 이중적 핵 정책을 구사했다. 우선 벤구리온은 1955년 당시 중위 계급장을 달고 있던 서른두 살의 시몬 페레스한테 핵무장 계획 청사진 마련을 비밀리에 지시했다.[6] 다른 한편으론 1955년 7월 12일 미국과 '핵의 평화적 사용 협정'을 맺어 연구용 원자로를 제공받기로 합의했다. 겉으론 핵의 평화적 사용을 내세우고, 속으론 핵무기 개발을 염두에 둔 핵프로그램 마련에 나선 것이다.

벤구리온의 지시를 받은 페레스는 오랜 탐색 끝에 외국의 도움을 받아 핵무장에 나서는 경로를 입안·보고했다. 이스라엘원자력위원회 Israeli Atomic Energy Commission, IAEC 위원장인 데이비드 에른스트 버그만이 제안한 자체 개발 경로와 완전히 다른 핵무장 로드맵이었다. 이스라엘 핵 연구의 상징적 존재인 버그만이 아닌 약관 페레스의 제안이 채택됐고, 페레스의 설계대로 이스라엘은 핵무장의 길을 내달렸다. 페레스는 프랑스를 핵심 외국 공급 주체로 상정했고, 노르웨이와 영국의 지원을 받는 방안을 구상했다. 이에 따라 이스라엘은 네게브사막의 디모나에 대규모 핵단지 건설에 나섰다. 1955년 미국과 맺은 핵의 평화적 사용 협정은 디모나의 핵시설의 실제 목적을 은폐하는 위장막으로 써

먹었다.

프랑스와 영국의 도움

흔히 '2차 중동전쟁'이라 불리는 1956년 이스라엘+영국·프랑스 연합군과 이집트의 전쟁이 이스라엘의 핵무장에 날개를 달아줬다. 1952년 군사쿠데타로 권력을 장악해 1956년 6월 이집트 대통령에 취임한 가말 압델 나세르가 수에즈운하의 국유화를 선언하자 1956년 10월 22~24일 프랑스와 이스라엘의 총리·국방장관이 파리 근교 세브르에서 비밀리에 만났다. 프랑스는 영국과 함께 수에즈운하를 공동 운영해왔고, 이스라엘은 프랑스 식민지가 있던 북아프리카 지역의 안정 유지를 위해 중요 정보를 제공해온 터다.[7]

이 회담에서 이스라엘은 프랑스와 두 가지 중요한 밀약을 했다. 하나는 이스라엘이 이집트 시나이반도를 먼저 공격하면 프랑스와 영국의 공수부대가 수에즈운하를 장악한다는 것이다. 다른 하나는 이스라엘의 시나이반도 진격 대가로 프랑스가 이스라엘의 디모나 핵단지에 중수형 원자로와 재처리시설 건설을 돕고 우라늄 연료도 공급하기로 한 약속이다. 저 유명한 세브르 비밀회담의 밀약이다.[8]

프랑스·영국·이스라엘의 군사작전은 계획대로 진행됐다. 나세르를 몰아내고 수에즈운하를 재장악한다는 정치적 목표 달성이 눈앞에 다가온 듯했다. 그런데 소련이 영국과 프랑스 군대가 철수하지 않으면 핵을 쓰겠다고 위협했고, 미국도 영국과 프랑스의 철수를 압박했다. 하여 1956년 10월 29일 불거진 2차 중동전쟁은 미·소의 개입 속에 '프랑스·영국·이스라엘의 군사적 승리, 이집트의 정치적 승리'라는 결과를 남기고 1956년 11월 3일 마무리됐다. 제국주의 국가로서 영·프의 입지와 영향력은 크게 약화됐다. 이 사태를 겪은 뒤 샤를 드골은 "핵을 보유하지 않으면 프랑스의 영광도 물거품이며, 더는 유럽의 강대국이 아닌 위성국일 뿐"이라며 핵무장을 결심했다고 한다.[9]

프랑스와의 비밀회담으로 페레스가 구상하고 벤구리온이 승인한 '외국의 도움을 받는 이스라엘의 핵무장 프로젝트'가 본격화했다. 1957년 10월 3일 이스라엘은 프랑스와 중수형 원자로와 재처리시설 기술협력 협정을 맺었다. 세브르 밀약의 실천이다. 이스라엘은 1959년엔 노르웨이와 중수 공급 비밀 협정을 맺었다. 노르웨이의 노라톰이 2년 전에 영국에 중수 20톤을 판매했는데, 영국이 쓰지 않고 있다가 이걸 이스라엘에 팔기로 한 것이다. 이 비밀 협약에 따라 영국 항구에 있던 중수 20톤이 비밀리에 이스라엘로 운송됐다.[10] 노르웨이-영국-이스라엘 삼각 거래다. 결국 이스라엘은 프랑스의 결정적 협력, 그리고 노르웨이와 영국의 비밀스런 지원으로 핵무장의 빗장을 열어젖혔다.

미국 정부의 친이스라엘 관료들

미국은 이스라엘의 핵무장을 기술적으로 지원하지 않았다. 그러나 훗날 조선에 그러했듯이 제재를 동원하며 적극 차단하려 하지도 않았다. 이스라엘의 핵무장 노력을 대하는 미국 정부의 인식과 대응은 음모론의 배양기 구실을 했다고 해도 무방할 정도로 이상한 구석이 많다.

미국 정부가 이스라엘의 핵무장 움직임을 포착한 시점이 아주 늦지는 않았다. 1958년 초 이스라엘 수도 텔아비브의 미국대사관은 이스라엘과 프랑스의 핵 협력 동향을 포착해 워싱턴 국무부에 전문으로 보고했다. 그러나 국무부는 추가 조사 지시를 하지 않았다.[11] 노르웨이 외무부는 1959년 6월 5일 이스라엘과 중수 판매에 합의했다고 미국 국무부에 통보했다. 따라서 미국 국무부는 이스라엘과 노르웨이의 1959년 중수 거래 사실을 일찌감치 포착할 수 있었다. 하지만 "알 수 없는 이유로 메모가 섞이며 사라져" 미 행정부의 고위 인사들은 이 사실을 1960년 12월에나 파악했다. 미국 행정부 내부의 친이스라엘 관리들이 이스라엘의 핵무장 추진 동향과 관련한 중요 보고와 정보를 누락하거나 맥락을 정확하게 파악하기 어렵게 만들었다는 음모론적 설명이 사후 검증 과정에서 제기됐다.[12] 예컨대 1964~68년 CIA 텔아비브 지부장을 지낸 존 해든은 정보기관 내부의 특정 사람들이 이스라엘의 핵무장 관련 정보를 의도적으로 숨겼다고 주장했다.

1960년 하반기, 아이젠하워 미 행정부는 이스라엘이 프랑스의 도움을 받아 디모나에 핵무기 잠재력이 있는 비밀 원자로를 건설하고 있다는 사실을 포착했다. 1960년 9월 오그던 리드 미국대사가 헬리콥터를 타고 네게브사막 위를 날다 디모나 핵단지 건설 현장을 보고 "저건 뭐냐"고 묻자, 리드 대사를 수행한 이스라엘 재무부 관리 에디 코헨은 "섬유공장"이라고 둘러댔다.[13]

1960년 12월 8일 아이젠하워 대통령 주재로 제470차 국가안전보장회의가 열렸고, 이 회의에서 이스라엘의 핵무장 추진과 관련한 '특별국가정보평가서Special National Intelligence Estimate, SNIE 100-8-60'이

보고됐다. 이 보고서는 이스라엘이 네게브사막에 핵단지를 건설하고 있는데 "무기용 플루토늄 생산이 주요 목적의 하나"라며 "이스라엘이 1963~64년, 아마도 이르면 1962년에 일부 무기급 플루토늄을 생산할 것"이라는 예상 추정을 내놨다.[14] 이 특별국가정보평가서 보고 직후인 1960년 12월 19일 《뉴욕타임스》와 《워싱턴포스트》에 이스라엘의 핵무장 추진 경과가 보도됐다.[15] 이스라엘의 핵무장 추진과 관련한 미국 주요 언론의 첫 공개 보도다. 아이젠하워 행정부 내부의 이스라엘 핵무장 반대파의 의도적 정보 누설로 추정됐다.

《뉴욕타임스》와 《워싱턴포스트》 보도 당일 아이젠하워와 국방장관, CIA 국장 등이 대책회의를 열었다. 이 회의에서 아이젠하워는 이스라엘의 핵 프로젝트 비용이 "1~2억 달러 사이라는 증거가 있다"라고 말했고, 토마스 게이츠 국방장관은 "우리가 알고 있는 바로는 이 (디모나) 발전소는 평화적인 용도가 아니다"라고 평가했다.[16] 판단의 엄중함에 비해 회의의 결론은 허무했다. 임기가 얼마 남지 않은 아이젠하워 행정부는 이스라엘의 핵무장 추진 사안을 앞으로 백악관이 아닌 국무부가 다루기로 하며 디모나 핵시설에 대한 IAEA 사찰을 추진한다는 결론을 내렸다. 이보다 더 의미심장한 결론은 "모든 일은 외교 창구로 조용히 진행돼야 한다"는 것이었다. 핵무장을 시도하는 이스라엘 정부를 상대로 공개 압박은 하지 않겠다는 선 긋기였다.

백악관과 국무부의 지침에 따라 1961년 1월 리드 미국대사가 벤구리온을 만났다. 그런데 벤구리온은 "핵무기 생산 계획이 없다"며 오리발을 내밀고, 미국이 촉구한 IAEA 사찰을 "소련이 개입하면 받지 않겠다"며 거부했다. 이스라엘이 IAEA 사찰을 거부하자 미국은 더는 이스라엘을 압박하지 않았다. 미국은 이스라엘의 핵무장을 도운 프랑스와 노르웨이 정부를 상대로 돕지 말라고 견제했지만, 정작 당사자인 이스라엘을 상대로 제재 등 직접적 압박을 가하지는 않았다. 케네디 대통령이 이스라엘의 핵무장에 상대적으로 강경한 대응을 했지만, 케네디 또한 이스라엘에 제재 카드를 쓰지는 않았다.

닉슨과 키신저의 이스라엘 핵무장 용인 결정

1969년 미국은 이스라엘의 핵무장을 용인하기로 결정했다. 리처드 닉슨 대통령은 임기 첫해인 1969년 7월 레비 애슈콜 이스라엘 총리와 비밀양해각서를, 1970년 골다 메이어 이스라엘 총리와 밀약을 맺어 이스라엘의 핵무장을 묵인하기로 합의했다.[17] 이스라엘이 핵무장이나 핵실험 여부에 대해 시인도 부인도 하지 않는 태도를 유지하는 조건으로 핵무장을 묵인하기로 한 것이다. 1969년 9월 26일 미국은 이스라엘에 대한 사찰을 중단하고 NPT 가입을 요구하거나 핵프로그램을 제한하지 않을 것이며, 이스라엘은 핵무기 능력을 공개 선언하거나 핵실험을 하지 않겠다고 합의했다.[18]

미국이 이스라엘의 핵무장 노력에 어정쩡한 태도로 일관하다 결국은 용인하기로 결정한 까닭은 닉슨의 참모인 헨리 키신저의 비밀 해제된 메모에서 그 실마리를 찾을 수 있다. 키신저는 메모에서 "이스라엘의 무기 개발에 이용 가능한 일부 핵분열 물질이 1965년께 미국에서 불법적으로 획득되었다는 정황 증거가 있다"며, 이스라엘의 핵무기 프로그램이 "우리(미국)에게서 훔쳤을 수도 있는 프로그램"이라고 평가했다.[19] 이스라엘이 핵무장 프로젝트와 관련해 미국의 핵기술을 훔친 증거가 있다는 부정적 평가다.

키신저의 결론은 그럼에도 이스라엘의 핵무장 용인이었다. 이유는 국제정치와 국내정치 양쪽에 다 걸쳐 있다. 우선 키신저는 이스라엘이 "생존 위협에 시달리는 국가"이자 "실제로 핵무기를 사용할 가능성이 다른 어느 나라보다 높다"고 평가했다. 이어 키신저는 미국 정부가 이스라엘의 핵무장 시도를 무산시키려 정책 수단을 동원한다면 "엄청난 정치적 압력"이 행정부를 덮칠 것이라고 닉슨한테 경고했다. '이슬람 세계 한복판에 침투한 서방의 전초기지'라는 이스라엘의 지정학적 위상과 미국 내 유대인 세력의 정치적 영향력 따위를 두루 고려하면, 이스라엘의 핵무장을 저지하는 건 현실적 선택이 아니라는 주장이다. 결국 키신저가 닉슨한테 권고한 선택지는 "고의적인 모호성" 또는 "이스라엘이 뭘 하려는지 미국은 모른 척하기"였다.[20] 그리고 닉슨은 키신저의 권고를 따랐다. 키신저는 독일에서 태어난 유대인이다.

바누누의 내부고발과 18년의 감옥 생활

1986년 베일에 가려져 있던 이스라엘 핵 능력의 일단이 세상에 드러났다. 서른한 살의 이스라엘인 모르데차이 바누누의 내부고발 덕분이다. 바누누는 디모나 핵단지의 일급 비밀 지하벙커 'Machon2'에서 10년간 일한 핵 기술자인데 영국 《선데이타임스》에 자신이 보고 겪은 일을 증거자료(60여 장의 핵시설 사진)와 함께 밝혔다. 바누누는 이스라엘이 20년 넘게 네게브사막 지하에 비밀 핵폭탄 제조공장(디모나 핵단지)을 운영하고 있으며, 플루토늄 생산량이 연간 40킬로그램에 이르는데 이는 핵폭탄 열 기를 만들 수 있는 양이라고 증언했다. 바누누는 이스라엘이 더 많은 플루토늄을 얻으려고 프랑스의 지원으로 건설한 26메가와트급 원자로를 150메가와트급으로 증설했다고도 했다.

바누누의 증언은 이스라엘의 핵 능력과 관련한 유일무이한 직접·공개 증언이다. 그러나 진실을 세상에 알린 대가는 혹독했다. 바누누는 자신의 증언이 《선데이타임스》에 보도되기 직전인 1986년 9월 30일 영국 런던의 호텔을 나선 뒤 실종됐다. 당시 이스라엘 총리이던 시몬 페레스의 명령에 따라 이스라엘의 비밀 정보기관인 모사드가 납치한 것이다. 바누누는 반역죄를 저질렀다는 이유로 18년간 텔아비브 남쪽 아스글론에 있는 최고 보안 수준의 감옥에 갇혔다. 그중 11년은 독방에서 지내야 했고, 2004년 석방 이후에도 바누누한테는 출국 금지와 인터넷 채팅, 외국인과 대화 금지 의무 따위가 부과됐다. 바누누를 체포하라는 명령을 내린 페레스는 서른두 살 때 벤구리온의 지시에 따라 이스라엘의 핵무장 프로젝트를 설계한 그 페레스다.[21]

이스라엘 정부가 바누누를 납치·감금한 건 이스라엘의 핵 능력이 외부로 유출되는 걸 막으려는 고육책의 측면이 있다. 그러나 이 고육책은 이스라엘의 핵 능력을 스스로 시인한 꼴이기도 하다. 바누누의 증언이 진실이라는 간접 확인이기 때문이다.[22]

이스라엘은 중동에서 유일한 핵무장국 지위를 유지하려 온갖 수단을 다 썼다. 이슬람권의 핵무장 시도를 군사력을 동원해 저지했다.

이라크와 시리아의 핵발전소 건설을 좌초시킨 게 대표적이다. 이스라엘은 1981년 6월 7일 전투기를 동원해 이라크의 오시라크 원전을 공습·폭파했다. 이라크의 사담 후세인 정권은 프랑스의 도움을 받아 바그다드 동남쪽 17킬로미터 지점에 오시라크 핵발전소를 건설 중이었는데 완공을 앞둔 상태였다. 이스라엘 전투기가 이륙한 타바공항에서 1천 6백 킬로미터나 떨어진 곳이었다. 이스라엘은 오시라크 원전 폭격을 바빌론 작전Operation Babylon이라 불렀다. 2007년 9월 6일엔 이스라엘 공군이 시리아에서 건설 중이던 핵시설을 공습·폭파했다. 이스라엘은 이를 오차드 작전Operation Orchard이라 불렀다. CIA는 폭파된 시리아의 핵시설이 조선의 기술 지원을 받았다고 발표했으나 조선은 부인했다.[23]

핵무장 이후의 재래전

누군가의 주장처럼 핵무장이 전쟁을 회피하는 만병통치약은 아니다. 1973년 10월 이집트와 시리아는 핵무장국인 이스라엘을 공격했다. 흔히 '6일 전쟁'으로 불리는 1967년 3차 아랍-이스라엘 전쟁에서의 패배를 되갚으려는 보복전 성격이 짙었다. 전투는 1967년 전쟁 이후 이스라엘이 점령하고 있던 시나이반도와 골란고원을 중심으로 전개됐다. 초반엔 이집트·시리아 연합군이 우세했으나 이스라엘의 거센 반격에 밀려 개전 20일 만인 1973년 10월 26일 휴전으로 갈무리됐다. 흔히 '욤키푸르 전쟁' 또는 '10월 전쟁'이라 불린다.

이 책의 주제와 관련해 이 전쟁에서 주목할 대목은 두 가지다. 비핵국가가 핵무장국을 선제공격했다는 사실, 전쟁 초반 밀리던 이스라엘이 핵무기 사용을 상대한테 공개적으로 경고하지 않았다는 사실이다.

실제 이스라엘은 핵무기를 군사 독트린의 일부로 편입시키지 않고, 오로지 재래식 군사력에 바탕을 두고 군사전략을 구축해왔다.[24] 그렇다면 이스라엘 핵무기의 쓸모는 어디에 있는 것일까? 핵 전략 이론가인 비핀 나랑은 이스라엘의 핵무기를 적을 억제하는 용도보다는 미국의 지원을 압박하는 수단으로 본다. 이스라엘이 핵 보유 사실을 '적'과 일반에 공개하지 않은 채, 핵무기를 사용할 수도 있음을 오직 미국한테만 암시해 미국의 개입을 이끌어냈다는 것이다. 이런 이유로 나랑은 이스라엘의 핵 전략을 '강력한 동맹국의 개입과 지원을 촉진하는 태세'라고 정의했다.[25] 이스라엘의 핵무장 역사를 추적한 마이클 카르핀이 이스라엘의 핵무기를 '기지 안에 있는 폭탄'이라 명명한 까닭과 다르지 않다.

닉슨과 애슈콜, 닉슨과 메이어의 1969~70년 비밀 합의에 따라 이스라엘은 지금껏 핵무기 보유 여부에 대해 시인도 부인도 하지 않는 모호성 정책을 유지하고 있으며, 미국은 핵무장국 이스라엘에 아무런 제재를 가하지 않고 있다.

2장

인도 … 힌두 핵

인도공화국은 세계에서 일곱 번째 핵무장국이다. 1974년 5월 첫 핵실험을 했고, 그로부터 24년 뒤인 1998년 5월 다섯 차례 핵실험을 했다. 스톡홀름국제평화연구소는 2024년 1월 기준, 인도가 172기의 핵탄두를 비축하고 있다고 추정한다.[1] 연구소는 인도가 "핵무기 비축 규모를 늘리고 있는 것으로 보인다"고 평가했다. 이 연구소의 추정에 따르면, 2023년 1월 164기에서 8기가 늘었다.

인도는 NPT 체제를 기득권 국가들의 차별적 체제라고 비판하며 처음부터 가입을 거부했다. 그러나 인도의 선택은 NPT 체제의 평등한 재구성이나 핵 없는 세계를 향한 노력이 아니라, 스스로 핵을 가진 기득권 국가가 되는 쪽이었다.

인도의 핵무장은 아시아대륙의 주도권을 놓고 경쟁관계인 중국 억지, 카슈미르 문제로 여러 차례 전쟁을 치른 파키스탄에 대한 우월한 지위 유지와 군사적 압박, 힌두민족주의를 동력으로 한 강대국의 위상 확보 따위 국제·국내정치적 목표를 이루려는 오랜 전략적 행보의 결과다. 인도의 핵무장은 외국의 유의미한 도움 없이 자체 힘으로 이룬 것으로 평가된다.

미국은 인도의 핵무장을 막으려 제재를 가하기도 했으나, 이내 해제했다. 2005년엔 인도와 전략적 동반자관계를 선포하며 원자력협정을 맺었다. 인도의 핵무장을 사실상 용인한 것이다. 13억 명이라는 세계 최대 인구를 지닌 인도라는 광대한 시장, 떠오르는 패권 경쟁자 중국을 견제할 파트너로서 인도의 지정·지경학적 중요성을 고려한 전략적 선택이다. 인도는 미국의 중국 포위 전략인 인도-태평양전략Indo-Pacific Strategy의 핵심 기둥인 쿼드Quad(미국·인도·일본·오스트레일리아 4개국의 비공식 안보회의체) 회원국이다. 미국은 이스라엘의 핵무장은 제재도 없이 묵인하더니 인도의 핵무장은 제재 시늉만 내고 용인했다. 핵무기 비확산이라는 고상한 깃발은 미국의 국가 이익 앞에 무력하다.

'평화적 핵에너지 이용'에 숨겨진 핵무장의 꿈

인도는 1947년 8월 15일 영국의 식민지배에서 벗어나 독립한 직후부터 핵에너지 이용에 큰 관심을 보였다. 1956년 최초의 연구용 원자로 Aspara를 건설했고, 1960년엔 캐나다의 도움을 받아 40메가와트급 연구용 원자로 CIRUS를 완성했다. 뒤이어 1960년대 중반엔 타라푸르에 비등경수로 방식 원자로(4백 메가와트급) 두 기, 라왓바타에 가압중수로 방식 원자로 두 기를 건설했다. 중수는 미국에서 도입했다. 인도의 초기 평화적 핵에너지 연구는 미국과 캐나다의 도움으로 기초를 다졌다.

가난한 인도의 적극적인 원자력 정책 추진과 관련해 초대 총리 자와할랄 네루는 1957년 1월 20일 "상황이 어떠하든 간에 우리는 원자력 에너지를 악한 목적을 위해 사용하지 않을 것이며 여기에는 어떠한 조건도 없다"고 선언하기도 했다.[2]

그러나 공개 선언과 보이는 것이 전부는 아니다. 네루는 영국 식민지를 벗어나기 전인 1946년 6월 뭄바이에서 한 연설에서 핵 문제와 관련한 자신의 속내를 이렇게 드러냈다. "모든 나라들은 스스로를 지키기 위해 최첨단 과학적 수단들을 개발하고 사용한다. 나는 인도 역시 과학 연구에 매진해야 한다고 믿으며, 인도의 과학자들이 원자력을 건설적인 목적으로 사용할 수 있기를 기대한다. 그러나 만약 인도가 외부세력으로부터 위협을 받는다면, 당연히 인도는 스스로 보유한 과학력을 총동원하여 방어해야 할 것이다."[3] 핵에너지를 평화적 목적으로 쓰되, 외침의 위협에는 핵무기까지 동원해 맞서야 한다는 말이다. 군사 전문가 김태우는 네루가 이스라엘의 벤구리온과 마찬가지로 1945년 8월 히로시마와 나가사키에 떨어진 핵무기를 보고 인도도 언젠가는 핵을 보유한 강대국이 돼야 한다는 생각을 굳혔다고 평가했다.

네루 정부가 취한 이런 정책기조를 '열린 핵 정책Nuclear Open-Policy'이라 부른다.[4] 평화적 핵 이용에 근거를 두고 핵 관련 연구를 지속·강화하며 언제든 핵무장을 할 수 있는 기술적 기반을 확보하되, 당장은 핵무장을 하지 않는다는 정책 기조다.

네루는 1954년 의회 연설에서 이런 이야기도 했다. "미국과 소련 그리고 중국 이 세 나라를 잠시 제외하고 세계를 둘러보라 (…) 세계에서 네 번째 강대국이 될 나라는 다름 아닌 인도라는 사실을 알 수 있을 것이다." 가난한 신생 독립국인 인도 인민의 사기를 높이려는 정치적 수사이지만, 네루가 강조한 '네 번째 강대국'의 꿈은 인도의 간단없는 핵무장 노력을 이해하는 열쇠말의 하나다.

'미소 짓는 부처' … 1974년 석가탄신일의 첫 핵실험

1962년 인도와 중국이 전쟁을 치렀다. 히말라야산맥 국경 일대, 좀 더 구체적으로 말하자면, 티베트고원 북서쪽 쿤룬산맥의 바로 서쪽 아래에 자리 잡은 악사이친 통로를 둘러싼 국경 분쟁이 전쟁으로 번진 것이다. 37,244제곱킬로미터 면적의 악사이친 통로는 해발고도가 4천3백~7천 미터여서 사람이 살기 어려운 땅이다. 그러나 중국한테는 티베트와 신장을 잇는 유일한 사계절 교통로이자 군사 보급선이고, 인도는 라다크 연방직할령에 속한다고 주장하는 지역이다. 1962년 10월 20일 중국이 선전포고 없이 침공하자 인도군은 속절없이 밀렸다. 전쟁은 개전 한 달여 만인 11월 21일 중국의 승리로 끝났다. 중국과 인도는 여전히 악사이친 통로를 두고 국경분쟁 중인데, 중국이 실질 지배하고 있어서 행정구역상 신장위구르자치구와 티베트자치구에 속해 있다. 다만 인도는 악사이친 통로가 자국 영토인 라다크 연방직할령에 속한다고 주장하고 있다.

중국과 전쟁에서 완패한 인도에선 핵무장론이 들끓었지만 네루는 핵무기 개발 승인을 거부했다. '열린 핵 정책'의 지속이다. 그런데 패전의 여파가 가시지 않은 1964년 중국의 핵실험이 인도를 강타했다. 1964년 10월 16일 중국은 신장위구르자치구의 뤄부포사막에서 첫 핵실험에 성공했다. 폭발 위력은 22킬로톤이었다. 그날 저녁 베이징 인민대회당에서 열린 마오쩌둥의 둥팡훙 가무단 접견장에서 저우언라이 총리가 핵실험 성공을 발표했고, 밤 10시 중앙라디오방송이 "중국은 어떠한 상황에서도 핵무기를 먼저 사용하지 않는다"고 발표했다.[5] 중국의 핵실험은 미국과 소련을 겨냥한 것이었지만, 인도의 위기의식은 남달랐다.

인도에서 핵무장 여론이 다시 폭발했다. 1962년 중국과 전쟁에 패배하고도 핵무기 개발 주장을 승인하지 않은 네루 총리도 그해 5월 57일 고인이 된 뒤다. 인도 원자력위원회 초대 의장인 호미 바바는 중국의 핵실험 성공 직후인 1964년 10월 24일 라디오 방송에 나와 "적절한 양의 핵무기를 보유한 국가는 더 강한 국가의 공격에 대해 억제력을 가질 수 있다"고 주장했다.[6] 중국에 맞서 핵무기를 개발해야 한다는 선언이나 마찬가지다. 바바는 식민지 시기 영국에서 핵물리학을 공부한 인도 핵개발의 아버지로 불리는 인물이다. 네루의 후임인 샤스트리 총리는 바바의 설득에 따라 핵프로그램 가속화와 '평화적 핵폭발' 실험을 원칙적으로 승인했다. 국경을 맞댄 중국의 위협을 억지해야 한다는 안보 불안이 인도를 핵무장의 궤도에 올려놓은 셈이다.

인도는 바로 핵실험을 하지는 않았다. 첫 핵실험은 그로부터 10년 뒤인 1974년에 이뤄졌다. 1974년 5월 18일 인도는 서부 라자스탄주 타르사막 지하 1백 미터 깊이에 있는 포크란 실험장에서 이른바 '평화적 핵폭발'을 감행했다. NPT 체제 출범 뒤 첫 핵실험이었다. 폭발 위력은 15킬로톤, 히로시마에 떨어진 핵폭탄과 위력이 비슷했다. 인도가 이 핵실험에 사용한 핵폭발 장치와 플루토늄은 모두 '국산'이었다.

인도 정부는 세계를 놀라게 한 이 핵실험이 어떠한 군사적 목적도 띠지 않는 오로지 핵에너지의 평화적인 사용을 위한 실험이라고 주장했다. 석가탄신일에 이뤄진 이 핵실험의 작전명은 '미소 짓는 부처Smiling Buddha'였다. 인류 역사상 인간의 고통에 가장 깊이 천착한 석가모니의 탄생을 기념하는 날에 핵실험이라니, 지독한 역설이다.

인도의 이 핵시험은 핵기술의 무기화가 1세계(미국 등 서구)와 2세계(소련 등 사회주의권)를 넘어 3세계로까지 확산되었음을 뜻하는 역사적 사건이었다. 인도의 핵실험을 가능하게 한 플루토늄이 인도가 캐나다에서 구매한 중수로형 연구용 원자로NRX에서 추출한 것이라, 이후 캐나다는 인도와 핵 협력을 중단했다. 미국 등 기존 핵보유국들은 인도를 핵 거래 금지 대상국으로 지정하고, 핵 거래 규제 국제기구인 핵공급국그룹The Nuclear Suppliers Group, NSG을 출범시켰다. 1977년 출범한 미국의 카터 행정부는 핵비확산법을 근거로 인도에 대해 핵에너지 관련 물질과 기술 수출 금지 등의 제재를 가했다.[7] 하지만 이러한 압력이 인도의 핵무장 노력을 가로막지는 못했다.

1998년 석가탄신일의 무더기 핵실험

인도는 1974년 첫 핵실험 이후 오래도록 추가 핵실험에 나서지 않았지만, 핵 능력을 착실하게 높여갔다. 1985년 플루토늄을 해마다 2.5킬로그램씩 생산할 수 있는 두르바 원자로를 가동하기 시작했고, 1986년엔 마드라스 핵시설에서 생산된 사용후핵연료의 재처리를 시작했다. 한편 1987년 '브래스택스 위기The Brasstacks Crisis'는 인도의 강경 핵무장론자들을 자극했다. 인도가 1986년 11월부터 1987년 1월 사이에 인도군 50만 명을 동원한 군사훈련에 나서자 파키스탄이 '핵 반격'을 한다며 위협한 것이다. 파키스탄 핵무장의 아버지라 불리는 압둘 카디르 칸이 언론 인터뷰를 통해 "파키스탄은 존립이 위협받는다면 핵무기를 사용할 것"이라며 인도-파키스탄 사이의 긴장을 높인 것이다.[8]

1980년대 말~1990년대 탈냉전 시기 소련의 해체와 미국 유일 패권 체제의 등장은 인도에 위기이자 기회였다. 소련의 해체는 인도의 든든한 안보 파트너가 사라졌음을 뜻했다. 소련은 스탈린 사후 1950년대 초중반부터 인도의 중국 억지에 도움을 줬고, 인도-파키스탄 분쟁 땐 늘 인도 편을 들었다. 1962년 10월 인도와 중국의 전쟁 때 소련이 '사회주의 형제국'이라는 중국의 편을 들지 않은 사실은 중소 분쟁의 불쏘시개 구실을 하기도 했다. 그런 소련의 해체는 인도의 중국 억지 전략에 중대한 문제를 야기했다. 인도의 핵무장 욕망을 자극한 국제정치 질서의 변화다.

다른 한편 1993년 출범한 미국의 클린턴 행정부는 인도와 관계 확대를 적극적으로 추진했다. 가난하지만 엄청난 인구를 품은 인도 시장의 잠재력에 주목한 것이다. 1995년 미국은 인도의 최대 무역국이 됐고, 인도에 투자된 외국자본의 40퍼센트가 미국으로부터 왔다.

클린턴 행정부는 인도와 경제 관계 확대에 공을 들였지만, 비확산 정책에서는 엄격했다. 1995년 5월 11일 NPT의 효력을 무기한으로 연장하는 합의가 이뤄졌다. 인도의 반대는 효과가 없었다. 1995년 12월 나라심하 라오 인도 총리가 핵실험 준비를 지시했으나, 첩보위성으로 인도 라자스탄주의 사막에서 핵실험 준비 정황을 포착한 클린턴 행정부의 압력으로 핵실험을 포기했다.[9] 인도는 1996년 9월 유엔 총회에서 채택한 '포괄적 핵실험 금지조약Comprehensive Nuclear Test Ban Treaty, CTBT' 가입을 거부했다. CTBT가 다섯 핵보유국의 기득권만을 보장하는 차별적 조약이라는 이유를 댔다. NPT 불가입 이유와 같다.

1998년은 인도의 핵무장에서 분수령적 의미를 지니는 해다. 연초 총선에서 집권당이 바뀌었다. 핵무장에 신중한 기조를 유지해오던 국민회의당이 야당으로 밀려나고, 힌두민족주의를 앞세워 핵무장을 주장해온 인도인민당이 집권당이 됐다. 문제는 인도인민당이 주도하기는 했지만 열세 개 정당의 연립정부였다는 사실이다. 인도인민당은 연정 주도권 강화와 인민의 지지 기반을 넓힐 정치 이벤트가 필요했다. '핵무장 인도'는 매력적인 선택지였다. 1998년 4월 8일 연정은 '인도인민당 연합 정부의 국가 거버넌스 어젠다'를 통해 "우리는 핵 정책을 재평가하고 핵무기 도입 옵션을 행사할 것"이라고 발표했다. 사실상 추가 핵실험 예고다. 마침 여러 차례 전쟁을 치른 파키스탄이 인도의 대다수 주요 도시를 사정권에 둔 중장거리탄도미사일(사거리 1천5백 킬로미터) Ghauri를 시험발사해 인도의 추가 핵실험에 명분을 제공했다. 아탈 바즈파이 인도 총리가 안보환경 악화에 대응한다는 명분으로 핵실험을 지시했다.

인도는 1998년 5월 11일 파키스탄 국경에서 멀지 않은 서부 라자스탄주 사막의 포크란 시험장에서 세 차례의 핵실험을 실시했다. 작전명은 'Shakti(Power)'. 이날도 1974년 인도의 첫 핵실험 때와 마찬가지로 석가탄신일이었다. 달라진 게 있다면 1974년엔 '미소 짓는 부처'가 작전명이었는데, 이번엔 '힘'을 작전명으로 삼아 1998년의 핵실험이 핵무장을 염두에 둔 것임을 숨기지 않았다는 사실이다. 인도인민당 연립정부 출범 두 달 만의 일이다. 바즈파이 총리는 이날 인도가 세 차례 핵실험을 했다고 발표했다. 인도 정부는 핵실험 관련 성명을 통해 "오늘의 핵실험으로 인도가 무기화된 핵프로그램 능력을 보유하고 있음을 입증했다"고 주장했다. 1차는 열핵폭탄(수소폭탄)으로 폭발 위력 43킬로톤, 2차는 핵분열탄으로 폭발 위력 12킬로톤, 3차는 저위력핵무기로 폭발 위력은 0.2킬로톤이었다.[10] 1차 핵실험이 중국을 염두에 둔 것이라면 2차와 3차는 파키스탄에도 쓸 수 있는 전술핵무기를 염두에 둔 것이라는 전문가의 평가가 있었다.[11]

핵실험 다음 날인 1998년 5월 12일 바즈파이는 클린턴 미국 대통령한테 핵실험 강행 이유를 밝힌 편지를 보냈다. 바즈파이는 편지에서 "인도는 1962년 우리를 무력 침공한 핵보유국과 국경을 맞대고 있다"고 강조했다. 중국 때문에 핵실험을 했다는 주장이다. 이어 "나빠지는 안보 및 핵 환경"이라는 표현으로 중국과 함께 파키스탄도 에둘러 거론했다.[12] 앞서 인도의 국방장관 조지 페르난데스는 1998년 4월 "인도의 최대 위협"으로 중국을 지목한 터다.[13]

인도는 1998년 5월 13일에도 두 차례 더 핵실험을 했다. 이틀 전과

마찬가지로 포크란 시험장에서다. 4차는 0.5킬로톤, 5차는 0.3킬로톤 이었다.[14]

미국, 인도의 핵무장을 용인하다

당연하게도 클린턴 행정부는 제재로 대응했다. 클린턴은 무기수출통제법the Arms Export Control Act, AECA 102조를 근거로 인도에 경제 및 군사 제재를 가했다. 클린턴은 1998년 5월 인도의 무더기 핵실험을 두고 "20세기 최악의 사건을 연상시킨다"고 비판했다.[15] 1945년 8월 일본의 히로시마와 나가사키의 숱한 생명을 앗아간 핵폭발을 떠올리게 한다는 얘기다. 미국에 이어 일본이 인도에 대한 무상 원조(2천6백만 달러)와 무상 차관(10억 달러) 중단을 발표했고, 독일·호주·네덜란드·스웨덴·덴마크 등이 제재 행렬의 뒤를 이었다.

하지만 미국의 제재에는 인도를 비핵국가로 되돌리겠다는 정책 의지가 실려 있지 않았다. 예컨대 인도의 핵실험 한 달여 뒤인 1998년 6월 18일 국무부의 발표를 보면 클린턴 행정부가 추구하는 목표는 추가 핵실험 중단, 조건 없는 CTBT 서명, 핵기술·물질 타국과 공유 제한, 파키스탄과 긴장 완화 등이다. 비핵화는 목표 목록에 들어 있지 않다. 더구나 국무부는 인도의 무더기 핵실험에 대한 대응에서 "미국의 다른 이익에 대한 피해 최소화"를 대전제로 내세웠다.[16] 최우선 고려사항은 비핵화가 아닌 미국의 국가 이익이라는 뜻이다.

클린턴 행정부는 스트로브 탈보트 국무부 차관을 단장으로 한 대표단을 급파해 인도-파키스탄과 3자 고위급 대화를 1998년 7월부터

11월까지 이어갔다. 1998년 11월 7일 백악관은 클린턴이 "5월 핵실험 이후 인도와 파키스탄이 비확산 문제 해결을 위해 취한 긍정적 조치에 대한 대응으로 인도에 대한 제재를 완화하기로 결정했다"고 발표했다.

클린턴 행정부가 문을 연 미국의 인도와 관계 강화 정책 기조는 아들 부시 행정부 시기에 한 단계 격상됐다. 2004년 1월 미국은 인도와 '전략적 동반자관계의 후속 조치'에 합의했다. 2005년 7월 18일 부시 미국 대통령은 만모한 싱 인도 총리와 워싱턴 정상회담에서 '지구적 동반자관계'에 대한 공동성명을 발표하며 '미국-인도 민간 원자력협정 Indo-US Civil Nuclear Agreement' 추진을 선언했다.[17] 이어 2006년 3월 정상회담에서 원자력협정 체결 원칙에 합의했고, 미 의회는 2006년 12월 '미-인도 민간 원자력 협력법'을 통과시켰다.[18] 이 협정에 따라 인도는 당시 가동 중이던 스물두 기의 원자로 가운데 열네 기의 민간 원자로 시설은 IAEA의 핵 사찰을 받기로 합의했다. 여덟 기의 군사용 원자로는 IAEA의 핵 사찰을 받을 의무가 없다. 요컨대 인도는 이 협정으로 기존의 다섯 핵보유국과 사실상 동일한 책임과 혜택을 누리게 된 것이다. 미국이 인도를 사실상 핵보유국으로 용인한 셈이다. 미국의 뒤를 이어 프랑스, 러시아 등 NSG가 인도와 원자력협정을 체결했다. 인도는 2008년 NSG의 면제 결정에 따라 전면사찰을 면제받았고, NPT 체제 밖에서 국제 원자력 무역에 다시 참여할 수 있게 됐다. 다섯 핵보유국의 기득권과 차별을 비판하면서도 기득권 그룹에 들어가려 애써온 인도의 오랜 꿈이 이뤄진 것이다. 이렇게 인도는 1998년 핵실험으로 핵무장의 '기술적 문턱'을 넘은 데 이어, 2005~06년 미국과 원자력협정 체결로 핵무장의 '정치적 문턱'마저 넘어섰다.

부시 행정부의 비확산 원칙을 포기한 듯한 이중행보를 두고 거센 비판이 있었음을 물론이다. 부시 행정부는 왜 이런 선택을 했을까? 우선 인도의 거대한 원자력 시장을 놓치고 싶지 않았던 미국 재계의 강력한 로비가 있었다.[19] 중국의 부상을 견제하고 중국-러시아-인도로 이어지는 삼각동맹의 출현을 사전에 차단하려는 전략구상의 일환이라는 분석도 있다.[20] 경제적 고려와 패권 유지 전략이 두루 작용했다는 뜻이다. 미국은 이스라엘의 핵무장을 용인할 때 그랬듯이 인도의 핵무장을 용인할 때도 비확산이라는 고상한 기치보다 미국의 국가 이익과 패권 유지를 핵심 잣대로 삼았다는 비판을 피하기 어렵다.

인도는 왜 핵무장국가가 되려 했나

인도는 핵무장의 불가피한 사유로 중국과 파키스탄의 안보 위협을 거듭 강조했다. 터무니없는 주장은 아니다. 유수의 핵 전문가들이 인도 정부의 이런 주장을 받아들였다. 예컨대 미국 의회조사국은 인도의 핵무장 동인으로 1962년 중국과 전쟁 패배, 1964년 중국의 핵실험, 카슈미르 분쟁이 촉발한 파키스탄과의 세 차례 전쟁(1947/1965/1971년), 파키스탄에 대한 중국의 지원 등을 꼽았다.[21] 요약하면 중국 저지, 파키스탄 압박용이라는 것이다. 그러나 이런 외부의 안보 위협이 인도가 핵무장에 나선 이유의 전부는 아니다. 인도 정부는 한 번도 거론한 적이 없지만, 국내정치적 이유가 어쩌면 더 중요한 이유일지 모른다. 예컨대 외교전문지 《디플로매트》의 부편집장인 자카리 켁은 1998년 연쇄 핵실험에 인도인민당의 연정 주도력 및 지지 기반 강화라는 국내정치적 동기가 강하게 작용했다고 지적했다.[22] 미국 의회조사국도 정권 출범 두 달여 만의 인도인민당의 핵실험 결행은 인도인들 사이의 "대국 지위를 향한 오랜 열망"을 겨냥한 것이며, 인도의 핵무장은 "많은 인도인한테 핵프로그램을 인정받은 엘리트 국가 클럽 합류를 의미하는 것"이라고 짚었다.[23] 아울러 파키스탄보다 '더 중요한 국가'로 대우받고 싶은 욕망의 귀결로 봤다. 늘 그렇듯이 말은 진실의 전부가 아니다.

3장

파키스탄 … 이슬람 핵

파키스탄이슬람공화국은 세계에서 일곱 번째 핵무장국이다. 파키스탄은 1998년 5월 다섯 차례의 핵실험을 했다. 스톡홀름국제평화연구소는 2024년 1월 기준 파키스탄이 170기의 핵탄두를 비축하고 있다고 추정한다.[1] 연구소는 파키스탄이 "핵무기 비축 규모를 늘리고 있는 것으로 보인다"고 평가했다.

파키스탄의 핵무장은 카슈미르를 두고 여러 차례 전쟁을 치른 인도의 존재를 빼고는 설명하기 어렵다. 단순화하자면 파키스탄 핵무장의 가장 강력한 동인은 인도 억지다. 물론 인도의 핵무장에 힌두민족주의가 깔려 있듯이, 파키스탄의 핵무장은 유일무이한 '이슬람 핵폭탄' 보유국이라는 정체성 정치와 무관하지 않다.

파키스탄은 양대 강대국인 미국·중국과 우호적인 관계를 맺고 있다. 미국과 일찌감치 동맹관계이고, 중국과도 준동맹관계다. 중국은 인도를 억지하려 파키스탄의 핵무장을 핵무기 설계도까지 제공하며 적극적으로 도왔다. 이이제이 전략이다. 미국은 제재와 묵인을 반복하며 결과적으로 파키스탄에 핵무장의 길을 열어줬다. 1979년 소련의 아프가니스탄 침공 이후 10년간, 2001년 9·11테러 이후 부시 행정부의 대테러전쟁 기간에 미국은 파키스탄의 협력을 얻으려 파키스탄의 핵개발을 묵인했다. 미국은 이스라엘과 인도의 핵무장 대응 때 그랬듯이 파키스탄의 핵무장 대응에도 비확산보다 국가 이익과 패권 전략을 앞세웠다.

파키스탄의 핵무장은 조선의 핵 보유 기정사실화 전략의 선행 모델로 자주 거론된다. 그러나 핵개발 과정에서 중국의 적극적인 도움을 받고 미국의 묵인을 이끌어낸 파키스탄과, 미-중 모두로부터 제재를 받아온 조선의 처지는 질적으로 다르다. 무엇보다 파키스탄은 미국의 동맹국이고 조선은 미국과 3년전쟁(한국전쟁)을 치르고 두 세기에 걸쳐 적대관계를 지속해왔다.

인도라는 숙명, 같은 민족 다른 종교 정체성

파키스탄은 인도라는 위협적 존재를 빼고는 온전히 설명하기 어렵다. 인도와 파키스탄의 숙명적 관계의 뿌리는 인도아대륙에 대한 영국의 식민통치다. 영국은 드넓은 인도아대륙에 대한 효과적 식민통치를 위해 힌두와 무슬림 사이의 차이를 악용한 분할통치 전략을 적극적으로 구사했다. 파키스탄 건국의 아버지인 무함마드 진나는 영국의 식민통치기인 1930년대 후반 일찌감치 '두 민족 이론'을 내세워 무슬림들만의 독립된 파키스탄 건설 비전을 설파했다.[2] 힌두와 무슬림은 단지 다른 종교를 믿은 사람들이 아니라 종교 철학, 사회적 관습, 문학, 예술 전통 등 확연히 다른 두 사회질서에 속해 있으니 서로 다른 나라로 독립해야 한다는 주장이다. 역사적 근거가 있다기보다는 필요에 의해 만들어진 정치적 비전이다.

우여곡절을 거쳐 파키스탄은 1947년 8월 15일 영국 식민지에서 벗어나 인도와 별도의 국가로 독립했다. 그런데 영토가 둘로 나뉜 기형 국가로 출범했다. 벵골의 동파키스탄(방글라데시)과 편자브의 서파키스탄은 2천4백여 킬로미터나 떨어져 있었다. 무함마드 진나가 극구 피하려 한 "갈라지고 좀먹은 듯한" 파키스탄이었다. 더군다나 편자브 주민이 중심이 된 서파키스탄과 벵골인들이 절대다수인 동파키스탄은 무슬림이라는 공통점을 빼면 인종, 언어, 문화, 역사, 풍습 등 거의 모든 것이 달랐다.[3] 국가 운영과 통합의 어려움은 불문가지다.

무엇보다 지정학적 요충인 카슈미르가 인도로 포함된 게 이후 인도-파키스탄의 여러 차례에 걸친 전쟁과 경쟁적 핵무장의 화근이 됐다. 카슈미르는 인도-파키스탄 분할 독립 전 인도아대륙에 있던 5백여 개 번왕국 가운데 하나인데 거주민 대부분이 무슬림이다. 그런데 번왕국의 통치자가 힌두였고, 이 통치자는 파키스탄이 아닌 인도 귀속을 택했다. '힌두 지도자와 다수 무슬림'이라는 사회인구학적 특성뿐만 아니라 카슈미르가 지정학적 요충지라는 사실이 문제를 더욱 복잡하게 했다. 카슈미르는 중국-인도-파키스탄-아프가니스탄에 걸쳐 있는 남아시아와 중앙아시아를 잇는 지정학적 요충지다. 파키스탄에 카슈미르가 어떤 존재인지는 나라 이름에서 알 수 있다. '순수한 사람들의 땅'이라는 뜻을 지닌 Pakistan은 인도아대륙에서 무슬림들이 다수 거주하는 Punjab의 'P', Afghan(North Western Frontier)의 'a', Kashmir의 'k', Sindh의 's', Baluchistan의 'tan'을 합친 합성어다.[4] 카슈미르는 파키스탄 국가정체성의 고갱이다. 파키스탄은 독립 직후부터 카슈미르 문제를 놓고 인도와 여러 차례 전쟁을 치렀다. 카슈미르는 인도-파키스탄 분쟁의 근원이자 평화공존을 어렵게 하는 핵심 장애물이다.

동파키스탄 상실, 파키스탄의 핵무장 욕망에 불을 지르다

파키스탄은 분할독립 직후인 1947년 10월 카슈미르를 되찾겠다며 인도에 군사 공격을 했다가 패배했다. 1965년에도 인도를 상대로 2차 전쟁을 일으켰다가 패배했다. 그런데 1971년 12월 13일부터 16일까지 치른 인도와의 3차 전쟁의 결과는 이전 1·2차 전쟁의 패배와는 질적으로 다른 재앙과 치욕을 파키스탄에 안겼다. 동파키스탄의 벵골인들이 파키스탄으로부터 분리독립을 주장하며 총파업과 동맹휴학을 벌이자 서파키스탄군이 진압에 나섰는데, 인도가 동파키스탄의 분리독립 세력을 지원한 것이다. 인도군은 12월 16일 서파키스탄군을 물리치고 동파키스탄의 최대 도시 다카를 점령했다. '방글라데시 전쟁'이라 불리는 3차 인도-파키스탄 전쟁은 파키스탄의 패배와 영토 상실로 끝을 맺었다. 승리한 인도와 패배한 파키스탄은 방글라데시(동파키스탄)의 독립 인정과 카슈미르 경계선 획정을 핵심 내용으로 하는 심라협약Simla Agreement을 맺어 전쟁을 공식 마무리했다.[5] 인도판 이이제이의 완승이었다.

작용은 반작용을 부르는 법. 동파키스탄 상실의 후폭풍을 진정시킬 임무를 띠고 제4대 파키스탄 대통령에 오른 줄피카르 부토는 1972년 1월 파키스탄원자력위원회Pakistan Atomic Energy Commission, PAEC에 "이제 파키스탄은 다른 선택의 여지가 없다"며 3년 내 핵무기 개발을 지시했다.[6] 인도에 비해 국가 능력의 모든 면에서 열세인 파키스탄이 인도를 억지하려면 핵무장 말고는 다른 방법이 없다는 주장이다. 파키스탄은 인구가 2억 명이 넘는 세계 2위 무슬림 대국이지만 인도의 인구에 비하면 7분의 1에도 못 미친다. 국토 면적, 경제력, 군사력 모두 인도와 힘의 균형을 맞추기 어려운 처지다. 1964년 중국의 핵실험이 인도의 핵무장 욕망을 자극할 것이라는 전망이 높아지자, 1965년 당시 파키스탄 외무장관이던 부토는 "만약 인도가 (핵)폭탄을 만든다면 우리도 잔디와 풀만 먹어 굶어 죽는 한이 있어도 우리 자신의 (핵)폭탄을 가지고 말 것"이라며 핵무장 의지를 불살랐다.[7]

파키스탄은 1973년 프랑스와 플루토늄 재처리시설을 계약하는 것으로 핵개발 대장정의 첫발을 뗐다. 파키스탄의 핵개발은 1975년 압둘 카디르 칸의 귀국과 함께 급물살을 탔다. 칸은 네덜란드 우라늄 농축회사 유렌코에서 일하던 핵물리학자인데, 파키스탄의 우라늄 농축 방식 핵프로그램을 목적으로 원심분리기 설계도를 가지고 귀국했다. 칸의 주도로 파키스탄은 1976년 카후타 핵단지 건설에 나서 1980년대 초반 가동을 시작했다. 1986년 핵무기 1기를 만들 수 있는 고농축우라늄을 생산했고, 1987년엔 핵실험 수행 능력을 확보했다. 1990년 초반까지 원심분리기 3천 기를 운용하며 스물네 차례의 실물모형 시험을 실행한 것으로 추정된다. 칸은 1984년 공개적으로 파키스탄이 우라늄 농축 기술을 완비했다고 주장했고, 1986~87년 브래스택스 위기 땐 "파키스탄은 존립이 위협받는다면 핵무기를 사용할 것"이라고 엄포를 놓기도 했다. 파키스탄은 이르면 1980년대 중반, 늦어도 1990년대 초반엔 사실상 핵무장을 했다고 주장한 것인데, 핵실험은 하지 않고 미뤄두었다. 미국 의회조사국도 파키스탄이 "1980년대의 어느 시점"에 핵 능력을 확보했다고 추정했다.[8]

인도의 핵실험에 대응한 핵실험

1998년 5월 11일과 13일 인도가 다섯 차례의 핵실험을 하자, 파키스탄은 즉각 핵실험으로 맞불을 놨다. 나와즈 샤리프 파키스탄 총리는 1998년 5월 28일 "인도가 한 것만큼의 핵실험을 했다"고 발표했다. 샤리프는 파키스탄의 핵실험이 "불가피"했다며, "이 무기는 핵이든 재래식이든 침략을 억제할 것"이라고 강조했다.[9] 파키스탄은 이틀 뒤인 1998년 5월 30일 핵실험을 한 차례 더 했다고 발표했다. 인도처럼 이틀 간격으로 연쇄 핵실험을 하되 인도보다 많이 한 것이다. 경쟁의식이 느껴지는 대목이다.

칸 박사는 5월 28일 다섯 차례의 핵실험 가운데 한 차례는 히로시마 핵폭탄의 두 배 위력에 해당하는 30~35킬로톤, 나머지 네 차례는 파키스탄의 전략탄도미사일 Ghauri에 장착해 즉시 발사 가능한 소형화한 탄두용이라고 설명했다.[10] 5월 28일 다섯 차례 핵실험 가운데 네 차례가 저위력 전술 핵무기용이라는 뜻이다. 핵 전문가들도 "모든 증거는 파키스탄의 핵무기 프로그램이 인도보다 규모가 작고 야심적이지 않다는 점을 가리킨다"고 지적했다.[11] 파키스탄의 핵은 인도 억지용이라는 샤리프 총리의 주장과 결이 다르지 않다. 미국 의회조사국은 파키스탄이 자국의 핵무기를 인도의 우월한 재래식 군사력에 대응하고 남아시아에서 인도의 패권을 거부할 '핵 균형자'로 여겼다고 분석했다. 아울러 인도네시아에 이어 세계에서 두 번째로 무슬림 인구가 많은 이슬람국가인 파키스탄이 자국의 핵무장을 '이슬람 핵무기Islamic Bomb'로 포장해 이슬람 세계의 지지와 존경을 이끌어내려는 종교적·정치적 의도도 있다고 봤다.[12]

당연하게도 인도는 파키스탄의 핵실험을 자기변명의 기회로 적극 활용했다. 바즈파이 인도 총리는 1998년 5월 28일 파키스탄의 핵실험 직후 "우리는 끊임없는 테러의 피해자였다"며 "핵 억지의 길에 나서도록 강요한 건 인도가 아니라 파키스탄이다"라고 주장했다.[13] 파키스탄은 인도 때문에 분가피하게 핵실험을 했다는데, 인도는 파키스탄 때문에 핵실험을 했다고 맞받은 것이다. 남북관계사에서 익숙한 적대적 공생을 떠올리게 한다.

중국의 핵기술 협력

많은 전문가들은 중국의 적극적인 협력과 지원이 없었다면 파키스탄의 핵무장이 순탄치 않았으리라고 지적한다. 심지어 '위스콘신 핵 군비통제 계획' 소장인 게리 밀홀린은 "중국의 도움이 없었다면 파키스탄의 핵폭탄은 존재하지 않았을 것"이라고 단언할 정도다.[14]

중국은 파키스탄에 원자로 건설을 지원하고 재처리시설과 함께 핵무기 설계도도 제공했다고 알려져 있다.[15] 미국 의회조사국도 중국이 "핵무기 설계도와 고농축우라늄, 삼중수소, 과학자, 핵무기 생산단지 건설·운용을 위한 핵심 부품 등을 제공했다"고 지적했다.[16]

중국은 NPT 체제를 흔든다는 비판이 예상되는데도 왜 파키스탄의 핵무장을 도왔을까? 중국과 파키스탄의 관계는 아시아대륙 주도권을 둘러싼 중국과 인도의 갈등과 경쟁, 영국의 식민통치에 함께 맞서 싸웠으나 종교적 정체성을 이유로 분할 독립한 인도와 파키스탄의 숙명적 갈등관계를 빼고 설명하기 어렵다.

사실 중국과 파키스탄은 정치 이데올로기와 종교 정체성에서 극단적으로 다르다. 2차 세계대전 이후 냉전 시기 중국과 파키스탄은 서로 적대 진영에 속해 있었다. 파키스탄은 유일신 알라를 믿는 이슬람국가이고 중국은 신의 존재를 인정하지 않는 사회주의 국가다. 그런데도 중국과 파키스탄은 처음부터 서로를 원했다. 파키스탄은 중화인민공화국 수립 이듬해인 1950년 중화민국(대만)과 단교하고 신중국과 수교했다. 공산 중국을 외교적으로 승인한 첫 이슬람국가다. 파키스탄은 중국이 인도를 억지하는 데 도움을 줄 중요한 협력국이라 여겼다. 역사는 이 판단과 전략이 틀리지 않았음을 보여준다. 중국은 카슈미르 문제를 놓고 파키스탄과 인도가 여러 차례 전쟁을 치를 때 어김없이 파키스탄 편을 들었다.

파키스탄이 중국을 원한 이유는 중국이 파키스탄을 원한 이유이기도 하다. 인도 억지다. 중국은 남아시아에서 인도의 압도적 우세를 저지하려 파키스탄의 핵무장까지 지원했다. 인도 억지에 파키스탄을 앞세우고, 파키스탄과 군비 경쟁으로 인도의 국력을 분산·소모시키려는 이이제이 정책이다. 중국이 파키스탄을 원한 이유가 인도 때문만은 아니다. 서부 신장위구르의 강경 무슬림 분리주의 세력에 대응하고, 중앙아시아와 중동 이슬람권으로 진출해 영향력을 높일 교두보이자 우방국으로서 파키스탄의 가치를 높게 평가한 점이 중요하다. 중국한테 파키스탄은 '언제나 의지할 수 있는 친구'여야 했다.[17] 실제 파키스탄은 미국의 동맹국이면서도 중국의 '진주목걸이' 전략과 '일대일로' 전략의 핵심 파트너다. 중국으로서는 지정학적 요충지에 위치한 파키스탄이 결코 포기할 수 없는 협력 대상이다. 중국은 공식적으론 동맹을 '냉전의 잔재'라며 거부하는데, 그나마 동맹에 가장 가까운 우방이 파키스탄이다. 중국의 대외 정책에서 파키스탄은 조선보다 우선순위가 앞선다. 중국은 파키스탄이 충분히 안정되고 강력해져서 남아시아에서 인도를 견제해줄 수 있기를 바란다. 중국이 남아시아의 핵 균형기를 저치히며 파기스탄의 핵무장을 도운 배경이다.

미국과 파키스탄, 동맹의 방기와 편승의 이중주

중국과 파키스탄이 서로를 원했듯이, 미국과 파키스탄도 서로를 원했다. 파키스탄 건국의 아버지로 불리는 무함마드 진나는 미국이 파키스탄의 생존과 번영에 필수적이라고 판단하고 '친미'의 필요성을 일찌감치 역설했다.[18] 파키스탄은 소련 봉쇄를 목적으로 1954년 9월 8일 미국이 창설을 주도한 반공 군사 동맹인 동남아시아조약기구The Southeast Asia Treaty Organization, SEATO, 그리고 정식 회원국도 아닌 참관인에 불과한 미국이 1955년 11월 이라크 바그다드에서 창설을 주도한 중앙조약기구Central Treaty Organization, CENTO에 모두 가입한 유일한 나라다. 1950년대 미국이 파키스탄을 "가장 신뢰할 만한 동맹"이라 상찬한 배경이다.[19]

미국도 지정학적 요충지에 들어선 파키스탄의 가치를 일찌감치 높게 평가했다. 미국의 패권전략에서 핵심적인 소련 봉쇄와 중동 유전 지역 보호에 파키스탄이 필요하다고 본 것이다. 미국은 1954년 파키스탄과 상호방위조약을 맺어 일찌감치 동맹관계를 형성했다.

파키스탄과 미국의 외교적 밀착의 가장 상징적인 장면은 냉전 역사에서 결정적 분수령으로 평가받는 미중수교의 돌파구를 연 헨리 키신저의 1971년 7월 9~11일 중국 비밀 방문이다. 당시 키신저는 파키스탄 방문이라는 '위장외교'의 겉옷을 입고 파키스탄에 도착하자마자 건강에 문제가 생겼다는 핑계를 대고 잠적해 베이징으로 향했다. 미국한테 파키스탄은 이런 결정적 비밀외교를 함께 도모할 협력국이었다.

다만 미국은 중국과 달리 파키스탄의 핵무장에 우호적이지 않았다. 미국은 파키스탄이 1970년대 초반 원자로 건설에 나서자, 1974년 파키스탄과 원자력 협력을 전면 중단하고 원자력 설비와 기술 이전 제한 등 금수 조처를 취했다. 1976년 8월엔 키신저가 파키스탄을 방문해 핵무장 노력 포기의 대가로 무기 금수 조처 완화와 A-7 공격기 1백 대 제공을 제안했다. 채찍과 당근의 병행이다. 그러나 파키스탄은 미국의 제안을 거부하고 1976년 카후타 핵단지 건설을 강행했다. 그러자

1979년 지미 카터 미국 대통령은 '글렌-사이밍턴 수정안'에 따라 파키스탄에 대한 모든 경제·군사 원조를 중단했다. 고강도 압박이다.

파키스탄의 핵개발을 둘러싸고 미국과 파키스탄의 갈등이 높아가던 1979년 12월 소련이 아프가니스탄을 침공하는 역사적 사건이 발생했다. 그리고 모든 것이 달라졌다. 아프가니스탄 전장을 소련의 군사력을 소모시킬 전략적 기회로 여긴 미국은 후방 지원기지로서 파키스탄의 전략적 가치에 다시 주목했다. 카터에 이어 미국 대통령이 된 로널드 레이건은 "파키스탄의 핵개발보다 아프가니스탄에서 소련 축출이 더 중요하다"고 선언했다.[20] 미국은 1979년 12월 소련의 아프가니스탄 침공에 대응해 파키스탄이 미국에 협조하면 제재 해제와 함께 4억 달러의 경제·군사 원조를 제공하겠다고 제안했다. 1981년 4월 레이건 행정부는 파키스탄에 5년간 32억 달러에 이르는 원조를 약속했고, 미국 의회는 글렌-사이밍턴 수정안 적용을 6년간 유예하기로 결정했다. 미국은 이스라엘과 인도의 핵무장 대응 때 그랬듯이 파키스탄의 핵무장 대응에도 비확산 명분보다 패권 전략과 국가 이익을 앞세웠다. 핵 전략 이론가 비핀 나랑은 이 시기 파키스탄의 핵개발 전략을 '보호 속의 추진'이라고 규정했다.[21]

아프가니스탄이라는 수렁에서 10년을 헤매던 소련이 1989년 2월 철군을 하자, 미국은 바로 태도를 바꿔 파키스탄에 핵개발 프로그램을 계속 진행하면 경제·군사 제재는 물론 미국과 동맹관계가 훼손될 것이라 압박했다. 1989년 부토 파키스탄 총리가 미국을 방문해 "우리는 핵무기를 보유하지도, 만들 의도도 없다. 그것이 우리의 정책이다"라고 미국을 달랬으나, 1990년 부시 행정부는 1991년 회계연도에 배정된 파키스탄 원조 예산 5억6천4백만 달러를 취소하는 압박을 멈추지 않았다.

하지만 파키스탄의 핵무장을 막으려는 미국의 비확산 정책은 조선의 핵개발에 대응해 비핵화를 압박하며 고강도 제재를 주도한 것과 달리 일관성이 없었다. 1998년 5월 인도에 이어 파키스탄도 핵실험을 강행하자 미국은 1998년 7월 인도-파키스탄과 3자 고위급 대화를 시작해 2000년 9월까지 열네 차례 협상을 벌여 인도-파키스탄의 비확산 약속 등 협상 진전을 이유로 순차적으로 제재를 풀었다.[22] 1998년 파키스탄의 핵실험에 대한 미국의 대응은 같은 시기 인도의 핵실험에 대한 대응 전략과 한 묶음으로 이뤄졌다. 파키스탄이 핵무장에 나선 근본 목적이 인도 억지인데, 파키스탄이 자국의 핵무장에 대해 미국의 묵인을 얻어내는 과정에서는 "사실상 인도에 묻어가는 전략"을 구사했다.[23]

2001년 9·11테러 이후 대테러전쟁에 나선 부시 행정부는 가뜩이나 이완된 파키스탄 제재를 완전 철회했다.[24] 1979년 12월 소련의 아프가니스탄 침공 직후처럼 이번에도 파키스탄의 지정학적 가치가 비확산 원칙보다 중요했던 것이다. 부시의 선택은 레이건의 선택과 판박이다.

이렇듯 미국과 파키스탄의 관계는 방기와 편승의 반복이다. 파키스탄의 핵무장에 대한 미국의 대응은 제재·압박과 묵인의 반복이다. 미국의 최우선 기준은 비확산 원칙이 아닌 패권 전략과 국가 이익이었다. 파키스탄이 이를 모를 리 없다. 더군다나 미국은 동맹국 파키스탄보다 방대한 시장과 함께 중국 견제에서 전략적 중요도가 높은 인도를 더 우대했다. 미국의 이런 경향은 탈냉전기에 더 심화했다. 예컨대 클린턴은 2000년 남아시아 순방 때 인도에는 닷새 머문 반면 파키스탄은 무박 1일 일정으로 스치듯 지나갔다.[25]

파키스탄은 1948년 건국 이래 미국의 필요에 적극적으로 호응하는 편승 외교를 펼쳤으나 국제정세가 달라질 때마다 손바닥 뒤집듯 돌변한 미국한테 여러 차례 방기당했다. 가난한 나라 파키스탄이 핵무장을 포기하지 않은 까닭을 가늠할 때 빼놓지 말아야 할 분석 영역이다.

[보론]

카길전쟁 … 핵무장국 사이의 재래식 전쟁

인도와 파키스탄은 1998년 5월 연쇄 핵실험으로 NPT 체제에 거대한 균열을 일으켰다. 인도와 파키스탄은 국제사회의 우려를 뿌리치고 핵무장에 나선 근본 이유로 평화를 내세웠으나, 1998년 양국의 핵실험 이후 인도-파키스탄 관계가 비핵 시기(1972~89년)보다 더 평화로웠다는 명확한 증거는 발견되지 않는다. 인도-파키스탄 핵 문제 전문가 폴 카푸르는 양국의 핵무장 이후 오히려 갈등과 군사적 위기가 잦아졌다고 지적했다. 카푸르는 비핵 시기엔 약 83퍼센트 남짓한 기간에 평화가 유지됐으나 양국이 사실상 핵무기를 보유한 1990년부터 2002년에는 17퍼센트 남짓한 기간에만 군사적 위기가 없었다는 연구 결과를 내놨다.[1]

동시 핵무장 이후의 첫 재래식 전쟁

　인도와 파키스탄이 연쇄 핵실험을 한 이듬해인 1999년 5월 3일~7월 26일 사이에 진행된 카길전쟁은 그래서 더 문제적이다. 이 전쟁은 인류 역사상 핵무장국가 사이의 두 번째 전쟁이다.[2]

　인도-파키스탄의 연쇄 핵실험 이듬해인 1999년 5월 3일 무장 반군으로 위장한 파키스탄군은 카슈미르 지역의 카길을 공격했다. 1971년 3차 인도-파키스탄 전쟁 이래 28년 만의 전쟁이자, 카슈미르 영토 분쟁이 촉발한 인도와 파키스탄의 네 번째 전쟁의 시작이다. 카길은 해발고도 5천 미터 안팎에 이르러 사람이 살기 어려운 히말라야산맥의 고산 계곡 지대다. 행정구역상 인도의 라다크에 속하며 인도의 군사기지가 있다. 파키스탄이 영토 분쟁 중인 카슈미르에서 28년 만의 전쟁을 결정한 배경엔 1998년 5월 핵실험으로 핵 능력을 과시했으니 인도가 핵전쟁을 우려해 공세적으로 반격하지 못하리라 판단했을 거라는 분석이 많다. 하지만 인도는 5월 26~27일 미그-21, 미그-27 등 공군 전투기와 견인포를 동원한 강력한 공습과 포격전으로 상황을 뒤집었다. 파키스탄은 전황이 불리해지자 전술핵무기를 사용할 수도 있음을 내비쳤고, 인도는 카길전쟁이 핵전쟁으로 번지는 최악의 상황을 피하고자 카슈미르 지역에서 양국 사이의 실질적 국경선 구실을 해온 통제선을 넘지 않고 파키스탄군의 카길 철수로 군사적 목표를 제한하며 대응했다. 결국 카길전쟁은 7월 26일 파키스탄군의 철수 발표로 종결됐다. 카슈미르 영토 분쟁에서 오랜 열세를 뒤집으려 한 파키스탄의 현상 변경 시도는 이번에도 실패했다.

사실 인도와 파키스탄은 양국의 연쇄 핵실험 이듬해인 1999년 2월 평화와 안정을 위해 핵무기를 동원한 군사충돌만은 피해야 한다는 명분으로 라호르 선언Lahore Declaration에 합의한 터다. 바즈파이 인도 총리가 버스를 타고 국경을 넘어 파키스탄 라호르에서 샤리프 파키스탄 총리와 정상회담을 벌여 카슈미르 문제를 포함한 양국 갈등의 평화적 해결, 내정불간섭을 포함한 신뢰 구축 조처에 합의한 것이다. 하지만 라호르 선언의 잉크가 마르기도 전에 카길전쟁이 터졌다. 그리고 샤리프는 여차하면 "결정적 무기", 곧 전술핵무기를 사용할 수도 있다고 협박했다.[3]

카길전쟁은 갈등하는 두 국가의 핵무장이 오히려 재래식 전쟁 발발 가능성을 높일 수 있음을 시사하는 역사적 사례다. 이른바 '안정-불안정 역설'이다. 안정-불안정 역설은 갈등·경쟁 관계의 두 나라가 모두 핵무기를 확보한 뒤, 핵전쟁으로의 비화를 우려해 높은 수준(전략적 수준)에서 대규모 분쟁이 일어날 가능성은 현저히 줄어들지만 낮은 수준에서의 제한적 재래식 전쟁의 발발 가능성은 오히려 늘어나는 상황을 뜻하는 국제정치학 개념이다. 인도-파키스탄의 동시 핵무장과 카길전쟁은 안정-불안정 역설의 대표적 사례다.[4]

2001년 인도 국회의사당 총격 테러

카길전쟁 직후인 1999년 8월 17일 인도 정부는 '핵 선제 불사용'과 '신뢰적 최소 억지' 원칙을 양대 축으로 한 핵 독트린 초안을 발표했다. 핵무기로 선제공격하지 않으며, 최소한의 핵무기로 상대의 공격을 억제하겠다는 뜻이다. 1998년 5월 연쇄 핵실험으로 핵무장을 국제사회에 알린 인도 정부가 공식화한 핵 독트린이다. 핵무기의 숫자와 종류, 핵 사용 시기와 방법, 타격할 표적의 성격, 핵 지휘통제 등 핵무기를 운용하는 전반적인 시스템을 정리한 정식 '핵 태세' 발표에는 미치지 못했다.

하지만 갈등하는 경쟁국가 인도-파키스탄의 진짜 문제는 다른 데 있음을 재확인하는 데에는 많은 시간이 필요하지 않았다. 2001년 12월 13일 인도 국회의사당에서 무슬림 반군의 총격 테러가 발생했다. 총격 테러의 주체는 파키스탄에 본부를 둔 '라슈카르에타이바'와 '자이슈에 모하메드'라는 무장단체였다.[5] 9·11테러 직후이자, 미국의 아프가니스탄 침공 직후라 국제사회에 긴장이 극도로 높았던 때다. 인도는 암호명 '파라크람 작전Operation Parakram'에 따라 50만의 인도군을 파키스탄과 접한 국경으로 이동시켰다. 파키스탄도 30만의 군병력을 동원해 맞섰다. 양국의 1백만에 가까운 군병력이 동원된 군사적 대치가 1년 가까이 지속됐다. 인도 국회의사당 테러의 여파로 인도-파키스탄 군의 대치가 지속되는 와중인 2002년 5월엔 카슈미르의 칼루차크 육군기지(인도)를 무장단체가 공격해 다수의 민간인과 군인이 죽거나 다쳤다.

인도 정부는 2003년 1월 새로운 핵 독트린을 정식 발표했다. 1999년 8월 발표한 '핵선제 불사용'과 '신뢰적 최소 억지' 원칙에 '대량 확증 보복'을 덧붙였다. 아울러 핵무기 사용의 최종 결정권자는 인도 핵 통수기구Nuclear Command Authority, NCA 정치위원회의 의장인 총리임을 명시했다. 핵무기에 대한 문민통제 원칙을 강조한 것이다.

Cold Start … 핵 환경에서 재래식 전쟁 독트린

인도는 2004년 4월엔 핵무장 대치 환경에서 재래식 전쟁 독트린이라 할 '차가운 시작Cold Start'을 발표했다. '차가운 시작'은 파키스탄이 인도를 공격하는 상황이 발생하면 특수부대를 재빠르게 파키스탄에 침투시켜 핵 관련 시설을 고립·파괴·점령한다는 내용이 담겨 있다. 재래식 전력을 동원해 파키스탄에 신속하고 치명적인 보복을 가하되 핵전쟁으로 번지는 사태는 차단하겠다는 구상이다.[6] '핵 환경에서 재래식 전쟁을 수행할 공간을 찾아야 한다'는 인도군의 오랜 고민의 결과이자 인도 국회의사당 테러 사건 따위를 염두에 둔 강경한 대응 기조의 천명이다. 하지만 '차가운 시작'과 같은 공세적 전쟁 독트린은 신속 대응을 보장하는 그만큼 문민통제를 약화시키며, 무엇보다 작용에 따른 반작용을 불러올 수밖에 없다는 문제를 안고 있다.

2008년 뭄바이 테러

2008년 11월 26일 인도의 경제 수도이자 가장 큰 도시인 뭄바이에서 무장세력의 총격 테러가 발생했다. 인도군의 '검은 폭풍 작전Operation Black Tornado'으로 테러 발생 나흘 만인 11월 29일에 사태가 일단락됐다. 이미 195명이 목숨을 잃고 350명이 다친 뒤였다. 2001년 12월 인도 국회의사당 총격 테러 사건을 일으킨 라슈카르에타이바가 이번에도 테러 주체였다.

더구나 파키스탄은 인도의 '차가운 시작' 전쟁 독트린에 대응하겠다며 2013년 전술핵무기의 적극적 배치 등으로 핵 사용의 임계점을 더욱 낮춘 '전 범위 억지Full-Spectrum Deterrence, FSD'로 전환을 발표했다. 전술핵무기 사용 위협을 통해 상황을 진정시키기 위한 의도적인 확전 기조다.[7] 파키스탄은 1998년 핵실험 이후 지금껏 공식 핵 독트린을 발표한 적이 없다. 2013년 '전 범위 억지'도 공식 핵 독트린으로 발표한 게 아니다. 파키스탄은 핵 독트린을 발표하지 않는 방식으로 "의도적 전략적 모호성"을 유지하는 한편, 인도가 요구한 핵 선제 불사용 원칙 승인을 거부하며 "비대칭 확전형 태세"를 유지해온 터다.[8]

2019년 풀와마 자살폭탄 공격

2019년 2월 14일엔 카슈미르 풀와마에서 인도의 경찰 예비 병력을 나르던 트럭이 자살폭탄 공격을 받아 마흔 명 넘게 숨지는 사건이 일어났다. 통제선을 사이에 둔 소규모 전투 뒤 인도는 2019년 2월 26일 공군 주력기인 미그-27 등을 동원해 인도-파키스탄 국경에서 50킬로미터 거리인 파키스탄 발라코트에 있던 자이슈에모하메드 조직의 캠프를 공습했다. 1947년 분할독립 이래 카슈미르 분쟁 과정에서 인도 공군이 처음으로 파키스탄 내부 깊숙이 침투해 공습한 첫 사례이자, 1971년 방글라데시 전쟁 이래 처음으로 남아시아에서 벌어진 인도-파키스탄의 공중전이다.[9] 공중전 와중에 인도 공군의 주력기인 미그-27이 격추되기도 했다.

'공포의 균형'은 없다

이렇듯 1998년 5월 인도와 파키스탄의 연쇄 핵실험과 동시 핵무장

이후에도 양국이 바란 '공포의 균형'이라는 이름의 '차가운 평화'조차 현실화하지 못했다. 핵무장을 해도 재래식 전쟁(1999년 카길전쟁)은 일어났고, 카슈미르 분쟁은 멈추지 않았다. 2001년 인도 국회의사당, 2008년 뭄바이, 2019년 풀와마……, 테러와 전투의 무대가 달라졌을 뿐이다. 인도양에 부는 계절풍인 몬순처럼 위기는 시도 때도 없이 테러와 군사대치와 전쟁으로 얼굴을 바꿔가며 찾아왔다.

핵무기는 바라던 안전도 평화도 가져다주지 못했다. 상대방을 억지하며 군사적으로 우위에 서겠다는 멈출 수 없는 욕망은 동시 핵무장 시대에도 핵과 재래식을 불문한 군비 경쟁을 재촉했다. 인도와 파키스탄이 1998년 핵무장 이후 병력과 국방비를 줄였다는 증거는 찾을 수 없다.

문제의 핵심은 핵무기 보유 여부가 아니라 카슈미르 분쟁이다. 카슈미르 분쟁을 해소해 평화공존의 터를 닦지 않는 한 핵으로 평화와 안전을 담보할 수 없다는 건, 1998년 이후 인도-파키스탄의 여전한 분쟁사가 증언한다. 핵을 두고 온갖 갈등과 주장이 난무하며 골머리를 앓고 있는 한반도의 반면교사다.

4장

일본 … Virtual Nukes

 일본은 인류 역사상 유일무이한 피폭국이다. 미국은 1945년 8월 6일과 9일 히로시마와 나가사키에 핵폭탄을 떨어뜨렸고, 숱한 사람들이 목숨을 잃었다. 1941년 12월 7일 진주만을 폭격해 미국과 전쟁을 시작한 일본은 미국의 핵공격과 소련의 참전 뒤 항복했다. 이런 참상을 겪은 일본은 핵무기를 보유·제조·반입하지 않는다는 이른바 '비핵 3원칙'을 국시國是로 삼았고, 사토 에이사쿠 일본 총리는 비핵 3원칙을 천명한 공로로 1974년 노벨평화상을 받았다.

 그렇지만 일본을 단순히 비핵국가라 부르기도 어렵다. 일본은 핵탄두를 6천 기(핵탄두 한 기에 플루토늄 8킬로그램 기준) 만들 수 있는 분량의 플루토늄을 보유하고 있다. 아베 신조 전 총리는 관방부장관이던 2002년 "결심하면 1주일 안에 핵무기를 가질 수 있다"고 공언했다. 일본은 언제든 핵무장국으로 나아갈 수 있다. 더구나 일본은 비상시에 미국이 일본 정부와 사전 협의 없이 핵무기를 주일 미군이 주둔한 오키나와에 수송·반입할 수 있다는 비밀협정을 1969년에 맺었다. 비핵 3원칙과 지나치게 많은 플루토늄 보유·미국 핵무기 반입 가능의 기묘한 공존이다. 늘 그렇듯 핵 문제에 대한 일본의 '혼네(속마음)'와 '다테마에(겉마음)'는 다르다. 비핵 3원칙을 내세운 일본의 핵 능력을 두고 '가상 핵 Virtual Nukes', 또는 '사실상의 핵무기'라는 평가가 나오는 까닭이다.

침묵의 함대

핵에 대한 일본의 심층 심리는 아주 복잡하다. 일본 만화잡지 《코믹 모닝》에 1988~96년 연재된 《침묵의 함대沈默の艦隊》는 그 복잡한 심층 심리를 들여다볼 기회의 창이다.[1] 《침묵의 함대》가 연재된 시기는 일본 경제가 미국을 추월할지 모른다는 말이 나돌던 일본의 최절정기에서 시작해, 냉전 종식과 일본 경제의 거품이 빠진 시기에 걸쳐 있다.

《침묵의 함대》는 스토리가 도발적이고 반전이 복잡하다. 미국과 일본이 비밀리에 핵추진-핵무장 잠수함, 곧 원자력추진탄도유도탄잠수함SSBN·전략핵잠을 건조한다. 그런데 첫 항해에서 카이에다 시로 함장이 반란을 일으켜 태평양 심해로 사라지면서 이 핵잠수함을 '야마토大和'라 새로 이름을 짓고 '잠수함 야마토 국가'를 선포한다. 그 뒤로 잠수함 야마토는 미국과 소련을 포함한 세계를 상대로 핵전쟁을 벌인다. 문제는 잠수함 야마토의 리더인 카이에다 함장의 궁극적 목적이 세계적인 핵 군축과 평화라는 것이다. 핵전쟁으로 비핵 평화 세계를 만들겠다는 지독한 역설이다. 무정부주의적 세계관을 지닌 카이에다는 잠수함 야마토를 몰고 뉴욕에 진입해 유엔 총회장에서 '독립하라'는 메시지를 강조하는 연설을 하다 저격당한다.

'야마토'는 일본의 다른 이름이자, 일본의 진주만 폭격 직후인 1941년 12월 16일 취역해 미국을 상대로 싸운 당시 세계 최대 규모 전함의 이름이기도 하다. 묘한 작명이다. 《침묵의 함대》를 관통하는 열쇠말은 '핵잠수함-미국-비핵 평화' 따위다. 잠수함 이름을 야마토라 지은 것만큼이나 묘한 조합과 뒤섞임이다. 그 뒤섞임은 핵이라는 프리즘으로 일본을 들여다볼 때 놓치지 말아야 할 실마리다. 바이든 미국 행정부에서 '아시아 차르'로 불리기도 한 커트 캠벨은 《침묵의 함대》를 두고 "핵무기에 대한 일본의 복잡한 감정을 엿볼 기회"라고 평가했다.[2]

권리와 정책의 분리

핵무장과 관련한 일본의 태도는 복잡하다. 비핵 3원칙을 내세우되, 핵무기 보유 권한을 포기하지도 않는다. 권리와 정책의 분리 기조가 대표적이다. 혼네와 다테마에의 이중주다.

일본은 1955년 12월 19일 원자력기본법을 제정했는데 2조에 핵의 연구·개발·이용은 "평화적 목적에 한해"라고 명시했다. 핵에너지 연구가 군사적 목적에 이용되지 않도록 하겠다는 선언이다. 일본은 1955년 원자력기본법 제정을 통해 '민주·자주·공개'라는 '원자력 3원칙'을 천명하고, 1956년부터 5년마다 '핵에너지 개발 및 이용을 위한 장기계획'을 발표하며 핵연료주기의 자국화와 핵심 원자력산업 시설·장비의 국

산화에 힘을 쏟았다.³

기시 노부스케 일본 총리는 1957년 2월 8일 중의원 예산위원회에 나와 일본 영토에 핵폭탄 도입을 허용하지 않을 것이라고 밝혔다.⁴ 그러나 기시 총리는 석 달 뒤인 1957년 5월 7일 역시 중의원 예산위원회에 나와 "자위를 위한 최소한의 범위 내의 핵무기 보유는 헌법 위반이 아니다"라고 밝혔다.⁵ '정책'은 비핵인데, 핵무기 보유 '권리'는 있다는 얘기다.

기시 총리의 이러한 방침 표명은 내각법제국의 헌법 해석에 근거를 둔 것이다. 내각법제국은 1956년 자위를 위한 최소한의 실력 보유 차원에서 핵무기 보유는 헌법 9조에 위배되지 않는다는 헌법 해석을 내놨다. 일본 헌법이 흔히 평화헌법이라 불리는 까닭은, '전쟁의 포기'라는 제목을 단 2장 9조 덕분이다. 9조는 1항에는 '무력행사 영구 포기'를, 2항에서 '육·해·공군, 그 밖의 전력 미보유'와 '국가 교전권 부인'을 명시하고 있다.⁶ 일본 핵 정책사에 밝은 야마자키 마사카쓰 도쿄공업대 명예교수는 "(전쟁과 무력행사를 금지한 헌법) 9조를 왜곡하지 않고 그대로 읽으면, 핵무기 사용 등은 있을 수 없다"고 지적했다.⁷ 이에 비춰보면 내각법제국의 핵무기 보유가 헌법 위반이 아니라는 해석은, '해석개헌'이라 부를 만한 요설인데 역대 일본 정부는 이를 금과옥조처럼 떠받들고 있다.

이렇듯 핵무장과 관련한 일본 정부의 공식 방침은, '①헌법상 자위를 위해 필요 최소한의 핵무기는 보유할 수 있지만(1956년 내각법제국 해석), ②일체의 핵무기를 보유하지 않는다는 정책적 선택(비핵 3원칙)

에 따라 ③NPT를 성실히 이행하겠다'로 요약할 수 있다.⁸ 일본 정부가 NPT 10조를 근거로 NPT를 탈퇴하고 핵무장에 나선다면 헌법과 국제법에 위반되지 않는다는, 그러므로 법리상 핵무장은 합법적 권리라는 혼네를 담고 있는 방침이다.⁹

1978년 3월 11일 후쿠다 다케오 총리의 "제9조에 의해서 전수방위적 의미의 핵무기는 보유할 수 있지만, 일본 정부의 정책에 있어서 그렇게 되어 있지 않을 뿐"이라는 참의원 예산위원회 발언이나, 2002년 5월 31일 후쿠다 야스오 관방장관의 "비핵 3원칙이 헌법에 가까운 것이지만, 법리상으로 핵무기 보유는 가능하다"는 기자간담회 발언 등은 모두 이러한 핵무장과 관련한 일본 정부의 공식 방침의 연장선에 있다.

비핵 3원칙과 핵 알레르기

일본은 1958년 미국과 원자력협정을 맺었다. 미국은 일본의 핵에너지 연구·이용을 지원하되 사용후핵연료의 재처리 및 제3국으로의 이전에 대한 미국의 사전 동의를 의무화한 조항을 협정에 명시해 일본의 핵 정책에 대한 통제권을 확보했다.¹⁰

그런데 1964년 10월 중국의 핵실험이 일본을 뒤흔들었다. 사토 일본 총리는 1965년 1월 10일 린든 B. 존슨 미국 대통령과 정상회담에서 "중국이 핵무기를 보유한다면 일본도 핵무기를 보유해야 한다"라고 주장했다.¹¹ 사토는 1964년 12월 당시 에드윈 라이샤워 주일 미국대사한테도 "다른 나라가 핵무기를 보유하면 (일본도) 보유하는 것이 상식"이라고 주장한 터다. 하지만 사토는 미일정상회담에서 존슨한테 "일본도 핵무기를 보유해야 한다"고 주장한 사실을 일본 언론과 국민한테는 알리지 않았다. 존슨한테도 '개인 견해'라고 단서를 달았다. 사토의 핵무장 주장이 엄포인지 읍소인지 불분명하다.

사토-존슨 회담 다섯 달 뒤 미국 군비관리군축국은 〈일본의 핵무기 분야에 관한 전망〉이라는 비밀보고서를 작성해 국무장관과 국방장관, 대통령 보좌관한테 제출했다.[12] 보고서는 "일본은 1971년까지 연간 10~30기의 핵무기를 제조할 능력이 있고, 1975년까지는 핵무기 탑재 ICBM을 최대 1백 기 개발할 수 있으며, 1971년이면 핵실험이 가능할 것"이라는 정보판단을 밝혔다. 미국은 일본의 핵무장 주장을 억눌렀다.

사토 총리는 1967년 12월 11일 중의원 예산위원회에 나와 "일본은 핵의 보유·제조·반입을 하지 않겠다"는 비핵 3원칙을 처음으로 공표했다.[13] 사토가 비핵 3원칙을 밝히고 얼마 지나지 않은 1968년 1월 19일 미 해군 항공모함 USS엔터프라이즈호가 일본 사세보항에 입항했다. 그런데 1월 23일 미 해군 정보수집함 푸에블로호가 한반도 동해상에서 조선인민군에 나포되자 USS엔터프라이즈호가 한반도 동해 원산 앞바다까지 전개展開하는 일이 발생했다. USS엔터프라이즈호는 핵무기를 탑재한 것으로 추정됐고, 일본 여론이 들끓었다. 당시 《아사히신문》은 일본 사회의 히스테리컬한 반응을 '핵 알레르기'라 칭했다. 《아사히신문》의 작명인 '핵 알레르기'는 일본 시민사회의 비핵 여론을 상징하는 표현으로 자리 잡았다. 1968년 1월 조선인민군 무장공작원들의 청와대 습격 사건(1월 21일), 조선인민군의 푸에블로호 나포 사건(1월 23일) 등으로 한반도에 전쟁 위험이 고조되자, 일본에선 '제2의 베트남 함정'에 빠질 위험에 대한 우려가 솟구쳤다.[14] 사토는 1968년 1월 30일 의회 시정방침 연설을 통해 기존의 비핵 3원칙에 미일 안보조약에 근거를 둔 미국의 확장 억제(핵 억지력)에의 의존, 세계적인 핵 폐기·군축 노력, 핵에너지의 평화적 이용 추진 등을 더한 이른바 '핵4정책核四政策'을 발표했다. 푸에블로호 나포와 핵무기를 탑재한 USS엔터프라이즈의 사세보항 입항 등이 촉발한 일본 사회의 핵 알레르기를 잠재우려는 조처였다.

하지만 사토가 비핵만 강조한 건 아니다. 사토 총리는 비핵 3원칙을 의회에서 공표한 직후 1968년 초 '민주주의 연구 그룹'이라는 얄궂은 이름을 붙인 안보전문가 그룹을 내각조사실의 위촉 형식으로 꾸려 '일본의 핵무장 비용과 편익'에 관한 심층 비밀 연구를 의뢰했다. 사토의 혼네와 다테마에는 달랐던 것이다. 캠벨은 사토가 일본의 비핵 정책을 공식화했지만, 사토만큼 핵무장을 지지한 일본 지도자도 없었다고 지적했다.[15]

미일 비밀 합의와 Virtual Nukes

사토 총리의 비핵 3원칙과 핵4정책 천명 직후 일본의 안보 환경을 뒤흔드는 중대 사태가 발생했다. 닉슨 미국 대통령이 1969년 7월 25일 미국령 괌에서 앞으로 "아시아의 방위 책임은 아시아인이 맡으라"는 메시지를 핵심으로 한 '닉슨 독트린Nixon Doctrine'을 발표한 것이다. 괌에서 발표해 '괌 독트린'으로도 불리는 이 선언을 통해 닉슨은 미국은 앞으로 베트남전쟁 같은 군사적 개입을 피할 것이라 강조했다. 아울러 핵

공격 위협엔 미국이 대응하겠지만, 그 밖의 재래식 무력에 의한 침략은 "아시아 각국이 스스로 협력해서 대처해야 한다"고 천명했다.[16]

미국의 안보공약 신뢰성에 의문을 품을 수밖에 없던 일본이 분주하게 움직였다. 사토는 1969년 11월 19일 닉슨과 비밀 합의 의사록을 주고받았다. "중대한 긴급 상황이 발생하면 미국은 오키나와에 핵무기를 재반입하고 핵무기를 수송할 수 있는 권리에 관해 일본으로부터 '호의적인 반응을 기대'할 것"이라는 내용이다. 비상시에는 미국이 일본 정부와 사전 협의 없이 주일 미군이 주둔한 오키나와에 핵무기를 반입하거나, 핵무기를 탑재한 미국 전함과 전투기가 일본 영역을 통과할 수 있다는 합의다. 일본의 안보와 관련해 미국의 확장 억제 신뢰성을 보장하려는 이 비밀 합의는 비핵 3원칙을 허울뿐인 껍데기로 만들 위험이 컸다. 비밀 합의 과정에서 사토의 밀사 구실을 한 케이 와카주미는 "다른 정책 선택지가 없었다"고 뒷날 말했다.[17]

일본 의회는 1971년 11월 24일 오키나와 반환 협정의 부수 결의로 '비핵무기 및 오키나와 미군기지 축소에 관한 결의'를 채택했는데, 이 결의에서 오키나와를 미국한테서 돌려받은 뒤 비핵 3원칙을 적용한다고 밝혔다. 사토 총리가 공식화한 비핵 3원칙이 실질적인 일본의 국시가 된 것이다. 1972년 10월 9일 일본 정부는 외부의 핵 위협에 대해서는 미국의 핵 억지력에 의존한다는 방침을 각의閣議 결정으로 확정했다. 미일동맹과 일본의 핵무장 논의 역사를 추적한 유키노리 코미네는 비핵 3원칙과 미국의 일방적 핵무기 반입을 허용한 비밀 합의를 묶어 일본의 '가상 핵' 또는 '사실상의 핵'이라 개념화했다.

일본의 NPT 가입·비준 머뭇거림이 가리키는 것

일본의 NPT 가입·비준 과정은 혼네와 다테마에가 다른 일본의 복잡한 핵 심상을 상징적으로 드러냈다. 세계적인 핵 확산을 저지하려는 미국 주도의 국제비확산체제인 NPT는 1968년 7월 1일부터 각국 정부를 상대로 서명 절차에 돌입했다. 그러나 일본 정부는 비핵 3원칙을 천명하고도 1970년 2월 3일에야 NPT에 서명했다. 국제사회가 NPT 서명 절차에 돌입하고 1년 7개월이 지난 뒤다. 눈에 띄는 지체다. 더구나 일본 의회는 정부의 NPT 서명 뒤 6년 3개월이 흐른 뒤에야 NPT를 비준했다.

일본은 왜 이렇게 NPT 서명·비준을 머뭇거린 것일까? 국제사회의 NPT 서명 절차 돌입 이후 일본에선 NPT 가입 여부를 두고 격렬한 논쟁이 있었다. 야당은 NPT 서명이 일본의 미국에 대한 종속적 지위의 공식화라고 비판했다.[18] 핵 보유를 공인한 5개국을 제외한 나머지 국가들의 비핵 의무를 규정한 NPT 가입은 일본을 영원히 기술적 열등국가, 곧 '2류 강대국'으로 만들지 모른다는 우려도 거셌다. 이와 관련해 당시 미국 국무부 정무차관 알렉시스 존슨은 '강대국 클럽에 가입하려는 욕구'가 일본이 자체 핵무기를 보유하려는 가장 강력한 자극을 제공할 수 있다고 주장했다.[19] NPT에 가입하면 IAEA가 일본에 선진국보다 훨씬 까다롭고 가혹한 사찰 기준을 적용하리라는 불만도 쏟아졌다. 이는 일본이 IAEA와 오랜 줄다리기 끝에 1975년 2월 유럽원자력공동체European Atomic Energy Community, EURATOM 수준의 사찰만 받기로 한 '핵에너지의 평화적 이용을 위한 보장조치 협정' 가조인으로 이어졌다. 일본 의

회의 NPT 비준은 이런 안전장치가 확보된 뒤에야 이뤄졌다. 논쟁 과정에서 장래의 핵개발을 위해서라도 NPT의 규제를 받아들이면 안 된다는 이른바 '프리 핸드Free Hand'론도 제기됐다.[20]

NPT 가입·비준 여부를 둘러싼 일본 사회의 논쟁과 정부·의회의 머뭇거림은, 일본이 NPT를 동맹국인 미국과의 양자관계(외부 균형), 일방적인 방어 노력(내부 균형)에 대한 잠재적 제약으로 인식했을 수 있음을 시사한다.[21]

핵무장 안 하나, 못하나

일본 정부는 NPT 가입·비준 여부를 둘러싼 논쟁 시기를 포함해 여러 차례에 걸쳐 핵무장 여부와 관련한 비공개 연구와 검토를 했다. 지금까지 알려진 일본 정부의 내부 검토 가운데 가장 이른 시기는 사토의 의뢰로 1968~70년 사이에 진행된 이른바 '민주주의 연구 그룹'의 '일본의 핵무장 비용과 편익' 비밀 연구다. 미치오 로야마 교수가 위원장을 맡고 내각조사실이 조율한 이 비밀 연구팀은 핵무장의 기술·외교·조직적 측면에서의 제1 보고(1968년 9월)와 전략·정치적 측면에서의 제2 보고(1970년 1월)로 나뉜 비밀보고서를 두 차례 사토한테 제출했다. '민주주의 연구 그룹'은 일련의 연구를 통해 "일본이 그리 머지않은 장래에 소량의 플루토늄 (핵)폭탄을 생산할 수 있다"고 판단했다. 그러나 "핵무장이 가능하나 현실적 선택이 아니다, 핵무기 보유가 강대국의 필수조건 아니다"라고 결론적 의견을 밝혔다.[22] '민주주의 연구 그룹'은 1968년과 1970년 두 차례 보고서를 통해 ①이웃 국가들 사이에서 일본의 의도에 대한 뿌리 깊은 의심 ②엄청난 재정적 비용 ③충분한 국내 대중적 지지를 얻을 가능성이 낮다는 등 여러 요인으로 인해 일본의 핵무기 보유는 현실적인 선택이 아니라고 판단했다. 아울러 핵무기 보유는 강대국이 되기 위한 필수조건은 아닐 것이라는 결론을 내렸다. 두 보고서는 70퍼센트를 오르내리는 일본 시민들의 반핵 여론, 그리고 자체 핵무장에 드는 비용이 미국의 핵 억지력에 의존하는 비용보다 훨씬 클 것이라는 점 등을 강조했다.[23] 캠벨은 사토의 '일본의 핵무장 비용과 편익' 비밀 연구를 겨냥해 당시 사토와 집권 자민당이 일본의 핵 옵션을 보존하기 원했음을 매우 분명하게 보여준다고 지적했다.[24]

일본 정부의 NPT 서명 시기(1970년 2월 3일)가 '민주주의 연구 그룹'의 "핵무장은 가능하나 현실석 선택이 아니며 핵부기 보유가 강대국의 필수조건 아니다"라는 결론을 담은 2차 보고서 제출(1970년 1월) 직후라는 사실에 주목할 필요가 있다.

특히 일본 정부는 1969년에 비해 3원희의 취약성을 보인히거니 넘어서려 분주하게 움직였다. 일본 정부는 1969년 2월 3~5일 일본에서 열린 '일본-서독 정책기획협의' 계기에 서독 정부에 핵무기 공동 개발을 제안했다 거절당한 사실이 2010년 10월 4일 일본 NHK 보도로 뒤늦게 밝혀졌다. 당시 회의에서 스즈키 다카시 국제자료부장을 포함한 외무성 당국자들은 "국제적으로 감시해도 핵분열 물질의 5퍼센트 정도의 추출을 막는 것은 불가능하므로 핵탄두 생산의 기반이 될 수 있다, 일본의 기술은 핵무기의 원료를 만드는 데 충분하다"라고 했다는 것이다.[25]

1969년 일본 외무성은 기밀 연구를 통해 "미국 핵무기의 긴급 도입과 독립적인 핵무기 개발을 위한 경제적, 기술적 잠재력의 보존" 필요성을 역설했다.[26] 이는 자체 핵무장이 미일 동맹을 훼손한다는 군축국의 비판적 의견과 비핵 3원칙을 유지하되 "자체 핵무기 개발을 위한 경제 기술적 잠재력을 보존해야 한다"는 외무성 외교기획위원회의 견해(1969년 9월 25일)를 종합한 것이다.

일본 정부는 그 뒤로도 거듭 핵무장 여부에 대해 내부 검토를 했으나 결론은 늘 '핵무장은 현실적인 선택지가 아니다'는 쪽이었다. 1981년 7월 방위청 방위연구소는 일본의 자체 핵무장이 소련의 핵 위협에 "유효한 대항 수단이 되지 못한다"고 판단했다. 1995년 5월 방위청은 일본의 핵 옵션과 관련한 광범한 비밀 연구 끝에 일본의 자체 핵무장이 "아시아의 군사적 균형을 파괴하고 중국과의 군비 경쟁, 한국의 핵무장, 조선의 적대적 대응을 초래할 위험이 있다"는 등의 이유를 들어 미국의 핵 억지력에 의존하는 게 "일본의 최선의 경제 안보 옵션"이라는 결론을 담은 서른한 쪽짜리 비밀보고서를 제출했다.[27]

아베 "결심하면 1주일 안에 핵무장 가능"

하지만 일본의 정치지도자들은 '자체 핵무장은 현실적인 선택지가 아니다'라는 숱한 연구 결과에도 자체 핵무장이라는 선택지를 포기하지 않았다. 오히려 핵무장에 필수적인 산업적·기술적 기반을 고도화하는 데 힘을 쏟았다. 1988년 7월 미일 원자력협정을 개정해 일본은 자국 영토에 재처리시설(도카이 및 롯카쇼무라), 플루토늄 전환 시설, 플루토늄 핵연료 제작 공장 등을 두고 플루토늄을 보관할 수 있는 '포괄적 사전 동의'를 미국한테서 얻어냈다. 사용후핵연료에서 플루토늄을 추출할 권한과 우라늄의 20퍼센트 미만 농축 권한을 확보한 것이다. 우라늄의 20퍼센트 이상 고농축도 미국과 합의하면 가능하게 됐다. 1992년 12월엔 롯카쇼무라에 방사성 폐기물 처분장을, 2006년 3월에는 재처리 공장을 완공했다. 핵에너지의 평화적 이용에 필요한 핵연료주기 정책을 명분으로 내세운 이러한 정책적 노력의 결과, 일본은 핵탄두를 6천 기(핵탄두 한 기에 플루토늄 8킬로그램 기준) 만들 수 있는 분량의 플루토늄 46.9톤(2016년 말 기준, 일본 내각부, 2017년 8월 발표)을 보유하고 있다.[28] 일본은 NPT 체제의 다섯 핵보유국을 제외하고 상업용 재처리시설을 지닌 유일한 나라다.[29] 일본 정부가 2011년 3월 도호쿠 대지진으로 모든 원전의 가동을 중단했다가 폐로 약속을 뒤집고 10여 기의 원전을 재가동(2021년 기준)한 데에는 전력 문제뿐만 아니라 '핵 옵션 유지'라는 전략적 판단도 깔려 있다고 볼 여지가 있다.[30]

핵연료주기 정책을 명분으로 한 일본의 사용 후 재처리 능력과 엄청난 플루토늄 보유는 일본 지도자들이 잊을 만하면 한번씩 "결심만 하면 핵무장이 가능하다"는 발언을 하는 물질적 기반이다. 아베 신조 전 총리는 관방부장관이던 2002년 5월 13일 와세다대 공개강연에서 "일본이 원자탄을 갖는 건 헌법상 아무 문제가 없다. 결심하면 1주일 이내에 핵무기를 가질 수 있다"라고 주장했다. 2006년 10월 조선의 1차 핵실험 직후 아소 타로 당시 외상도 "일본은 핵무기를 생산할 능력을 갖추고 있다"고 주장했다. 오바마 행정부 시절 미국 국무부 국제안보·비확산 담당 차관보를 지낸 토머스 컨트리맨은 2018년 2월 《도쿄신문》과 인

터뷰에서 일본의 막대한 플루토늄 보유가 "국제 안보의 우려 사항"이라고 지적했다.[31]

일본의 정치지도자들은 비핵 3원칙을 내세우면서도 '가상 핵'의 내실을 다지고 그를 넘어설 틈새를 찾는 데 열심이다. 예컨대 일본 의회는 핵에너지의 연구·이용을 "평화적 목적"으로 한정한 원자력기본법을 고쳐 "안전보장에 이바지하는 것을 목적으로 한다"는 내용을 추가했다. 핵에너지의 연구·이용을 군사적 목적으로 전환할 법적 근거를 마련하려는 움직임이라는 비판이 있었고 《아사히신문》도 "확대해석될 염려가 있다"고 우려를 표명했다.[32]

기시다 후미오 총리 내각이 2022년 공식화한 '적 기지 공격 능력' 확보 방침도 핵 옵션과 관련한 투발 수단 개발 맥락에서 살펴볼 필요가 있다. 기시다가 이끈 일본 정부 내각은 2022년 12월 16일 각의(국무회의)를 열어 외교·안보 정책의 방향을 담은 국가안보전략 개정안을 의결했다. 여기에 "일본에 대한 공격을 막기 위한 필요, 최소한의 자위 조치로 상대(적) 영역에 유효한 반격을 하는 것이 가능하다"는 문장이 처음으로 명시됐다. 평화헌법 9조에 명시된 '전수방위(공격을 받았을 때만 방위력 행사)' 원칙에 따라 태평양전쟁 패전 뒤 70년 넘게 '방어'에만 머물던 일본의 안보정책이 공격 능력 확보를 공식화했다는 점에서 문제적 방향 전환이다. '적 기지 공격 능력'은 당연하게도 공격용 미사일 기술 제고를 전제한다. 이미 독자적으로 위성을 지구 궤도에 올려놓은 일본의 기술력에 비춰 어려운 문제는 아니다.

더구나 일본 정부는 2022년 12월 16일 이른바 '안보 3문서(국가안보전략·국가방위전략·방위력 정비계획)'를 함께 발표하며 '향후 5년간 43조 엔 방위비 확보'와 '2027년 방위비 GDP 대비 2퍼센트 수준 인상' 계획도 제시했다. 이는 "전수방위와 방위비 GDP 1퍼센트 이내를 특징으로 하던 억제적 성격의 전후 일본의 안보정책이 대전환에 직면했다"는 평가로 이어졌다.[33] 아베가 총리 퇴임 뒤인 2022년 '미국과 핵 공유'를 주장한 사실도 같은 방향을 가리키고 있다.[34]

5장

대만 … 실리콘 방패, TSMC

대만은 이름이 여럿이다. 대만은 스스로를 '중화민국'이라고 부른다. 그러나 대만이 올림픽경기대회에 출전하거나 국제기구에 가입할 땐 중화민국이 아닌 'Chinese Taipei / 中華臺北'라는 명칭을 써야 한다. 유엔 총회가 1971년 10월 25일 결의 2758호로 중화인민공화국(중국)을 유엔 안전보장이사회 상임이사국으로 받아들이고 중화민국의 유엔 회원국 자격을 박탈한 탓이다. 대만은 1인당 GDP가 34,430달러(2023년 기준)에 이르고, 아시아에서 동성혼을 가장 먼저 합법화(2019년 5월 17일)한 선진 민주국가인데도 유엔 회원국이 아니다. 중국은 주권국가로서 대만의 존재를 인정하지 않는다. '하나의 중국'을 대외 전략의 최우선 순위이자 '타협 불가능한 핵심 국익'으로 규정해 대만과 외교관계를 맺은 나라와는 단교한다. 그리고 기회가 있을 때마다 통일을 강조한다.

인구 규모가 중국(약 14억1천만 명)의 60분의 1(약 2천3백만 명)에 불과한 소국인 대만은 안보가 늘 위태롭다. 하여 대만도 핵무장을 추진한 적이 있다. 1964년 10월 중국의 첫 핵실험 뒤 시작해 1972년 미중정상회담 전후로 핵무장 노력을 가속화했다.

그러나 대만은 미국을 포함한 국제사회의 핵 포기 압력과 국내 정치사회 민주화가 교차한 1988년 핵 포기를 선언했다. 2016년에는 2025년까지 모든 원전을 폐쇄하겠다는 전면적 탈핵을 선언하고 실천 중이다. 핵무기 대신 민주주의와 첨단기술을 동력으로 삼은 번영으로 평화의 기반을 넓히고 강화해, 지구촌의 누구도 대만을 무시하거나 포기할 수 없는 '필수재'가 되겠다는 전략적 선택이다. 대만이 핵무장을 포기하고 벼린 전략무기가 바로 세계 최고의 반도체 주문 제작 업체인 TSMC Taiwan Semiconductor Manufacturing Company Limited다. '실리콘 방패' 전략이다.

1964년 중국의 핵실험, 대만 핵무장 추진

타이페이 주재 미국대사관은 1964년 10월 16일 중국의 핵실험 직후 대만 지도부가 "거의 공황 상태"에 빠졌다고 워싱턴 국무부에 보고했다.[1] 대만 지도부는 그 공황 상태를 핵무장 계획 추진으로 극복하려 했다. 대만의 핵무장 추진과 포기의 역사를 추적한 핵 전문가 데이비드 올브라이트는 대만의 핵무장 추진이 중국의 핵실험 직후 시작된 게 분명하다고 짚었다.[2]

미국 정부는 대만의 핵무장 시도 징후를 1966년 처음 포착했다.

비밀 해제된 미국 정부의 문서를 보면, 텔아비브 주재 미국대사관은 1966년 3월 대만 원자력연구소Institute of Nuclear Energy Research, INER 소장 빅터 청 박사를 포함한 '민족주의적 핵 전문가들'이 유럽 방문 도중에 이스라엘을 비공개로 방문해 핵시설을 견학했다고 국무부에 보고했다.[3] 독일 본 주재 미국대사관은 1966년 3월 25일 대만이 독일 지멘스사의 50메가와트급 연구용 원자로를 사고 싶다고 밝혔다고 독일 정부 관계자의 전언을 인용해 국무부에 보고했다.[4] 미국 국무부는 1966년 4월 23일 대만이 구매하려는 원자로는 '(핵에너지의 평화적 이용이라는) 경제적 목적'을 벗어난 것이라는 타이페이 대사관의 의견을 첨부해, 본 주재 미국대사관에 "미국은 대만에 연구용 원자로를 판매하는 데 반대한다"고 독일 정부에 전하라는 지침을 내려보냈다.[5] 타이페이 미국대사관은 1966년 6월 20일 장제스 총통이 국방부에 핵개발 계획을 지시했으며, 핵무기와 투발 수단(미사일)을 함께 개발하려는 것이라고 국무부에 보고했다.[6] 1960년대 중반부터 1988년까지 대만의 핵무장 시도를 둘러싼 대만과 미국 사이 긴 줄다리기의 시작이다.

1967년 신주계획

미국의 비밀 해제된 문서와 관련 전문가들의 연구를 보면, 대만 정부는 1967년 국방부 산하 중산과학기술연구소를 중심으로 1억4천만 달러 규모의 자체 핵개발 프로그램, 즉 '신주계획'을 수립했다. '신주新竹'는 타이베이 남쪽 대만 칭화대가 있는 지역이다. '중산中山'은 중국과 대만이 모두 추앙하는 쑨원의 별칭이다.

'신주계획'은 명목상 핵에너지의 평화적 이용을 연구하는 대만 원자력연구소와 국방부 산하의 군 연구기관인 중산과학기술연구소의 공동 관할이었다. 하지만 대만의 핵무장 계획을 입안한 중산과학기술연구소가 실질 주체였다. 같은 지역에 있는 두 연구소를 물리적으로 분리하는 경계가 없었을뿐더러, 원자력연구소 고위 인사의 다수가 군 장성이었다.[7] 당시 대만 국가안전보장회의 과학개발자문위 이사였던 우타유의 증언에 따르면, 신주계획에는 중수로, 중수 생산 공장, 플루토늄 재처리시설, 탄도미사일 개발 계획 등이 망라돼 있었다.[8]

대만 원자력연구소는 1969년 캐나다의 중수형 연구용 원자로를 구매했는데, 이 원자로는 1973년 4월부터 가동을 시작했다. 이 원자로는 인도가 1974년 5월 첫 핵실험에 필요한 핵물질을 추출하는 데 쓴 원자로와 같은 것이었다. 1970년께에는 소규모 재처리시설인 핫 랩Hot Lab을 건설했다.

대만은 NPT 체제 출범 첫해인 1968년에 NPT에 가입했는데, 가입 이유가 묘하다. 대만의 고위 인사들이 "이 조약은 우리가 폭탄(핵무기)을 가질 수 있도록 허용하기 때문에 이의가 없다"고 했다는 것이다.[9] NPT가 상정한 공식 핵보유국은 이미 핵실험을 한 중화인민공화국이었지만, 당시 유엔 상임이사국은 중화민국이었던 기묘한 상황을 제 논에 물 대기식으로 해석한 결과다. 하지만 대만은 1971년 10월 25일 자발적 탈퇴 형식으로 유엔에서 축출됐고,[10] 미국은 미국-IAEA-대만 3자 협정으로 대만의 핵개발을 봉쇄하려 했다.

미국의 고강도 압박

미국 정부는 키신저의 중국 비밀 방문(1971년 7월 9~11일) → 중국의 유엔 가입(1971년 10월 25일) → 닉슨 대통령의 중국 방문(1972년 2월 21~28일) 등 중국과 관계 정상화를 추진하는 강도에 비례해 대만의 핵개발을 봉쇄하려는 정책적 노력의 강도를 높였다. 반면 미-중 화해 기류에 맞닥뜨린 대만은 미국의 안보 공약이 약화되리라는 우려를 키울 수밖에 없었고, 그만큼 핵개발에 속도를 높이려 했다.

이 시기 미국은 대만이 독일에서 사용후핵연료 재처리 설비를 도입하려던 계획을 무산시켰다.[11] 앞서 지멘스사는 1967년 2월 대만에 50메가와트급 중수형 연구용 원자로를 공급하기로 계약한 터다.[12] 이 계약엔 '대만-IAEA 사이 안전조처협정 체결, 독일 정부의 승인'이라는 단서가 달려 있었다. 미국 정부는 이 단서 조항을 활용해 대만의 계획을 무산시킨 것이다.

대만은 신주계획 진행에 필요한 시설과 기술을 독일과 프랑스에서 도입하려고 했으나 미국의 반대로 번번이 무산되자, 도입 선을 다변화하며 사실상 자체 개발·건설 쪽으로 방향을 틀었다. 대만은 1972~74년 사이에 약 1백 톤의 남아프리카 우라늄을 구입했다. 이는 대만 원자력연구소가 캐나다에서 구입한 40메가와트급 연구용 원자로(중수로) 운영에 필요한 수준을 훌쩍 뛰어넘는 엄청난 양이었다. 대만은 무기급 플루토늄을 1975년에 15킬로그램, 1978년엔 30킬로그램까지 생산했다.[13]

미국은 IAEA를 내세워 1975~76년 대만에 대한 고강도 핵 사찰을 진행했다. IAEA는 대만 핵시설에 대한 사찰 활동을 통해 1976년 모두 5백 그램의 플루토늄이 들어 있는 열 개의 사용후핵연료봉을 찾을 수 없었다며 대만의 비밀 핵프로그램 운영 가능성을 지적했다.[14]

미국의 압박이 거세지자 1976년 9월 장징궈 대만 총통은 대만이 자체 재처리시설을 확보하려 하지 않을 것이며, 재처리와 관련한 어떤 활동도 하지 않겠다고 미국 정부에 문서로 약속했다.[15] 장징궈는 "우리는 핵무기를 제조할 수 있는 능력과 시설을 갖고 있지만 결코 핵무기를 제조하지 않을 것"이라고 다짐했다.[16] 그 뒤로도 미국의 압박은 계속됐고, 대만은 1985년부터 여러 해에 걸쳐 약 80킬로그램의 플루토늄을 미국에 보냈다.[17]

미국은 1972년 미중정상회담 이후 대만의 핵 활동에 대한 감시와 정보 수집을 강화했다. 비밀 해제된 미국 정부 문서를 보면, 미국 정보 당국은 대만이 1970년대 중후반엔 핵무장을 할 수 있는 기술적 수준에 도달했다고 판단했다. 1974년 CIA는 "타이베이는 분명히 무기 옵션을 염두에 두고 소규모 핵프로그램을 가동하고 있으며 대략 5년 뒤에는 핵장치를 제조할 수 있는 위치에 있게 될 것"이라고 판단했다.[18] 미국 정부는 1975년 12월 '특별국가정보평가 4-1-74'를 통해 대만이 1978년이면 핵무기 개발이 가능하리라고 예상했다. '특별국가정보평가'는 대만의 핵개발이 1964년 (중국의 핵실험 뒤) 장제스의 지시로 시작됐다고 적었다. 이어 대만이 핵개발에 나선 이유로 중국의 위협, 국제적 고립, 미국의 안보 공약에 대한 의구심을 순서대로 꼽았다. 그러곤 "우리는 대만이 2~3년 안에 핵무기 개발에 성공하리라 판단한다"고 결론을 내렸다.[19] 미국 정부는 대만의 핵무장을 막으려고 동분서주했고, 대만은 결국 비핵국가로 남았다. 하지만 대만이 비핵국가로 남은 게 미국의 압력 때문만은 아니다. 핵개발 초기부터 대만 권력 내부에서 반대 목소리가 나왔고, 이들의 목소리는 결국 대만의 국책이 됐다.

핵개발을 둘러싼 대만 내부의 논쟁

1967년 우타유는 장제스의 요청에 따라 국방부 산하 중산과학기술연구소가 입안한 신주계획을 검토한 뒤 사실상 핵개발 반대 의견을 냈다. 우타유는 중산과학기술연구소의 추산과 달리 실제 핵개발에 필요한 비용은 당시 대만의 재정 능력을 넘어서는 것이고, 핵개발은 미국과 관계를 악화시켜 대만의 안보를 오히려 훼손하리라는 의견을 제시했다. 올브라이트는 군부의 목소리가 모든 것을 압도하던 계엄령 시기에 우타유가 낸 '작은 목소리'가 결국은 '시간의 시험'을 견뎌냈다고 평가했다.[20]

핵개발 반대론자는 우타유만은 아니다. 타이베이 주재 미국대사관이 1966년 6월 국무부에 보낸 전문을 보면, 탕춘포 국방부 차관은 대만의 핵무기 개발 계획이 비현실적이고 대만의 재정 능력을 넘어서는 것이라는 의견을 지닌 것으로 나온다.[21] 1973년 대만의 비밀 핵프로그램에 관여한 일부 관리들은 대만의 핫 랩 건설 계획을 미국 외교관들한테 비밀리에 알렸다.[22] 비밀 해제된 타이베이 주재 미국대사관이 국무부에 보낸 전문엔 신원을 특정하지 않은 다수의 '정보원'이 등장한다.

핵개발을 둘러싼 대만 내부의 찬반 논란의 와중에 핵개발을 지시·주도한 이가 장제스인지 장징궈인지를 둘러싼 엇갈린 주장도 나왔다. 미국 정보당국과 다수의 연구자들은 장제스를 최초 지시자로 꼽는다. 하지만 초기부터 핵개발 계획에 반대해온 우타유는 장제스는 핵무기 개발에 처음부터 반대했으며, 장징궈가 아버지(장제스) 몰래 비밀 핵 프로젝트를 주도했다고 주장했다.[23]

장센이의 망명과 폭로, 리덩후이의 핵포기 선언

1976년 장징궈의 핵개발 포기 선언 이후 잠잠하던 대만 핵 문제가 1987년 다시 미국-대만 관계의 현안으로 급부상했다. 대만 원자력연구소가 1987년 재처리시설 건설에 나선 것이다. 그리고 대만 원자력연구소 부소장 출신으로 비밀 핵개발 프로젝트에 참여한 장센이 대령이 미국으로 망명해 1988년 1월 12일 대만의 핵무기 개발 계획에 관해 미국 의회에서 비밀 증언을 했다. 장센이는 대만의 핵무기 개발 계획이 담긴 기밀문서를 증거 자료로 세시했다.[24] 장센이는 핵탄두 개발과 함께 그 투발 수단으로 사거리 1천1백 킬로미터짜리 탄도미사일 '천마 Skyhorse'도 개발하려 했다고 폭로했다.[25] 장센이의 공개 폭로 이후 IAEA는 대만을 대상으로 한 특별 핵 사찰에 나섰고, 미국 정부는 "핵개발과 관련한 모든 설비를 폐기하라"고 대만 정부를 압박했다. 대만 국방부는 장센이를 간첩이라 규정했다. 뒷날 《뉴욕타임스》는 장센이가 1970년대 중반부터 대만의 핵개발 관련 정보를 미국에 제공했다고 보도했다.[26]

장징궈의 죽음(1988년 1월 13일)으로 8대 대만 총통에 오른 리덩후이(8·9대 총통)는 1988년 3월 25일 대만 핵개발 프로그램의 근간인 연구용 중수로 원자로를 폐쇄하겠다고 IAEA에 통보했다.[27] 리덩후이는 중수로 폐쇄 방침을 레이건 미국 대통령한테 서면으로 통보했다.

많은 연구자들은 리덩후이의 핵 포기 선언을 장셴이의 폭로와 미국의 고강도 압박 탓이라 평가하지만, 꼭 그렇게만 볼 일은 아니다. 장셴이의 폭로와 리덩후이의 핵 포기 선언에 앞서 대만의 사회정치 지형을 근본적으로 바꿀 역사적 변화가 있었다는 사실을 함께 주목해야 한다. 우선 장제스·장징궈 부자의 '본토 수복'을 명분으로 한 장기 군사계엄 통치에 맞서 '대만 독립'과 함께 민주화를 외쳐온 이들이 1986년 민주진보당(민진당)을 창당해 제도권에 진입했다. 1987년 7월 15일 대만섬과 펑후섬의 군사계엄령이 해제됐다. 장제스의 중화민국 정부가 1949년 5월 20일 '타이완성 경비총사령부 포고계자 제1호'로 대만 전역에 군사계엄을 선포한 지 38년 만이다.[28] 군사계엄 해제는 장징궈 총통의 결정이다. 요컨대 민진당 창당, 군사계엄 해제, 대만섬 출신인 리덩후이의 총통 취임 등 일련의 대만 민주화 조처의 연장선에서 1988년 핵 포기 선언이 나왔다는 사실도 잊지 말아야 한다.

핵무기 대신 반도체와 AI를 선택하다

민진당은 천수이볜(10·11대 총통), 차이잉원(4·15대 총통), 라이칭더(16대 총통)로 바통을 이어받으며 대만의 가장 강력한 정치세력으로 떠올랐다.

핵 문제와 관련해 주목할 대목은 민진당이 탈핵을 핵심 정책 노선으로 채택해 실천하고 있다는 사실이다. 차이잉원 총통은 2016년 5월 20일 14대 총통 취임사에서 2025년까지 대만의 모든 원전을 폐쇄하고 신재생에너지로 대체하겠다는 탈핵 선언을 했다. 지진이 잦은 대만섬의 지리적 약점, 2011년 일본 도호쿠 대지진의 교훈, 세계적인 탈탄소·친환경 에너지 전환 추세를 고려한 정책 선택이다. 대만 민진당 정부는 가동 중이던 여섯 기의 원전 가운데 다섯 기를 이미 폐쇄했고, 2025년 5월 18일 0시 마지막 남은 '마안산 2호기'를 멈춰세웠다. 대만의 전력 공급에서 원전이 차지하는 비중은 2016년의 12 퍼센트에서 2025년 5월18일 0시를 기준으로 0 퍼센트로 바뀌었다. 대만이 "비핵가원(非核家園, 원전 없는 국가)"가 된 것이다. 대만 민진당 정부의 평화 목적 핵에너지 산업 기반의 완전한 해체 추진은 핵무기를 만들지 않는다는 가장 강력한 증거일 수 있다.

민진당의 3연임을 성취한 라이칭더는 2024년 5월 20일 16대 총통 취임사에서 내란의 정체성을 "번영하는 글로벌 경제 강국"이자 "글로벌 민주주의를 위한 공급망의 핵심 플레이어"라고 규정했다. 그러곤 대만을 "반도체 섬"에서 "인공지능 섬"으로 격상시키겠다고 선언했다.[29] 대만을 미수복지구로 간주해 통일을 외치는 중국의 위협에 핵무기가 아닌 첨단 반도체로 맞서겠다는 선언으로 해석할 수 있다. 허풍이 아니다. 대만 반도체산업의 상징이자 핵심인 TSMC는 파운드리 분야에서 경쟁자가 없는 독보적 1위인 세계 최고 수준의 반도체 주문 제작 업체다. 2024년 11월 기준으로 시가총액이 1조 달러에 육박하는 세계 8위권의 글로벌 거대 기업이다. TSMC는 대만의 군사계엄령이 해제된

1987년 창립했다. 대만 정부는 TSMC의 첨단 반도체 핵심 공정을 국외로 분산시키지 않는 '실리콘 방패' 전략을 취해왔다.[30] 결국 대만의 전략적 선택은 핵무장이 아니라 민주주의와 첨단기술을 동력으로 한 번영으로 지구촌 누구도 대만을 포기할 수 없는 필수재가 되겠다는 것이다.

3부
한국의 선택

3부

한국의 선택

3부에서는 핵 문제와 관련한 한국의 선택을 다룬다. 한국도 한때 핵무기 개발에 나선 사실이 있다. 1970년대 박정희 정권 때다. 닉슨과 카터 미 행정부 시기 주한미군 철수 움직임, '월남 패망'과 베트남 '재통일', 1968~75년 사이 북한의 '제한전쟁' 등 안보 위기가 중첩된 시기다. 미국은 박정희의 핵개발 프로그램을 저지하려 전방위로 압박했다. 1장에서 살펴본다.

 자국민을 학살하고 권력을 쥔 전두환은 미국의 승인을 얻는 대가로 박정희의 핵프로그램을 폐기했고, 노태우는 탈냉전 초기 한국의 외교 지평을 넓히고 남북관계를 개선하고자 1991년 조선과 '한반도비핵화공동선언'을 발표하며 한국의 비핵 노선을 정초했다. 2장에서 다룬다.

 조선의 핵무장이 기정사실화되며 '비핵 한반도'에 대한 기대치가 낮아지는 빈틈을 파고들며 자체 핵무장론이 다시 목소리를 높이고 있다. 2023년 1월 윤석열의

"우리 자신이 자체 핵을 보유할 수도 있다"는 발언이 대표적이다. 지금 한국에선 자체 핵무장뿐만 아니라 당장 핵무기는 만들지 않되 핵무장에 필요한 기술적 기반을 갖추자는 잠재적 핵 능력 강화론, NATO식으로 미국과 핵을 공유하자는 핵 공유론, 1991년 한국에서 철거한 전술핵무기를 주한미군에 재배치하자는 전술핵 재배치론 등 각종 핵무기 보유 주장이 난무한다. 한국의 비핵 노선을 뿌리부터 흔드는 주장이다. 누가 왜 어떤 논리로 이런 주장을 하는지 3장에서 살핀다.

한국의 핵무장에 대한 시민들의 찬성 강도는 오랜 세월 60퍼센트 안팎에 이른다. 핵무장 찬성 여론이 20퍼센트대 초반인 일본과 사뭇 다른 사회심리다. 그러나 적잖은 전문가들은 질문을 바꾸면 답변도 달라진다고 지적한다. 핵무장 시도가 불러올 국제사회의 고강도 제재, 한미동맹 훼손, 개방형 통상국가이자 'K' 브랜드를 앞세운 '매력국가'인 한국의 국제적 신뢰도 추락 등을 상기시킬 때 핵무장 찬성 여론은 크게 낮아진다는 것이다. 세간에 회자되는 핵무장 찬성 여론의 겉과 속을 '보론'에서 분석한다.

4장은 한국의 선택이 어떠해야 하는지 다룬다. '핵무장 조선'에 대응해 한국은 어떤 전략적 선택을 해야 하느냐는 질문에 대한 답변이다. 이 책의 모든 논의를 총괄하는 잠정적 결론은 한국의 핵무장은 바람직하지도 않을뿐더러, 현실적으로 핵무장으로 가는 길은 없다는 것이다. 이런 판단의 근거를 다양한 측면에서 제시한다.

1장

박정희의 핵개발 프로그램

대한민국 정부도 핵무기 개발을 추진한 적이 있다. 박정희 정권 시절인 1970년대다. 1968년 이후 조선의 '제한전쟁', 닉슨 미국 대통령의 1969년 '괌 독트린'과 1971년 주한미군 철수, 1972년 이후 미-중 화해 추세, '월남 패망'과 베트남 '재통일' 등 이른바 안보 위기에 대처한다는 명분에서다.

 박정희 정권은 크게 두 갈래로 핵프로그램을 밀고 나갔다. 한 축은 석유 파동에 대처해 원자력발전 산업의 기반을 강화하는 정책과 핵무기 개발의 기술적 기반을 다지는 '이중궤도' 전략이다. 다른 한 축은 핵탄두 투발 수단인 탄도미사일 개발이다. 1979년 10월 26일, 박정희의 18년 독재가 막을 내릴 때까지 박정희 정권의 핵프로그램은 성과와 좌절을 함께 맛봤다. 박정희 때 닦은 원전산업의 기반은 2024년 기준

26기의 원전을 가동하며 원전을 수출하는 원전 강국 한국의 밑돌이 됐다. 1978년 독자 기술로 세계 일곱 번째 탄도미사일을 시험 발사할 정도로 탄도미사일 기술의 토대를 다졌다. 그러나 핵무장의 핵심적 기술 기반인 우라늄 농축과 플루토늄 재처리 문제는 미국 정부의 강력한 반대에 부닥쳐 중단됐다. 2024년 한국은 한미 원자력협정에 따라 독자적으로 우라늄 농축이나 플루토늄 재처리를 할 수 없으며, 관련 시설도 갖추고 있지 않다.

박정희의 자주국방 선언

미국 정보 당국은 박정희가 1974년 말에 핵무기 기술 개발 계획을 승인했다고 봤다.[1] 하지만 박정희를 바로 옆에서 보좌한 고위 참모들과 학술 연구에 따르면, 박정희 정권의 핵프로그램은 그보다 이른 시기에 시작됐다.

박정희는 1972년 7월 국방대학원 졸업식과 전국교육자대회 연설을 통해 처음으로 '자주국방'의 필요성을 공개적으로 역설했다. 이런 식이었다. "미국이 월남(베트남)에서 철군하려고 하는 것을 보면 알 수 있다. 병기 개발이나 방위산업도 똑같다. 우리가 하고자 하는 일을 의연한 자세로 강력히 추진할 때, 그리고 미국이 도와주지 않더라도 우리는 끝내 해낼 수 있다는 능력을 보여줄 때, 미국은 협조한다는 사실을 알아야 한다. 이것이 자주국방이다." 박정희의 지시에 따라 비밀 핵프로그램을 포함한 방위산업 전반을 조율한 오원철은 박정희의 자주국방 선언을 이렇게 풀이했다. "자주국방은 대미 관계까지 포함한 국방체계의 자주성을 뜻했다. 단순한 용어의 개념을 넘어선 매우 중요한 변화였다. 대미관계는 예속관계에서 벗어나 차차 상호협조관계로 변하게 되고 국방의 자주화는 '한국의 자주화'로 발전해나간다".[2] 오원철이 노골적으로 거론하지는 않았지만 "대미관계는 예속관계에서 벗어나 국방체계의 자주성"을 갖춘다는 것은 궁극적으로 핵무장을 염두에 둔 정책 전환을 시사한다. 오원철이 "단순한 용어의 개념을 넘어선 매우 중요한 변화"라고 강조한 배경이다.[3]

박정희의 자주국방 선언은 닉슨 행정부가 일방적으로 주한미군을 철수하지 않겠다고 문서로 약속한 이른바 '브라운 각서 Brown Memorandum'를 외면하고 주한미군 철수 정책을 밀어붙인 데 대한 맞대응 성격이 짙다. 실제 당시 국무총리이던 김종필은 "박정희 대통령의 마음에 핵 의지를 심은 건 미군의 일방적 철수였다"고 증언했다.[4]

박정희 정권은 린든 B. 존슨 미국 대통령의 베트남 파병 요청(1965년 5월 17일)에 따라 한국군의 베트남전 파병을 결정(1965년 8월 13일)한[5] 직후인 1966년 3월 7일 존슨 행정부와 브라운 각서를 작성해 베트남 파병 대가로 주한미군의 지속 주둔을 보장받았다고 믿었는데, 닉슨 행정부가 이를 어겼다고 본 것이다.[6]

오원철의 회고에 따르면, 박정희는 1971년 11월 10일 청와대 집무실로 김정렴 비서실장과 당시 상공부 광공전鑛工電차관보이던 오원철을 불러 "국방장관과 국방과학연구소 소장에게 즉시 병기 개발을 시작하라고 전하시오, 대통령 명령이라고 하시오"라고 지시했다. 박정희는 그날 방위산업을 자신이 직접 챙기기로 결정하고, 담당 참모로 오원철을 지목했다. 신설 경제2수석 비서관에 임명한 것이다. 당시 청와대는 신설 경제2수석 비서관실이 중화학공업 담당이라고 발표했지만, 실상은 비밀 핵프로그램을 포함한 방위산업 전담 부서였다. 아울러 박정희는 경제기획원에 맡겨뒀던 '4대 핵공장 건설 사업'을 방위산업에 통합해 자신이 직접 챙기겠다고 그날 결정했다. 오원철은 경제2수석 비서관실을 "박 대통령으로부터 부여받은 과제만을 수행하는 특별작전참모본부"라 묘사했다.[7] 오원철은 경제2수석 비서관에 임명된 1971년 11월 10일 박정희의 지시에 따라 중앙정보부로 이후락 중앙정보부장을 만나러 갔고, 이후락은 오원철한테 "이스라엘에 다녀오시오"라고 했다.[8] 이스라엘에 가서 핵과 미사일 시설을 둘러보고 협력 방안을 강구하라는 당부였다. 박정희는 1971년 12월 26일엔 오원철한테 "우리도 평양을 때릴 수 있는 유도탄(탄도미사일)을 개발하지, 시간이 걸리더라도 지금부터 시작해야 하겠네"라고 지시했다.[9] 1978년 9월 26일 첫 시험발사에 성공한, 작전명 '백곰'이라 불린 한국산 '장거리지대지유도탄(K-1)' 개발의 시작점이다.

　1972년 5월 과학기술처 장관인 최형섭이 박정희의 특별 지시에 따라 프랑스를 방문해 원자력 기술 협력과 재처리시설 도입을 타진했다. 박정희 정권이 핵개발 프로그램의 현실화를 위해 움직이기 시작한 것이다. 박정희가 방위산업을 직접 챙기겠다고 선언한 1971년 11월 10일로부터 일곱 달 뒤이자, 박정희의 '자주국방' 연설 두 달 전이다.

　최형섭의 프랑스 방문 목적과 관련해 당시 국무총리이던 김종필은 "박정희 대통령은 이미 72년 5월 최형섭 과학기술처 장관을 프랑스에 몰래 보내 원자력 기술 협력과 재처리시설 도입을 추진하고 있었다"고 회고했다. 김종필은 "박정희 대통령의 마음에 핵 의지를 심은 건 미군의 일방적 철수였다. 70년 미국 닉슨 대통령의 철군 예정 통보(1971년 3월 2만2천 명 철수 → 1975년까지 완전 철수)가 있은 뒤 대통령은 내게 '미군이 언제 떠날지 모르는데 원자폭탄을 연구해보자. 핵무기를 개발하다 미국이 방해해 못 만들게 되면 언제든지 만들 수 있는 수준의 기술이라도 갖춰놔야 하지 않겠느냐'고 말했다"고 증언했다.[10] 최형섭의 프랑스행은 핵개발 프로그램과 직접 관련된 것이라는 얘기다.

1972년 9월 8일 오원철은 박정희의 지시에 따라 수립한 핵프로그램을 보고했다. 주목할 대목은 이 문서가 제목을 '원자핵연료 개발 계획'이라고 적고, 정작 안쪽에선 핵무기를 언급하고 있다는 사실이다. 이 문서를 두고 "박정희 정권 당시 핵무기 개발 계획이 추진됐던 결정적인 근거 자료의 하나"라는 주장이 나오는 까닭이다.[11] 이 문서는 "핵무기의 종류 및 우리의 개발 방향, 핵무기의 비교, 고순도 플루토늄 생산 과정, 우리나라의 핵물질 보유를 위한 개발 방향, 고순도 플루토늄 생산 방안 비교, 고순도 플루토늄 생산을 위하여 개발하여야 할 핵연료 사이클" 따위를 다루고 있다. 평화적 목적의 원자력 산업 기반 강화 방안만을 염두에 둔 게 아니다. 박정희 정권의 비밀 핵개발 프로그램은 늦춰 잡아도 1971~72년에는 사실상 시작된 것으로 봐야 한다. 실제 박정희의 핵프로그램 추진을 보좌한 핵심 인물인 오원철은 뒷날 핵개발에 착수할 때 국방과학연구소ADD, 한국과학기술연구소KIST 등 일곱 개 연구기관에 과제를 쪼개서 맡겼다고 회고했다. 퍼즐조각처럼 쪼갠 연구

과제를 모두 모아 꿰어맞추지 않으면 연구자들이든 미국이든 핵프로그램의 실체를 파악하기 어렵게 했다는 뜻이다. 오원철은 "여러 파트로 쪼개서 진행되는 연구개발 방식으로 인해 미국이 핵무기 개발의 확실한 물증을 잡아내는 데는 실패했다"고 말했다.[12]

왜 플루토늄 재처리 방식인가

주목할 대목은 오원철이 주도한 원자핵연료 개발 계획이 우라늄 농축 방식이 아닌 플루토늄 재처리 방식을 제안했다는 사실이다. 오원철은 왜 원전 연료로 광범하게 쓰이는 우라늄 농축이 아니라 플루토늄 추출을 제안했을까? 보고서는 "과대한 투자를 요구하지 않고 약간의 기술 도입과 국내 기술 개발로 생산이 가능"하다는 이유를 댔지만, 정작 문제는 다른 곳에 있다. 한-미 양국 정부가 1972년 11월 24일 서명한 '원자력의 민간 이용에 관한 대한민국 정부와 미합중국 정부 간의 협력을 위한 협정(1972년 한미 원자력협정)'이 우라늄 농축을 엄격하게 제한하고 있다는 사실이 중요하다.[13] 박정희 정권이 우라늄 농축을 시도하면 1972년 한미 원자력협정을 정면으로 위반하게 되고, 그러면 한미동맹의 근간이 흔들릴 위험이 있다. 당시 미국의 압도적 영향력을 고려할 때, 박정희 정권의 핵프로그램에서 우라늄 농축 방식은 한미동맹의 붕괴를 감수하지 않는 한 애초부터 고려 대상이기 어려웠다고 봐야 한다.

한미원자력협정은 1956년 2월 3일 '원자력의 비군사적 이용에 관한 미국 정부와 한국 정부 간의 협력을 위한 협정'이라는 이름으로 처음 채택됐다. 1956년 협정 때부터 미국은 '어떤 경우에도 20퍼센트까지 농축된 우라늄의 6킬로그램을 초과하지 못한다'고 단서를 달아 한국의 핵무기화 시도를 원천 차단하려 했다.[14] 농축우라늄 방식의 핵폭발 장치를 만들려면 90퍼센트 이상의 고농축우라늄이 다량 필요한데, 미국은 평화적 목적의 원전 연료로 쓰이는 '20퍼센트 미만 농축우라늄'을, 그것도 6킬로그램 미만으로 제한한 것이다. 6킬로그램은 순도 90퍼센트 이상의 고농축우라늄이라도 핵탄두 한 기를 만들기에 부족한 양이다.

이와 관련해 1950~80년간 한국의 원자력 기술 체제 형성사를 연구한 김성준의 평가를 보자. "한국의 전략적 핵기술 사업에서 가장 핵심적인 기술이 사용후핵연료를 가공해서 전략적 핵물질로 가동할 수 있게 하는 핵연료 재처리 기술이었다. 핵연료 농축시설을 도입할 수 없는 한국의 상황에서는 발전소 등에서 사용되고 남은 플루토늄을 농축할 수 있어야 핵무기 제조에 사용할 수 있기 때문이었다. 핵연료 재처리 기술을 도입하는 사업의 성공과 실패는 이 시기 전략적 핵기술 도입 사업 전체의 성패에 영향을 줄 수 있는 중요성이 있었다."[15]

박정희 정권은 핵프로그램의 성패를 가를 핵연료 재처리 기술을 확보하고자 프랑스·벨기에 등 유럽 국가를 상대로 ①핵연료 재처리시설 ②핵연료 성형가공 시설, ③혼합산화물 핵연료 가공 시험시설 등 세 가지 기술의 도입을 추진했다. 이 가운데 핵연료 재처리시설과 혼합산화물 핵연료 가공 시험시설은 핵무기화와 직결된 '민감한 기술'로, 핵연료 성형가공 시설은 '민감하지 않은 기술'로 분류할 수 있다. 재처리시설은 프랑스 생고뱅사, 혼합산화물 핵연료 가공 시험시설은 벨기에 벨고누클레르사, 핵연료 성형가공 시설은 프랑스 세르카사로부터 도입이

추진되었다.[16]

　박정희의 비밀 지시에 따라 1972년 5월엔 최형섭이, 1973년 6월엔 김종필이 프랑스를 잇달아 방문한 까닭이다. 김종필은 "핵무기든 핵기술이든 실질적인 핵개발은 우리 경제가 방위산업·중화학공업 시대로 전환한 1973년을 기점으로 진행됐다. 치고 달려나가는가 하면 멈추면서 다른 양보를 받아내는 미국과의 핵 숨바꼭질은 그때부터 시작됐다"고 회고했다.[17]

　김종필이 프랑스에 가기 전, 그러니까 박정희가 자주국방을 공개 연설에서 처음 입에 올린 1972년 7월, 영남화학주식회사가 고리원자력발전소 인근에 핵연료 재처리공장을 미국 원자력원료공급사Nuclear Fuel Services, NFC 및 일본 미쓰비시석유주식회사와 합작으로 짓겠다는 계획을 추진했다. 이는 NFC가 미국 정부의 승인을 얻지 못해 무산됐다.[18]

　박정희 정권은 미국 쪽이 막히자 캐나다의 문을 두드렸다. 1973년 11월 27일엔 한국전력이 캐나다 원자력공사로 중수로 구매 의향서를 발송했다. 한국전력은 발전용 중수로인 'CANDU'와 더불어 중수로형 연구용 원자로인 NRX형 재료시험로도 함께 도입하고 싶다고 밝혔다. 연구용 원자로인 NRX형 재료시험로는 플루토늄을 추출하기가 용이하다.[19] 박정희 정권의 핵프로그램이 원전산업과 핵무장의 기술적 기반을 동시에 강화·확대하려는 이중궤도 위에 있었다는 방증이다.

　핵프로그램에 시동을 건 박정희는 핵프로그램을 포함한 국방력 강화를 목적으로 1974년 3월 15일 대한민국 정부 수립 이래 최대 규모의 한국군 현대화 계획인 율곡사업 추진을 지시했다. 정식 명칭이 '제1차 전력증강계획'인 율곡사업은 주요 무기의 국산화, 첨단 국방과학 기술 구축, 기술 집약형 전력 구조로의 개선, 각 군 및 전장 기능별 전력의 균형적 발전 등을 통한 통합전투력의 극대화 등을 목적으로 한 야심 찬 한국군 현대화 계획이었다. 율곡사업 계획 입안·실행의 핵심 인사인 오원철은 "건국 후 단일 사업으로는 가장 큰 사업"인데 "율곡사업이란 말은 작전명이었으며 (당시엔) 용어 자체가 군 기밀에 속하는 사항"이었다고 밝혔다.[20] 박정희는 당시 정부 예산으로는 감당하기 어려운 율곡사업 재원을 조달하고자 1975년 7월 16일 방위세를 신설했다.[21] 박정희는 율곡사업의 실체를 철저히 비밀에 부쳤다. 방위세라는 이름의 세금이 투입되는 거대 사업인데도 예산 편성 정부 부처나 국회의 사후 예산 심의를 배제했다. 오원철은 "율곡사업은 군사기밀이라고 해서 경제기획원이나 국회의 심의 과정이 없(었)다. 율곡계획은 기밀사항이기 때문에 자료가 없다"고 밝혔다.[22] 박정희가 율곡사업의 실체와 투입 예산 등을 당시에 철저히 비밀에 부친 건 비밀리에 추진하던 핵개발 프로그램의 존재와 무관하지 않다. 당시 대통령 정무비서관으로 일한 심융택은 "핵개발 계획은 바로 이 율곡사업에 포함되어 있었다"고 증언했다.[23]

미국의 핵개발 저지 노력

그런데 박정희가 핵프로그램 추진에 속도를 높이던 1974년 봄, 이를 가로막을 예상치 못한 중대 상황이 발생했다. 1974년 5월 18일 인도가 서부 라자스탄주 사막의 포크란 실험장에서 첫 핵실험을 한 것이다. 1968년 NPT 체제 출범 뒤 첫 핵실험인 인도의 이 핵실험은 핵기술의

무기화가 1세계(미국 등 서구)와 2세계(소련 등 사회주의권)를 넘어 3세계로까지 확산되었음을 뜻하는 역사적 사건이었다. 주목할 대목은 이 핵실험을 가능하게 한 플루토늄이 인도가 캐나다에서 구매한 중수로형 연구용 원자로 NRX에서 추출한 것이라는 사실이다. 박정희 정권이 한국전력을 앞세워 도입하겠다고 캐나다 원자력공사에 제안한 중수로형 연구용 원자로인 NRX형 재료시험로와 같다.

미국은 인도의 첫 핵실험 뒤 핵 확산을 막으려 동분서주했다. 박정희의 비밀 핵프로그램을 저지하려는 외교적 압박이 전방위로 강화됐다. 미국은 박정희 정권이 핵프로그램 추진을 위해 접촉하던 캐나다와 프랑스 정부에 '팔지 말라'며 외교 협의 명목의 압박을 가했다. 미국과 특수관계인 캐나다 정부는 바로 꼬리를 내렸다. 프랑스 정부는 처음엔 버텼으나 결국엔 미국의 압박에 따랐다.

1974년 9월 NRX형 재료시험로 도입이 취소됐다. 한국전력이 NRX와 함께 캐나다에서 도입하려던 중수로형 발전용 원자로 CANDU 도입은 취소되지는 않았다. 미국 정부의 차관 제공 중단 압박 속에 애초 두 기를 도입하려던 계획이 한 기만 도입하는 쪽으로 축소·조정됐다. 아울러 캐나다 정부는 한국이 CANDU를 도입하려면 NPT를 비준해야 한다는 조건을 내걸었다.[24] 캐나다 정부 뒤에 미국 정부가 있었음은 물론이다. 한국과 캐나다는 1975년 CANDU형 원자로 도입 계약을 맺었고, 대한민국 국회는 1975년 3월 20일 NPT를 비준했다. 한국의 NPT 가입은 핵에너지를 오로지 평화적 목적으로만, 그러니까 군사적 목적의 핵폭발 장치는 개발하지 않겠다는 국제적 약속이다. 원칙적으론 박정희 정권이 비밀 핵프로그램을 추진하지 않겠다는 국제 서약이다. 하지만 박정희는 핵프로그램을 포기하지 않았다.

캐나다 정부와 달리 프랑스 정부는 미국의 압력에 바로 꼬리를 내리지 않았다. 1974년 10월 19일 한국과 원자력협력협정을 맺었다. 1975년 4월 12일엔 한국원자력연구원이 프랑스 원자력 설비업체인 생고뱅사와 핵연료 관련 기술 수입을 위한 협약을 체결했다. 다만 프랑스 정부는 미국의 압박과 우려를 고려해 박정희 정권에 한국-프랑스-IAEA 3자 협정을 맺어야 한다는 조건을 내걸었다. 이에 따라 1975년 9월 22일 한국-프랑스-IAEA 3자 안전조치협정 서명이 이뤄졌다. 한국 정부가 프랑스로부터 도입하는 협정상의 품목을 핵폭발 장치 제조 등 군사적 목적에 사용하지 않으며 이를 확인하기 위한 IAEA의 안전조치를 적용한다는 내용이다.[25] IAEA 안전조치협정이 필요했던 까닭은 NPT가 그 자체로는 비확산 의무 불이행을 제재할 장치를 두고 있지 않아서다. 국제사회는 NPT 의무 위반 국가를 유엔 안전보장이사회와 IAEA 안전조치협정을 근거로 한 제재 결의로 제어한다.

미국의 압력은 거셌고, 그 과정은 복잡했다. 미국은 이중궤도로 짜인 박정희 정권의 핵프로그램 가운데 군사적 목적의 핵무기화 시도는 철저하게 차단하되 평화적 목적의 원전산업 기반 강화 노력은 지원한다는 기본 원칙에 따라 대응했다. 1975년 3월 4일 키신저 국무장관이 스나이더 주한 미국대사한테 보낸 전문이 이런 대응 기조를 잘 보여준다.[26] 키신저는 이 전문에서 "한 정보기관은 한국이 앞으로 10년 안에 제한적인 핵무기와 미사일을 개발할 능력이 있다는 결론을 내렸다"

며 "미국의 목표는 한국이 핵무기와 그 운반수단의 개발 노력을 하지 않도록 설득하고 막는 것"이라고 밝혔다. 키신저는 그 이유로 "한국의 핵무기 보유는 일본·소련·중국·미국에 직접 영향을 끼치는 불안요인이며 소련이나 중국이 유사시 북한에 핵무기 지원을 약속하도록 만들 수 있다"거나 "한국의 핵무기 보유는 박 대통령이 미국의 군사력과 안보 공약에 대한 의존도를 줄이고 싶어 하는 욕구로 발전할 것이다"라는 판단을 제시했다. 그러곤 한국의 핵무기 개발 노력을 가로막을 수단으로 "①핵기술 보유국들과의 협정 또는 미국의 일방적 조치에 의해 한국이 민감한 기술과 장비를 살 수 없도록 금지하는 것이며, ②한국이 NPT를 비준하도록 압력을 행사하는 것이며, ③한국의 핵시설에 대한 미국의 감시 능력과 한국의 기술개발에 대한 정보력을 향상시키는 것"을 고려하고 있다고 스나이더 대사를 통해 밝혔다. 미국은 캐나다와 프랑스 정부를 압박해 키신저가 제시한 세 가지 수단 가운데 ①과 ②를 성취했다. ③과 관련해선 김종필의 증언이 답을 대신한다. 김종필은 "미국의 국무부와 국방부, CIA에선 한국의 비밀스러운 움직임을 제 손금 보듯 파악하고 있었다. 그 기관들의 한국 파견 요원이 유능했다기보다 우리 내부에 고자질하는 사람이 많았기 때문이다. 자발적 스파이가 곳곳에 수두룩했다. 핵개발을 위해 박 대통령의 특명으로 외국의 한국인 두뇌들을 극비리에 초빙하면 순식간에 미국 사람들에게 다 알려졌다. 무슨 일을 비밀리에 할 수가 없었다"고 주장했다.[27]

박정희의 저항

미국의 압박에 박정희는 고분고분하지 않았다. 1975년 4월 30일 박정희는 키신저의 핵프로그램 저지 지침에 따라 자신을 찾아온 스나이더 미국대사한테 "비 오는 날에 반드시 우산을 준비해야 한다. 핵과 미사일 개발에서 미국의 협력을 얻지 못할 경우 제3국의 도움을 얻겠다"고 반발했다.[28] 박정희는 1975년 6월 12일엔 《워싱턴포스트》와 인터뷰를 통해 "미국의 핵우산이 없어진다면 한국은 핵무기를 개발할 것이며, 그럴 능력이 있다"고 주장했다.[29] 최형섭은 다음 날 한국의 영자 일간지인 《코리아 타임스》를 통해 "한국은 핵무기를 개발할 수 있는 기술적 잠재력을 가지고 있다"고, 박정희의 전날 《워싱턴포스트》 인터뷰 내용을 재확인했다.[30] 박정희의 핵개발 발언 직후인 1975년 7월 16일 국방비를 당시 GNP의 6퍼센트 수준으로 끌어올릴 방위세법이 공포·시행됐다. 당시 대통령 정무비서관을 지낸 심융택에 따르면 방위세는 핵개발 계획을 포함한 율곡사업에 투입될 계획이었다.

박정희의 도발적인 공개 핵개발 발언 직후인 1975년 7월 2일 미 국무부가 백악관 국가안보보좌관한테 종합보고서를 제출했다.[31] 이 보고서는 "한국의 핵무기 보유는 대단히 위험하며, 미국의 국가 이익에 직접적인 피해를 줄 것"이라며 "한국이 플루토늄을 분리 생산한다면 단기간 내에 핵무기를 보유하게 될 것"이라고 우려했다. 그러곤 "한국은 프랑스와 실험용 핵연료 재처리시설 도입을 협상 중"이라며 "프랑스도 우리의 우려를 이해하고 해당 회사가 적절히 보상받는다면 한국과의 계약 취소 요구에 반대하지 않겠다는 입장을 밝혔다"라고 덧붙였다. 박정희의 핵개발은 미국의 국가 이익에 반하니 막아야 하는데, 박정희 정권과 거래를 하려는 프랑스 정부를 돌려세우는 데 성과가 있다는 내용이다.

이 시기 미국은 박정희가 핵개발 프로그램을 포기하지 않으면 안보동맹을 파기할 수 있다며 압박 강도를 높였다.[32] 오원철은 당시 미국이 "'만일 한국이 핵무기를 개발한다면 현존의 한미방위조약 파기는 물론 정치, 군사, 경제, 외교, 문화 등 모든 분야에서 한미관계가 파탄을 초래할 것'이라고 경고했다"고 증언했다.[33]

미 국무부 종합보고서의 내용대로, 프랑스 정부는 결국 미국의 압력과 설득에 따라 한국과 맺은 재처리시설 판매 계획을 취소하겠다고 박정희 정권에 통보했다. 1976년 1월 23일 한국은 프랑스와 맺은 재처리시설 구매 계획을 취소한다고 프랑스 정부에 통보했다. 위약금은 받지 않을 테니 한국 정부 쪽에서 먼저 계약을 파기하는 형식을 취해달라는 프랑스 정부의 요청에 따른 것이었다.[34] 프랑스 정부의 이런 계약 파기 요청 뒤에 미국 정부의 압박과 양국 사이 거래가 있었음은 물론이다.

프랑스로부터의 재처리시설 도입 계획 무산은 박정희 정권의 핵프로그램에 내장된 이중궤도 가운데 핵무기화 궤도가 사실상 끊겼음을 뜻한다. 김성준이 적절히 지적한 대로 핵연료 재처리 기술 확보 여부는 박정희 정권의 핵프로그램의 성패를 가를 핵심 변수였기 때문이다. 김종필은 "이 계약이 실행됐다면 재처리를 통해 핵폭탄 연료인 플루토늄을 연간 20킬로그램 추출할 수 있었을 것이다. 보통 핵폭탄 하나엔 5~10킬로그램 플루토늄이 들어가므로 연 2~4기의 핵무기를 만들 수 있는 분량"이라고 주장했다. 그러곤 "결국 70년대 초반부터 4~5년 지속된 박 대통령의 핵무기 집념은 76년 1월 프랑스와 맺은 재처리 기술 계약이 파기되면서 사그라들었다. 정 끝까지 가겠다면 결정적인 제재를 가할 수밖에 없다는 미국의 최후통첩에 박 대통령은 울며 겨자 먹기로 손을 들었다"고 증언했다.[35] 미국 정부도 박정희 정권이 재처리시설을 계획대로 확보해 가동한다면 1979년에는 핵폭발 장치를 확보할 수 있으리라고 봤다. 예컨대 1975년 12월 18일 작성된 미국의 '특별국가정보평가'는 "한국이 프랑스와 계약을 하고 미국의 압력을 뿌리친다면, 한국은 1978년에는 플루토늄을 생산할 수 있을 것이다. 그렇게 되면 한국은 1979년에는 핵폭발 장치를 확보하게 될 것이다"라는 정보 판단을 내놨다.[36]

카터의 주한미군 철수, 되살아난 핵무장 주장

프랑스 재처리시설 도입 무산으로 핵개발 추진을 포기한 듯하던 박정희가 다시 핵개발 카드를 흔드는 돌발 상황이 발생했다. 1977년 1월 대통령에 취임한 지미 카터의 주한미군 철수 추진은 꺼진 듯하던 불씨에 기름을 부었다. 카터는 취임 직후인 1977년 3월 9일 주한 미 지상군의 단계적 철수와 한반도 배치 전술핵무기 철수 계획을 발표했다. 대선 때의 주한미군 철수 공약을 이행하겠다는 재확인이었다. 박정희는 1977년 5월 25일 필립 하비브 국무부 부장관과 조지 브라운 미 합참의장 등 카터 대통령의 특사를 청와대에서 만나 주한미군 철수에 앞서 안보 대책이 마련돼야 한다고 강조했다. 그런데 박정희의 최측근 참모는 카터의 특사한테 "만일 미국이 한반도에서 지상군과 전술핵무기를 철수한다면 한국은 자체적으로 핵무기 개발을 시도할 수 있을 것이다"라고 협박했다.[37] 오원철도 "카터 행정부가 주한미군 철수를 강행하기 시작하자 박 대통령은 강력히 반대했다. 그리고 핵카드까지 내놓았다"라고 증언했다.[38] 김종필도 "76년 미국 대선의 승자인 카터 대통령은 또다시 미군 철수 계획을 밝혔다. 박 대통령은 '미군이 철수하면 우리는 언제라도 핵무기를 만들 것이다'고 자신 있게 말했다. 70년 닉슨이 처음 철군 방침을 통보해왔을 때처럼 당황하지 않았다. 우리가 방위산업과 중화학공업으로 실력을 키운 상태에서 위기를 맞았기 때문이다"라고 회고했다.[39] 카터 특사단의 방한 한 달여 뒤인 1977년 6월 29일 박동진 외무장관은 국회에 나와 주한미군 철수 움직임을 겨냥해 "국가안보 이익과 국민의 안전을 위해 필요하다면 한국은 NPT 회원국임에도 핵무기를 개발할 수도 있다"고 엄포성 발언을 했다. 박정희 정권은 1977년 8월 20일 국산 재처리시설 건설 계획을 발표했다. 프랑스 재처리시설 도입 무산으로 접은 핵연료 재처리시설을 자체적으로 건설하겠다는 것인데, 실현 가능성 여부를 떠나 핵개발 프로그램을 재가동하겠다는 엄포와 다를 바 없었다.

한-미는 주한미군 철수와 핵개발을 둘러싼 복잡한 밀당 끝에 1978년 11월 7일 한미연합사령부 창설이라는 군사동맹 강화 방안에 절충했다. 그리고 카터는 주한미군 철수가 한미동맹을 위험에 빠뜨릴 수 있다는 미 행정부와 의회의 반발, 이란의 이슬람혁명 등 국제정세의 급변이 겹치자 1979년 7월 20일 주한 미 지상군 한반도 철수 중지를 공식 발표했다. 이에 앞서 CIA는 "어쨌든 미국의 모든 핵무기 철수는 박 대

통령이 1970년대 초부터 추구해온 군사 자주국방을 향한 의지를 확실히 자극할 것"이라고 우려했다.[40]

핵개발 프로그램과 10·26

카터 행정부 시기 주한미군 철수 추진과 맞물린 핵개발 주장의 부활은 박정희 정권기 핵개발 프로그램의 지속 기간을 두고 엇갈린 주장이 난무하는 배경이다. 비밀 해제된 미국 정보 당국의 문서를 보면, 미국 정부는 박정희 정권이 늦어도 1976년 말에는 모든 핵개발 프로그램을 중단한 것으로 판단한다. 하지만 심융택 등 다수의 핵무장론자들은 박정희가 1979년 10월 26일 김재규의 총에 목숨을 잃을 때까지 핵개발을 포기하지 않았다고 주장한다. 심지어 박정희의 죽음이 핵개발 프로그램을 포기하지 않은 때문이며, 그 배후엔 CIA가 있으리라는 음모론이 여전히 사그라들지 않고 있다. 진실은 어느 쪽일까?

CIA는 1978년 6월 현재 박정희 정권이 카터 행정부의 주한미군 철수 방침에 대응해 핵프로그램을 재가동하고 있다는 증거가 없다는 정보 판단을 내놨다. 박정희 정권이 핵무기 설계를 하지 않고 있으며, 우라늄 농축과 재처리 능력을 획득하려고 노력하지 않고 있으며, 핵분열물질을 비축하고 있다는 증거가 없다고 판단했다.[41] 아울러 "한국이 핵무기에 대한 물리적, 지휘계통 통제 문제를 다루지 않은 것이 분명하다"고 지적했다. CIA는 이 보고서에서 "재처리 능력을 확보하고 미사일 프로그램을 개발하려는 이러한 노력은 1976년 12월 미국의 강력한 외교 개입과 청와대 및 내각 고위 관리들의 내부 논의에서 이 프로그램이 동맹 자체를 위협한다는 미국 쪽의 경고를 직접 들은 박 대통령에 의해 중단되었다"고 덧붙였다. 문정인과 노틸러스연구소의 핵 전문가인 피터 헤이즈는 비밀 해제된 미국 문서를 검토한 논문에서 CIA의 이런 정보 판단을 상기시키며 "CIA가 박정희의 핵 야망을 중단시키려고 1979년 10월 26일 암살을 조율했을 수도 있다는 한국에 널리 퍼진 소문과 상반된다는 점은 주목할 가치가 있다"고 지적했다.[42]

'백곰' 하늘을 날다

박정희의 핵개발 프로그램은 애초 재처리시설 도입·가동을 통한 핵물질 확보와 탄도미사일 개발의 양대 축으로 이뤄져 있었다. 핵탄두에 장착할 핵물질, 그리고 이를 실어나를 투발 수단의 확보가 목표였다. CIA는 "핵무기에 대한 한국의 생각은 처음부터 미사일 운반 시스템에 초점을 맞춰왔다"고 평가했다. 아울러 ADD(국방과학연구소) 부소장을 책임자로 두고, '미사일 설계'와 '핵탄두' 연구, '화학탄두' 연구를 맡을 세 개 팀으로 이뤄진 '핵무기 전용 프로그램'이 1975년 가동됐다고 봤다. CIA는 이 비밀 핵개발 프로젝트의 작전명이 '890'이라며, 핵탄두 연구팀에 50명, 미사일 연구팀에 250여 명이 1976년 중반까지 투입됐다고 판단했다.[43] 박정희는 CIA가 1975년에 본격화했다고 판단한 이 비밀 핵개발 프로그램을 1972년께부터 추진했다. 핵물질 확보에 필수적인 재처리시설 도입은 1976년 1월 23일 프랑스 재처리시설 도입 계약 파기로 무산됐다. 그러나 탄도미사일 개발 프로젝트는 중단되지 않았다.

앞에서 언급했듯이 박정희는 1971년 12월 26일 오원철한테 "우리도 평양을 때릴 수 있는 유도탄을 개발하지. 시간이 걸리더라도 지금부터 시작해야 하겠네"라고 지시했다고 밝혔다. 박정희의 비밀 지시에 따라 1972년 4월 14일 합동참모본부가 ADD에 유도탄 개발 명령을 내렸고, 5월 1일 ADD에 개발계획단이 편성됐다.[44] 탄도미사일 개발과 관련한 박정희의 지침은 이랬다. "1974년까지 단거리전술유도탄을 개발 생산하고, 1976년까지 장거리지대지유도탄을 개발 시제(시험 제작)하되, 국방과학연구소장 책임하에 국내의 관련 전문가들로서 연구계획단을 편성 추진토록 하라." 오원철은 "사거리 180킬로미터의 (단거리미사일인) K-1유도탄(백곰)이 장거리유도탄으로 불리게 된 연유"라고 회고했다.[45] 오원철과 CIA 보고서에 따르면, 박정희는 1974년 5월 14일 한국형 지대지(탄도)미사일 개발 프로그램을 시작하라고 정식 지시했다. 비밀을 유지하려 유도탄은 '항공공업'이라고 부르고, 1974년 9월 착공한 연구소 건설 공사장엔 '신성농장'이라는 가짜 이름을 내걸었다.[46]

박정희는 한국형 탄도미사일 개발을 철저히 비밀에 부치려 했으나 뜻대로 되지 않았다. 김종필은 "미국의 국무부와 국방부, CIA에선 한국의 비밀스러운 움직임을 제 손금 보듯 파악하고 있었다. 무슨 일을 비밀리에 할 수가 없었다"고 주장했다. 오원철에 따르면 "대전기계창의 건설은 완전히 비밀에 붙여졌으나 ADD의 발주 장비 내용과 유도탄을 개발한다는 정보가 미국에 알려지자, 미국은 즉각적으로 거센 반발을 했다." 오원철의 말마따나 "유도탄이라는 것은 핵무기 운반수단으로 사용 가능하기 때문"이었다.[47] 김종필도 "미국의 인식은 한국이 핵무기를 개발하기 위해 프랑스에선 재처리시설, 캐나다에선 중수로 원자로, 미국에서 지대지미사일 기술을 각각 도입하려고 했다는 것"이라고 회고했다.[48] 실제 ADD의 미사일 개발은 미국의 나이키-허큘리스 미사일을 지대지미사일로 개조하는 데 초점을 맞췄다.[49]

신성농장이라는 가짜 간판을 내걸고 공사를 벌인 대전기계창(ADD의 위장 명칭)은 1976년 12월 2일 준공식을 했다. ADD는 준공식 행사의 하나로 미사일의 고체연료 추진제 시험을 했다. 고체연료는 액체연료와 달리 사전 주입 뒤 이동이 가능해, 미사일의 기밀성과 신속 대응 능력을 높이는 군사용 연료였다. 액체연료보다 기술 난이도가 높다. 오원철은 "대전기계창 준공식 때 미 합동군사고문단JUSMAG 단장이자 유도탄 전문가인 스트리트 장군(소장)은 유도탄 추진제의 시험 광경을 보고는 안색이 백지장같이 됐다고 한다. 준공식이 끝나자 미 국방부 안보담당 차관보 아브라모위치가 내한했다"고 회고했다. 그러곤 아브라모위츠 차관보가 심문택 ADD 소장한테 "'다음 단계는 핵무기를 개발하려는 것이 아니냐?'라고 따지며 '한국은 고양이를 그린다고 하고 있는데 그려놓고 보니 호랑이가 될까 걱정'이라고 했다"고 전했다.[50]

1978년 9월 26일 충남 서산군 안흥종합시험기지에서 ADD는 '백곰' 또는 'K-1'이라 불린 첫 한국형 지대지탄도미사일 발사 시험에 성공했다. 텔레비전으로 생중계된 이 역사적 시험발사를 박정희가 현장에서 직접 봤음은 물론이다. 심융택은 "미국 나이키-허큘리스의 개량형인 최초의 한국산 지대지미사일 '백곰' 발사 실험"이라고 자평했다.[51] 오원철은 "유도탄 개발사업은 박 대통령 자신이 총사령관이 되어 추진한 사업이었다. 유도탄 개발은 미 측에서는 원하지 않는 사업이었다"며, 시험발사 성공 뒤 동북아 주변 국가의 반응을 상세하게 소개했다. 예컨대 일본《요미우리신문》은 "북한이 보유하지 않은 것으로 알려진 핵무기 운반체를 보유했다는 것은 안보상 커다란 의미가 있다"고, 소련 국방부 기관지인《붉은별》은 "한국의 장거리지대지미사일 유도탄 발사 성공은 곧 핵무기 자체 생산을 예고하는 것"이라고 평가했다며 자랑스레 전했다.[52] 박정희와 오원철이 어떤 속내로 미사일 개발에 나섰는지 굳이 숨기려 하지 않은 것이다.

박정희의 미사일 개발 움직임을 두고 한-미 정부는 치열한 밀고 당기기 끝에 절충점을 찾았다. 핵물질 추출과 직접 관련이 없는 미사일 개발을 용인하되 사거리와 탄두 무게를 제한해 핵탄두 투발 수단으로 쓸 수 없게 하겠다는 미국의 전략적 판단에 따른 결과다. 한-미는 사거리를 180킬로미터로, 탄두 무게를 5백 킬로그램 미만으로 제한한 범위에서만 미사일을 개발하기로 한 합의서를 심문택 ADD 소장과 리처드 스틸웰 주한유엔군 사령관(주한미군 사령관) 사이에 교환했다.[53] 180킬로미터는 군사분계선 이남에서 평양까지 거리로 "중국을 자극하지 말라"는 뜻이, 탄두 무게 5백 킬로그램 미만 제한엔 "만일의 경우 한국이 핵개발을 시도한다 해도 5백 킬로그램의 핵폭탄 제조는 불가능하다"는 미국의 기술 판단이 깔린 것이라고 오원철은 지적했다.[54] 애초 박정희 정권이 개발하려던 미사일의 최대 사거리 목표는 사실상 북한 전역을 사정권에 둔 350킬로미터 남짓이었다.[55]

핵프로그램 참여 주체들의 동상이몽

박정희의 핵개발 프로그램은 애초의 목적을 이루지 못하고 중단돼 실패했다는 게 국내외 전문 연구자들의 공론이다. 문정인과 피터 헤이즈는 미국 정부의 비밀 해제된 문서를 근거로 박정희의 핵프로그램을 분석한 논문에서 "실패한 확산 전략"이라 규정했다.[56] 김종필과 심융택도 1976년 1월 23일 박정희 정권의 프랑스산 재처리시설 도입 포기를 미국의 "한국이 망하지 않으려면 재처리시설 도입을 포기하라는 최후통첩"에 따른 "울며 겨자 먹기"에 비유했다.

그러나 사태는 그리 단순하지 않다. 박정희의 핵프로그램이 애초 원자력발전 산업의 기반을 강화하는 정책과 핵무기 개발의 기술적 기반을 다지는 이중궤도 전략을 한 축으로, 핵탄두 투발 수단인 탄도미사일 개발을 다른 한 축으로 삼았다는 사실을 기억할 필요가 있다.

박정희 정권은 핵탄두에 장착할 핵물질 생산시설 건설·운영엔 실패했지만, 원자력산업의 기반은 착실하게 닦았다. 박정희 정권의 프랑스 재처리시설 도입 계약 파기 선언(1976년 1월 23일)에 앞서 서울에서 진행된 한미 협의를 다시 살펴볼 필요가 있다. 1976년 1월 22~23일 서울 미국대사관에서 열린 최형섭 과학기술처장과 마이론 크라처 미국 국무부 국장(해양과 국제환경, 과학 담당)을 단장으로 한 한미 회담이 그것이다. 심융택 등 핵무장론자들은 이 회담이 미국 정부의 최후통첩의 장이라 주장하지만, 사정이 꼭 그렇지만은 않다. 이 회담은 1975년 9월 미 국무부가 스나이더 주한 미국대사한테 "재처리는 어렵고 성형가공은 유용하다"는 조언을 한국 정부에 전하라는 훈령을 내리고, 1976년

1월 5일 스나이더 대사가 국무부에 한국의 재처리시설 도입을 포기시키려면 "비민감 원자력 기술 교류가 필요하니 빨리 전문가단이 내한할 필요가 있다"는 전문을 보낸 데 따른 후속 조처였다.[57] 이 회담에서 한-미 양국은 "원자력협력상설위원회(원자력공동상설위원회)Joint Standing Committee on Nuclear Energy Cooperation, JSCNEC 설치, 과학기술 협력 협정 추진, 국방과학연구소와 미 아르곤국립연구소 간 자매결연, 원자로 설계·건설·운전·보수에 관한 협정, 핵연료 가공사업에 관한 협력, 재처리사업에 관한 협력, 원자로 안전성 분석 및 규제에 관한 협력, 원자로와 핵연료 수출" 등에 합의했다.[58] 김성준은 이를 근거로 미국의 압박에 따른 한국의 일방적 항복이 아닌 "당시 상황에서 양측이 도달할 수 있었던 최선의 결과"라고 평가했다.[59] 미국은 "핵무기 확산에는 반대하되 핵발전소의 건설이나 연료 거래는 IAEA의 안전 규정에 따라 계속한다"는 키신저의 1975년 3월 4일 지침에 따라 한국의 핵무기 개발 시도를 차단했고, 한국은 핵무기화 시도를 멈추는 대신 원자력산업 기반 강화에 필수불가결한 미국의 기술 지원과 협력을 이끌어냈다는 점에서 그렇다는 것이다.

이는 박정희 정권 시절 핵프로그램에 깊이 관여한 핵심 인물의 한 명인 주재양의 평가를 되짚어보게 한다. 주재양은 1971년 설립된 ADD의 제1부소장 겸 대덕분소장, 1976년 12월 설립된 핵연료개발공단의 초대 소장을 지낸 이다. 주재양은 뒷날 언론 인터뷰에서 박정희 정권 시기 핵무기 개발에 관심을 가진 고위 관료들과 원자력산업 기반을 다지려 한 과학기술자들 사이의 관계를 동상이몽에 비유했다. 이런 식이다.

"글쎄 뭐 저는 하나의 동상이몽이라고 본다. 왜냐면 우리 연구소로 봐서는 이런 소위 산업적인 목적으로 기술을 자립시키자, 근데 그게 돈이 어마어마하게 들거든, 그러면 딴 사람들이 혹시 거기서 나오는 부산물 가지고 뭐 (…) 국방으로 쓰겠다는 그런 생각을 갖더라도 저는 구태여 말리지 않았다. 왜? 정부 예산 따기 힘드는데 말이지 그 사람들이 그렇게 생각해가지고 보다 우선적으로 우리한테 자금을 나눠주면 저희들로 봐선 일하기 쉽죠. (…) 30년 전 얘기니까 말씀드릴 수 있는 거다. 제가 부임했을 때는 그럴 능력이 없었다. (…) 우리가 산업적인 파트에 자립을, 기술 축적을 할라 그래도 한 10년은 걸린다고 봐야 하는데 (…) 거기다가 폭탄까지 만든다는 건 그다음 단계 얘긴데, 73, 74년도에서는 그건 저로 봐서는 가능성이 없다고 봤다. 10년 이상 걸리는 거를 우리나라에서 10년 넘는다고 그러면 첫째 정부에서 자금을 배정 안 해준다. 안 그렇나? 몇 년 지나면 자기네들이 관직에 있을지도 모르는데, 10년 후를 바라보고 장기투자를 누가 하나."[60] 주재양의 이런 회고는 박정희 정권 시절 핵프로그램에 참여한 핵 과학기술자들이 핵무기 개발이 10년 안에는 어렵다고 여기면서도 박정희 등 고위 관료들의 핵무기화 관심을 예산을 따내는 실마리로 삼았다는 뜻이다. 공교롭게도 주한 미국대사관이 1975년 10월 31일 국무부에 보낸 박정희의 핵무기 개발 계획 관련 분석 보고서를 보면 "주요 한국 과학자들이 재처리의 경제적 기술적 가치를 너무 강조했고 자신들의 체면과 위치를 손상받을까봐 스스로의 입장을 바꾸지 못하는 점"이라는 대목이 나온다.[61] 미국이 박정희 정권의 핵무기 프로젝트를 중단시킬 압박과 설득과 절충의 실마리로 이 동상이몽 상황을 활용했음을 짐작하게 한다.

박정희 정권은 '백곰' 시험발사 성공으로 한국형 탄도미사일 개발의 첫발을 뗐다. 박정희 이후 한국의 역대 정부는 비핵화 노선을 유지하면서도 미사일 분야에선 착실하게 기술을 발전시키고 쉼 없는 한미 협의를 통해 미국이 그어놓은 한국 미사일의 제한선을 지워나갔다. 한-미 양국 정부는 박정희 시기인 1979년 9월 "사거리 180킬로미터, 탄두 중량 5백 킬로그램이 넘는 탄도미사일은 개발하지 않겠다"는 미사일 지침을 처음으로 마련했다. 이후 한국 정부는 "사거리 제한 3백 킬로미터"(1차 개정, 2001년 1월, 김대중 정부) → "사거리 제한 8백 킬로미터"(2차 개정, 2012년 10월, 이명박 정부) → "모든 미사일에 탄두 중량 제한 없앰"(3차 개정, 2017년 9월, 문재인 정부) → "우주발사체에 고체연료 로켓 허용"(4차 개정, 2020년 7월, 문재인 정부) → "지침 폐지로 모든 제한 사라짐"(2021년 5월, 문재인 정부)의 궤적을 밟으며 미사일 개발의 사거리·탄두 중량 제한을 없앴다. 이러한 미사일 지침 개정, 종료 과정은 한국의 대미 군사외교의 대표적 성공 사례로 꼽힌다.

이러한 사정에 비춰보면 박정희의 핵개발 프로그램은 절반의 성공, 절반의 실패라고 할 수도 있다.

확장 억지의 신뢰성과 핵무장론

1970년대 중후반 미국 정부는 박정희의 핵개발 의지의 배경을 다각도로 분석했다. 주한 미국대사관은 1975년 10월 31일 국무부에 보고한 전문에서 "한국이 일본과 비교해서 차별받고 있다는 데서 오는 분노가 강력한 민족적 자존심 및 자아와 결합한 점"과 "핵기술에 있어서도 일본과 동등한 기준에서 경쟁할 수 있어야 한다는 생각"을 지적했다.⁶²
또 이 보고서는 "박정희 대통령에게 결정적인 요소는 미국의 핵 억지가 가능하지 않을 경우 사용할 수 있는 핵 옵션이 필요하다는 고려"라고 강조했다. 박정희의 핵개발 의지엔 미국의 한국 안보 의지, 무엇보다 핵무기로 한국을 보호한다는 확장 억제력에 대한 불안감이 깔려 있다는 분석이다. 미국 국방부는 1976년 1월 16일 문서에서 "고립과 미군 철수 가능성에 대한 두려움"을 "핵무기 개발과 그 무기를 운반할 장거리지대지미사일 개발을 위한 비밀 프로그램 착수"의 배경으로 꼽았다.⁶³

특히 1978년 6월 시점에 박정희 정권이 핵무기 개발 프로그램을 재가동하고 있다는 증거가 없다는 정보 판단을 내놓은 CIA 보고서의 결론은 예언적이다. CIA는 이 보고서에서 "서울(한국)에서 미국의 영향력 감소가 동반된다면, 미국의 핵우산에 대한 신뢰가 약해지면, 핵무기 옵션을 추구하려는 이들의 영향력이 더욱 강화될 것"이라고 분석했다.⁶⁴ 미국이 한국에 약속한 확장 억제력의 신뢰성과 한국 내부의 핵무장 여론 사이엔 부負의 상관관계가 있다는 지적이다.

이렇듯 박정희 시기 핵개발 프로그램과 관련한 역사적 사실을 정확히 파악하는 건, 윤석열 정부 시기 둑이 터지듯 쏟아진 각종 핵 보유 주장의 역사적·정치적·경제적 맥락을 가늠하는 데 필수적이다.

2장

전두환의 핵프로그램 폐기, 노태우의 비핵화선언

박정희의 죽음으로 군을 앞세운 박정희의 18년 독재가 끝났지만, 아주 짧은 '서울의 봄'을 지나 다시 긴 군사독재의 먹구름이 대한민국의 하늘을 뒤덮었다. 전두환은 두 차례의 군사쿠데타(1979년 12월 12일, 1980년 5월 17일)로 자국민을 학살하며 권력을 장악했다. 군사독재의 간판 얼굴이 박정희에서 전두환으로 바뀌었다.

    미국은 전두환의 자국민 학살을 가로막지 않았다. 그렇다고 대한민국 대통령을 자임한 전두환의 정통성을 바로 인정하지도 않았다. 미국은 전두환의 치명적 약점을 자국의 이익을 극대화하는 효과적 수단으로 활용했다. 전두환의 정통성을 인정해주는 대가로 박정희의 핵개발 프로그램 완전 폐기를 요구한 것이다. 한국의 민주주의를 학살하는 데에는 좌고우면하지 않고 무자비했던 전두환은 미국의 요구엔 순한 양처럼 굴었다. 전두환은 박정희의 핵프로그램을 폐기했다. 박정희가 자주국방이라는 이름으로 1970년대 초반부터 심혈을 기울여온 핵개발 프로그램은 그렇게 땅에 묻혔다.

한국민이 1987년 6월 항쟁으로 전두환의 7년 군사독재를 끝장 낸 뒤 치러진 13대 대통령선거(1987년 12월 16일)에서 야권의 분열을 틈 타 전두환의 쿠데타 동료인 노태우가 권력을 거머쥐었다. 노태우는 1990년대 초 소련을 포함한 동유럽 사회주의 국가들의 연쇄 체제 전환, 곧 '비대칭탈냉전'의 와중에 독자적인 비핵화선언(1991년 11월 18일)과, 조선과 함께한 한반도비핵화공동선언(1991년 12월 31일)으로 대한민국이 비핵국가임을 안팎에 선언했다. 노태우의 연쇄 비핵화선언에도 미국의 압박이 작용했다. 다만 노태우의 비핵화선언은 한소 수교(1990년 9월 30일) → 남북한의 유엔 동시·분리 가입(1991년 9월 17일) → 남북기본합의서(1991년 12월 13일) → 한중 수교(1992년 8월 24일)로 숨 가쁘게 이어진 북방정책의 맥락 위에 있었다.

거칠고 단순하게 요약하자면 전두환의 핵프로그램 폐기가 전적으로 사적 이익 추구였다면, 노태우의 연쇄 비핵화선언은 큰 틀에서 국익과 맞닿아 있었다. 2025년 대한민국은 노태우 이래 비핵국가 노선을 견지하고 있다.

핵프로그램 폐기, 레이건의 전두환 인정

레이건은 40대 미국 대통령에 취임한 당일인 1981년 1월 20일 전두환한테 다섯 줄짜리 짧은 편지를 보냈다. 내용은 이렇다. "전두환 대통령께. 1981년 2월 1~3일에 귀하가 워싱턴을 방문하실 수 있기를 희망합니다. 귀하를 맞아 한-미 양국 관계의 현 상황은 물론 지역 문제에 대한 상호 관심사를 재점검하게 된 것을 본인은 기쁘게 생각합니다. 경의를 표하며, 로널드 레이건".

열흘 뒤 워싱턴으로 오라는 일방적 초청장이다. 정상회담에 앞서 당연히 있어야 할 한-미 정부 사이에 사전 협의는 없었다. 1980년 9월 1일 이후 대한민국의 11대 대통령 노릇을 하면서도 전임 카터 미 행정부로부터 정통성을 인정받지 못해 전전긍긍하던 전두환이 레이건의 방미 초청을 거절할 리 없다. 더군다나 전두환은 레이건 취임 뒤 백악관을 방문하는 첫 외국 정상이라는 '영광'을 누릴 터였다. 전두환은 레이건의 편지를 받자마자 요구한 날짜에 워싱턴에 가겠다는 답장을 보냈다. 1981년 1월 22일자로 발송된 전두환의 답신 내용은 이렇다. "저와 제 아내가 워싱턴을 방문할 수 있게 초청해주신 1월 20일자 서한에 감사드립니다. 초청에 응하게 되어 매우 기쁘게 생각하며, 국제 상황은 물론 여러 가지 양자 간 현안을 상의하기 위한 회동을 가졌으면 합니다".

전두환이 레이건한테 답신을 보낸 1981년 1월 22일 윌리엄 글라이스틴 주한 미국대사는 국무부에 '레이건-전두환 회담을 위한 협의사항 제안'이라는 제목의 전문을 보냈다. 글라이스틴은 이 전문에서 "(전임) 포드와 카터 행정부에서 채택된 핵 비확산의 입장을 다시 거론하는 것이 중요"하다며 "우리의 확고한 입장을 누그러뜨려서는 안 될 것"이라고 강조했다.[1] 박정희가 추진하던 핵프로그램의 폐기를 압박해야 한다는 제안이다.

레이건의 초청으로 전두환의 방미가 사실상 확정되자 미 국무부는 전두환의 2박 3일 일정표를 짰다. 전두환-레이건의 백악관 회담은 2월 2일로 잡혔는데, 내용이 가관이다. "총 회동 시간은 10분 미만. 헤이그 국무장관과 노신영 외무장관이 통역으로 배석". 전두환이 태평양을 건너 워싱턴까지 가서 레이건과 마주 앉을 시간은 '10분 미만'. 회담이 아닌 상견례라 해야 마땅할 시간 배정이다. 더구나 정상회담에 반드시 필요한 공식 통역도 배석할 수 없게 했다. 회담에 배석할 알렉산더 헤이그 미 국무장관과 전두환의 외무장관 노릇을 한 노신영이 대신 통역을 맡으라는 지침이다. 회담은 실제 그렇게 진행됐다. 미 국무부는 이런 싸늘한 일정표를 두고 "최소한의 정상적 예우"라고 했다.

　시간이 짧다고 무시할 일은 아니다. 이 자리에서 박정희의 핵프로그램 폐기가 결정됐기 때문이다. 그 흔적은 전두환의 방미 직후인 1981년 2월 5일 미 국무부가 작성해 백악관과 주한 미국대사관에 보낸 '한국 전두환 대통령 방미 관련, 국무장관의 블래어 하우스 회동'이라는 제목의 1급 비밀문서에서 찾을 수 있다.[2] 이 문서는 헤이그가 워싱턴 앤드루스공군기지에서 백악관까지 전두환과 함께 차를 타고 가며 나눈 이야기, 백악관에 도착해 노신영과 따로 나눈 대화가 담겨 있다. 헤이그는 노신영한테 "한국이 우리의 핵 확산 방지 정책에 계속 협조해주는 것이 중요"하다고 강조했다. 1981년 2월 6일 미 국무부가 작성해 백악관과 주한 미국대사관, 태평양사령부, 도쿄와 베이징의 미국대사관에 보낸 문서를 보면, 헤이그는 전두환한테 "한국이 현명하게 핵 비확산 정책을 고수하고 있는 점에 감사드린다"고 말했다.[3] 외교적 수사의 거품을 빼고 알짬만 추리면 '핵프로그램을 폐기하라'는 주문의 반복이다. 이는 글라이스틴이 국무부에 제안한 내용과 정확히 일치한다. 레이건이 학살자 전두환을 워싱턴으로 부른 핵심 이유가 '핵프로그램 폐기 약속' 받아내기임을 알 수 있다. 레이건이 전두환을 워싱턴으로 불러 얻어낸 게 이것만은 아니다. 헤이그는 노신영과 대화에서 "미국의 F-16(전투기)을 포함한 무기 공급(판매)에 (전두환이) 협조해줘서 감사"하다고 했고, 내란의 우두머리 전두환이 내란 수괴로 몰아 사형수로 감옥에 가둬둔 "김대중 건에 대한 의견 교환"을 했다. 엄청나게 비싼 미국 무기 팔아먹기와 김대중 사면도 워싱턴 초청의 이유였다는 뜻이다.

전두환의 '가짜 유도탄' 소동

전두환은 워싱턴에 가기 전후로 두 차례 이른바 '가짜 유도탄' 소동을 일으켰다. 첫 한국형 지대지탄도미사일 '백곰(K-1)'이 사기라는 것이다. 박정희의 비밀 지시에 따라 '백곰' 개발에 중추적 구실을 한 오원철은 권력을 쥔 전두환이 "공개 석상이나 비공개 석상에서 '한국형 유도탄은 엉터리였다. 미국 것에 페인트칠만 했다. 국방과학연구소 기술자들은 수천억 원의 예산만 낭비했다'라는 발언을 했다"고 주장했다.[4] 전두환이 일으킨 1차 가짜 유도탄 소동의 여파로, 박정희 시기 미사일 개발의 실무 사령탑 구실을 한 심문택이 ADD 소장 자리에서 쫓겨나는 등 '숙청 바람'이 불었다. 1981년엔 핵연료개발공단을 에너지연구소로 개편하며 핵연료 개발 연구를 금지했다.[5]

전두환은 워싱턴에 다녀온 뒤 박정희 핵개발 프로그램의 양대 축인 핵 과학기술자들과 미사일 개발 전문가들을 거리로 내몰고 핵심 기관을 해체하거나 무력화시켰다. 레이건의 지침에 따라 박정희 핵개발 프로그램에 궤멸적 타격을 가한 것이다. 1982년 12월 전두환의 육사 동기인 김성진이 ADD 소장으로 왔는데, 취임 바로 다음 날 ADD 직원 2천4백 명 가운데 8백 명을 잘랐다.[6] 단순 숫자로는 3분의 1이지만, 핵심 연구진을 거리로 몰아냈다는 점에서 미사일 개발 역량 초토화였다. 오원철은 "신군부가 미국의 눈치를 보며 각종 요구를 수용한 탓"이라며 "뭔가 딜이 있었던 게 아닌가 싶다"고 했다.[7]

문정인과 피터 헤이즈도 박정희 시기 핵프로그램을 분석한 논문에서 "전두환은 1980년 군사쿠데타로 권력을 잡은 뒤 레이건 행정부의 인정을 얻으려 필사적이었다"며 "박정희한테 물려받은 핵무기 및 미사일 개발 프로그램을 폐기함으로써 독재에 대한 미국의 지지를 어느 정도는 얻어냈다"고 평가했다.[8]

노태우의 비핵화선언[9]

노태우는 집권 4년 차인 1991년 '비핵화선언'을 했다. 오로지 사익만을 추구해 아무런 공식·공개 발표도 없이 박정희의 핵프로그램을 폐기한 전두환과 달리, 비핵 노선을 대한민국의 기본 노선으로 정초했다. 노태우는 1991년 11월 8일 '한반도의 비핵화와 평화구축을 위한 선언(비핵화선언)'을 했다. 이어 1991년 12월 18일 "이 시각 우리나라 어디에도 단 하나의 핵무기도 존재하지 않는다"고 한국 내 핵 부재를 선언했다. 이는 한국전쟁 이후 주한미군에 배치된 미국의 전술핵무기가 모두 한반도 밖으로 나갔음을 공식 확인한 것인데 당시 조선이 IAEA의 핵사찰을 받도록 압박하고 한반도비핵화공동선언을 이끌어내려는 전략적 목적에 따른 것이었다. 노태우는 두 차례의 비핵 선언을 디딤돌 삼아 1991년 12월 31일 조선과 '한반도의 비핵화에 관한 공동선언(한반도비핵화공동선언)'에 합의했다. 비핵 노선을 한국뿐만 아니라 남–북한 모두의 기본 노선으로 만든 것이다.

 노태우가 1991년 11월 8일 발표한 비핵화선언의 핵심 내용은 세 가지다. ①핵에너지를 오직 평화적 목적을 위해서만 사용하며 핵무기를 제조, 보유, 저장, 배비, 사용하지 않음 ②핵연료 재처리 및 핵농축 시설을 보유하지 않음 ③화학생물무기를 갖지 않음.[10] ①과 ②는 한반도비핵화공동선언의 핵심 내용과 사실상 같다.

 그런데 노태우가 1991년 11월 8일 발표한 비핵화선언은 애초 노태우 정부가 구상한 내용과 달랐다. 구상에서 발표 사이에 미국의 압력이 작용한 탓이다. 1991년 7월 2일 미국을 국빈 방문한 노태우는 백악관에서 진행된 부시와 단독 정상회담에서 한반도 비핵화 논의와 관련한 한국 정부의 방침을 밝힌다. 노태우는 "우리는 세 가지 전제조건을 달아 북한과 핵 협상에 나서겠다. 첫째, 미국은 핵 보장(핵우산)을 유지해야 한다. 둘째, 북한은 전면 사찰을 받아들여야 한다. 셋째, 북한은 재처리를 포기해야 한다. 그들이 이에 동의한다면 우리는 북한과 핵 협상에 나설 것이다"라고 밝혔다.[11] 미국의 '압력성 권고'를 받아들여 남북 고위급회담에서 북핵 문제를 의제로 다루겠다고 약속한 것이다. 노태우는 이어 한국 정부의 독자적인 비핵화 정책을 선언하겠다며 '비핵

4원칙', 곧 "①핵 없는 세계가 바람직한 목표다 ②한국은 핵에너지를 평화적 목적으로만 사용할 것이다 ③한국은 핵무기를 소유하거나 사용하지 않을 것이며, 영토 내에 핵무기를 반입하지 않을 것이다 ④한국은 NPT를 지지한다"는 네 개 항을 부시한테 밝혔다.[12]

    노태우가 부시를 만나 비핵 4원칙을 밝힌 데에는 당시 주한 미국대사인 도널드 그레그의 '한국 정부가 핵 문제에 관하여 주도적인 방안을 제시하는 게 좋겠다'는 권고가 작용했다.[13] 노태우-부시의 정상회담을 앞두고 그레그와 같은 점잖은 권고만 있었던 것은 아니다. 미국은 당시 비핵화를 남북관계 개선의 전제조건으로 내세우며 핵 전문가와 정보 분야 요원을 수시로 한국에 보내 노태우 정부를 압박했다.[14] 1991년 5월 10~12일 폴 월포위츠 미 국방부 정책 담당 차관의 방한이 그 신호탄이었다.[15] 당시 외무장관이던 이상옥의 증언에 따르면, 월포위츠는 1991년 5월 11일 이상옥을 찾아와 "북한이 IAEA 핵안전조치협정을 체결하는 것만으로는 부족하고 북한의 핵무기 개발 위협을 완전히 제거하려면 북한의 핵 재처리시설을 철거해야 한다"며 "남북한이 핵 재처리시설을 포기하는 방안을 남북대화에서 협의할 것을 제의"했다고 한다.[16] 외교적 수사를 걷어내고 나면, 월포위츠가 남북한 모두 재처리시설을 포기해야 한다고 노태우 정부를 압박했다는 뜻이다. 이는 부시 행정부의 한반도 비확산 정책이 북핵에만 한정된 게 아니라 남-북한 모두의 핵 능력 제거에 초점을 맞추고 있음을 보여주는 것이다. 월포위츠 방한 직후인 1991년 6월 4~6일 미 국무부의 로널드 레만 군축 처장이 방한해 핵 문제를 남북 고위급회담에서 의제로 다루라고 '요청'했다.[17]

이와 관련해 임동원은 "레만이 방한했을 때, '지금 급한 것은 (북한에) 가서 (핵개발 수준이 어느 정도인지 직접) 보는 것이다. 어떻게든 (북한에) 가서 봐야 한다. 그러려면 한국이 먼저 핵시설을 갖지 않는다는 선언을 해야 한다'고 했다. 노태우 대통령의 독자적인 비핵화선언이 나온 데에는 그런 배경이 있었다"고 증언했다.[18]

노태우의 비핵화선언과 핵 부재 선언 이후 남과 북은 "핵무기의 시험, 제조, 생산, 접수, 보유, 저장, 배비, 사용을 하지 아니한다"(1항)에 더해 "핵 재처리시설과 우라늄 농축시설을 보유하지 아니한다"(3항)는 내용을 핵심으로 한 한반도비핵화공동선언을 합의·발표했다. "핵 재처리시설과 우라늄 농축시설을 보유하지 아니한다"는 3항을 주목할 필요가 있다. 핵 재처리·우라늄 농축시설은 "핵에너지의 평화적 목적 이용"(2항)에도 필요한 것이라, NPT와 IAEA 핵안전조처협정도 금지하지 않은 시설이다. 따라서 한반도비핵화공동선언 3항은 남과 북이 주권국가로서 누려야 할 주권의 일부를 자발적으로 포기했음을 뜻한다.

당시 남과 북이 핵에너지의 평화적 이용에 어려움을 몰고 올 재처리·농축시설을 포기하겠다고 한 게 비핵·평화라는 숭고한 가치 때문은 아니다. 노태우는 미국의 집요한 압력에도 1991년 7월 2일 부시와 워싱턴 회담에서도 확약하지 않은 재처리와 농축 권리를 왜 결국 포기했을까. 뒷날 노태우는 회고록에서 "우리가 재처리시설을 갖겠다고 하면 한미동맹 관계가 깨지는 것은 너무도 자명한 일"이었다며, 재처리·농축 시설 포기의 배경에 미국의 압력이 있었음을 굳이 감추려 하지 않았다.[19] 이와 관련해 당시 미국 국무장관이던 제임스 베이커가

1991년 11월 18일 딕 체니 국방장관한테 보낸 비밀전문의 내용은 의미심장하다. 베이커는 이 전문에서 "우리는 한국 정부한테 핵 확산 이슈가 매우 중요한 지역 및 글로벌 우려 사항임을 명확하게 알려야 한다. 그런데 한국 혼자서는 북한의 핵 포기를 이끌어낼 수 없다. 미국은 한국을 대신해 (북한에 대해) 국제적 압력을 조율하는 지휘자 구실을 해야 한다"고 강조했다.[20]

요컨대 남과 북이 재처리·농축 권리의 포기가 담긴 한반도비핵화공동선언에 합의한 데에는, 어쩔 수 없는 사정과 함께 당시 국가 이익을 최대치로 끌어올리려는 전략적 선택이 깔려 있었다. 미국의 압력이 가장 큰 요인이고, 이를 뿌리치지 못한 노태우 정부, 워싱턴으로 가는 길(조미관계 정상화)을 어떻게든 뚫으려 한 조선의 양보가 두루 뒤엉킨 전략적 선택의 결과다. '자주'를 입에 달고 살던 김일성의 한반도비핵화공동선언 합의에는 1992년 1월 김용순의 방미를 동력 삼아 미국과 관계 정상화를 이루겠다는 전략적 포석이 깔려 있었다.

비핵화공동선언 이후

비핵·평화 한반도의 비전을 담은 한반도비핵화공동선언을 버린 노태우의 선택을 두고 역사적으로 후한 평가가 압도적이다. 하지만 핵무장론자들은 노태우가 한반도비핵화공동선언에 재처리·농축 권리 포기를 명시함으로써 주권을 포기했다고 거세게 비판한다. 이명박 정부 시절 통일연구원장을 지낸 군사전문가 김태우는 '평화적 핵 주권'을 내세워 농축과 재처리 권리를 확보하자면 한반도비핵화공동선언을 폐기

해야 한다고 주장한다.[21]

과연 그러한가? 대한민국은 '원조받는 나라'에서 '원조하는 나라'로 거듭난 세계 유일의 국가, 경제성장과 민주화를 함께 이뤄 2차 세계대전 이후 이른바 '선진국 클럽'에 합류한 유일한 국가다. 문재인 정부 시절이던 2021년 7월 제68차 유엔무역개발회의UNCTAD는 한국의 지위를 기존의 그룹A(아시아·아프리카)에서 그룹B(선진국)로 바꾸겠다고 만장일치로 결의했다. 한국은 1964년 유엔무역개발회의 설립 이래 선진국 그룹에 새로 진입한 유일무이한 국가다. 식민과 전쟁과 독재에 신음하던 대한민국이 이른바 'K-'를 앞세워 세계인의 사랑과 지지를 받는 선진통상국가로 성장한 데에는 노태우의 북방정책 이래 민주와 개방, 남-북 화해 협력의 길을 넓혀온 5천만 시민과 역대 정부의 애씀이 있음을 잊지 말아야 한다.

3장

목소리 높이는 핵 보유 주장

조선이 여섯 차례 핵실험으로 아홉 번째 핵무장국 입지를 다져가자, '핵에는 핵으로'를 외치는 각종 핵 보유 주장이 한국사회에서 확산하고 있다. 한국이 직접 핵무기를 만들자는 '자체 핵무장론', 핵무기를 만들지는 않되 핵무기를 만들 수 있는 기술적 기반을 갖추자는 '잠재적 핵 능력 보유' 주장, NATO식 핵 공유론, 전술핵 재반입론 등이 그렇다.

이러한 주장들은 북핵에 대응하는 한미동맹의 핵심 수단인 미국의 확장 억제력을 믿지 못하겠다는 말과 다르지 않다. 확장 억제력이란 미국이 한국에 핵무기를 배치하지 않지만, 조선의 대남 무력 행사에 미국의 핵을 동원해 대응한다는 약속을 뜻한다. 한미동맹 차원에서 미국의 확장 억제력은 1978년 7월 제11차 한미 안보협의회의SCM에서 처음으로 공식 표명돼 지금에 이르고 있다. 예컨대 미국의 로이드 오스틴 국방장관은 2024년 10월 30일 워싱턴에서 발표한 제56차 한미 안보협의회의 공동성명을 통해 "핵, 재래식, 미사일 방어 및 진전된 비핵 능력 등을 포함한 미국의 모든 범주의 군사 능력을 운용하여 대한민국에 확장 억제를 제공한다는 미국의 굳건한 공약을 재강조"하며 "북한의 어떠한 핵 공격도 용납할 수 없으며, 이는 결국 김정은 정권의 종말을 초래할 것"이라고 밝혔다.

엄밀한 의미의 핵무장이란 핵무기 개발에 필요한 농축·재처리 관련 기술·시설을 확보해, 핵무기를 독자적으로 제조·생산·시험·보유·배치한 상태를 뜻한다. 따라서 한국사회에서 분출하는 각종 핵 보유 주장 가운데 이 기준에 부합하는 주장은 '자체 핵무장론'뿐이다. 하지만 요즈음 한국사회에서 분출하는 각종 핵 보유 주장은 핵에는 핵으로 맞서야 한다는 핵 균형론을 공유하고 있다. 미국의 확장 억제 공약이 '찢어진 핵우산'일 수 있다는 의심도 공유한다.

자체 핵무장론

한국이 자체 핵무장을 해야 한다는 주장의 대표선수는 대한민국 20대 대통령 윤석열이다. 윤석열은 대통령 임기 2년 차에 접어든 2023년 1월 11일 북핵 문제가 심각해진다면 "우리 자신이 자체 핵을 보유할 수도 있다"라고 말했다. 진위를 확인하기 어려운 사석이나 비공개 발언이 아니다. 외교부와 국방부의 공동 업무보고를 듣고 나온 마무리 발언이라고 대통령실이 공식 발표한 서면 브리핑에 담긴 발언이다.[1] 윤석열은 '자체 핵 보유'를 입에 올린 뒤 "우리 과학기술로 앞으로 시간이 지나면 더 빠른 시일 내에 우리도 가질 수 있겠죠"라고 덧붙였다.

윤석열의 자체 핵 보유 발언은 문제적이다. 노태우 정부 시기인 1991년 한반도비핵화공동선언 이래 대한민국은 '비핵'을 국가 기본 노선으로 견지해온 국가이기 때문이다. 현직 대통령의 핵무장 발언은 1975년 박정희의 "미국의 핵우산이 없어진다면, 한국은 핵무기를 개발할 것이며, 그럴 능력이 있다"(《워싱턴포스트》 인터뷰, 1975. 6. 12)라는 주장 이후 48년 만이다.

하지만 윤석열은 2023년 4월 26일 백악관에서 조 바이든 미국 대통령을 만나 바로 '항복 선언'을 했다. 바이든은 윤석열과 회담 결과를 담은 '워싱턴선언'에 이렇게 명기했다. "윤(석열) 대통령은 국제 비확산 체제의 초석인 NPT상 의무에 대한 한국의 오랜 공약 및 대한민국 정부와 미합중국 정부 간 원자력의 평화적 이용에 관한 협력 협정 준수를 재확인하였다."[2]

무슨 뜻인가? NPT는 미국·영국·프랑스·중국·러시아, 5개국의 핵무기 보유만을 인정하며 나머지 국가들의 비핵 의무를 규정한 조약이다. 윤석열이 말한 한국의 자체 핵 보유는 NPT 위반이다. '대한민국 정부와 미합중국 정부 간의 원자력의 평화적 이용에 관한 협력 협정(한미 원자력협정)'도 한국의 핵폭발 장치(핵무기) 연구·개발·이용을 금지(13조)하며, 이를 위반하면 협정의 종료·폐기(17조) 사유가 된다. 한미 원자력협정은 한국의 사용후핵연료 재처리와 우라늄 농축도 제한한다. 요컨대 워싱턴선언에 명기된 'NPT 의무'와 '한미 원자력협정 준수'란 핵무기 개발은 물론 농축과 재처리도 하지 않겠다는 대한민국 정부의 대미 약속이다.

사정이 이러한데도 윤석열은 워싱턴선언 발표 이틀 뒤인 2023년 4월 28일 하버드대 연설 문답 시간에 "대한민국은 핵무장을 하겠다고 마음을 먹으면 빠른 시일 내에, 1년 이내에도 핵무장을 할 수 있는 기술 기반을 가지고 있다"라고 주장했다. 한국의 자체 핵무장은 현실적이지 않다는 전제를 달긴 했지만, 석 달여 전인 외교부·국방부 공동 업무보고 마무리 발언과 궤를 같이하는 주장이라는 점에서 문제적이다.

워싱턴선언 이후에도 자체 핵 보유 주장과 관련한 윤석열의 발언은 혼란스러웠다. 예컨대 2024년 2월 7일 KBS와 대담에선 "자체 핵(무기) 개발"을 "현실적이지 못한 얘기"라고 선을 그으면서도 "핵개발 역량은 우리나라 과학기술에 비추어서 마음만 먹으면 시일이 오래 걸리지는 않습니다"라고 덧붙이기를 잊지 않았다.³ 혼네(속마음)와 다테마에(겉마음)를 달리하는 일본 문화를 연상케 하는 화법이다.

윤석열의 자체 핵 보유 발언은 돌출적이지 않다. 그를 대통령으로 배출한 국민의힘 소속 유력 정치인들도 자체 핵무장 발언을 거침없이 해왔다. 예컨대 새누리당(국민의힘 전신) 대표를 지낸 정몽준은 대선 출마 선언 직후인 2012년 6월 3일 당사 기자회견에서 "미국에 의존하는 핵 전략을 넘어 우리도 (자체적으로) 핵무기 보유 능력을 갖춰야 한다"라고 말했다. 그날 정몽준은 "핵무기는 재래식 무기를 무력화시키는 절대무기로, '핵에는 핵'이라는 공포의 균형 없이는 평화를 얻을 수 없다"고 거듭 주장했다.⁴ 정몽준은 당내 경선 과정에서 핵무장을 대통령 선거 공약으로 내걸었다. 정몽준은 2013년 4월 워싱턴에서 열린 카네기 국제핵정책회의Carnegie International Nuclear Policy Conference 기조연설에서도 한국이 핵무기를 개발할 필요가 있다고 주장했다. 정몽준은 핵무장을 외치는 정치인의 원조 격이다.

정몽준 이후 국민의힘의 유력 정치인들은 북핵 문제가 악화될 때마다 핵무장 주장을 해왔다. 김종인은 국민의힘 비대위원장이던 2020년 11월 24일 서울외신기자클럽 초청 간담회에서 "북한이 핵을 절대로 포기하지 않고 끝까지 가져간다면 우리도 핵무장에 대해 생각을 다시 해볼 필요가 있지 않나 생각한다"고 말했다.[5]

윤석열이 '핵무장을 않겠다'고 미국에 문서로 약속한 워싱턴선언 이후에도 국민의힘 계열 정치인의 핵무장 주장은 잦아들지 않았다. 2024년 6월 26일 국민의힘 당대표 선거에 나선 나경원은 자신이 당대표가 되면 '핵무장 3원칙'을 당론으로 채택하겠다고 말했다.[6] 나경원이 주장한 핵무장 3원칙이란 "국제정세를 반영한 핵무장, 평화를 위한 핵무장, 실천적 핵무장"이다. 나경원은 그 전날인 6월 25일엔 "이제는 우리도 핵무장을 해야 합니다"라고 페이스북에 써, 당대표 경선 주자 가운데 가장 먼저 핵무장론의 불을 지폈다. 국민의힘 소속인 오세훈 서울시장도 2024년 6월 25일 "우리가 핵을 갖지 않으면 핵그림자 효과에 영향을 받을 것"이라며 "종국적으로는 핵을 개발할 수밖에 없다"라고 주장했다. 서울 동작구 공군회관에서 열린 '새로운 미래를 준비하는 모임' 연설에서다.

집권당 대표 경선에서 핵무장이 주요 화두로 떠오르자, 곤혹스런 처지에 내몰린 정부 고위직이 수습에 나섰다. 외교부 장관(조태열)은

2024년 7월 17일 국회 외교통일위원회에 나와 "자체 핵무장 문제는 신중하게 검토해야 할 사안"이라는 견해를 밝혔다. 조태열은 그 이유로 "NPT 체제와의 충돌, 경제적 비용, 한미동맹에 미치는 함의" 따위를 거론했다. 자체 핵무장은 NPT 위반이며, 경제제재와 한미동맹 훼손으로 이어지리라는 외교적 수사로 포장된 반대 견해다. 외교부 차관(김홍균)은 2024년 9월 4일 워싱턴에서 열린 미국과의 5차 확장억제전략협의체 EDSCG 고위급 회의 뒤 기자회견에서 "한국은 국제사회의 책임 있는 국가로서 NPT를 확실히 준수할 것"이라며 자체 핵무장은 정부 입장이 아니라고 선을 그었다.

하지만 자체 핵무장 주장은 꺼진 불이 아니다. 국가정보원에 딸린 연구기관인 국가안보전략연구원은 2024년 6월 공개 보고서를 통해 자체 핵무장을 정부 차원에서 검토해야 할 문제라고 제안했다. 이런 식이다. "한미 확장 억제를 지속적으로 강화하는 한편 전술핵 재배치 및 나토식 핵 공유, 자체 핵무장 또는 잠재적 핵 능력 구비 등을 포함하여 다양한 대안에 대한 정부 차원의 검토 및 전략적 공론화 추진"[7] 이는 국책연구기관의 첫 공개 자체 핵무장 주장이다. 국책연구기관은 정부의 정책 기조에 반하는 보고서를 공개적으로 발표하지 않는다는 점에서 이 보고서의 자체 핵무장 검토 제안은 문제적이다.

잠재적 핵 능력 보유론

잠재적 핵 능력 보유론은 당장 핵무기는 만들지 않되 핵무기를 만들 수 있는 기술적 기반은 갖추자는 주장이다. 잠재적 핵 능력 보유론은 주장의 강조점에 따라 핵무기 개발로 가는 문을 열어둔 쪽과, 논리상 핵기술의 군사적 활용의 문을 일단 닫아두자는 핵연료주기 능력 확보론으로 나뉜다. 적잖은 핵연료주기 능력 확보론자들이 이른바 '플랜 B'로 핵무기 개발의 길을 배제하지 않는다는 점에서 두 주장은 본질적으로 크게 다르지 않다.

핵연료주기란 우라늄 원광을 채굴해 선광選鑛부터 성형가공을 해서 핵연료를 만들고, 에너지를 얻으려고 핵연료를 태워 나오는 사용후핵연료를 재처리해 플루토늄을 얻는 과정을 총칭한다. 선광 → 정련 → 농축 → 핵연료 성형가공까지는 '선행 주기', 사용후핵연료의 재처리는 '후행 주기'에 해당한다.[8] 오스트리아 대사로 IAEA와 협의·협상 업무를 경험한 신동익은 핵연료주기와 관련한 한국의 현실을 "선행(농축) 관련해서는 아궁이(원전)는 잘 만드나 사용할 땔감(연료)이 없으며, 후행(재처리·재활용) 분야에서는 원전 사용후핵연료와 폐기물(화장실)이 꽉 차 있는 상황"에 비유한다.[9] 군사적 목적을 배제한 핵연료주기 능력 확보 필요성을 긍정하는 전문가들 가운데 "농축 재처리를 통한 핵 잠재력을 갖는 대안"을 "한미동맹이 작동하지 않는 최악의 상황에 대비한 플랜B"로 거론하는 이들이 적지 않다.[10]

자체 핵무장론의 주요 주창자들이 국민의힘 계열 정치인이라면, '평화적 핵 주권론'이라 부를 수 있는 잠재적 핵 능력 보유론자들은 정치인과 국회의원, 전직 고위 외교관리들을 포함해 그 폭이 더 넓다.

노무현 정부 시절 6자회담 수석대표와 외교통상부 장관을 지낸 송민순은 대표적인 잠재적 핵 능력 보유 제안자다. 송민순은 "잠재적 핵

능력을 갖추는 자체가 전략적 자율성을 개선시킴으로써 적대국과 우호국에 대해 공히 억지 효과를 갖고 있다"며 "한미 원자력협력협정과 NPT 체제 내에서 일본과 독일 수준의 우라늄 농축과 재처리 능력을 구비하도록 외교력과 기술력을 집중"해야 한다고 주장한다.[11] 송민순이 보기에, 한반도 세력 균형의 주체가 남과 북이 아니라, 미국과 북한이라는 "구조적 모순 때문에 길게는 지난 50년간 또는 짧게는 30년간 추진해 온 한반도의 '적극적 평화 구축(비핵화 - 교류협력 - 평화체제 - 통일)' 시도는 실패했고, 한국으로서는 안보와 통일정책을 '소극적 평화(현상 인정 - 세력 균형 - 안정 공존 - 접촉 교류)' 구축의 방향으로 전환이 필요한 현실"이다. 따라서 "'소극적 평화'의 구축을 거쳐 '적극적 평화' 상태로 가기 위해서는 최소한 잠재적 수준에서나마 남과 북의 핵 균형과 이를 바탕으로 한 한반도 안보 구조의 정상화가 병행되어야 한다"는 것이다. 송민순은 '핵무장 조선'에 대응해 "남과 북의 핵 균형"은 불가피하며, "핵우산의 신뢰에 위기가 발생하거나, 우산의 유지 비용이 비현실적으로 가중될 경우, NPT 10조에 규정된 주권적 선택을 행사할 준비를 갖추어야 한다"고 주장한다. 송민순이 언급한 "NPT 10조에 규정된 주권적 선택"이란 최악의 경우 NPT 탈퇴를 통해 핵무장을 도모해야 한다는 주장이다. NPT는 10조에서 회원국이 "국가의 지상이익을 위태롭게 하고 있는 것으로 그 국가가 간주하는 비상사태에 관한 설명"을 담은 탈퇴 통고를 하면 3개월 뒤에 NPT 탈퇴가 효력을 발휘한다고 규정하고 있다. 조선은 이 조항을 원용해 NPT 탈퇴 통고를 두 차례 했다.

송민순은 "한미 원자력협력협정과 NPT 체제 내", 곧 대한민국의 비핵 노선을 벗어나지 않는 범위에서 핵 능력을 높이자고 제안하면서도 최악의 경우 NPT 탈퇴 필요성을 언급했다는 점에서, 자체 핵무장으로 가는 길을 닫지 않았다. 이렇듯 대부분의 잠재적 핵 능력 보유론은 자체 핵무장론과 완전히 담을 쌓은 주장이 아니다.

노무현 정부 때 6자회담 수석대표를 하고 이명박 정부에서 외교안보수석을 한 천영우도 잠재적 핵 능력 보유를 주장한다. 천영우는 2024년 10월 《서울신문》 인터뷰에서 "우리가 결심하면 단시일 내 핵무기를 만들 수 있는 능력, 잠재력은 갖추고 있어야 한다"고 주장했다.[12] 그는 이러한 주장의 배경으로 "한미동맹이 지금같이 건실하게 영원히 계속된다는 보장은 없으니까"라고 덧붙였다. 미국의 확장 억제력이 '찢어진 핵우산'으로 드러난다면 자체 핵무장을 할 수 있게 미리 핵 능력을 키워놔야 한다는 얘기다. 이런 취지에서 그는 "우리가 지금부터 연구개발과 공정 개발을 착수하면 10년 후에라도 농축시설을 건립할 수 있다"고 말했다.

국민의힘 대표를 지낸 한동훈도 2024년 6월 25일 국민의힘 대표 경선 와중에 나경원의 자체 핵무장 주장을 비판하며 "일본처럼 마음만 먹으면 언제든 핵무장을 할 수 있는 잠재적 역량을 갖추는 게 지금 시점에서 필요하다. 핵무장의 잠재적 역량을 갖추는 데까지는 가자"며 송민순·천영우와 같은 취지의 잠재적 핵 능력 강화론을 펼쳤다. 한동훈은 "지금 단계에서 바로 핵무장으로 가는 것은 국제사회에서 큰 제재를 받고 국민이 경제적으로 타격을 입는다"고 덧붙였다.

북핵 문제를 다뤄본 고위 외교관 출신인 신동익은 송민순·천영우·한동훈과는 결이 다른 핵 능력 강화론을 펼친다. 그는 "핵 잠재력 논의는 그 배경이 원자력의 핵무기 개발 이용을 전제로 한 것으로 오해할 소지가 다분히 있고, 평화적 이용을 위한 한미 원자력협정과 상충되어 협상에 부정적 요소가 될 수 있다는 점에서 자제하는 것이 바람직하다"며, 무기화를 염두에 둔 잠재적 핵 능력 강화 주장에 선을 긋는다. 신동익은 "핵무장을 포기하는 대신 한미 원자력협정 개정을 통해 농축·재처리 권리 확보를 위해 과학·기술 능력 제고와 함께 외교적 노력을 전개해야 할 것"이라고 제안한다. "현실적 제약이 많은 핵 잠재력보다 한미 원자력협정에서도 인정한 NPT상 주권적 권리인 '핵연료주기 능력'" 높이기에 주력하자는 주장이다.[13]

신동익이 지적한 대로 NPT는 비핵보유국의 농축·재처리를 금지하지 않는다. NPT는 4조에서 "이 조약의 어떤 내용도 모든 당사국이 평화적인 목적을 위해 원자력에너지를 연구, 생산 및 사용하는 것에 대한 고유한 권리를 침해하는 것으로 해석되어서는 안 된다"고 명시하고 있다. 평화적 목적이 분명하다면 NPT 회원국의 농축·재처리 시도를 막아서는 안 된다는 뜻이다.

하지만 NPT보다 한국에 현실적으로 더 구속력이 강한 한미 원자력협정은 한국의 농축·재처리를 사실상 금지하고 있다. 2015년 6월 15일 워싱턴에서 서명해 2015년 11월 25일 발효된 현행 한미 원자력협정 11조 1항에서 "특수 핵분열성 물질의 재처리 또는 그 밖의 형상 또는 내용의 변경은, 시설에 관한 사항을 포함하여 당사자들이 서면으로 합의하는 경우에만 이루어질 수 있다"라고 못 박고 있다. 11조 2항은 "우라늄235 동위원소가 오직 20퍼센트 미만인 경우에 한하여 농축될 수 있다"라며 얼핏 한국의 우라늄 저농축 권리를 인정하는 듯하지만, 이 또한 "서면으로 합의"하는 경우에만 가능하다는 단서가 달려 있다. 한-미 양국은 2018년 이후 한미 원자력협정 이행을 위한 고위급 협의를 한 적이 없고, 미국이 2015년 현행 협정 발효 이후 한국의 저농축 권리에 서면 합의한 적도 없다. 미국은 여전히 한국의 농축·재처리를 실질적으로 금지하고 있다. 더군다나 미국은 1954년 발효된 원자력에너지법Atomic Energy Act, AEA 123조(외국과의 협력)를 통해 미국의 핵물질, 기자재, 기술을 사용하는 국가의 사용후핵연료 재처리와 우라늄 농축을 금지하고 있다.

사정이 이러하니 잠재적 핵 능력 강화론자들의 주장처럼 한국이 핵무기를 당장 만들지 않되 핵무기를 만들 수 있는 기술적 기반을 다지려고 농축·재처리에 나선다면 자체 핵무장 시도에 못지않게 한미동맹 훼손의 위험에 빠질 수 있다. "농축 문제는 한미동맹의 목구멍에 걸려 있는 뼈"라는 비유의 이유다.[14]

농축·재처리 문제에 대한 미국의 이런 완강한 거부 자세는 전 세계적으로 농축·재처리 기술·시설을 확보·운영하는 나라가 극소수인 현실로 이어진다. NPT가 공인한 다섯 핵보유국과 NPT 체제 밖의 핵무장국(이스라엘·인도·파키스탄) 세 곳 외에 네덜란드·독일·브라질·조선·아르헨티나·일본 정도다. 글로벌 원전 시장에 발전용 저농축우라늄을 공급하는 국가도 러시아(Rosatom)·프랑스(Orano)·영국·독일·네덜란드(Urenco)·중국(CNNC) 정도에 불과하며, 특히 러시아가 전체의 44퍼센트 남짓을 공급한다. 26기의 원전을 가동하는 한국도 전체 우라늄 수입의 41퍼센트를 러시아로부터 공급받고 있다.[15]

한국이 농축·재처리 권리를 확보하자면 한미 원자력협정을 개정해야 한다. 문제는 잠재적 핵 능력을 강화하자는 목소리가 한국사회에서 커지면 커질수록 미국이 한미 원자력협정 개정에 응해 한국의 농축·재처리 권리를 인정할 가능성이 더 낮아진다는 역설적 현실이다. 예컨대 천영우는 "26개의 원자력발전소를 갖고 있는 우리가 거기에 사용할 핵연료 자급을 위해 연구개발을 하겠다, 국내 전력 수급에 차질이 없도록 에너지 안보 차원에서 이걸 해야겠다고 하면 미국도 반대할 명분이 없다"면서도, 같은 인터뷰에서 "단시일 내 핵무기를 만들 수 있는 능력, 잠재력은 갖추고 있어야 한다"는 자기모순적 주장을 하는 게 현실이다.[16] 언론에서 "지금 차세대 소형모듈원자로SMR나 핵연료용 농축 기술 등 한국이 미국과 첨단기술 협력을 해야 하는 부분이 많은데, 한국에서 핵무장 목소리가 높아질수록 미국은 한국의 의도에 불신을 가지게 되고, 첨단기술 협력에서도 한국을 소외시킬 우려가 커진다"는 지적이 나오는 까닭이다.[17]

농축·재처리 권리 확보와 관련해 일본의 선례는 한국의 잠재적 핵 능력 강화론자들이 깊이 새겨야 할 교훈이다. 일본은 1988년 미일 원자력협정 개정으로 포괄적 사전 동의 방식의 농축·재처리 권리를 확보했고, 지금은 핵연료주기를 완성해 언제든 핵무장이 가능한 '사실상 핵보유국'으로 불린다. 일본은 미국과의 지난한 협상 과정에서 비핵 3원칙을 끊임없이 강조했다. 1980년대 미일 원자력협정 일본 측 협상 대표였던 엔도 데쓰야가 "잠재적 핵 능력이란 말을 입 밖에 꺼내면 미국과의 협상은 어려워진다"고 강조한 사실을 기억할 필요가 있다.[18]

NATO식 핵 공유론

NATO식 핵 공유란 제2차 세계대전 이후 소련의 핵무기에 대응해 유럽에 배치된 미국의 전술핵무기를 미국을 포함한 NATO 차원에서 운용하는 방식을 한미동맹에도 적용하자는 주장이다. 이 주장은 미국의 전술핵무기를 한국에 다시 배치하는 걸 전제한다. 1991년 부시의 '세계 배치 미국 전술핵무기 철수' 선언과 한반도비핵화공동선언 이후 대한민국 정부가 견지해온 비핵 노선을 파기하자는 주장이어서 문제적이다.

NATO식 핵 공유는 작전기획과 의사결정은 미국이 맡고, 미국의 동맹국인 NATO 회원국들은 미국의 전술핵무기 배치 시설을 제공하고 투발 임무의 일부를 맡는 방식으로 운용된다. 미국은 현재 NATO 회원국 중 다섯 나라(독일·벨기에·네덜란드·이탈리아·튀르키예)에 전술핵무기를 배치·운용한다. 미군 전술핵무기가 배치된 5개국은 자국 전투기를 이용해 미군 쪽 중력탄을 투하하는 임무를 분담한다. NATO의 핵 공동기획은 '핵 기획 그룹Nuclear Planning Group, NPG'이 맡는데, NPG는 핵 정책기획을 주관하고, 정례협의체를 운용하며 핵무기 안전·보안, 핵무기 통제 등의 임무를 맡는다.

하지만 정확하게 말하자면 핵은 공유되지 않는다. 바이든 행정부의 국방부 우주정책차관보를 지낸 핵 전문가 비핀 나랑은 "미국 대통령

만이 미국 핵무기의 사용을 승인할 수 있다"는 말로 독점적 결정권을 강조했다.[19] 사정은 이렇다. 미국은 NATO에 배치된 자국의 핵무기 사용 여부와 관련한 의사결정 과정에서 NATO의 비핵보유국한테도 발언권을 주며 암묵적 동의 방식의 만장일치제를 채택한다. 형식이 그럴 뿐, 실질적인 결정권은 오로지 미국한테 있다. NATO의 군사조직인 유럽동맹군최고사령부SHAPE가 실질적인 작전기획을 맡는데 유럽동맹군최고사령부의 사령관이 미군 4성 장군이다. 더구나 유럽에 배치된 미국 전술핵무기는 워싱턴에서 직접 암호를 입력하지 않으면 작동하지 않는다. 미국의 독점적 결정권을 보장하는 기술적 장치다. 이런 사정 탓에 핵 전문가인 피터 헤이즈는 독일 등 미군 전술핵이 배치된 일부 유럽 국가들은 오히려 한미동맹과 미일동맹이 택하고 있는 확장 억제 교리의 공유와 선언에 기초해 미 본토나 역외 전략핵으로 핵 억제력을 구축하는 방안을 선호한다고 말한다.[20]

사정이 이러한데도 한국에는 NATO식 핵 공유를 주장하는 이들이 적지 않다. 주로 정치인들이다. 정확한 사정을 몰라서 주장하는 이도 있겠지만, 대부분은 알고도 주장한다. '핵 공유'라는 개념이 불러일으키는 직관적 오해를 노린 정치선전에 가깝다. 홍준표는 국민의힘 의원 자격으로 대선 출마를 선언한 직후인 2021년 8월 28일 충남 천안의 국민의힘 충남도당 당원간담회에서 "NATO식 핵 공유 정책이 도입되면 북핵은 제어되고 우리는 북핵의 노예로부터 해방된다"며 "집권하면 '미국-북대서양조약기구 간 핵 공유'를 미국에 요청하겠다"고 주장했다. NATO식 핵 공유를 대선 공약으로 내건 것이다. 홍준표는 "북핵 문제는 외교로 해결할 문제가 아니기 때문에 핵으로 대응하는 방법밖에 없다"고 강조했다.[21] 주호영도 국민의힘 원내대표이던 2023년 3월 28일 국회 원내대책회의에서 "NATO식 핵 공유를 강력한 선택지로 고려해야 한다"고 주장했다.[22]

    국민의힘 계열 정치인만 NATO식 핵 공유를 주장하는 건 아니다. 윤석열 정부의 국가안보실 1차장이던 김태효는 2023년 4월 26일 윤석열과 바이든이 채택한 워싱턴선언의 한미 핵협의그룹Nuclear Consultative Group, NCG 설립 합의와 관련해 "국민들이 사실상 미국과 핵을 공유하면서 지내는 것처럼 느끼게 될 것"이라고 자찬했다. 워싱턴선언에 따른 NCG 설립·운용 합의로 한미동맹도 NATO식 핵 공유와 마찬가지로 미국 핵을 공유하게 됐다는 의미 부여다. 하지만 미국은 김태효의 일방적 주장을 단칼에 부인했다. 에드 케이건 백악관 안전보장회의 동아시아·오세아니아 담당 선임국장은 김태효의 '미국 핵 공유' 발언 바로 다음 날 워싱턴의 한국 특파원들을 상대로 한 회견에서 "그냥 직설적으로 말하겠다. 우리는 이 (워싱턴)선언을 사실상 핵 공유로 보지 않는다. 우리는 핵 공유를 매우 중대한 의미를 가진 것으로 본다"라고 선을 그었다.[23] 문정인도 한미동맹에 NATO식 핵 공유를 적용하려면 미국의 원자력에너지법에 따라 미국 상원이 '핵 협력 프로그램'을 비준해야 하는데 "상원이 한국을 대상으로 이를 비준할 가능성은 제로에 가깝다"고 단언했다.[24]

전술핵 재배치론

전술핵 재배치론은 1991년 부시의 세계 배치 미국 전술핵무기 철수 선언(과 노태우의 비핵화선언)에 따라 한국에서 철수한 전술핵무기를 주한미군에 다시 배치하자는 주장이다. 대한민국 정부가 국제사회에 약속한 한반도비핵화공동선언을 포함한 비핵 노선 파기에 해당한다.

전술핵이란 통상 20킬로톤 이하의 핵무기이다. 주로 국지전에서 사용하려는 핵무기로 전략핵무기와 구분해 비전략핵무기라 부른다. 전술핵무기 재배치론의 대표선수도 윤석열이다. 윤석열은 대통령 2년 차에 접어든 2023년 1월 11일 외교부·국방부 공동 업무보고를 받은 뒤 마무리 발언을 통해 자체 핵 보유와 힘께 전술핵 배치를 북한 핵 대응의 대안으로 거론했다.

전술핵무기 재배치 주장에 대해선 필립 골드버그 주한 미국대사가 "무책임하고 위험한 발언"이라며 직설적으로 비판했다. 골드버그는 2022년 10월 18일 관훈클럽 초청토론회에 나와 한국 정치권 일각의 전술핵 재배치 주장을 어떻게 생각하느냐는 질문에 "무책임하고 위험한 발언"이라며 "전술핵이든 아니든 위협을 증가시키는 핵무기가 아니라 오히려 그런 긴장을 낮추기 위해 핵무기를 제거할 필요에 좀 더 초점을 맞춰야 한다"고 답했다.[25] 문정인도 "미군 전술핵의 한반도 재배치는 오히려 북한 쪽에 최우선 표적을 제공해, 핵 억제력을 강화하기보다는 '유리병 속 전갈들(bottled scorpions)'과 같은 핵 확전 위험성만 증폭시킬 뿐"이라고 비판했다.[26]

[보론]

핵무장 찬성이 많다는데

비핵 3원칙을 내세우는 일본의 핵무기 보유 지지 여론은 20퍼센트대를 넘어서지 못한다. 일본 정부가 핵무장의 길을 내닫지 못하게 하는 내부 방화벽이다. 하지만 1991년 한반도비핵화공동선언 이후 비핵 노선을 견지해온 한국의 여론은 일본과 사뭇 다르다. 북한이 2006년 10월 이후 여섯 차례의 핵실험으로 핵무장 노선을 현실화하는 세월 동안 한국의 핵무기 보유 찬성 여론은 대체로 60퍼센트대를 오르내리는 높은 수준을 유지하고 있다.

    대한민국 정부의 비핵 정책 기조와 국민들의 여론은 오래도록 부조화 상태를 벗어나지 못하고 있다. 국민의힘 계열 주요 정치인들이 대통령 선거나 총선 등 유권자의 표를 얻어야 할 중요 정치적 계기마다 핵무장 주장을 강화하는 배경이다.

핵무장 찬성 61퍼센트의 의미

　미국의 전략국제문제연구소Center for Strategic and International Studies, CSIS가 2024년 4월 펴낸 보고서를 보면, 2010년부터 조선이 '국가 핵무력 완성'을 선언한 2017년 말 사이에 이뤄진 19개의 설문조사를 분석해보니 자체 핵무장 찬성 응답률은 평균 59퍼센트에 이른다. 2017년 9월부터 2023년 12월까지 총 36개의 설문조사를 분석해보니 평균 61퍼센트가 한국의 독자적 핵무기 개발을 찬성했다.[1] 국립외교원 외교안보연구소의 정상미는 2010년 이후 국내 연구기관과 언론이 실시한 여론조사 결과를 분석해 핵무장 지지 여론이 최소 40퍼센트에서 70퍼센트에 걸쳐 있는 것으로 나타났다고 밝혔다.[2] 갤럽연구소의 2024년 11월 조사를 보면 핵무기 보유 찬성이 66퍼센트, 반대가 30퍼센트였다.[3] 통일연구원의 박주화는 "핵무장을 원하는 국민의 비율은 오랜 기간 60퍼센트에서 70퍼센트 수준을 유지해왔다"며 "핵무장에 대한 여론은 단기적, 계기적이라기보다 장기적"이라고 분석했다.[4]

　핵무장 여론에 부침이 없지는 않았다. 정상미의 분석을 보자. 2012~17년 조선의 핵 능력 고도화 국면에서 핵무장 찬성 비율이 증가세를 보였다. 2018~19년 남북정상회담과 조미정상회담 국면에서 핵무장 찬성 여론이 낮아졌다. 2019~22년 하노이 2차 조미정상회담 결렬 이후 조선의 미사일 발사가 빈번해지자 핵무장 찬성 여론이 다시 높아졌다. 2023년 이후 핵무장 지지 여론은 다시 감소세를 보이고 있다.[5]

　핵무장 찬반 여론에 영향을 끼치는 변수는 다양하다. 박주화의 분석에 따르면, 한국민은 북핵 위협뿐만 아니라 한국의 전반적 안보환경과 국격에 걸맞은 방위력의 관점에서 핵무장을 바라보고 있다. 박주화는 북핵에 대한 위기감, 선진국 대열에 진입한 국가적 위상과 그에 부합하는 국방력 열망, 국제정세 변화 속 안보와 번영에 대한 고민 따위가 녹아 있다고 지적했다.[6] 핵무장 찬성이 오로지 북핵 대응 때문만은 아니라는 얘기다. 예컨대 미국 시카고국제문제협의회가 2021년 12월에 한국인 1천5백 명을 대상으로 벌인 조사 결과를 보면, 핵무장 찬성 이유로 북핵 위협 대응(23퍼센트)보다 북한 이외의 위협에 대응(39퍼센트)이 더 높다.[7] 조선보다 중국·러시아를 염두에 둔 핵무장 찬성 여론이라고 할 수 있다.

정상미는 국내의 핵무장 찬반 여론에 영향을 끼치는 주요 변수로 ①위협 인식 ②한미동맹과 확장 억제 신뢰성 ③핵무장 비용 ④국내정치 따위를 들었다.[8] 정상미에 따르면 북핵 문제에 대한 비관적 전망이 심화될수록 핵무장 찬성 여론이 높다. '자체 핵무장'과 '주한미군 주둔' 가운데 하나만 고르라고 하면 과반이 주한미군을 선택한 조사 결과가 많았다. 이는 미국의 동맹 공약, 곧 주한미군 주둔과 확장 억제력 공약에 대한 신뢰성 여부가 핵무장 찬반 여론에 영향을 끼친다는 방증이다. '핵무장 비용'도 중요 변수다. 한국이 자체 핵무장에 나설 경우 맞닥뜨리게 될 국제사회의 경제제재, 신뢰도 추락 등 각종 부담의 강도가 핵무장 찬반 여론에 영향을 끼친다. 대체로 부담을 크게 느낄수록 핵무장 찬성 여론이 낮아진다. 국내정치가 핵무장 찬반 여론에 끼치는 영향과 관련해 정상미는 2019~22년엔 찬성 비율이 높아지다 2022~23년에 다시 감소세로 돌아선 데에는 한반도 정세의 변화뿐만 아니라 대선 등 국내정치적 수요의 증감이 영향을 끼쳤으리라고 분석했다. 2022년의 찬성 여론 증가엔 그해 3월 대선의 영향이 있었다는 분석인데, 이는 앞에서 살펴본 윤석열·나경원·오세훈·홍준표 등의 각종 핵 보유 주장을 살필 때 지적했다. 국민의힘 계열 정치인이 보수 성향 유권자의 표를 모으려 선거 기간에 집중적으로 핵 보유 주장을 하면 찬성 여론이 높아지다가 선거가 끝나면 그 효과가 사라지는 현상과 무관하지 않다는 뜻이다.[9]

한국민의 핵무장 찬반 여론 추이에서 특히 눈에 띄는 지점은 미국의 대한국 안보 공약을 신뢰하는 집단에서 불신하는 집단보다 핵무장 찬성 여론이 높게 나온다는 사실이다. 모순적 인식인데, 박주화는 "우리 국민의 자체 핵무장 의식은 상호 모순이 엉긴 풀리지 않는 퍼즐같이 복잡하고 다양하다"며 추가 분석의 필요성을 제기했다.[10] 《한겨레》의 국방 전문 기자인 권혁철은 "미국의 확장 억제 공약은 한국의 자체 핵무장 포기를 전제로 한 것임을 떠올린다면, 한국인의 마음은 '뜨거운 아이스 아메리카노'에 비유될 수 있다"고 짚었다.[11]

핵무장 여부에 대해 질문의 대상을 외교안보 분야 전문가로 한정하면 찬성 여론이 확 줄어든다. 미국 전략국제문제연구소는 조사 대상을 한국의 학자, 싱크탱크 전문가, 기업인, 국회의원, 전현직 관리 등 이른바 '전략 분야 엘리트' 1천 명으로 한정했는데, 이들의 핵무장 찬성 비율은 34퍼센트로, 반대 53퍼센트보다 훨씬 낮다.[12] 일반인 대상 여론조사 결과와 사뭇 다르다. 한국국제정치학회가 2023년 3월 국제정치 분야 전문가 146명을 대상으로 벌인 조사에서도 핵무장 반대는 62.3퍼센트에 이르렀다.[13]

일반인의 절반에 머무는 전문가들의 핵무장 찬성 여론은 한미동맹 차원의 주한미군 주둔과 확장 억제력 공약, 한국의 자체 핵무장 가운데 하나만을 선택할 수밖에 없다는 냉혹한 현실과 무관하지 않아 보인다. 한국핵정책학회 회장인 전봉근은 자체 핵무장 주장이 "한국이 자체 핵무장과 한미동맹·핵우산을 둘 다 가질 수 없는 현실을 간과"하고 있다고 지적한다.[14]

질문을 바꾸면 답도 달라진다

한반도 핵 문제에 관여하는 미국의 정책 당국자들은 한국의 핵무장 찬성 여론조사에 거품이 많다고 지적한다. 핵무장의 대가가 가혹하다는 사실을 질문에 담는다면 한국인의 핵무장 찬성 여론이 60퍼센트대에 이를 수 없다는 것이다. 골드버그 대사는 2023년 2월 1일 한국여성기자협회 주최 포럼에 나와 어떤 여론조사의 핵무장 찬성 비율이 77퍼센트였다는 질문에 "복잡한 요소들이 다 제시된다면 답이 달라질 수 있다고 생각한다"고 답했다.[15] 미국 국무부 국제안보·비확산 담당 차관 대행을 지낸 토머스 컨트리맨의 반응은 좀 더 직설적이고 조롱조에 가깝다. 그는 2024년 7월 미국의 소리VOA에 나와 이렇게 말했다. "만약 (여론조사) 질문이 '당신은 핵무기를 갖고 싶나요'라면, 그건 마치 '새 이탈리아 스포츠카를 갖고 싶나요'라고 묻는 것과 같다. 그런데 만약 질문이 '당신은 새 이탈리아 스포츠카를 갖고 싶나요. 단, 집을 포기한다면요'이라면 대답은 '아니오'일 것이다."[16] 사람들은 '뜨거운 아이스 아메리카노'를 바라지만, 현실세계에 그런 건 없다는 얘기다.

실제 질문을 바꾸니 답도 달라졌다. 서울대 통일평화연구원이 2024년 10월 10일 '숫자에 가려진 핵무장 여론의 실체'를 주제로 연 학술회의에서 이경석 인천대 교수가 발표한 내용은 이 문제에 대해 많은 것을 알려준다. 이경석은 자체 조사와 분석을 해보니 "핵개발에 따른 경제적 타격이 6개월로 한정될 때 대중의 58퍼센트 정도는 한국의 핵무장을 찬성하는 것으로 나타났다. 하지만 경제 타격이 6년 이상 지속되는 경우 핵무장 찬성도는 10퍼센트 하락하는 것으로 나타났고, 경제제재로 인해 경제 타격이 영구 회복 불가능해질 때 핵무장 찬성도가 무려 20퍼센트 가까이 낮아지는 것으로 나타났다"고 보고했다.[17] 이경석은 2024년 5월 한국인 성인 1,785명을 대상으로 한 조사에서 '핵무장에 따른 비용'으로 ①국제사회의 경제제재 ②한미동맹 훼손(주한미군 부분 또는 완전 철수) ③책임 있는 국제사회 구성원으로서 신뢰 상실 ④원전 수출과 원자력에너지를 위한 우라늄 확보 차질 따위를 제시했다. 이경석은 "약 35퍼센트의 대중은 비용에 무관하게 자체 핵무장을 찬성"했다고 밝혔다. 이는 정상미가 각종 여론조사에서 "예상되는 부정적 결과들을 감수하고라도 핵무장을 추진해야 한다는 입장은 36~39퍼센트가량 존재하는 것으로 보인다"고 분석한 것과 비슷한 흐름이다. 전문가 집단 대상 조사에서 핵무장 찬성 비율이 30퍼센트 중반대인 것과도 유사하다. 사정이 어떠하든 한국사회에 30퍼센트 중반대의 강고한 핵무장 찬성 여론이 잠복해 있다는 얘기다.

다만 "핵개발로 인해 한미동맹이 파기되고 주한미군이 완전히 철수하게 되면 한국 핵무장 찬성도는 21퍼센트 급감하는 것으로 나타났다"는 이경석의 발표처럼, 한국이 자체 핵무장과 한미동맹을 양손에 쥐는 격인 '뜨거운 아이스아메리카노'를 가질 수 없다면, 핵무장보다는 한미동맹을 우선하는 다수 여론도 지속될 가능성이 높아 보인다.

4장

한국, 핵무장으로 가는 길은 없다

이제 논의를 마무리해야 할 때다. 지금껏 검토하고 분석한 내용을 토대로 한국의 핵무장 문제에 대한 잠정 결론을 도출해보자. 화두는 크게 두 가지다. 한국의 핵무장은 실현 가능성이 있나? 한국의 핵무장은 실익이 있나?

우리의 화두를 다루는 데 세 층위의 서로 연관된 이론적 쟁점을 고려한다. 첫째, 국가는 왜 핵무장에 나서는가? 둘째, 핵무장은 평화에 기여하는가, 아니면 평화를 해치는가? 셋째, 국가의 핵무장은 힘(Power), 이익(Interest), 정체성(Identity) 측면에서 어떤 함의를 지니는가?

국가는 왜 핵무장에 나서는지부터 따져보자. 스콧 세이건은 '안전보장'을 국가가 핵무장에 나서는 핵심 요인으로 꼽는다. 조선뿐만 아니라 NPT 체제 밖에서 핵무장한 이스라엘·인도·파키스탄 모두 외부의 위협, 곧 안전보장을 핵무장의 이유로 내세웠다. 그러나 안전보장 필요가 핵무장에 나선 이유의 전부는 아니다. 세이건은 안전보장 외에 '국내 정치'와 '국제 지위'를 국가가 핵무장에 나서는 또 다른 이유로 꼽는다.[1] 조선이 자국의 핵을 '주체 핵', 파키스탄이 '이슬람 핵'이라고 부르는 배경이다.

한국인의 심상도 크게 다르지 않다. 박주화는 한국인의 핵무장 찬성 인식엔 북한 핵 문제에 대한 위기감이라는 안보 불안뿐만 아니라, 선진국 대열에 진입한 국가적 위상을 염두에 둔 '핵을 지닌 강국'에 대한 열망 따위가 깔려 있다고 분석했다. 앞에서도 살펴봤듯이 윤석열과 국민의힘 계열 주요 정치인들은 이 둘을 연료 삼아 한국인의 마음 깊은 곳에 똬리를 튼 핵무장 불씨를 국내정치적 지지 확보에 악용한다.

둘째, 핵무장은 평화에 기여하는가, 평화를 해치는가? 국제정치학계엔 이 화두를 둘러싼 오랜 논쟁이 있다. 케네스 왈츠와 스콧 세이건의 논쟁이 대표적이다. 세이건은 핵 확산이 국제 질서와 평화를 해치는 불안 요인이라고 주장한다. NPT라는 체제로 핵 확산을 차단하려는 국제사회의 통념과 다르지 않다. 반면 '국제관계학의 다윈'으로 불리는 왈츠는 '더 많은 핵 주체의 등장'이 '공포의 균형'을 만들어 통념과 달리 국제평화에 기여한다고 주장한다. 왈츠와 세이건의 논쟁을 모은 단행본 《핵무기 전파, 그 끝없는 논쟁》에서 왈츠가 쓴 1장의 제목은 "More may be better(다다익선)"이고, 세이건이 쓴 2장의 제목은 "More will be worse(많을수록 위험)"다.[2]

왈츠와 세이건 논쟁의 쟁점은 중요하다. 핵무장한 조선에 맞서 한국이 핵무장을 하는 게 한반도 평화에 기여하는지, 평화를 해치는지라는 중대 문제와 연결되기 때문이다. 핵무장론자들은 핵무기는 절대무기라 핵 균형만이 평화를 보장한다고 주장한다. 하지만 다수 전문가들은 한국의 핵무장은 남-북한의 핵 경쟁을 포함한 무한 군비경쟁을 촉발해 한반도를 더 심각한 위험에 빠뜨리게 될 것이라 반박한다.

이 난해한 화두와 관련해 1998년 경쟁적으로 핵실험을 해 나란히 핵무장국가가 된 인도와 파키스탄의 선례는 한반도의 앞길을 비추는 등대 구실을 할 수 있다. 인도와 파키스탄은 서로 핵무장 상태임을 확인한 직후인 1999년 카길전쟁을 벌였다. 인도와 파키스탄의 선례는 핵무장이 전쟁을 막지 못함을, 평화 유지의 절대적 수단이 아님을 드러낸다. 이른바 '안정-불안정 역설'이다.

셋째, 국가의 핵무장은 '힘' '이익' '정체성' 측면에서 어떤 함의를 지니는가? 국제정치학은 국제정치 질서를 설명하는 핵심 개념에 따라 크게 세 개의 이론 그룹으로 나뉜다. 국가관계를 힘을 중심으로 설명하는 국제정치사상이 현실주의(Realism)이다. 키신저로 대표되는 강대국 정치가 이에 해당한다. 현실주의는 국가 내부의 다양성과 차이는 중시하지 않는다. 오로지 총체적 국가 능력, 국가들 사이의 힘관계만이 관심사다. 국가관계를 이익 중심으로 설명하는 국제정치사상이 자유주의(Liberalism)다. 자유를 최고 가치로 앞세우는 자유주의는 국가관계를 이익 중심으로 대한다. 미국을 포함한 서방세계 대외 정책의 철학적 기반이다. 한국도 마찬가지다. 정체성을 중심으로 국가관계를 설명하는 정치사상이 구성주의(Constructivism)이다. 알렉산더 웬트가 정초했는데,

현실주의나 자유주의 이론에 비해 역사가 짧다. 주체와 자주를 유난히 강조하는 조선, 미국 네오콘의 대외 정책 따위를 살피는 데 유용하다.

한국의 핵무장 여부는 국가의 전략적 선택이라는 점에서 '힘' '이익' '정체성'의 세 프리즘으로 걸러 볼 필요가 있다. 한국의 핵무장 찬성 여론은 '힘'과 '이익'과 '정체성'이라는 세 법관의 심판을 견뎌낼 수 있는가? 이 책의 잠정 결론은 그렇지 않다는 쪽이다.

합법적 핵무장의 관문, NPT 탈퇴

한국이 국제법을 어기지 않고 합법적으로 핵무장에 나서려면 NPT에서 탈퇴해야 한다. 외교부 장관을 지낸 송민순이 "(미국의) 핵우산에 신뢰의 위기가 발생하거나, 우산의 유지 비용이 비현실적으로 가중될 경우, NPT 10조에 규정된 주권적 선택을 행사할 준비를 갖춰야 한다"고 주장한 배경이다.

NPT에는 회원국의 탈퇴 조항이 있다. 10조 1항이다. "각 당사국은, 당사국의 주권을 행사함에 있어서, 본 조약상의 문제에 관련되는 비상사태가 자국의 지상이익을 위태롭게 하고 있음을 결정하는 경우에는 본 조약으로부터 탈퇴할 수 있는 권리를 가진다"며 '3개월 전 통고'를 명시하고 있다.

그러나 1968년 7월 1일 각국 정부를 상대로 NPT 서명 절차에 돌입한 이래 지금껏 이 조항에 따라 국제법적 승인을 받아 NPT에서 탈퇴한 나라는 없다. 이 조항을 명분으로 NPT 탈퇴를 선언한 나라는 있다. 조선이다. 조선은 1차 핵 위기 와중인 1993년 3월 12일 '정부 성명'으로

NPT 탈퇴를 선언했으나 1993년 6월 11일 조미 공동성명으로 이를 무효화했다. 조선은 2차 핵 위기 와중인 2003년 1월 10일 '정부 성명'을 발표해 또다시 NPT 탈퇴를 선언했다. 이후 조선은 1993년과 달리 NPT 탈퇴 선언을 번복하지 않았으나 국제사회는 조선의 NPT 탈퇴를 공식 인정하지 않고 있다. 따라서 조선의 핵무장은 국제법적으로 불법이다. 다만 NPT는 자체 제재 장치를 두지 않아, NPT 위반국에 대해선 유엔과 IAEA를 통해 제재를 부과한다. 조선이 유엔 제재와 미국 등 각국 정부의 양자 제재를 받는 까닭이다. 또 다른 비공인 핵무장국가인 이스라엘·인도·파키스탄은 북한과 사정이 다르다. 이 세 나라는 애초에 NPT에 서명하지 않아 핵무장 과정에서 NPT 탈퇴를 선언한 사실이 없고, NPT 위반 논란은 논리적으로 성립하지 않는다.

조선의 선례가 보여주는 바, 한국이 NPT 탈퇴를 선언한다고 국제사회가 이를 선선히 받아들일 가능성은 없다. "NPT 10조의 탈퇴 조항은 1995년 NPT가 영구 연장된 이후 사실상 사문화되어, 이를 인용하면 문제 국가가 된다"는 지적의 배경이다.[3] 한국이 국제법을 어기지 않고 핵무장에 나설 길은 없다.

핵무장의 장애물 ① ··· 국제비확산체제의 제재

한국은 유엔 회원국(1991년 9월 17일 가입)이자 NPT 서명·비준 국가(1975년 4월 23일 발효)다. 한국이 핵무장에 나서면 유엔 헌장과 NPT 위반으로 고강도 제재를 피할 수 없다. 한국은 미국처럼 자국법을 국제법보다 우선하며 국제법의 예외 지대에 있을 정도로 힘이 강하지 않다. 따라서 핵무장을 고수하면 제재를 견뎌내는 것 말고 달리 방법이 없다.

국제사회의 제재는 특정 국가의 경제 기반을 파괴한다. 제재를 받으며 버틸 수는 있으나, 지속가능한 발전은 언감생심이다. 조선이 산 증인이다. 한국도 핵무장에 나서면 유엔 안전보장이사회와 IAEA는 물론, NSG(핵공급그룹)와 쟁거위원회Zangger Committee, ZC⁴ 같은 다자수출통제체제의 통제를 피할 수 없다. 예컨대 한국이 군사용 농축·재처리를 시도하면 NSG는 총회의 결정으로 회원국 자격을 박탈하고 원자력 기술과 물질에 대한 협력을 중단할 수 있다.⁵ 그렇게 되면 전력 생산의 30퍼센트 남짓을 원자력발전(26기 가동)에 의존하는 한국은 핵연료 수입이 어려워진다. 이는 결국 전력난으로 이어져 시민들의 일상생활은 물론 산업생산을 수렁에 빠뜨릴 수 있다. 북핵 문제 대응 과정에서 익숙한 유엔 안전보장이사회의 고강도 제재는 따로 설명할 필요조차 없다. 바이든 행정부의 국방부 우주정책차관보를 지낸 핵 전문가 비핀 나랑은 한국이 핵무기 개발에 나서면 "국제적 '왕따국가'가 될 것"이라고 경고했다.⁶ 개방형 통상국가인 한국이 이를 견딜 능력이 있나? 민주의식이 충만한 한국의 시민들이 '제재 속의 핵무장 시도'를 얼마나 용인할 수 있을까?

핵무장 시도가 불러올 손실은 경제적 측면에서만 오는 건 아니다. 한국의 핵무장 시도는 북한 비핵화를 포함한 한반도 비핵화 비전을 스스로 폐기하는 행위다. 그렇게 되면 한국전쟁 이후 오랜 임시군사정전체제를 극복하고 한반도에 항구적 평화체제를 수립하겠다는 한국의 국가전략도 목표를 상실하게 된다. 자체 핵무장은 조선과 다를 바 없는 불량국가라는 국제사회의 낙인, 비핵·평화·번영을 추구해온 한국의 국가전략 폐기를 감수할 만큼 중요한가?

시민의 삶을 파괴하는 제재와 불량국가라는 낙인을 견디더라도 핵무장의 길이 활짝 열리지는 않는다. 한국이 핵무장으로 가는 길엔 히말라야처럼 높고 험한 장애물이 첩첩산중이다.

핵무장의 장애물 ② ··· 미국(한미 원자력협정)

핵탄두를 만들려면, 그에 앞서 순도 90퍼센트 이상의 고농축우라늄을 충분히 확보하거나 사용후핵연료를 재처리해 플루토늄을 넉넉히 확보해야 한다. 하지만 한국이 무기급 고농축우라늄과 플루토늄을 합법적으로 확보할 수 있는 경로는 존재하지 않는다. 앞에서 거듭 강조했듯이 NPT는 1967년 1월 1일 이전에 핵무기를 만든 미국·소련(러시아)·영국·프랑스·중국 5개국의 핵 보유만을 인정한다. 무기급 고농축우라늄과 플루토늄을 생산할 권리도 이 다섯 나라한테만 있다. 기득권을 인정한 차별적 국제 체제지만, 국제정치의 현실이 그러하다.

평화적 핵에너지 이용을 명분으로 저농축우라늄과 재처리 능력을 확보한다면 핵무장의 실마리를 잡을 수 있다. NPT도 회원국의 평화적 핵에너지 이용 목적의 농축·재처리 권리는 인정한다. 한국의 잠재적 핵 능력 강화론자들의 핵심 주장이다. NPT 체제의 빈틈을 비집고 들어가자는 것이다.

하지만 한국한테는 이 또한 '막힌 길'이다. 한국은 1991년 한반도 비핵화공동선언을 통해 조선과 함께 "핵 재처리시설과 우라늄 농축시설을 보유하지 아니한다"(3조)라고 국제사회에 약속했다. 원자력발전소 26기를 가동하면서도 핵발전에 필요한 핵연료를 1백 퍼센트 외부에서 조달해온 까닭이다. 한국엔 농축·재처리시설이 없다.

한국이 에너지 안보를 앞세워 한반도비핵화공동선언을 폐기하고 평화적 핵에너지 이용을 명분으로 농축·재처리 능력 확보에 나서려 해도 미국의 벽을 뚫어야 한다. 미국은 한미 원자력협정을 통해 한국의 농축·재처리 능력 확보를 철처하게 차단해왔다. 한국이 한반도비핵화공동선언에서 NPT가 허용한 농축·재처리시설 보유를 포기한 데에는, 남-북한 모두한테서 핵무기화 잠재능력을 빼앗으려는 미국의 전략적 강압이 있었음은 앞에서 지적했다. 한국은 2015년에 개정한 현행 한미 원자력협정에서 "우라늄235 동위원소가 오직 20퍼센트 미만인 경우에 한하여 농축될 수 있다"(11조 2항)라고 명시했지만 이마저도 "서면으로 합의하는 경우에만 이루어질 수 있다"(11조 1항)라는 빗장이 걸려 있다. '서면 합의'의 사례는 지금껏 없다. 한미 원자력협정의 20퍼센트 미만 저농축 권리는 먹을 수 없는 신 포도다.

현실적으로 한국이 농축·재처리 능력을 확보하려면 한미 원자력협정을 개정해 미국이 걸어놓은 빗장을 풀어야 한다. "핵무기 개발로 곧장 연결되는 고농축 방식이 아닌 (저)농축을 통한 헤징bit-by-bit hedging이 최적의 현실적 경로"[7]라거나 "핵무장 문제는 국제 규범이나 기술적인 측면에서 현실적 제약이 많으므로 핵 잠재력보다 한미 원자력협정에서도 인정한 NPT상 주권적 권리인 핵연료주기 능력"[8]을 우선 확보해야 한다는 주장의 바탕엔 이런 인식이 깔려 있다.

하지만 그조차 실현 가능성이 낮다. 미국은 박정희 이래로 한국의 핵 능력을 억제하는 데 지금껏 빈틈을 보이지 않았다. 앞으로도 달라지리라 기대하기 어렵다. 설혹 미국이 한국에 농축·재처리 권리를 허용하더라도, 그것은 한국에서 자체 핵무장이나 잠재적 핵 능력 강화 주장이 잦아들어 한국이 핵에너지를 군사용으로 전용할 위험이 사라졌다는 확신이 설 때, 오랜 세월에 걸쳐 아주 천천히 이뤄질 것이다. 1979년 미국의 압박으로 한국이 개발하는 미사일의 사거리와 탄두 중량을 제한한 한미 미사일 지침이 역대 정부의 집요한 협상 끝에 반세기 가까이 흐른 2021년에야 종료된 사실을 잊지 말아야 한다.

결국 한국이 신속한 핵무장을 염두에 두고 농축·재처리 능력을 확보하려면 미국의 반대를 무릅쓰고 일방적으로 행동하는 방법 말고는 달리 길이 눈에 띄지 않는다.

핵무장은 평화의 안전핀인가

핵무장 실현 가능성을 논외로 하고, 한국이 핵무장에 성공했다고 해도 문제는 남는다. 한국의 핵무장이 남과 북은 물론 동북아 전체의 핵 군비경쟁을 촉발할 수밖에 없다는 지적이 많다. 학자들만의 걱정이 아니다. 윤석열은 2024년 11월 미국 시사주간지 《뉴스위크》와 인터뷰에서 "우리가 핵무장을 하게 되면 일본도 핵무장을 하게 될 것이고 대만도 핵무장을 하게 될 것이고 이렇게 될 때 동북아 안보가 더 위험에 빠질 수가 있고, 글로벌 안보가 더 위협에 빠질 수 있다"고 말했다. 많은 전문가들이 지적해온 동북아의 핵 도미노 우려다. 이와 관련해 김정은이

2024년 9월 '핵무기연구소와 무기급 핵물질 생산기지 현지지도' 형식으로 우라늄 농축시설 방문을 처음으로 공개하며 "핵무력의 끊임없는 확대강화"를 강조한 사실을 주목할 필요가 있다. 김정은이 기회가 있을 때마다 "핵병기들을 기하급수적으로 늘리자"고 다그치는 데에는 이유가 있다.[9] 김정은이 핵무력을 들먹이는 횟수와 강도에 비례해 한미동맹의 무력시위 강도와 횟수도 그만큼 강화되고 있기 때문이다. 전형적인 안보 딜레마다. 핵무기는 평화를 불러오는 마법의 절대반지가 아니다.

경쟁·갈등하는 두 국가의 이른바 핵 균형이 평화와 안정이 아닌 군비경쟁의 안보 딜레마를 자극한다는 점은 1998년 연쇄 핵실험 뒤 인도-파키스탄의 경로가 이미 보여주고 있다. 인도와 파키스탄은 1998년 공식 핵무장 선언 이후에도 군병력을 늘리는 등 국방비를 전혀 줄이지 못하고 있다. 핵무장이 국가의 군사비 부담을 줄여줄 수 있다는 일부 전문가들의 주장과 상충하는 현실이다. 더구나 1999년 인도와 파키스탄은 양국의 고질적 분쟁 지역인 카슈미르의 카길에서 두 달 넘게 재래식 전쟁을 치렀다. 핵무장도 카슈미르의 영유권을 둘러싼 인도와 파키스탄의 역사적 분쟁을 잠재우지 못한다. 인도-파키스탄의 동시 핵무장과 카길전쟁은 '안정-불안정 역설'의 대표적 사례다. 인도와 파키스탄이 카길전쟁에서 핵무기를 쓰지 않은 걸 그나마 다행이라 여겨야 하나?

한반도라고 다를 게 없다. 전봉근은 "한국의 핵무장은 남북 간 핵억지를 통한 한반도와 동북아의 평화와 안정을 정착시키기보다는 역내의 안보 딜레마를 심화시켜 오히려 안보 경쟁과 군비경쟁을 촉진"하고

"한반도와 동북아의 역사적·지정학적 특성으로 인해 오히려 핵 억지의 불안정성"을 자극할 것이라고 경고했다.[10] 문정인도 한국의 자체 핵무장은 물론 전술핵무기 재배치조차 "핵 억제력을 강화하기보다는 '유리병 속 전갈들'과 같은 핵 확전 위험성만 증폭시킬 뿐"이라고 우려했다.[11]

핵무장의 결정적 문턱

지금까지와 다른 층위, 순전히 기술적 측면에서만 한국의 핵무장 주장의 실현 가능성을 따져보자. 그러자면 몇 가지 전제가 필요하다. 한국의 핵무장 시도에 대응한 유엔 등 국제비확산체제의 경제제재를 견딘다고 전제하자. NSG 등 다자수출통제체제의 발전용 핵연료 공급 중단도 일단 재고를 쓰며 버틴다고 상정하자. 유일 동맹국이자 패권국인 미국의 반대와 강압도 최대한 견딘다고 하자.

결국 남는 문제는 하나다. 얼마나 빨리 무기급 핵물질을 충분히 확보해 핵무장 선언을 할 수 있느냐다. 시간을 끌면 끌수록 개방형 통상국가인 한국이 받을 타격은 기하급수적으로 커진다. 주기적인 선거로 지배 거버넌스를 재구축하는 한국에서 시민의 인내심엔 한계가 있다.

따라서 마지막 질문은 이것이다. 한국은 핵무장 속도전에 성공할 수 있나? 불가능하다. "핵무기는 하루아침에 손가락 하나 까딱해서 얻을 수 있는 게 아니다".[12]

충분한 양의 무기급 고농축우라늄이나 플루토늄을 확보하자면 대규모 농축·재처리시설이 있어야 한다. 한국엔 대규모 농축·재처리시설이 없다. 개방국가인 한국이 조선처럼 외부인의 접근을 철저하게 통제하고 농축·재처리시설을 새로 짓는 건 불가능한 과제다. IAEA 등 국제비확산체제의 감시망을 피할 수 없다.

대규모 농축·재처리시설을 새로 지을 수 없다면 남은 유일한 경로는 이미 확보한 사용후핵연료와 연구용 원자로를 가동해 아무도 모르게 무기급 핵물질을 최대한 빨리, 많이 추출하는 것이다. 원심분리기를 이용해 무기급 고농축우라늄(90퍼센트 이상)을 충분히 생산할 수 있는 연구시설은 한국에 없다. 연구시설을 비밀 가동하더라도 사용후핵연료를 재처리해 플루토늄을 추출하는 경로뿐이다. 가동 중인 26기의 원전 가운데 유일한 중수로형인 월성원전 터에는 (월성원전 1~4호기에서 발생한) CANDU형 사용후핵연료 514,206다발(2023년 11월 기준)이 임시 저장돼 있다.[13] 무게로 따지면 1만 톤에 가깝다. 월성의 중수로 폐연료봉은 경수로에 비해 플루토늄 함유량은 낮지만(경수로 1퍼센트, 중수로 0.4퍼센트), 높은 연소도 덕에 다른 동위원소 비율이 높은 경수로보다 무기급 플루토늄 추출이 상대적으로 덜 어렵다. 박정희가 핵개발의 핵심 기반으로 삼은 한국원자력연구소(현 한국원자력연구원)의 핫 셀Hot Cell을 개선해 사용후핵연료를 최대한 빠르게 재처리하면 한 해에 핵탄두 한 기 분량의 플루토늄을 생산할 수 있다. 핵탄두 한 기 제조엔 통상 8킬로그램 안팎의 플루토늄이 필요하다.

핵탄두 한 기가 있다고 핵무장국이라고 하기 어렵다. 더구나 이미 50기의 핵탄두를 확보한 것으로 추정되는 조선의 핵에 대응해 이른바 핵 균형을 이루려면 최소 그 절반 정도는 확보해야 의미 있는 핵무장이라 할 수 있다.[14] 한국이 지금 확보한 시설과 사용후핵연료로는 사반세기는 걸리는 일이다. "마음을 먹으면 1년 이내에 핵무장을 할 수 있는 기술 기반을 가지고 있다"는 윤석열의 주장은 근거 없는 허언이다.

더구나 연구시설을 활용해 무기급 핵물질을 충분히 생산하는 건 이론적으로만 가능할 뿐, 현실에선 불가능하다. 2004년 불거진 '핵물질 사건'은 한국을 IAEA 안전조치협정 위반 국가로 내몰 뻔한 생생한 반면교사다. 사정은 이렇다. 2004년 2월 IAEA 추가의정서 비준 이후 그 후속 조처로 한국의 핵 활동 보고 자료를 준비하는 과정에서 2000년 초 원자력연구소에서 극소량(0.2그램)의 우라늄 분리 실험을 한 사실이 발견됐다. 더구나 고농축 실험이었다. 당시 노무현 정부와 IAEA가 발칵 뒤집혔다. IAEA는 한국의 플루토늄 분리 시험 여부와 관련한 추가 자료를 요구했다. 엎친 데 덮친 격으로 한국과학기술연구원 자리에서 1982년에 미량의 플루토늄 추출 실험을 한 사실이 추가 확인됐다.

당시 노무현 정부는 이 뜻하지 않은 '핵물질 사건'을 수습하려 2004년 8~11월 사이에 청와대 국가안전보장회의 상임위원회 회의를 10차례, 범정부 TF 회의를 33차례 여는 등 "외교 역량을 총동원"하다시피 했다.[15] 노무현 정부는 "단순한 과학적 호기심 차원의 실험일 뿐 핵개발 의도는 전혀 없었다"는 논리로 IAEA 상임이사국들을 설득하는 전방위 외교에 나서 상당한 성과를 거뒀다. 그런데 마지막 순간까지 IAEA 안전조치협정 중대 위반이라며 유엔 안전보장이사회에 회부해야 한다고 강경 대응 기조를 주도한 나라가 바로 미국이었다. 이 사태는 국가안전보장회의 사무차장의 방미를 통한 담판 이후 2004년 11월 26일 "한국 정부의 시정조치와 협력을 환영한다"는 'IAEA 의장 결론'으로 가까스로 봉합됐다. 한국 같은 개방국가에선 연구실 차원의 핵물질 분리 연구도 사실상 불가능하다.

한국의 자체 핵무장은 한국이 지금과 같은 개방형 통상국가이자 선진민주국가라는 정체성을 포기하지 않는 한 불가능한 망상이다. 국제사회의 제재와 동맹 훼손을 견디겠다고 하더라도 최소한 20~30년은 걸리는 가시밭길이다. 핵무장이 한국전쟁 이후 온갖 간난신고를 견디며 일궈온 대한민국의 생존 기반과 삶의 방식을 포기할 이유가 될 수는 없다. 민주사회에서 나고 자란 한국사회의 주력 시민들이 받아들이지 않을 것이다. 설혹 핵무장을 하더라도 핵무장론자들이 주장하듯 '절대평화'는 오지 않는다. 오히려 핵 군비경쟁의 수렁에 한반도를 밀어넣을 것이다. 자체 핵무장 주장은 안보 포퓰리즘이다.

※ 뱀발 – 한국은 민주주의와 경제 발전을 양손에 거머쥔 매력국가이지만 국가 주권의 핵심 요소인 군사 주권을 온전히 행사하지 못한다. 한국전쟁 와중에 이승만이 유엔군 사령관(실상은 주한미군 사령관)한테 넘겨준 작전통제권을 아직도 돌려받지 못했기 때문이다. 한국군의 평시작전통제권은 김영삼 정부 때인 1994년 12월 1일 돌려받았지만, 정작 중요한 전시작전통제권은 여전히 미국에 있다. 이런 상황에선 설혹 한국이 핵무기를 만들더라도 그 사용 결정권이 한국에 있다고 확언하기 어렵다. 하지만 그 많은 자체 핵무장론자들 가운데 전시작전통제권을 조기에 환수해야 한다고 주장하는 이는 발견할 수 없다. 주권국가로서 한국의 자율적 결정권을 중시하는 이라면 마땅히 전시작전통제권의 조기 환수를 앞세워야 한다.

닫는 글

사막을 건너는 방법

이제 1~3부의 길고 복잡한 여정을 마무리하며 잠정적 대안을 내놔야 할 차례다. 김정은은 "절대로 핵을 포기할 수 없다"며 "핵방패의 부단한 강화"를 주장하는데[1], 맞대응 핵무장이 현실적 선택지가 아니라면 '도대체 뭘 어쩌자는 거냐'는 불만이 제기될 수 있어서다.

이 책이 내놓을 잠정적 대안은 거칠게 요약하면 이렇다. 핵 없는 한반도라는 꿈은 가는 길이 아무리 험난해도 포기할 수 없는 전략 목표다. 사막의 밤을 비추는 북극성과 같다. 당연하게도 핵 없는 한반도, 공존·평화·번영의 한반도는 한달음에 이룰 수 없는 난제 중의 난제다. 큰 틀의 청사진과 함께 단기, 중기, 장기 전략을 짜고 단계적으로 실천해야 한다. 당장은 한미 동맹의 확장 억제와 한국의 첨단재래식 군사력으로 조선의 핵에 맞서 억지의 균형을 맞춰야 한다. 궁극적으론 '북핵 해소'를 포함한 한반도 비핵화와 한반도 임시 군사정전체제의 항구적 평화체제로 이행 과정을 동시·병행적으로 진행해야 한다. 그러자면 정전체제의 핵심 당사국인 한국·조선·미국·중국의 4자회담을 가동할 환경을 조성하는 데 힘을 써야 한다.

우선 단기 억지의 균형. 핵무장론자들은 북핵에 맞서 한국의 평화와 안보를 지키자면 자체 핵무장 말고는 달리 현실적 대안이 없다고 주장한다. 공포의 균형론이다. 이들은 자체 핵무장의 필요성을 강조하느라 미국의 핵우산 곧 핵 확장 억제도 '찢어진 우산'이라 폄훼한다. 미국의 핵 확장 억제란 한국이 핵공격을 받으면 미국의 핵무기로 보복한다는 한미 동맹 차원의 약속이다. 국방부 기조실장을 지낸 김정섭(세종연구소 수석연구위원) 등 다수 억지 전문가들의 견해는 핵무장론자들과 전혀 다르다. 핵무장론자들의 주장대로 남과 북이 핵 대 핵으로 맞선다면 전략적 안정(공포의 균형)이 달성되기보다 "핵 군비경쟁과 위기 안정성"의 심화로 치달을 것이라는 예상이 많다.[2] 괜한 걱정이 아니다. 인도와 파키스탄이 1998년 동시 핵무장 이후에도 군비 확장 경쟁을 멈추지 못하고 1999년엔 카길전쟁까지 벌인 역사적 사실을 가벼이 여기지 말아야 한다. 한반도로 시선을 돌리면 조-미 적대관계가 해소되지 않는 한 조선은 미국의 핵 능력까지 고려해 핵무장 강화에 나설 테고, 조선의 이런 핵 군비 확장은 한국의 눈엔 과도하게 공격적인 것으로 비칠 수밖에 없다. 전형적인 안보 딜레마다. 더구나 남과 북의 핵 군비경쟁은 전략적 안정이라는 희망과 반대로 핵 사용 문턱을 낮추고 우발적 핵 사용 유혹을 자극할 위험이 있다.

억지 전문가들은 미국의 '핵 확장 억제 = 찢어진 우산'이라는 핵무장론자들의 폄훼도 정치적 선동이 아니라면 억제에 대한 이해 부족을 드러내는 것이라고 비판한다. 억제의 작동 여부는 파괴력 그 자체보다 적한테 두려움을 줄 수 있느냐에 달린 문제여서, 억제는 확실성이 아니라 개연성만으로도 작동한다는 것이다.[3] 핵 보복이 있을지도 모른다는 불확실성이 억제의 기반이다. 요컨대 억제의 본질은 두려움이다. 냉전기 소련이 핵탄두를 실어나를 수천기의 ICBM을 갖췄지만 나토의 확장억제가 작동한 까닭이다. 이만석(육사 교수)과 함형필(한국국방연구원·KIDA 책임연구위원)도 미국의 핵 전략에 대한 통사적 검토 뒤에 "현시점에서 북한의 핵무기 위협에 대응하는 가장 확실한 방법"으로 "한국이 스스로 핵무장하는 것"이 아닌 "미국의 핵우산을 강화하는 것"을 제안했다. 자체 핵무장은 국제사회의 제재를 초래해 "국가 간 무역이 GDP의 약 80퍼센트에 해당하는 한국의 경제에 상상할 수 없는 큰 충격을 안겨줄 것"이므로 "미국의 확장 억제 강화를 통해 북한의 핵 위협을 억제하는 것이 효과적이면서도 한국이 직접 핵무기를 만드는 것보다 부담이 적은 전략"이라는 것이다.[4]

아울러 미국의 핵 확장 억제와 함께 현재 한-미의 북핵 대응의 양대 기둥을 이루는 한국군의 첨단재래식 전력의 대북 억제 효과도 과소평가돼선 안 된다. 예컨대 유사시 지하 100미터에 있는 조선의 전쟁지휘시설과 지하 군사기지를 파괴할 수 있는 위력을 지닌 현무-5는 비핵 자산이지만 대북 억제 효과를 발휘한다는 게 군사 전문가들의 평가다.

현무-5는 탄두 중량이 8톤인 세계 최대 수준의 초고위력 지대지 탄도미사일인데, 파괴력이 워낙 강력해 '괴물 미사일'이라 불린다.[5]

문제는 억제만으론 핵 없는 한반도를 이룰 수 없다는 사실이다. 지금 이 시각에도 조선은 고농축우라늄 등 무기급 핵물질을 생산하며 핵무기고를 채우고 있다는 사실 또한 잊지 말아야 한다. 당연하게도, 핵 없는 한반도로 가자면 조선의 핵 활동을 우선 멈춰 세워야 한다. 1994년 조미 제네바 합의, 2007년 6자회담 '9·19공동성명 이행을 위한 초기 조치'(2·13 합의) 등에 핵 동결 조처가 비중 있게 담긴 까닭이다. 일단 조선의 핵 활동을 멈춰 세워야(동결), 후진 기어를 넣어(감축), 궁극적으로 핵 없는 한반도(폐기)에 이를 수 있다. 이런 '동결→감축→폐기'의 3단계 해법을 작동시키자면, 한미 연합훈련 조정·중단과 제재 완화(스냅백)·해제 따위 대북 상응 조처를 포함해 탈냉전의 한반도로 나아갈 더 큰 청사진이 제시돼야 한다. 임동원과 윌리엄 페리 등 나라 안팎의 원로들이 줄기차게 강조해왔듯이, 북핵 문제 해소 과정을 한반도 임시 군사정전체제의 항구적 평화체제 전환(2018년 4·27판문점선언 3조, 6·12 조미 공동성명 2조)을 포함한 한반도 냉전구조 해체 작업과 병행 추진해야 한다. 한반도 냉전구조는 네 개의 기둥에 기대어 연명하고 있다. ①남과 북의 불신과 적대 ②조-미 적대 ③핵 등 대량살상무기를 포함한 군비경쟁 ④군사정전체제가 그것이다. 이 네 기둥을 부수면 냉전의 감옥을 탈냉전의 광장으로 바꿀 수 있다. 그러므로 핵 없는 한반도와 공존·평화·번영의 한반도라는 오랜 꿈을 현실화하자면 ①남북관계 개선·발전 ②조미 관계 정상화 ③한반도 비핵화 ④정전체제의 평화체제로 전환을 이뤄야 한다.[6] 이 네 과제는 범주적으로만 구분 가능할 뿐 실제론 서로 뒤엉켜 있어 따로 떼어내 한 가지만 해소할 수는 없다. 포괄적 탈냉전 청사진에 기반을 둔 단계적이고 점진적인 해법의 모색이 불가피하다.

고르디우스의 매듭을 끊은 알렉산드로스의 칼과 같은 해법이 없는 건 아니다. 조미관계 정상화가 바로 그것이다. 1부에서도 지적했듯이 탈냉전기 한반도의 가장 뜨거운 안보현안인 '북핵 문제'는 "미-북 적대관계의 산물"(임동원 전 통일부 장관)이어서, 조미관계 정상화는 한반도 냉전구조의 나머지 기둥을 일거에 무너뜨릴 파괴력을 품고 있다. 40년 가까운 탈냉전기 '북핵 문제'의 역사에서 조-미가 손을 맞잡고 함께 걷는 데도 한반도 정세가 나빠지거나 핵 협상이 헛바퀴를 돈 적은 없다. 그러므로 핵 없는 한반도의 꿈을 이루려면 조-미 적대관계의 해소 전망이 서야 한다.

마침 2025년 1월 20일 미국의 47대 대통령으로 재선 임기를 시작한 도널드 트럼프는 역대 미국 대통령 가운데 조선의 최고지도자와 정상회담을 한 유일한 인물이다. 트럼프는 재선 취임식 날부터 김정은을 "똑똑한 친구"(smart guy)라 추어올리며 "김정은과 관계를 맺겠다"는 대화 신호를 지속적으로 발신하고 있다.[7] 주목할 대목은 트럼프가 이미 새로운 핵 해법의 얼개를 공개적으로 밝혔다는 사실이다. 그는 재선 임기 시작 뒤 첫 국제회의 연설인 2025년 1월 23일 다보스포럼 화상 연설에서 세계 3대 핵 강국인 미국·러시아·중국의 "비핵화 denuclearize가 매우 가능하다고 생각한다"며 미·러·중 핵 군축 협상을 공개 제안했다. 이어 2025년 3월 13일 NATO 사무총장과 백악관 만남 뒤 기자회견에서는 조선·인도·파키스탄 등 비공인 핵무장국을 미·러·중 핵 군축 협상에 "참여시켜야 한다"고 했다. 미·러·중 3국이 주도하는 핵 군축 협상에 조선을 참여시키는 방식을 새 북핵 해법으로 제시한 셈이다. '일방적 핵 포기는 없다'는 조선을 향해 다자 핵 군축이라는 새로운 협상 틀을 내비친 것이다. 물론 트럼프는 "북한의 완전한 비핵화"(2025년 2월 7일 미일 정상회담 공동성명)가 여전히 공식 최종 목표라고 단서를 달긴 했다.

    트럼프의 이러한 새로운 접근법은 한국에 기회이자 위험 요인이다. 바닥 모를 핵 위기의 수렁에서 빠져나와 핵 없는 한반도라는 목표에 이를 궤도에 다시 올라탈 동력원이 될 수 있다는 점에서 기회다. 반면에 한국은 비핵국가여서 트럼프가 얼핏 내비친 다자 핵 군축 협상에 주체로 참여할 수 없는 처지라는 점에서 위험 요인이다. 기회의 얼굴을 살리고 위험의 그림자를 제어할 사려 깊고 창의적인 접근법이 절실하다. 조-미 핵 군비 통제 협상과 남북 재래식 군비 통제 협상의 병행 추진이 하나의 방법이 될 수 있다. 이는 '한국 패싱'을 우려해 조미 협상을 반대하기보다 오히려 협상의 촉진자·협력자로 나서 한국의 자율적 외교 공간을 넓히며 남북관계의 획기적 개선을 도모할 지름길일 수 있다. 무엇보다 한반도 냉전구조를 해체할 핵심 과제를 실천하는 길이다.

    한국은 무엇보다 한국·조선·미국·중국이 참여하는 4자회담의 성사에 외교력을 쏟아부어야 한다. 남-북-미-중 4자의 협력은 남북관계 개선, 조미관계 정상화, 한반도 비핵화, 항구적 평화체제 구축의 필수 전제이기 때문이다. 이런 제안에 많은 이들이 쓴웃음을 짓거나 심지어 비웃을 수도 있다. 트럼프발 관세 전쟁이 시사하듯 미-중 전략·패권 경쟁이 가열되는 와중에 무슨 미-중 협력이냐는 힐난이 쏟아질 수 있다. 오히려 미국과 중국 가운데 어느 쪽에 줄을 서야 대한민국이 망하지 않고 살아남을지 고민하는 게 급선무라는 주장이 제기될 수도 있다. 하지만 잊지 말아야 한다. 대한민국의 지속 가능한 발전에 필수 전제인 공존·평화·번영의 한반도는 핵 없는 한반도 없이는 망상이며, 핵 없는 한반도는 조-미 적대의 해소 없이는 가닿을 수 없는 신기루라는 역사의 교훈을. 샴쌍둥이와 같은 북핵 문제와 조-미 적대를 해소하자면 앞에서 지적한대로 1994년 제네바합의, 2005년 9·19공동성명, 2018년 6·12공동성명 등 조선과 미국이 '핵 포기'와 '관계 정상화'를 맞바꾸기로 한 세 합의를 실천하면 된다. 그 실천은 조선의 태도 변화와 함께 미국의 태도 변화가 없이는 불가능하다. 아울러 중국을 링 밖에 두고는 최종 목적지에 이르기 어려움을 일깨워준 2018~2019년 남북 및 조미 정상외교의 교훈도 잊지 말아야 한다. 중국은 고립된 조선의 생명줄을 거머쥔 압도적 후견국이자 한국전쟁 때 사실상 조선 대신 3년간 미국에 맞서 싸운 정전협정 당사자다. 중국의 참여와 협력은 미국의 참여와 협력에 못지않게 중요하다. 그러므로 우리는 이제 '미국과 중국 사이에서 누구 편에 설래?'라는 잘못된 질문에 휘둘리기를 거부해야 한다. 시간이 얼마나 오래 걸리든, 그 과정이 아무리 힘들더라도, 미국과 중국 모두의 협력을 이끌어내야 하는 숙명을 회피하지 말아야 한다.

밤하늘의 북극성을 놓치지 않아야 사막을 무사히 건널 수 있다고 한다. 사막 건너기보다 험난할 핵 없는 한반도, 공존·평화·번영의 한반도로 가는 여정에 함께할 세상의 모든 벗들에게 행운이 있기를!

미주

1부

1　1968년 7월 1일 탄생한 핵무기의 비확산에 관한 조약Non-Proliferation Treaty, NPT은 핵무기 보유국nuclear-weapon states, NWS과 핵무기 비보유국non nuclear-weapon states을 구분한다. NPT는 1967년 1월 1일 이전에 핵무기 보유 사실이 확인된 미국·영국·프랑스·소련(현 러시아)·중국만을 핵보유국으로 인정한다. 유엔 안전보장이사회 상임이사국 5개국만이 핵보유국이다. 공식 핵보유국 5개국을 제외한 이스라엘·인도·파키스탄·조선은 핵무기를 갖고 있더라도 NPT상 핵무기 비보유국이다. 국제 학계는 이런 국제법적인 측면을 고려해 공식 핵보유국이 아닌 이스라엘·인도·파키스탄·조선을 '사실상의 핵보유국de-facto nuclear-weapon states'이라고 구분하거나, 핵무기를 지닌 9개국 모두를 '핵무장국nuclear-armed state'이라 부른다. 이 글에서는 NPT상의 엄격한 위계와 현실을 두루 고려해 공식 핵보유국 5개국을 제외한 이스라엘·인도·파키스탄·조선을 '핵무장국'이라 지칭하겠다.

2　*SIPRI Yearbook 2024_ Armaments, Disarmament and International Security Summary*, 13쪽.

1부 1장

1　조선민주주의인민공화국Democratic People's Republic of Korea, DPRK은 군사분계선을 사이에 두고 대한민국Republic of Korea, ROK과 마주한 유엔 회원국

이다. 현실에서는 대한민국과 조선민주주의인민공화국을 '남한-북한' '한국-조선' '남조선-(북)조선' 따위로 부른다. 남과 북의 공식 회담과 합의서에서는 정식 국호 외에 '남쪽-북쪽' '남측-북측'이라고 표현한다. 이 책에서는 남과 북이 벼린 각종 합의서의 상호존중 정신, 그리고 상대방이 쓰는 호칭을 존중하라는 언론단체 등의 권고에 따라 '조선'이라는 호칭을 주로 쓴다. 다만 상황과 맥락에 따라 '한국-조선' '남한-북한' '남-북' '대한민국-조선민주주의인민공화국' 등의 표현을 섞어 쓴다.

  대한민국과 조선민주주의인민공화국은 1991년 9월 17일 유엔에 161, 160번째 회원국으로 동시·분리 가입한 별개의 주권국가이다. 하지만 남과 북은 1991년 12월 13일 '남북 사이의 화해와 불가침 및 교류·협력에 관한 합의서' 서문을 통해 양자관계를 "나라와 나라 사이의 관계가 아닌 통일을 지향하는 과정에서 잠정적으로 형성되는 특수관계"로 규정·합의했다. 요컨대 국제법적으로는 유엔에 따로 가입한 별개의 주권국가이지만, 서로를 외국은 물론 주권국가로도 간주하지 않고 '통일 지향 특수관계'로 판단한다는 뜻이다. 이런 역사적 준거에 따르면 김정은 조선노동당 총비서 겸 국무위원장이 2023년 12월 26~30일 조선노동당 중앙위원회 8기 9차 전원회의와 2024년 1월 15일 최고인민회의 14기 10차 회의에서 남북관계를 "적대적인 두 국가 관계, 전쟁 중에 있는 두 교전국 관계", 남쪽을 "제1의 주적, 불변의 주적, 철저한 타국"이라 규정한 상황은 문제적이다.

2 조선 헌법 11조에는 "조선민주주의인민공화국은 조선로동당의 령도 밑에 모든 활동을 진행한다"라고 명시돼 있다. 당이 국가보다 위에 있다는 헌법적 선언이다.

3 '북핵 문제'라는 표현은 북핵 자체를 '문제'로 규정하는 조어법으로 읽힐 여지가 있다. 한반도와 동북아시아의 파란만장한 근현대사에 밝은 이들은 조선의 핵개발을 조-미 적대관계의 산물이라고 지적하기도 한다. 이런 인식을 견지하는 이들은 '북핵 문제'라는 표현을 피한다. 말과 글은 세계의 반영,

더 정확히는 세계 인식의 반영이라는 점에서 늘 성찰이 필요하다. 이 책에서는 광범하게 쓰이는 '북핵 문제'라는 표현을 일단 차용하되, 이런 표현에 담긴 정치적 인식의 당부(當否)를 다양한 각도에서 짚어보겠다.

4   윤석열이 대한민국 대통령이던 2024년 1월 31일 청와대 영빈관에서 열린 제57차 중앙통합방위회의 겸 전군지휘관회의에서의 발언.

5   카멀라 해리스, 미국 시카고 민주당 전당대회 대통령 후보 지명 수락 연설 (2024. 7. 22).

6   임동원, '김대중 레거시와 한반도 평화', 김대중 탄생 100돌 기념 포럼 '격랑의 한반도 대한민국의 길을 묻다' 기조연설(한국프레스센터 국제회의장, 2024. 8. 21); 임동원, 《피스 메이커_남북관계와 북핵문제 25년》(창비 2015), 184쪽.

7   임동원, 《피스 메이커_남북관계와 북핵문제 25년》, 178~179쪽.

8   [권태호 논설위원의 직격인터뷰] 에이드리언 루이스 미국 캔자스대 교수, 〈한국전쟁에 핵무기를 사용하지 않은 건 기적이다〉, 《한겨레》, 2023년 9월 13일자 19면.

9   〈대학의 교육 교양 사업과 과학 연구 사업을 강화할 데 대하여_김일성종합대학 교직원, 학생들과 한 담화, 1955. 7. 1〉, 《김일성저작집 9(1954. 7~1955. 12)》(조선로동당출판사 1980), 376쪽.

10   조민·김진하, 《북핵일지 1955~2014》(통일연구원 2014), 6쪽.

11   이춘근, 《북한의 핵패권_사회주의 핵개발 경로와 핵전술 고도화》(인문공간 2023), 193쪽. 두브나합동원자핵연구소를 거쳐 간 중국 핵 과학자가 2백여명 선이었던 사실과 견줘볼 필요가 있다.

12   시그프리드 헤커 지음, 천지현 옮김, 《핵의 변곡점_핵물리학자가 들여다본 북핵의 실체》(창비 2023), 304쪽.

13   통일부 정보분석국 정치군사분석과, 《북한 기관별 인명록 2024》(통일부 2024), 11쪽·323쪽 참조.

14 〈중국에서 첫 핵시험을 성과적으로 진행〉〈중국에서 첫 핵시험을 진행한 것과 관련하여 중화인민공화국 정부 성명 발표〉,《로동신문》, 1964년 10월 18일자 1면.
15 돈 오버도퍼·로버트 칼린 지음, 이종걸·양은미 옮김,《The Two Koreas 두 개의 한국》(길산 2016), 383~384쪽.
16 〈마오, 김일성에게 '조선, 핵개발까지 필요할까'〉,《한겨레》, 2016년 1월 13일자 16면.
17 조민·김진하, 같은 책, 7쪽.
18 외교부 한반도평화교섭본부,〈Agreed Framework between the United States of America and the Democratic People's Republic of Korea〉,《북핵 관련 주요 문서》(외교부 2022), 397~405쪽. 미국은 1994년 10월 21일 조선과의 제네바합의에서 영변 핵단지에 있는 "흑연감속로원자로 및 관련 시설을 동결하고 궁극적으로 해체"하는 대가로 "2003년을 목표 시한으로 총 발전용량 약 2천 메가와트의 경수로를 조선에 제공하기 위한 조치를 주선할 책임을 진다"고 약속했다.
19 시그프리드 헤커, 같은 책, 51쪽.
20 〈경애하는 김정은 동지께서 핵무기연구소와 무기급 핵물질 생산기지를 현지지도하시였다〉,《로동신문》, 2024년 9월 13일자 3면.
21 이춘근, 같은 책 참조. 이 책은 북핵 문제를 정치외교적 측면에 초점을 맞춰 분석한 대다수 연구서와 달리 '경로 의존성'이라는 개념을 등대 삼아 기술적 측면에 초점을 맞춰 조선의 핵 개발사를 추적·분석했다는 점에서 독자적 가치를 지닌다.
22 시그프리드 헤커, 같은 책, 528쪽.
23 조민·김진하, 같은 책, 6~7쪽.
24 돈 오버도퍼·로버트 칼린, 같은 책, 379쪽.
25 돈 오버도퍼·로버트 칼린, 같은 책, 384쪽.

26 돈 오버도퍼·로버트 칼린, 같은 책, 387~388쪽.

27 임동원, 《피스 메이커_남북관계와 북핵문제 25년》, 177쪽.

28 걸프전은 1991년 1월 17일(워싱턴 시각 1월 16일 오후 7시, 바그다드 시각 1월 17일 오전 3시)에 시작돼, 2월 28일 부시 미국 대통령이 종전을 선언함으로써 개전 43일 만에 끝났다.

29 이제훈, 〈노태우 정부의 북방정책과 비대칭적 탈냉전: 남북미 3각관계와 3당 합당의 영향을 중심으로〉(북한대학원대학교 박사학위논문 2016), 199쪽.

30 James Baker, *The Politics of Diplomacy: Revolution, War and Peace 1989~1992*(G. P. Putnam's Sons 1995), 596쪽.

31 한국에는 1957년께부터 미국의 전술핵무기가 배치되었는데, 많을 때는 760여 개에 이르렀으나 지미 카터 미국 대통령 때 급격히 감축돼 1980년대 말에는 1백 개 안팎이었던 것으로 알려져 있다. 미국 정부는 주한미군에 배치된 전술핵무기와 관련한 정보를 한국의 대통령을 제외한 한국 정부의 누구와도 공유하지 않았다. 노태우 대통령은 자신의 회고록에서 대통령에 취임한 지 며칠 지나지 않아 제임스 릴리 주한 미국대사와 루이스 메네트리 주한 미8군 사령관이 청와대를 방문해 김종휘 보좌관만을 통역으로 배석시킨 채 "대한민국에 전술핵이 있다"고 알려줬다고 밝혔다. 노태우는 미국이 한국 국방부장관한테도 공식적으로 한국에 핵무기가 존재하는 것을 확인해주지 않았다고 덧붙였다. 임동원, 《피스 메이커_남북관계와 북핵문제 25년》, 179쪽; 리언 시걸 지음, 구갑우·김갑식·윤여령 옮김, 《미국은 협력하려 하지 않았다_조선과 미국의 핵외교》(사회평론 1999), 50~51쪽; 《노태우 회고록 하권_전환기의 대전략》(조선뉴스프레스 2011), 372쪽; 이제훈, 〈노태우 정부의 북방정책과 비대칭적 탈냉전: 남북미 3각관계와 3당 합당의 영향을 중심으로〉, 201쪽 참조.

32 조엘 S. 위트 외 2 지음, 김태현 옮김, 《북핵위기의 전말_벼랑 끝의 북미협

상》(모음북스 2005), 8쪽; The White House, *National Security Review 28_U.S. Policy Toward North Korean Nuclear Weapons Program*(1991. 2. 6).

33 이제훈, 《비대칭탈냉전 1990-2020_평화로 가는 좁은 회랑에 새긴 남북관계 30년》(서해문집 2023), 83쪽.
34 〈조선민주주의인민공화국 외교부대변인 성명〉, 《로동신문》, 1991년 9월 29일자 2면.
35 통일원 남북대화사무국, 《남북대화 제53호》(1991), 99쪽.
36 통일원 남북대화사무국, 《남북대화 제52호》(1991), 50~51쪽.
37 국토통일원 남북대화사무국, 《남북대화 제51호》(1990), 52~62·102~121쪽; 통일원 남북대화사무국, 《남북대화 제52호》(1991), 24~37쪽 참조.
38 이상옥, 《전환기의 한국외교_이상옥 전 외무장관 회고록》(삶과 꿈 2003), 420쪽.
39 임동원, 같은 책, 183쪽. 남과 북은 한반도비핵화공동선언 마련을 목적으로 한 판문점 대표 접촉에서 공동선언 합의와 함께 남쪽은 '1992년 팀스피리트훈련을 중지한다', 북쪽은 '가까운 시일 안에 핵안전조치협정에 서명하고 가장 빠른 시일 안에 법적 절차를 밟아 비준하며, IAEA와 합의하는 시기에 사찰을 받기로 한다'는 내용을 1992년 1월 7일 오전 10시에 양쪽이 공식 발표하기로 조율했고, 실제 그렇게 했다.
40 김정일 국방위원장은 2000년 6월 14일 평양 백화원 영빈관에서 김대중 대통령과 정상회담 때 "미군 철수를 주장하는 것은 우리 인민들의 감정을 달래기 위한 것"이며, 1992년 1월 김용순 방미 때 "동북아시아의 역학관계로 보아 반도의 평화를 유지하자면 미군이 와 있는 것이 좋다"는 뜻을 밝혔다. 임동원, 같은 책, 92~93쪽 참조.
41 돈 오버도퍼·로버트 칼린, 같은 책, 400~403쪽.
42 James Baker, *The Politics of Diplomacy: Revolution, War and Peace 1989~1992*, 597쪽.

43 James Baker, "Dealing with the North Korean Nuclear Problem; Impressions from My Asia Trip", National Security Archive(1991. 11. 18). https://nsarchive.gwu.edu/document/18226-national-security-archive-doc-05-department
44 임동원, 《피스 메이커_남북관계와 북핵문제 25년》, 158~159쪽.
45 셀리그 해리슨 지음, 이홍동 외 옮김, 《셀리그 해리슨의 코리안 엔드게임》 (삼인 2003), 321쪽.
46 〈조선민주주의인민공화국과 미합중국 사이의 고위급회담 뉴욕에서 진행〉, 《로동신문》, 1992년 1월 24일자 3면; 황진식, 〈미국은 대조선 정책을 고쳐야 한다〉, 《로동신문》, 1992년 1월 24일자 6면.
47 〈일본《아사히신문》편집국장이 제기한 질문에 대한 대답(1992. 3. 31)〉, 《김일성저작집 43》, 307쪽.
48 김용순은 1992년 3월 17일 베이징 북미 제20차 참사관급 접촉 창구를 통해 캔터한테 보내는 편지에서 "4월 8일 핵안전조치협정을 비준하고 5월 중 사찰 대상 리스트를 IAEA에 제출해 6월 중에는 IAEA의 사찰을 받게 될 것"임을 시사하며 고위급 접촉 재개를 요청했으나, 캔터는 1992년 4월 16일 제21차 베이징 참사관급 접촉을 통해 전달한 회신에서 "IAEA 핵 사찰과 남북 상호 사찰에 응해야 고위급 접촉 재개가 가능하다"고 답했다. 김용순은 1992년 6월 1일 제23차 베이징 참사관급 접촉을 통해서도 한스 블릭스 IAEA 사무총장의 방북과 IAEA의 제1차 임시 사찰(5월 26일~6월 6일) 사실을 언급한 구두 메시지를 캔터에게 전했으며, 캔터는 6월 30일 제24차 베이징 참사관급 접촉을 통해 "남북 상호 사찰에 응해야 한다"고 답했다. 김용순은 1992년 9월 8일 제25차 베이징 참사관급 접촉을 통해 그간의 핵 사찰 활동을 상기시키는 내용의 편지를 캔터에게 전달했고, 캔터는 9월 14일 제26차 접촉에서 미국의 기존 방침을 되풀이하는 회신을 전했다. 이상옥, 같은 책, 524~525·548·555~556쪽 참조.
49 샐리그 해리슨, 같은 책, 323쪽.

50 〈민족의 자주권과 나라의 최고 리익을 수호하기 위하여 자위적 조치를 선포한다〉,《로동신문》, 1993년 3월 13일자 1면.

1부 2장

1 김민우, 〈조선의 통일에 방해되는 일〉,《민주조선》(1990. 9. 19), 4쪽. 조선이 김영남-셰바르드나제 회담 계기에 소련 쪽에 '비망기'를 전했다며 이 기사가 공개한 내용은 아래와 같다. "비망기에는 대략 다음과 같은 내용이 지적되어 있다고 한다. 첫째로, 쏘련이 남조선과 '외교관계'를 설정하면 조선의 분렬된 '현실'을 그대로 인정하는 것으로서 분렬 상태 자체를 고착시키는 것으로 되며 '두 개 조선'의 문제를 국제적으로 합법화하는 것으로 된다. 조선반도에서의 긴장 상태와 북남 사이의 불신과 오해의 근원은 바로 분렬 상태 그 자체에 있다. 따라서 조선의 분렬을 조장시키는 것은 통일의 전제조건으로 되는 평화와 긴장 완화에 도움을 주는 것이 아니라 반대로 대결과 긴장 격화를 초래하게 된다. 둘째로, 쏘련이 남조선과 '외교관계'를 가지는 것은 다른 나라들이 남조선과 '외교관계'를 가지는 것과 근본적으로 다르다. 쏘련은 제2차 세계대전 이후 미국과 함께 조선을 분렬시킨 데 책임 있는 나라이다. 또한 쏘련은 조선민주주의인민공화국이 창건되었을 때 맨 선참으로 우리 공화국을 조선 민족의 유일한 합법적 국가로 인정한 나라이다. 그러한 쏘련이 이제 와서 남조선과 '외교관계'를 맺는다면 그것은 조선에 '두 개 조선'이 존재한다는 것을 법적으로 인정하는 분렬주의 행동으로 되며 명실공히 통일에 역행하는 행동으로 된다. 셋째로, 쏘련이 남조선과 '외교관계'를 상정하는 것은 남조선 당국자들의 '북방정책'을 실현시켜주는 것으로 된다. '북방정책'의 본질은 남조선이 쏘련을 비롯한 사회주의 나라들과 '외교관계'를 맺음으로써 우리를 국제적으로 '고립'시킬 뿐 아니라 미국의

전략대로 '교차승인'을 실현하며 조선을 영원히 '두 개 조선'으로 분렬시키는 것이다. 쏘련이 이것을 모를 리 없음에도 불구하고 남조선과 '외교관계'를 설정하는 데로까지 나가는 것은 공공연히 통일에 역행하는 것으로 된다. 넷째로, 쏘련이 남조선과 '외교관계'를 설정하면 우리나라에서의 사회주의 제도를 뒤집어엎으려는 미국과 남조선의 공동 음모에 가담하여 3각 결탁관계를 형성하는 것으로 된다. 이렇게 되면 남조선 당국자들은 쏘련이 저들의 편에 가담한 것을 코에 걸고 더욱 우쭐하고 교만해져서 우리를 독일식으로 흡수통합하려 할 것이다. 이것은 통일을 위한 북남대화를 파탄에로 이끌어 북남대결을 가일층 격화시킬 것이다. 다섯째로, 쏘련이 남조선과 '외교관계'를 맺으면 조쏘동맹조약을 스스로 유명무실한 것으로 되게 할 것이다. 그렇게 되면 우리는 이때까지 동맹관계에 의거했던 일부 무기들도 자체로 마련하는 대책을 세우지 않을 수 없게 될 것이다. 이것은 조선반도에서 군비경쟁을 격화시키게 되고 조선반도 정세를 극도로 첨예화시키게 된다. 더 나아가 아세아태평양 지역의 전반적인 정세를 첨예화시키게 될 것이다. 여섯째로, 전체 조선 인민들, 특히 남조선 인민들의 통일 의지를 막는 것으로 된다. 남조선 인민들 속에서 그 어느 때보다 통일 열망이 고조되고 있는 시기에 쏘련이 남조선과 '외교관계'를 설정하면 그것은 통일에 대한 조선 인민의 열망에 찬물을 끼얹고 어두운 그림자를 던지는 것으로 된다."

2 돈 오버도퍼·로버트 칼린, 같은 책, 332쪽.
3 와다 하루키 지음, 남기정 옮김, 《와다 하루끼의 북한 현대사》(창비 2014), 217~218쪽.
4 셀리그 해리슨 일행의 1992년 5월 방북 기간 최정순의 언행과 관련해선 《코리안 엔드게임》, 324~325쪽 참조.
5 IAEA, "The DPRK's Violation of its NPT Safeguards Agreement with the IAEA"(1997), 1쪽. https://www.iaea.org/sites/default/files/dprk.pdf
6 임동원, 《피스 메이커_남북관계와 북핵문제 25년》, 188쪽.

7   돈 오버도퍼·로버트 칼린, 같은 책, 408~409쪽.
8   IAEA 임시사찰팀을 이끈 빌리 타이스는 "조선은 IAEA의 분석 능력을 터무니없이 과소평가했다"고 말했고, IAEA의 핵 사찰 전문가인 올리 하이노넨은 1991년 걸프전 이후 극미량의 방사성물질 시료에서 정확한 결과를 얻어낸 핵 분석 기술의 눈부신 발전을 당시의 조선은 몰랐을 것이라고 지적했다. 돈 오버도퍼·로버트 칼린, 같은 책, 409~410쪽 참조.
9   IAEA, "The DPRK's Violation of its NPT Safeguards Agreement with the IAEA", 1쪽.
10 이상옥, 같은 책, 140쪽. 덩샤오핑은 1991년 10월 김일성의 방중 때 북미관계 정상화 이전에 한국과 수교하지 않겠다고 약속한 바 있다.
11 〈우리는 민족의 존엄과 나라의 자주권을 건드리는 그 어떤 행위도 절대로 용납하지 않을 것이다〉,《로동신문》, 1993년 1월 28일자 3면.
12 IAEA, "The DPRK's Violation of its NPT Safeguards Agreement with the IAEA", 2쪽.
13 외교부 국제법률국 편,《개정판 국제법기본법규집》(외교부 2016), 942쪽. NPT는 10조 1항에서 "각 당사국은, 당사국의 주권을 행사함에 있어, 본 조약상의 문제에 관련되는 비상사태가 자국의 지상이익을 위태롭게 하고 있음을 결정하는 경우에는 본 조약으로부터 탈퇴할 수 있는 권리를 가진다. 각 당사국은 동 탈퇴 통고를 3개월 전에 모든 조약 당사국과 국제연합 안전보장이사회에 행한다. 동 통고에는 동 국가의 지상이익을 위태롭게 하고 있는 것으로 그 국가가 간주하는 비상사태에 관한 설명이 포함되어야 한다"고 밝히고 있다.
14 〈민족의 자주권과 나라의 최고 리익을 수호하기 위하여 자위적 조치를 선포한다〉,《로동신문》, 1993년 3월 13일자 1면.
15 퀴노네스가 1993년 '미스터 리'라 부른 이는 2018년과 2019년 북미정상회담에 깊이 관여한 리용호 전 조선 외무상이다.

16   외교부 한반도평화교섭본부, 《북핵 관련 주요 문서》, 393~396쪽; 〈조선민주주의인민공화국-미합중국 공동성명 발표〉, 《로동신문》, 1993년 6월 13일자 1면.
17   〈조-미 쌍방이 핵 위협을 하지 않으며 서로 상대방의 제도와 자주권을 존중할 데 대하여 합의_우리나라 대표단 단장이 뉴욕에서 기자회견 진행〉, 《로동신문》, 1993년 6월 13일자 3면.
18   케네스 퀴노네스 지음, 노순옥 옮김, 《2평 빵집에서 결정된 한반도 운명》(중앙M&B 2000), 135~136·158~174쪽.
19   돈 오버도퍼·로버트 칼린, 같은 책, 435~437쪽.
20   돈 오버도퍼·로버트 칼린, 같은 책, 437~438쪽.
21   조엘 S. 위트 외 2, 같은 책, 90쪽.
22   통일부 남북회담사무국, 《남북대화 제58호(1993. 4~1993. 9)》(1994), 45~46쪽.
23   통일부 남북회담사무국, 《남북대화 제59호(1993. 9~1994. 5)》(1994), 3~7쪽.
24   통일부 남북회담사무국, 《남북대화 제59호》, 43쪽; 조엘 S. 위트 외 2, 같은 책, 168쪽.
25   통일부 남북회담사무국, 《남북대화 제59호》, 43~44쪽.
26   통일부 남북회담사무국, 《남북대화연표 1994》(1995), 72~73쪽; 통일부 남북회담사무국, 《남북대화 제59호》, 3쪽.
27   이제훈, 《비대칭탈냉전 1990-2020》, 123쪽. 남북 당국 회담 당시 고위급은 동영상과 음성, 실무급은 음성을 서울·평양의 본부에서 보고 들을 수 있는데, 이는 회담 진행에 필수적인 본부-회담 대표단 사이 의사소통에만 쓸 뿐 비공개가 불문율이다. 그런데 김영삼 정부의 청와대와 안전기획부가 이를 깬 것이다.
28   조엘 S. 위트 외 2, 같은 책, 182쪽.

29 〈미국이 강권과 압력으로 나오는 경우 우리는 민족의 자주권을 수호하기 위한 조치들을 실천에 옮기는 방향으로 나갈 수밖에 없게 될 것이다〉, 《로동신문》, 1994년 3월 22일자 4면.
30 〈우리는 IAEA 서기국의 오만무례한 책동을 결코 허용하지 않을 것이다〉, 《로동신문》, 1994년 6월 14일자 3면.
31 조엘 S. 위트 외 2, 같은 책, 233~234쪽.
32 〈'제재'는 곧 전쟁이며 전쟁에서는 자비가 없다〉, 《로동신문》, 1994년 6월 6일자 3면.
33 김연철, 《70년의 대화》(창비 2018), 175쪽.
34 조엘 S. 위트 외 2, 같은 책, 220~222쪽.
35 조엘 S. 위트 외 2, 같은 책, 246~250쪽.
36 조엘 S. 위트 외 2, 같은 책, 293쪽.
37 〈미국 전 대통령 지미 카터 평양 도착〉, 《로동신문》, 1994년 6월 16일자 4면.
38 돈 오버도퍼·로버트 칼린, 같은 책, 484~485쪽.
39 〈위대한 수령 김일성 동지께서 미국 전 대통령 지미 카터를 접견하시였다〉, 《로동신문》, 1994년 6월 17일자 1면; 〈미국 전 대통령 지미 카터가 서해갑문을 참관〉, 《로동신문》, 1994년 6월 18일자 1면.
40 조엘 S. 위트 외 2, 같은 책, 287쪽.
41 〈미국 전 대통령 지미 카터 판문점에서 국내외 기자들과 회견〉, 《로동신문》, 1994년 6월 19일자 5면.
42 조엘 S. 위트 외 2, 같은 책, 279~280쪽.
43 조엘 S. 위트 외 2, 같은 책, 281쪽.
44 조엘 S. 위트 외 2, 같은 책, 306~307쪽.
45 〈조선로동당 중앙위원회 총비서이시며 조선민주주의인민공화국 주석이신 경애하는 수령 김일성 동지의 질병과 사망원인에 대한 의학적 결론서〉, 《로

동신문》, 1994년 7월 9일자 3면.
46 〈위대한 수령 김일성 동지께서 서거하신 것과 관련하여 미합중국 대통령이 조문 성명을 발표하였다〉,《로동신문》, 1994년 7월 11일자 3면.
47 조엘 S. 위트 외 2, 같은 책, 315쪽.
48 이제훈,《비대칭탈냉전 1990-2020》, 286~289쪽.
49 외교부 한반도평화교섭본부,《북핵 관련 주요 문서》, 397~405쪽.
50 〈조선민주주의인민공화국과 미합중국 사이의 기본합의문은 조선반도의 핵 문제 해결을 위한 하나의 리정표로 되며 력사적 의의를 가지는 문건이다_조미회담 우리나라 대표단 단장 제네바에서 기자회견 진행〉,《로동신문》, 1994년 10월 24일자 3면.
51 〈친애하는 지도자 김정일 동지께 미합중국 대통령이 담보 서한을 보내여왔다〉,《로동신문》, 1994년 10월 23일자 1면.
52 이제훈,《비대칭탈냉전 1990-2020》, 137쪽.

1부 3장

1 이 장의 내용과 분석은 이제훈의 석사학위 논문 〈'제2차 북핵위기' 발발 원인에 관한 연구〉(북한대학원대학교 2008)에 크게 의지하고 있다.
2 임동원,《피스 메이커_남북관계와 북핵문제 25년》, 287쪽.
3 임동원,《피스 메이커_남북관계와 북핵문제 25년》, 326~330쪽.
4 〈위대한 령도자 김정일 동지의 특사 미국 방문을 위하여 출발〉,《로동신문》, 2000년 10월 9일자 1면.
5 〈조명록 방미 이모저모〉,《한겨레》, 2000년 10월 12일자 3면.
6 〈조선민주주의인민공화국과 미합중국 사이의 공동 꼬뮤니케〉,《로동신문》, 2000년 10월 13일자 1면.

7   〈올브라이트 김 주석 묘 참배-김 위원장 숙소 방문〉, 《한겨레》, 2000년 10월 24일자 4면.
8   '비대칭탈냉전'이란 1990~92년 세계적 탈냉전의 와중에 한국이 소련(1990년 9월 30일), 중국(1992년 8월 24일)과 잇달아 수교해 북방으로 가는 길을 연 반면에 조선은 미국·일본과 적대관계 해소에 실패해 고립된 동북아의 독특한 탈냉전 양상을 일컫는 개념이다. 이제훈, 〈노태우 정부의 북방정책과 비대칭적 탈냉전: 남북미 3각관계와 3당 합당의 영향을 중심으로〉; 이제훈, 《비대칭탈냉전 1990-2020》 참조.
9   《김대중 자서전 2권》(삼인 2010), 378쪽.
10 임동원, 《피스 메이커_남북관계와 북핵문제 25년》, 387쪽.
11 임동원, 《피스 메이커_남북관계와 북핵문제 25년》, 405쪽.
12 통일연구원, 《남북관계연표 1948~2013년》, 321쪽.
13 "Support from North Korea", *The New York Times*, 2001년 9월 25일.
14 문정인·배종윤, "The Bush Doctrine and the North Korean Nuclear Crisis", *Asian Perspective*, Vol. 27, No. 4, 2003, 19~21쪽.
15 임동원, 《피스 메이커_남북관계와 북핵문제 25년》, 451쪽.
16 George W. Bush, Remarks by the President to the Press Pool, "President Focuses on U.S. Economy, Iraq & N. Korea", Prairie Chapel Ranch, 2003년 1월 2일. http://www.whitehouse.gov/news/releases/2003/01/20030102.html
17 Howard Fineman, "'I Sniff Some Politics'", *Newsweek*, 2002년 5월 27일.
18 Glenn Kessler, "Impact from the shadows: Cheney wields power with few fingerprints", *The Washington Post*, 2004년 10월 5일.
19 George W. Bush, "The President's State of the Union Address", Washington D.C., 2002년 1월 29일. www.whitehouse.gov/news/releases/2002/01/20020129-11.html
20 John R. Bolton, *Surrender Is Not an Option*, 103~104쪽. 부시 대통령의 '악

의 축' 발언 직후 파월 장관이 이끄는 국무부 동아시아태평양국에서는 이 연설의 부정적 파장을 줄이려 노력한 흔적이 엿보인다. 제임스 켈리 차관보는 한 회의에서 부시 대통령의 '악의 축' 발언이 "미국의 대북 정책의 변화를 뜻하는 것은 아니다"라는 언론 지침을 준비한 적이 있다고 말했다고 존 볼턴은 회고했다.

21 Seymour M. Hersh, "The Cold Test: What the Administration knew about Pakistan and the North Korean nuclear program", *The New Yorker*, 2003년 1월 27일.

22 임동원, 《피스 메이커_남북관계와 북핵문제 25년》, 506쪽.

23 특사 방북의 경과, 합의 사항 등과 관련해선 당사자인 임동원의 《피스 메이커_남북관계와 북핵문제 25년》, 457~487쪽 참조.

24 7·1경제관리개선조처에 대해선 깅일천, 〈최근 우리나라에서 실시된 경제적 조치에 대한 잠정적 해석(1): 전반적 가격과 생활비의 개정조치를 중심으로〉; 김용술, 〈조선 경제정책 설명〉, 《KDI 조선경제리뷰》, 제4권 10호(2002); 서재진, 〈7·1조치 이후 조선의 체제변화: 아래로부터의 시장주의화 개혁〉(통일연구원 2004); 최수영, 〈'7·1경제관리개선조치' 이후 조선 경제 변화 전망〉(통일연구원 2004); 이영훈, 〈조선의 '자생적' 시장화와 경제개혁의 전개〉, 《통일문제연구》 17권 2호(평화문제연구소 2005) 등 참조. '7·1경제관리개선조처'는 남쪽의 용어이며, 북쪽에선 '새로운 경제관리체계'라고 부른다. 재일본조선인총연합회 계열 학자인 강일천은 이 조처를 '사회주의 원칙을 고수하는 것을 대전제로 한 경제관리의 개선 조처'로 규정하며, 그 특징으로 '분권화'와 '시장적 조절 공간의 활용' 등을 들고 있다.

25 신의주특별행정구는 '홍콩 모델'을 따른 파격적 선택이었다. 국방·외교를 뺀 모든 국가 권한을 특구에 부여하고, 특구 기업의 노동력 직접 채용, 사유재산권과 상속권 보장, 외화의 자유로운 반출입 허용 등을 담고 있다. 하지만 초대 행정청장으로 임명된 양빈이 중국 당국에 부정축재 등의 혐의로 체

포됨으로써 현실화에 제동이 걸려 무산됐다.

26   James T. Laney and Jason T. Shaplen, "How to Deal With North Korea", *Foreign Affairs*, 2003년 3/4월. http://www.foreignaffairs.org/20030301faessay10336/james-t-laney- jason-t-shaplen/how-to-deal-with-north-korea.html.

27   미국 대표단은 대통령 특사인 켈리 차관보를 비롯해 찰스 프리처드 대북 협상 대사, 데이비드 스트라우브 국무부 한국 과장, 마이클 그린 백악관 국가안전보장회의NSC 한반도 담당관, 마이클 던 합동참모본부 전략작전부 부부장(공군 소장), 메리 타이 국방부 차관보 대리대행, 두 명의 통역 등 모두 여덟 명이었다. 켈리 특사 일행이 2002년 10월 3~5일 평양에 머물며 조선 외무성의 강석주 제1부상 및 김계관 부상과 나눈 대화에 대한 내용은 임동원,《피스 메이커_남북관계와 북핵문제 25년》; 찰스 프리처드 지음, 김연철·서보혁 옮김,《실패한 외교》(사계절출판사 2008); 후나바시 요이치 지음, 오영환 외 옮김,《김정일 최후의 도박》(중앙일보시사미디어 2007); 빅터 차·데이비드 강 지음, 김일영 옮김,《북핵 퍼즐》(따뜻한손 2007) 등 참조.

28   후나바시 요이치, 같은 책, 176쪽.

29   임동원,《피스 메이커_남북관계와 북핵문제 25년》, 512쪽.

30   임동원,《피스 메이커_남북관계와 북핵문제 25년》, 515쪽.

31   〈조-미 사이의 불가침조약 체결이 핵 문제 해결의 방도이다〉,《로동신문》, 2002년 10월 26일자 4면. 요지는 이렇다. "우리는 미국과도 적대관계를 근원적으로 털어버리고 평등한 입장에서 현안문제들을 풀어나갈 수 있을 것이라는 기대감을 가지고 얼마 전에 미국 대통령의 특사를 받아들였었다. 그러나 유감스럽게도 우리는 특사의 방문을 통하여 우리를 힘으로 압살하고 조선반도와 동북아시아 지역에서의 긍정적인 정세 발전을 역전시키려는 부시 행정부의 적대적 기도가 최절정에 달하고 있다는 것을 확인하게 되었다. 미국 특사는 아무런 근거자료도 없이 우리가 핵무기 제조를 목적으

로 농축우라늄 계획을 추진하여 조미 기본합의문을 위반하고 있다고 걸고 들면서 그것을 중지하지 않으면 조미 대화도 없고 특히 조일관계나 북남관계도 파국상태에 들어갈 것이라고 하였다. (…) 그러나 부시 행정부가 우리를 악의 축으로 규정하고 핵 선제공격 대상에 포함시킨 것은 명백히 우리에 대한 선전포고로써 조미 공동성명과 조미 기본합의문을 완전히 무효화시킨 것이다. 부시 행정부는 우리에게 한 핵 선제공격을 정책화함으로써 핵무기 전파방지조약의 기본정신을 완전히 유린했으며 북남 비핵화공동선언을 백지화해버렸다. 부시 행정부의 무모한 정치·경제·군사적 압력책동으로 하여 우리의 생존권은 사상 최악의 위협을 당하고 있으며 조선반도에는 엄중한 사태가 조성되게 되었다. (…) 우리는 미국 대통령 특사에게 미국의 가중되는 핵 압살 위협에 대처하여 우리가 자주권과 생존권을 지키기 위해 핵무기는 물론 그보다 더한 것도 가지게 되어 있다는 것을 명백히 말해주었다. (…) 우리가 무장을 해제하지 않으면 쏘겠다고 달려드는 미국에게 그 무엇을 해명해줄 필요가 없으며 그런 의무는 더욱이 없다. 그러나 우리는 최대의 아량을 가지고 미국이 첫째로 우리의 자주권을 인정하고, 둘째로 불가침을 확약하며, 셋째로 우리의 경세 발선에 상애를 소성아시 않는 소선에서 이 문제를 협상을 통해 해결할 용의가 있다는 것을 명백히 밝혀주었다. (…) 조선반도에 조성된 엄중한 사태를 타개하기 위하여 우리는 조-미 사이에 불가침조약을 체결하는 것이 핵 문제 해결의 합리적이고 현실적인 방도로 된다고 인정한다. 미국이 불가침조약을 통해 우리에 대한 핵 불사용을 포함한 불가침을 법적으로 확약한다면 우리도 미국의 안보상 우려를 해소할 용의가 있다. 작은 나라인 우리에게 있어서 모든 문제 해결방식의 기준점은 우리의 자주권과 생존권의 위협의 제거이다. 이 기준점을 충족시키는 데는 협상의 방법도 있을 수 있고 억제력의 방법도 있을 수 있으나 우리는 될수록 전자를 바라고 있다."

32 David E. Sanger, "U.S. to withdraw from arms accord with North Korea",

The New York Times, 2002년 8월 9일. 제임스 켈리 미국 국무부 동아시아태평양 담당 차관보는 《뉴욕 타임스》 보도가 나온 날 "미국은 아직 제네바합의를 공식 파기하지 않았다"고 밝혔다.

33 찰스 프리처드, , 79~80쪽.
34 John R. Bolton, *Surrender is Not an Option*, 117쪽.
35 찰스 프리처드, 같은 책, 73쪽.
36 John R. Bolton, *Surrender is Not an Option*, 106쪽.
37 John R. Bolton, "A Fair Deal with North Korea?", Remarks at American Enterprise Institute(2007. 4. 5). https://www.aei.org/events/a-fair-deal-with-north-korea/ 볼턴의 해당 발언 원문은 이렇다. "There was fundamentally no disagreement in the policy community at the time or in the intelligence community that the North Koreans were in breach and that the framework should be brought to a halt, which certainly I had been seeking for some time before that and found this to be important evidence to that effect."
38 임동원, 《피스 메이커_남북관계와 북핵문제 25년》, 516쪽; 〈고농축우라늄 존재, 북핵 문제 새 논란거리로〉, 《한겨레》, 2004년 1월 25일자, 4면. 존 루이스 스탠퍼드대 명예교수가 2004년 1월 23일 교도통신 인터뷰에서 밝힌 바에 따르면, 김계관은 2004년 1월 방조선 미국 민간 전문가 대표단에게 2002년 10월 켈리가 평양에서 만난 조선 관리들과 나눈 대화록(한글 번역본)을 보여줬다. 이 대화록에서 강석주는 "우리는 핵프로그램을 가질 권리가 있으며, 그보다 더 강력한 무기도 가지고 있다"고 말했고, 켈리가 거듭 확인을 요청하자 "판단은 당신들에게 달려 있다"고 대꾸했다는 것이다.
39 〈핵무기전파방지조약에서 탈퇴〉, 조선중앙통신, 2003년 1월 10일.
40 시그프리드 헤커, 같은 책, 74·546쪽.
41 Barbara Slavin & John Diamond, "N. Korean nuclear efforts looking less threatening", *USA Today*, 2003년 11월 5일. 《USA 투데이》는 2003년 11월

조선의 HEUP 생산공장 건설 수준에 들어섰다는 부시 정부의 정보 평가의 신뢰성에 의문을 제기하는 기사에서 '전문가들'은 부시 행정부 관리들이 제네바합의를 무효화하려고 조선의 우라늄 농축 프로그램을 과장했을 수 있다고 지적하고 있다고 전했다. 그리곤 부시 행정부의 강경파들은 조선 정권을 전복시킬 욕심에 조미 제네바합의를 끝내고 싶어 했다고 평가했다.

42   시그프리드 헤커, 같은 책, 545쪽.
43   시그프리드 헤커, 같은 책, 142~147쪽.
44   후나바시 요이치, 같은 책, 126쪽.
45   《르몽드 디플로마티크》 한국판 창간호 기자회견, 김대중도서관, 2009년 9월 14일.
46   임동원, 《피스 메이커_남북관계와 북핵문제 25년》, 546쪽.

1부 4장

1   〈조선민주주의인민공화국 외무성 대변인 담화〉, 《로동신문》, 2003년 5월 1일자 4면.
2   〈조선민주주의인민공화국 외무성 성명〉, 《로동신문》, 2005년 2월 11일자 2면.
3   찰스 프리처드, 같은 책, 100쪽.
4   찰스 프리처드, 같은 책, 100쪽.
5   〈조선민주주의인민공화국 외무성 대변인 대담〉, 《로동신문》, 2003년 8월 2일자 5면.
6   이제훈, 《비대칭탈냉전 1990-2020》, 226쪽.
7   외교부 한반도평화교섭본부, 《북핵 관련 주요 문서》, 3~9쪽.
8   찰스 프리처드, 같은 책, 161~162쪽.

9   이종석, 《칼날 위의 평화_노무현 시대 통일외교안보 비망록》(개마고원 2014), 318쪽.
10 그날 힐한테 밥을 얻어먹은 김계관은 4차 회담 1단계 회기 중인 2005년 7월 30일 베이징의 조선 식당 '해당화'로 힐을 초청해 만찬을 대접하는 것으로 답례했다.
11 송민순, 《빙하는 움직인다_비핵화와 통일외교의 현장》(창비 2016), 126쪽.
12 크리스토퍼 힐 지음, 이미숙 옮김, 《크리스토퍼 힐 회고록_미국 외교의 최전선》(메디치미디어 2015), 305~307쪽.
13 송민순, 같은 책, 148~161쪽.
14 예컨대 유엔 총회에 참석하러 뉴욕에 간 반기문 외교통상부 장관은 9월 16일과 9월 17일 이틀 연속으로 라이스 미 국무장관을 설득해 마침내 "경수로 문제의 논의는 할 수 있다"는 답을 이끌어냈다.
15 송민순, 같은 책, 182쪽.
16 이제훈, 《비대칭탈냉전 1990-2020》, 230~236쪽.
17 시그프리드 헤커, 같은 책, 200쪽.
18 송민순, 같은 책, 179~180쪽.
19 시그프리드 헤커, 같은 책, 204쪽.
20 크리스토퍼 힐, 같은 책, 304~305쪽.
21 송민순, 같은 책, 111·180쪽.
22 송민순, 같은 책, 180~181쪽.
23 돈 오버도퍼·로버트 칼린, 같은 책, 739쪽.
24 스기타 히로키 지음, 이용빈 옮김, 《미국의 제재외교_피 흘리지 않는 전쟁, 그 위력과 어두운 이면》(한울 2021), 84쪽.
25 송민순, 같은 책, 201쪽.
26 스기타 히로키, 같은 책, 10·90쪽.
27 크리스토퍼 힐, 같은 책, 312쪽.

28 송민순, 같은 책, 203~205쪽.

29 크리스토퍼 힐, 같은 책, 311~312쪽.

30 크리스토퍼 힐, 같은 책, 350~351쪽.

31 크리스토퍼 힐, 같은 책, 319쪽.

32 돈 오버도퍼·로버트 칼린, 같은 책, 742쪽.

33 폴 브래큰 지음, 이시은 옮김, 《제2차 핵시대》(아산정책연구원 2014), 247~249쪽.

34 대한민국 국방부, 《2022 국방백서》(2023), 339쪽. 조선의 1~6차 핵실험의 위력·규모와 특성 등을 두고 각국 정부와 전문가들 사이에 미세한 차이가 있다. 이 책에선 조선 핵실험의 위력과 규모는 대한민국 국방부의 공식 평가를 인용한다.

35 〈조선민주주의인민공화국 외무성 성명〉, 《로동신문》, 2006년 10월 4일자 2면.

36 〈조선민주주의인민공화국 외무성 대변인 담화〉, 《로동신문》, 2006년 10월 12일자 3면.

37 시그프리드 헤커, 같은 책, 220·252쪽.

38 송민순, 같은 책, 211쪽.

39 중화인민공화국 외교부 성명, 2006년 10월 9일. 성명 전문은 이렇다. "10月 9日, 朝鮮民主主義人民共和国无视国际社会的普遍反对, 悍然实施核试验. 中国政府对此表示坚决反对. 实现半岛无核化, 反对核扩散, 是中国政府坚定不移的一贯立场. 中方强烈要求朝方信守无核化承诺, 停止一切可能导致局势进一步恶化的行动, 重新回到六方会谈的轨道上来. 维护东北亚地区的和平稳定, 符合有关各方的共同利益. 中国政府呼吁有关各方冷静应对, 坚持通过协商和对话和平解决问题. 中方将为此继续做出不懈的努力."

40 〈중, 제재엔 동참 … 해상봉쇄엔 반대〉, 《한겨레》, 2006년 10월 12일자

3면.

41   크리스토퍼 힐, 같은 책, 316~323쪽.
42   크리스토퍼 힐, 같은 책, 317~326쪽.
43   이제훈, 《비대칭탈냉전 1990-2020》, 242쪽.
44   〈조선민주주의인민공화국 외무성 대변인 대답〉, 《로동신문》, 2007년 6월 26일자 4면.
45   크리스토퍼 힐, 같은 책, 312쪽.
46   송민순, 같은 책, 211쪽.
47   시그프리드 헤커, 같은 책, 196·202·263쪽.

1부 5장

1   이제훈, 《비대칭탈냉전 1990-2020》, 15~21쪽 참조.
2   통일부, 〈정치·군사 분야 남북합의서 및 공동보도문〉(2019), 37~41쪽.
3   조민·김진하, 같은 책, 55쪽.
4   〈조선민주주의인민공화국 외무성 대변인 대답〉, 《로동신문》, 2008년 6월 28일자 4면.
5   송민순, 같은 책, 420~422쪽.
6   〈이 대통령 '통일부, 대북협상 자세 바꿔야'〉, 《한겨레》, 2008년 3월 27일자 1면.
7   시그프리드 헤커, 같은 책, 548쪽.
8   〈조선인민군 최고사령관 김정일동지께서 조선인민군 제1319군 부대를 시찰하시였다〉, 《로동신문》, 2008년 8월 15일자 1면.
9   〈위대한 령도자 김정일동지께서 중국공산당 중앙위원회 대외련락부대표단을 접견하시였다〉, 《로동신문》, 2009년 1월 24일자 1면.

10 돈 오버도퍼·로버트 칼린, 같은 책, 764~765쪽.
11 〈위대한 령도자 김정일 동지께서 위성관제종합지휘소를 찾으시고 인공지구위성 '광명성 2호' 발사과정을 관찰하시였다〉〈조선중앙통신사 보도_인공지구위성 '광명성 2호'를 성과적으로 발사〉,《로동신문》, 2009년 4월 6일자 1면.
12 돈 오버도퍼·로버트 칼린, 같은 책, 775쪽.
13 대한민국 국방부,《2022 국방백서》, 339쪽.
14 시그프리드 헤커, 같은 책, 403쪽.
15 돈 오버도퍼·로버트 칼린, 같은 책, 776쪽.
16 〈조선중앙통신사 보도_또 한 차례의 지하핵시험을 성과적으로 진행〉,《로동신문》, 2009년 5월 26일자 1면.
17 시그프리드 헤커, 같은 책, 330~332·343쪽.
18 〈조선인민군 최고사령관 명령 조선인민군 지휘성원들의 군사칭호를 올려줄 데 대하여〉,《로동신문》, 2010년 9월 28일자 1면.
19 〈조선로동당 중앙위원회 2010년 9월 전원회의에 관한 공보〉,《로동신문》, 2010년 9월 29일자 5면.
20 〈위대한 령도자 김정일 동지께서 조선로동당 중앙지도기관 성원들, 당대표자회 참가자들과 기념촬영을 하시였다〉,《로동신문》, 2010년 9월 30일자 1면.
21 〈위대한 령도자 김정일 동지께서 당 창건 65돌에 즈음하여 진행된 조선인민군 제851군 부대 군인들의 협동훈련을 보시였다〉,《로동신문》, 2010년 10월 6일자 1면.
22 통일부,《북한 주요 인물 정보 2023》(2023), 253쪽.
23 〈조선로동당 총비서이시며 조선민주주의인민공화국 국방위원회 위원장이신 위대한 령도자 김정일 동지께서 중화인민공화국을 비공식 방문하시였다〉,《로동신문》, 2010년 8월 31일자 1~2면.

24 〈조선로동당 총비서이시며 조선민주주의인민공화국 국방위원회 위원장이시며 조선인민군 최고사령관이신 위대한 령도자 김정일 동지의 질병과 서거 원인에 대한 의학적 결론서〉, 《로동신문》, 2011년 12월 20일자 3면.
25 〈김정은 집권 첫날 '세상에 좋다는 경제관리법 다 가져다 쓰라'〉, 《한겨레》, 2019년 2월 12일자 8면.
26 〈위대한 수령 김일성 대원수님 탄생 100돌 경축 열병식에서 하신 우리 당과 인민의 최고령도자 김정은 동지의 연설〉, 《로동신문》, 2012년 4월 16일자 1면.
27 〈우리 당과 인민의 최고 령도자 김정은 동지를 조선로동당의 최고수위에 높이 추대〉, 《로동신문》, 2012년 4월 12일자 3면. 이 회의에서 김정은은 조선노동당 중앙군사위 위원장 겸 조선노동당 제1비서로 추대됐다.
28 이제훈, 《비대칭탈냉전 1990-2020》, 314~315쪽.
29 시그프리드 헤커, 같은 책, 551쪽.
30 시그프리드 헤커, 같은 책, 415~416쪽.
31 외교부 원자력비확산외교기획관실, 〈조선 핵·미사일 대응 관련 유엔 안전보장이사회 결과 문서〉(2022), 83~89쪽.
32 〈조선중앙통신사 보도 인공지구위성 '광명성 3'호 2호기를 성과적으로 발사〉, 《로동신문》, 2012년 12월 13일자 1면.
33 대한민국 국방부, 《2022 국방백서》, 339쪽.
34 시그프리드 헤커, 같은 책, 428쪽.
35 김정은, 〈조선로동당 중앙위원회 2013년 3월 전원회의에서 하신 보고〉, 《조선중앙년감 주체103》(조선중앙통신사 2014), 23~27쪽.
36 〈당중앙위원회 제4기 제5차 전원회의에 관한 보도〉, 《로동신문》, 1962년 12월 16일자 1면.
37 김정은, 〈조선로동당 중앙위원회 2013년 3월 전원회의에서 하신 보고〉, 25쪽.

38 김정은, 〈조선로동당 중앙위원회 2013년 3월 전원회의에서 하신 보고〉, 24~25쪽.

39 이동복, 《통일의 숲길을 열어가며 2》(삶과꿈 1999), 87~90쪽.

40 〈조선로동당 중앙위원회 정치국 확대회의에 관한 보도〉, 《로동신문》, 2013년 12월 9일자 1면; 〈천만군민의 치솟는 분노의 폭발. 만고역적 단호히 처단. 천하의 만고역적 장성택에 대한 조선민주주의인민공화국 국가안전보위부 특별군사재판 진행〉, 《로동신문》, 2013년 12월 13일자 2면. 장성택 처형의 구체적 경과와 그 맥락에 대해선 이제훈, 《비대칭탈냉전 1990-2020》, 363~366쪽 참조.

41 2017년 2월 13일 말레이시아 쿠알라룸푸르 국제공항에서 김정남이 독살된 사건도 장성택 처형과 마찬가지로 김정은의 권력 안정화를 위한 잠재적 대안세력의 깃발 제거라는 평가가 많다. 김정남은 김정일의 맏아들이자 김정은의 이복형이다.

42 김정은, 〈조선로동당 중앙위원회 2013년 3월 전원회의에서 하신 보고〉, 26쪽.

43 〈조선로동당 제7차 대회에서 한 당중앙위원회 사업총화 보고〉, 《로동신문》, 2016년 5월 8일자 1~9면.

44 대한민국 국방부, 《2022 국방백서》, 339쪽.

45 〈조선민주주의인민공화국 정부 성명, 주체조선의 첫 수소탄 시험 완전 성공〉, 《로동신문》, 2016년 1월 7일자 2면.

46 〈조선로동당 중앙위원회 첫 수소탄 시험을 진행할 데 대한 력사적인 명령을 하달〉, 《로동신문》, 2016년 1월 7일자 1면.

47 시그프리드 헤커, 같은 책, 437~438쪽

48 대한민국 국방부, 《2022 국방백서》, 339쪽.

49 〈조선민주주의인민공화국 핵무기연구소 성명〉, 《로동신문》, 2016년 9월 10일자 1면.

50 외교부 원자력비확산외교기획관실,〈조선 핵·미사일 대응 관련 유엔 안전보장이사회 결과 문서〉, 275~330쪽.

51 Gerald F. Seib, Jay Solmon, and Carol E. Lee, "Barack Obama Warns Donald Trump on North Korea Threat", *Wall Street Journal*, 2016년 11월 22일.

52 시그프리드 헤커, 같은 책, 444쪽.

53 시그프리드 헤커, 같은 책, 437~438쪽.

54 〈반제반미 대결전에서 이룩한 주체조선의 위대한 승리 대륙간탄도로케트 '화성-14'형 시험발사 성공. 경애하는 최고령도자 김정은 동지께서 대륙간탄도로케트 '화성-14'형 시험발사를 현지에서 지도하시였다〉,《로동신문》, 2017년 7월 5일자 2~3면.

55 〈'화성-14' ICBM 주장하지만…미 본토까지 사거리 못 미쳐〉,《한겨레》, 2017년 7월 5일자 3면.

56 시그프리드 헤커, 같은 책, 462쪽.

57 〈조선민주주의인민공화국 정부 성명〉,《로동신문》, 2017년 8월 8일자 1면.

58 〈괌 포위사격' '화염과 분노'…북미 '말의 전쟁' 최고조〉,《한겨레》, 2017년 8월 10일자 1면.

59 대한민국 국방부,《2022 국방백서》, 339쪽.

60 시그프리드 헤커, 같은 책, 468쪽.

61 〈조선민주주의인민공화국 핵무기연구소 성명_대륙간탄도로케트 장착용 수소탄 시험에서 완전 성공〉,《로동신문》, 2017년 9월 4일자 1면.

62 〈경애하는 최고령도자 김정은 동지께서 조선인민군 전략군의 중장거리탄도로케트 발사훈련을 지도하시였다〉,《로동신문》, 2017년 8월 30일자 1면;〈경애하는 최고령도자 김정은 동지께서 중장거리전략탄도로케트 '화성-12'형 발사훈련을 또다시 지도하시였다〉,《로동신문》, 2017년 9월 16일자 1면.

1부 6장

1. 〈우리 당과 국가, 군대의 최고령도자 김정은 동지께서 새 형의 대륙간탄도로케트 시험발사를 단행할 데 대한 명령 하달〉,《로동신문》, 2017년 11월 29일자 1면.
2. 〈경애하는 최고령도자 김정은 동지께서 남조선 대통령의 특사대표단 성원들을 접견하시였다〉,《로동신문》, 2018년 3월 6일자 1면.
3. 〈조중 친선을 새로운 높은 단계에로 추동한 력사적인 사변_경애하는 최고령도자 김정은 동지께서 중화인민공화국을 비공식 방문하시였다〉,《로동신문》, 2018년 3월 28일자 1면; 〈경애하는 최고령도자 김정은 동지께서 중국공산당 중앙위원회 총서기 습근평 동지와 회담하시였다〉,《로동신문》, 2018년 3월 28일자 3면.
4. 〈조선로동당 중앙위원회 제7기 제3차 전원회의 진행_조선로동당 위원장 김정은 동지께서 병진로선의 위대한 승리를 긍지 높이 선언하시고 당의 새로운 전략적 로선을 제시하시였다〉,《로동신문》, 2018년 4월 21일자 1~3면.
5. 〈조선로동당 위원장, 조선민주주의인민공화국 국무위원회 위원장 김정은 동지께서 중국공산당 중앙위원회 총서기, 중화인민공화국 주석 습근평 동지와 또다시 상봉하시였다〉,《로동신문》, 2018년 5월 9일자 1~4면.
6. 〈조선민주주의인민공화국 핵무기연구소 성명〉, 조선중앙통신, 2018년 5월 25일.
7. 〈조선로동당 중앙군사위원회 제7기 제1차 확대회의 진행 조선로동당 중앙군사위원회 위원장 김정은 동지께서 확대회의 지도〉,《로동신문》, 2018년 5월 18일자 1면.
8. 〈력사적인 제4차 북남수뇌상봉 진행, 경애하는 최고령도자 김정은 동지께서 문재인 대통령과 또다시 상봉하시고 회담을 하시였다〉,《로동신문》,

2018년 5월 27일자 1~2면.

9 White House, "Remarks by President Trump after Meeting with Vice Chairman Kim Yong Chol of the Democratic People's Republic of Korea"(2018. 6. 8). https://trumpwhitehouse.archives.gov/briefings-statements/remarks-president-trump-meeting-vice-chairman-kim-yong-chol-democratic-peoples-republic-korea/

10 임동원, '대전환기의 한반도 평화프로세스', 한반도평화포럼아카데미 5기 특강, 2018년 12월 6일.

11 〈조선로동당 위원장, 조선민주주의인민공화국 국무위원회 위원장 김정은 동지께서 중국공산당 중앙위원회 총서기, 중화인민공화국 주석 습근평 동지와 회담하시였다〉, 《로동신문》, 2018년 6월 20일자 1~4면.

12 문재인은 회고록에서 조선은 1차 조미정상회담 장소로 애초 판문점을 선호했고, 제3국에서 해야 한다면 몽골의 울란바토르를 원했지만, 미국 쪽의 거부로 결국 싱가포르로 절충을 했다고 밝혔다. 이와 관련해 문재인은 "장소가 싱가포르로 결정되는 바람에 북한이 중국 항공기를 이용하지 않을 수 없었고, 결국은 중국에 신세를 지게 됐다"고 짚었다. 김정은의 낡은 전용기론 싱가포르까지 가기 어려운 사정을 미국 쪽이 배려하지 않은 탓이다. 문재인, 《변방에서 중심으로_문재인 회고록: 외교안보편》(김영사 2024), 246~247쪽 참조.

13 〈조선민주주의인민공화국 외무성 대변인 담화〉, 조선중앙통신, 2018년 7월 7일.

14 〈경애하는 최고령도자 김정은 동지께서 우리나라를 방문한 미합중국 국무장관을 접견하시였다〉, 《로동신문》, 2018년 10월 8일자 1면.

15 〈조선로동당 위원장이시며 조선민주주의인민공화국 국무위원회 위원장이신 우리 당과 국가, 군대의 최고령도자 김정은 동지께서 중화인민공화국을 방문하시였다〉, 《로동신문》, 2019년 1월 10일자 1~5면.

16 히가시 다이사쿠 지음, 서각수 옮김, 《적과의 대화_1997년 하노이, 미국과 베트남의 3박 4일》(동아시아 2018), 217쪽.
17 이제훈, 《비대칭탈냉전 1990-2020》, 355쪽.
18 〈조선로동당 위원장이시며 조선민주주의인민공화국 국무위원회 위원장이신 우리 당과 국가, 군대의 최고령도자 김정은 동지께서 제2차 조미수뇌상봉과 회담을 위하여 평양을 출발하시였다〉, 《로동신문》, 2019년 2월 24일자 1면.
19 이제훈, 《비대칭탈냉전 1990-2020》, 356쪽.
20 리용호 조선 외무상과 최선희 외무성 부상의 하노이 기자회견, 2019년 3월 1일.
21 최선희 조선 외무성 부상, 평양 주재 외국 공관장 대상 설명회, 2019년 3월 15일.
22 이제훈, 《비대칭탈냉전 1990-2020》, 356쪽.
23 임동원, 《다시, 평화》(메디치미디어 2022), 522쪽.
24 시그프리드 헤커, 같은 책, 554쪽.

1부 7장

1 〈현 단계에서의 사회주의 건설과 공화국 정부의 대내외 정책에 대하여〉, 《로동신문》, 2019년 4월 13일자 1~3면.
2 〈조선로동당 위원장이시며 조선민주주의인민공화국 국무위원회 위원장이시며 조선민주주의인민공화국 무력최고사령관이신 김정은 동지께서 로씨야련방 대통령 울라지미르 울라지미로비치 뿌찐 각하와 상봉하시였다〉, 《로동신문》, 2019년 4월 26일자 1~4면.
3 〈중조 친선을 계승하여 시대의 새로운 장을 계속 아로새기자〉, 《로동신문》,

2019년 6월 19일자 1면.

4 〈조선로동당 위원장, 조선민주주의인민공화국 국무위원회 위원장 김정은 동지께서 중국공산당 중앙위원회 총서기 중화인민공화국 주석 습근평 동지와 회담하시였다〉,《로동신문》, 2019년 6월 21일자 1~8면.

5 〈현 단계에서의 사회주의 건설과 공화국 정부의 대내외 정책에 대하여〉,《로동신문》, 2019년 4월 13일자 1~3면.

6 〈미 대통령 최초 조선 땅 밟아…북미, 예상 깨고 '53분 대화'〉,《한겨레》, 2019년 7월 1일자 2면.

7 〈경애하는 최고령도자 김정은 동지께서 도날드 트럼프 미합중국 대통령과 판문점에서 력사적인 상봉을 하시였다〉,《로동신문》, 2019년 7월 1일자 1~3면.

8 문재인, 같은 책, 334쪽.

9 〈경애하는 최고령도자 김정은 동지께서 도날드 트럼프 미합중국 대통령과 판문점에서 력사적인 상봉을 하시였다〉,《로동신문》, 2019년 7월 1일자 1~3면.

10 트럼프는 김정은과 27건의 친서(2018년 4월~2019년 8월)를 주고받았다고 밥 우드워드가 트럼프에 관한 책《격노 Rage》에 적었다. 그리고 한국의 전현직 주미 특파원 모임인 한미클럽은 2022년 9월 계간지《한미저널》10호에 김정은과 트럼프가 주고받은 친서 27건의 한글 번역본을 공개했다.

11 〈북미, 7개월 만의 실무협상 '결렬'〉,《한겨레》, 2019년 10월 7일자 1면;〈북, '미, 새 계산법 안 가져와'…한미훈련 중단 확약 원한 듯〉,《한겨레》, 2019년 10월 7일자 3면.

12 〈조선민주주의인민공화국 외무성 대변인 담화〉, 조선중앙통신, 2019년 10월 5일. 이 담화는《로동신문》에는 실리지 않았다.

13 문재인, 같은 책, 337쪽.

14 〈조선민주주의인민공화국 리태성 외무성 미국 담당 부상 담화〉, 조선중앙

통신, 2019년 12월 3일.

15 〈박정천 조선인민군 총참모장 담화〉, 조선중앙통신, 2019년 12월 4일.

16 〈경애하는 최고령도자 김정은 동지께서 백두산지구 혁명전적지들을 돌아보시였다〉, 《로동신문》, 2019년 12월 4일자 1~4면.

17 〈김영철 조선아시아태평양평화위원회 위원장 담화〉, 조선중앙통신, 2019년 12월 9일.

18 〈조선로동당 중앙위원회 제7기 제5차 전원회의에 관한 보도, 주체혁명 위업 승리의 활로를 밝힌 불멸의 대강_우리의 전진을 저애하는 모든 난관을 정면돌파전으로 뚫고 나가자〉, 《로동신문》, 2020년 1월 1일자 1~5면.

19 김정은이 트럼프한테 보낸 2019년 8월 5일자 친서에서 사용한 표현.

20 〈조선로동당 중앙군사위원회 제7기 제4차 확대회의 진행, 경애하는 최고령도자 김정은 동지께서 당중앙군사위원회 확대회의 지도〉, 《로동신문》, 2020년 5월 24일자 1~2면.

21 〈신형코로나비루스감염증을 철저히 막기 위한 비상대책 강구, 위생방역체계를 국가비상방역체계로 전환〉, 《로동신문》, 2020년 1월 30일자 1면.

22 〈조선로동당 중앙위원회 정치국협의회 진행〉, 《로동신문》, 2022년 5월 14일자 1면; 〈위대한 우리 인민이 쟁취한 빛나는 승리 전국비상방역총화회의 진행-경애하는 김정은 동지께서 전국비상방역총화회의에서 중요 연설을 하시였다〉, 《로동신문》, 2022년 8월 11일자 1~4면. 김정은은 2022년 8월 10일 열린 전국비상방역총화회의에서 "나라에 조성되였던 악성 전염병 위기가 완전히 해소되였다는 결론에 도달했다"고 밝혔다.

23 〈우리식 사회주의 건설을 새 승리에로 인도하는 위대한 투쟁강령, 조선로동당 제8차 대회에서 하신 경애하는 김정은 동지의 보고에 대하여〉, 《로동신문》, 2021년 1월 9일자 1~6면.

24 〈조선로동당 제8차 대회에서 한 결론 김정은〉, 《로동신문》, 2021년 1월 13일자 1~2면.

25 〈조선로동당 제6차 세포비서대회에서 한 폐회사 김정은〉, 《로동신문》, 2021년 4월 9일자 4면.

26 〈주체110년 조선민주주의인민공화국 올림픽위원회 총회 진행〉(2021. 4. 5), '조선체육' 누리집.

27 White House, "U.S.-ROK Leaders' Joint Statement"(2021. 5. 21). https://www.whitehouse.gov/briefing-room/statements-releases/2021/05/21/u-s-rok-leaders-joint-statement/

28 〈경애하는 김정은 동지께서 력사적인 시정연설 '사회주의 건설의 새로운 발전을 위한 당면 투쟁 방향에 대하여'를 하시였다〉, 《로동신문》, 2021년 9월 30일자 1~3면.

29 〈조선로동당 중앙위원회 제8기 제6차 정치국회의 진행〉, 《로동신문》, 2022년 1월 20일자 1면.

30 〈조선민주주의인민공화국 외무성 대변인 대답〉, 조선중앙통신, 2022년 2월 28일.

31 〈경애하는 김정은 동지께서 로씨야련방 대통령에게 축전을 보내시였다〉, 《로동신문》, 2022년 5월 10일자 1면.

32 〈조선로동당 총비서이시며 조선민주주의인민공화국 국무위원장이시며 조선민주주의인민공화국 무력최고사령관이신 경애하는 김정은 동지께서 신형대륙간탄도미싸일 시험발사를 단행할 데 대한 명령 하달〉, 《로동신문》, 2022년 3월 25일자 1~4면.

33 〈조선인민혁명군창건 90돐 경축 열병식에서 하신 경애하는 김정은 동지의 연설〉, 《로동신문》, 2022년 4월 26일자 2면.

34 〈유엔 총회, 탄도미사일 쏜 조선 '제재 무산' 격론〉, 《로동신문》, 2022년 6월 10일자 4면.

35 〈조선민주주의인민공화국 최고인민회의 제14기 제7차 회의에서 하신 경애하는 김정은 동지의 시정연설〉, 《로동신문》, 2022년 9월 9일자, 1~4면.

36	〈조선민주주의인민공화국 최고인민회의 법령 조선민주주의인민공화국 핵무력정책에 대하여〉, 《로동신문》, 2022년 9월 9일자, 6면.
37	전봉근, 《조선 '핵보유국법'과 '핵무력정책법'의 비교 평가와 한국의 대응책 모색》(국립외교원 외교안보연구소 2022), 1쪽.
38	〈핵에는 핵으로, 정면대결에는 정면대결로 조선로동당의 절대불변의 대적의지 엄숙히 선언. 경애하는 김정은 동지께서 조선민주주의인민공화국 전략 무력의 신형 대륙간탄도미싸일 시험발사를 현지에서 지도하시였다〉, 《로동신문》, 2022년 11월 19일자 1~4면.
39	〈조선로동당 중앙위원회 제8기 제6차 전원회의 확대회의에 관한 보도〉, 《로동신문》, 2023년 1월 1일자 1~5면.
40	〈김여정 조선로동당 중앙위원회 부부장 담화〉, 조선중앙통신, 2023년 1월 27일.
41	〈경애하는 김정은 동지께서 중요 군수공장들을 현지지도하시였다〉, 《로동신문》, 2023년 8월 6일자 1~2면.
42	〈조로관계의 새로운 리정표를 마련한 사변적 계기_조선로동당 총비서이시며 조선민주주의인민공화국 국무위원장이신 경애하는 김정은 동지께서 워스또츠느이우주발사장에서 로씨야련방 대통령 올라지미르 올라지미로비치 뿌찐 동지와 력사적인 상봉을 하시였다〉, 《로동신문》, 2023년 9월 14일자 1~5면.
43	〈조선민주주의인민공화국 최고인민회의 제14기 제9차 회의 진행〉, 《로동신문》, 2023년 9월 28일자 1~4면.
44	〈조선민주주의인민공화국과 로씨야련방 사이의 포괄적인 전략적 동반자 관계에 관한 조약〉, 《로동신문》, 2024년 6월 20일자 6면. 이 조약 3조는 "쌍방은 공고한 지역적 및 국제적 평화와 안전을 보장하기 위하여 호상 협력한다. 쌍방 중 어느 일방에 대한 무력 침략 행위가 감행될 수 있는 직접적인 위협이 조성되는 경우 쌍방은 어느 일방의 요구에 따라 서로의 립장을 조률하

며 조성된 위협을 제거하는 데 협조를 호상 제공하기 위한 가능한 실천적 조치들을 합의할 목적으로 쌍무협상 통로를 지체 없이 가동시킨다"라고 돼 있는데, 이는 러시아의 '정세 안정자' 구실을 가능케 할 '사전 전략대화' 제도화의 근거로 볼 수 있다는 분석도 있다. 〈북·러, '2중 완충장치' 됐지만…한반도 군사개입 통로로 열었다〉, 《한겨레》, 2024년 6월 21일자 3면 참조.

45 〈러 외무, '北 비핵화, 종결된 문제…IAEA 북핵 결의안 거부'〉, 연합뉴스, 2024년 9월 27일.

46 〈러, '한미동맹 핵 수준 격상…한반도 비핵화 불가능'〉, 연합뉴스, 2024년 10월 2일.

47 〈'조선 핵탄두 추정 보유량 50기로 늘었다…90기 조립 가능'_스톡홀름 국제평화연구소 연례 보고서〉, 《한겨레》, 2024년 6월 17일.

2부

2부 1장

1 *SIPRI Yearbook 2024*, 13쪽.

2 "Carter says Israel has stockpile of over 300 nuclear bombs", *Israel Hayom*, 2014년 4월 14일.

3 *SIPRI Yearbook 2024*, 13쪽.

4 Jeffery Goldberg, "The point of No Return", *The Atlantic*, 2010년 9월호.

5 Michael Karpin, *The Bomb in the Basement*(Simon & Schuster Paperbacks 2006), 1쪽.

6   Avner Cohen & William Burr ed, "The U.S. Discovery of Israel's Secret Nuclear Project", National Security Archive Electronic Briefing Book, No. 510. https://nsarchive2.gwu.edu/nukevault/ebb510/
7   설인효, 〈핵보유 이후 이스라엘의 국가전략〉, 《북한이 핵보유국이 된다면 어떻게 달라지는가_핵보유 이후 국가행동의 변화》(사회평론아카데미 2020), 207쪽.
8   Avner Cohen & William Burr ed, 같은 논문.
9   김태우, 《북핵을 바라보며 박정희를 회상한다》(기파랑 2018), 204~205쪽.
10 "UK helped Israel get nuclear bomb", BBC(2005. 8. 4). http://news.bbc.co.uk/2/hi/uk_news/4743987.stm.
11 Department of State Instruction A-128 to U.S. Embassy Israel, "Atomic Energy Developments"(1958. 3. 7); Avner Cohen, *Israel and the Bomb*(Columbia University Press 1998), 49~55·57~60쪽.
12 Avner Cohen & William Burr ed, 같은 논문.
13 Avner Cohen & William Burr ed, 같은 논문.
14 "Implications of the Acquisition by Israel of a Nuclear Weapons Capability"(1960. 12. 8), Special National Intelligence Estimate, No 100-8-60.
15 Warren Kornberg, "Israel Reactor 'Not Revealed to Us,' Says McCone, Avoiding Word 'Secret'", *The Washington Post*, 1960년 12월 19일.
16 White House Office of the Staff Secretary, "Memorandum of Conference with the President December 19, 1960"(1961. 1. 12). https://digitalarchive.wilsoncenter.org/document/white-house-office-staff-secretary-memorandum-conference-president-december-19-1960
17 Zaki Shalom, *Israel's Nuclear Option: Behind the Scenes Diplomacy Between Dimona and Washington*(Liverpool University Press 2005).
18 최아진, 〈미국과 신흥 핵무기 보유국〉, 《북한이 핵보유국이 된다면 어떻게

달라지는가》, 215쪽.
19 "Israel's Nuclear Arsenal Vexed Nixon", New York Times, 2007년 11월 29일.
20 "Israel's Nuclear Arsenal Vexed Nixon", *New York Times*.
21 https://web.archive.org/web/20250325144508/https://vanunu.com/ 참조.
22 김태우, 같은 책, 223쪽.
23 시그프리드 헤커, 같은 책, 145·266~267쪽.
24 설인효, 〈핵보유 이후 이스라엘의 국가전략〉, 《북한이 핵보유국이 된다면 어떻게 달라지는가_핵보유 이후 국가행동의 변화》, 226쪽.
25 Vipin Narang, *Nuclear Strategy in the Mordern Era: Regional Powers and International Conflict*(Princeton University Press 2014), 183~185·194~195쪽.

2부 2장

1 *SIPRI Yearbook 2024*, 13쪽.
2 George Perkovich, *India's Nuclear Bomb: The Impact on Global Proriferation*(University of California Press), 34쪽.
3 김태우, 같은 책, 229쪽.
4 이장욱, 〈핵보유 이후 인도의 국가전략〉, 《북한이 핵보유국이 된다면 어떻게 달라지는가》, 249쪽.
5 이춘근, 같은 책, 68~69쪽.
6 George Perkovich, 같은 책, 67쪽.
7 김태형, 《인도-파키스탄 분쟁의 이해_신현실주의 이론으로 바라보는 양국의 핵개발과 안보전략 변화》(서강대학교출판부 2019), 108~109쪽.
8 "The Brasstacks Crisis", Center for Arms Control and Non-Prolifera-

tion(2022. 11. 16). https://armscontrolcenter.org/the-brasstacks-crisis/
9 김태형, 같은 책, 116쪽.
10 An Indian statement by the Department of Atomic Energy and the Defense Research and Development Organization, "Indian scientists provide details of nuclear tests", Dow Jones(1998. 5. 17).
11 Narayanan Madhavan, "India defiant over tests but says aims for nuclear-free world", *Reuters*(1998. 5. 12)
12 "Indian's Letter to Clinton on the Nuclear Testing", *New York Times*, 1998년 5월 13일.
13 CRS Report for Congress, "India-Pakistan Nuclear Tests and U.S. Response"(1998. 11. 24), 2쪽. https://www.everycrsreport.com/reports/98-570.html
14 An Indian statement by the Department of Atomic Energy and the Defense Research and Development Organization, "Indian scientists provide details of nuclear tests", Dow Jones.
15 CRS Report for Congress, "India-Pakistan Nuclear Tests and U.S. Response", 1쪽.
16 U.S. Department of State Archive, "Fact Sheet: India and Pakistan Sanctions"(1998. 6. 18). https://1997-2001.state.gov/regions/sa/fs_980618_india_pak.html
17 White House, "Joint Statement Between President George W. Bush and Prime Minister Manmohan Singh"(2005.07.18). https://georgewbush-whitehouse.archives.gov/news/releases/2005/07/20050718-6.html
18 전봉근, 〈미-인도 원자력협력 동향과 주요 쟁점〉(외교안보연구소 2007), 3~4쪽.
19 이장욱, 〈핵보유 이후 인도의 국가전략〉,《북한이 핵보유국이 된다면 어떻

게 달라지는가〉, 279쪽.

20   최아진, 〈미국과 신흥 핵무기 보유국〉, 《북한이 핵보유국이 된다면 어떻게 달라지는가》, 186쪽.

21   CRS Report for Congress, "India-Pakistan Nuclear Tests and U.S. Response", 2쪽.

22   이장욱, 〈핵보유 이후 인도의 국가전략〉, 《북한이 핵보유국이 된다면 어떻게 달라지는가》, 260~262쪽.

23   CRS Report for Congress, "India-Pakistan Nuclear Tests and U.S. Response", 2~4쪽.

2부 3장

1   *SIPRI Yearbook 2024*, 13쪽.
2   이와 관련한 역사적 경과는 김태형, 같은 책, 50~68쪽 참조.
3   김태형, 같은 책, 96쪽.
4   Ayesah Jalal, *The Struggle for Pakistan: A Muslim Homeland and Global Politics*(Belknap Press 2014), 14쪽.
5   Sumit Ganguly, *Conflict Unending: India-Pakistan Tensions Since 1947*(Columbia University Press 2001), 69~74쪽.
6   김태형, 같은 책, 145쪽.
7   Samina Ahmed, "Pakistan's Nuclear Weapons Program: Turning Points and Nuclear Choices", *International Security*, 1999년 봄호, 182~183쪽.
8   CRS Report for Congress, "India-Pakistan Nuclear Tests and U.S. Response", 4쪽.
9   "Prime Minister Nawaz Sharif, Excerpts From a Statement at a News Con-

ference in Islamabad", *Washington Post*, 1998년 5월 29일.

10 John Burns, "Leaders in India and in Pakistan Tone Down Crisis", *New York Times*, 1998년 5월 30일; John Kifner, "Pakistan Sets Off Atom Test Again, but Urges 'Peace'", *New York Times*, 1998년 5월 31일.

11 William Broad, "Experts Say Pakistan Test Was Either Small or a Failure", *New York Times*, 1998년 5월 31일.

12 CRS Report for Congress, "India-Pakistan Nuclear Tests and U.S. Response", 30~31쪽.

13 CRS Report for Congress, "India-Pakistan Nuclear Tests and U.S. Response", 2~3쪽.

14 Tim Weiner, "U.S. and China Helped Pakistan Build Its Bomb", *New York Times*, 1998년 6월 1일.

15 김태형, 같은 책, 150~151쪽.

16 CRS Report for Congress, "India-Pakistan Nuclear Tests and U.S. Response", 13~14쪽.

17 김태형, 같은 책, 244~248쪽.

18 파키스탄의 외교정책과 관련해선 Aparna Panda, *Explaining Pakistan's Foreign Policy: Escaping India*(Routledge 2011) 참조.

19 김태형, 같은 책, 136쪽.

20 Douglas Frantz and Catherine Collins, *The Man from Pakistan*(Twelve 2008), 119쪽.

21 Vipin Narang, "Strategies of Nuclear Proliferation How States Pursue the Bomb", *International Security*, Vol. 41, No. 3, 122~123쪽.

22 미국의 인도-파키스탄에 대한 제재와 해제 경과는 Dinshaw Mistry, "Diplomacy, Sanctions, and the U.S. Nonproliferation Dialogue with India and Pakistan", *Asian Survey*(1999); Daniel Morrow & Michael Carriere, "The

Economic Impacts of the 1998 Sanctions on India and Pakistan", *The Nonproliferation Review*, 1999년 가을호; 황태희, 〈핵무기 보유 추진 국가들과 경제제재_미국의 사례를 중심으로〉, 《북한이 핵보유국이 된다면 어떻게 달라지는가》, 86~129쪽 등 참조.

23　김성배, 〈북한의 '사실상 핵보유국' 지위 추구 경로 검토 및 고려사항〉, 《INSS 전략보고》(국가안보전략연구원), 2024년 3월호, 4쪽.

24　White House, Presidential Determination No. 2001-28, "President Waives Sanctions on India, Pakistan"(2001. 9. 22). https://georgewbush-whitehouse.archives.gov/news/releases/2001/09/20010922-4.html.

25　이장욱, 〈핵보유 이후 인도의 국가전략〉, 《북한이 핵보유국이 된다면 어떻게 달라지는가》, 274쪽.

2부 보론

1　Paul Kapur, *Dangerous Deterrent: Nuclear Weapons Proliferation and Conflict in South Asia*(Stanford University Press 2007), 27쪽.

2　핵무장국가 사이의 첫 전쟁 사례는 1969년 우수리강을 사이에 둔 중국과 소련의 군사 충돌이다.

3　박민형, 〈핵보유 이후 국가들의 국방정책 변화〉, 《북한이 핵보유국이 된다면 어떻게 달라지는가》, 160쪽.

4　Micheal Krepon, "The Stability/Instability Paradox, Misperception, and Escalation Contol in South Asia", in Michael Krepon · Rodney Jones · Ziad Haider Eds, *Escalation Control and the Nuclear Option in South Asia*(Stimson Center 2004), 2쪽.

5　〈2001년 뉴델리 2008년 뭄바이〉, 《한겨레21》 739호(2008. 12. 12).

6   박민형, 〈핵보유 이후 국가들의 국방정책 변화〉, 《북한이 핵보유국이 된다면 어떻게 달라지는가》, 156~157쪽.
7   김태형, 같은 책, 183·203쪽.
8   김정섭, 〈한국의 독자 핵무장과 전략적 안정성〉, 《세종정책브리프》, 2023-2호(2003. 2. 28), 16쪽.
9   김태형, 같은 책, 188쪽.

2부 4장

1   《침묵의 함대》는 내용과 주제의 도발성과 민감성 탓에 일본 의회에서 논란이 되기도 했다. 이 문제적 연재만화는 32권 분량의 단행본 만화로 재출간됐고, 'Silent Service'라는 이름으로 영역돼 출판됐으며, 시즌제 영화로 제작돼 2024년 아마존프라임을 통해 공개됐다.
2   Kurt M. Campbell & Tsuyoshi Sunohara, "Chapter 9 Japan: Thinking the Unthinkable", *The Nuclear Tipping Point – Why States Reconsider Their Nuclear Choices*(Brookings Institution Press 2004), 218~219쪽.
3   김태우, 같은 책, 212쪽.
4   Japan Digital Archives Collection, "The Three Non-Nuclear Principles and the Government's Position"(1975. 2. 8); Documents related to Takeo Miki, Doc(2023. 7). http://j-dac.jp/MIKI/index.html.
5   Japan Digital Archives Collection, "The Three Non-Nuclear Principles and the Government's Position".
6   일본 헌법 2장 9조의 한글 번역본은 이렇다. "제2장 전쟁의 포기 제9조 ①일본 국민은 정의와 질서를 기조로 하는 국제 평화를 성실히 희구하며, 국제 분쟁을 해결하는 수단으로써 국권이 발동되는 전쟁과 무력에 의한 위협 또

는 무력의 행사는 영구히 포기한다. ②제1항의 목적을 달성하기 위하여 육·해·공군, 그 밖의 전력을 보유하지 아니한다. 국가 교전권은 인정하지 아니한다."

7 〈일 내각법제국장관 "헌법이 핵무기 사용 금지 안 한다" 발언 논란〉, 연합뉴스, 2016년 3월 23일.

8 조양현, 〈일본 핵무장론의 동향 및 전망〉, 《주요국제문제분석》(외교안보연구원 2009. 8. 5), 6쪽.

9 NPT는 10조에서 "각 당사국은, 당사국의 주권을 행사함에 있어서, 본 조약상의 문제에 관련되는 비상사태가 자국의 지상 이익을 위태롭게 하고 있음을 결정하는 경우에는 본 조약으로부터 탈퇴할 수 있는 권리를 가진다. 각 당사국은 동 탈퇴 통고를 3개월 전에 모든 조약 당사국과 국제연합 안전보장이사회에 행한다. 동 통고엔 동 국가의 지상 이익을 위태롭게 하고 있는 것으로 그 국가가 간주하는 비상사태에 관한 설명이 포함되어야 한다"고 규정하고 있다. 외교통상부 조약국, 《국제법기본법규집》(2008), 573쪽.

10 조양현, 〈일본 핵무장론의 동향 및 전망〉, 《주요국제문제분석》, 4쪽.

11 "Current U.S-Japanese and World Problems", *Foreign Relations of the United States, 1964 – 1968, Vol. 29, Part 2, Japan*(United States Government Printing Office Washington 2006).

12 〈일, 70년대 초 핵무기 연간 30개 제조 능력_미, 65년 비밀보고서 결론〉, 연합뉴스, 2004년 5월 10일.

13 Ministry of Foreign Affairs of Japan, "Three Non-Nuclear Principles". https://www.mofa.go.jp/policy/un/disarmament/nnp/index.html

14 楠田實, 《楠田實日記》(中央公論社 2001), 158~163쪽.

15 Kurt M. Campbell & Tsuyoshi Sunohara, 같은 책, 225쪽.

16 닉슨 독트린은 1970년 2월 닉슨의 연두교서를 통해 세계에 공식 선포됐다.

17 Yukinori Komine, "Virtual Nukes: The Formulation of Japan's Non-nucle-

ar Weapons Security Policy", *The International History Review*, Vol 46, 2024, 22쪽.

18 Yukinori Komine, "Virtual Nukes: The Formulation of Japan's Non-nuclear Weapons Security Policy", *The International History Review*, 24쪽.

19 Minutes of Senior Review Group Meeting, "Japan NSSM 122", *FRUS 1969-1976*, vol. 19, Part 2, Japan, 291쪽.

20 조양현, 〈일본 핵무장론의 동향 및 전망〉, 《주요국제문제분석》, 5~6쪽.

21 Yukinori Komine, *Negotiating the U.S.-Japan Alliance: Japan Confidential*(Routledge 2017), 9~13쪽.

22 "A Basic Study of Japan's Nuclear Policy, Part 2: Strategic, Diplomatic, and Political Issues Regarding Independent Nuclear Military Capabilities"(1970. 1), Yukinori Komine, "Virtual Nukes: The Formulation of Japan's Nonnuclear Weapons Security Policy", *The International History Review*, 23쪽에서 재인용.

23 Yukinori Komine, "Virtual Nukes: The Formulation of Japan's Non-nuclear Weapons Security Policy", *The International History Review*, 23~24쪽.

24 Kurt M. Campbell & Tsuyoshi Sunohara, 같은 책, 225쪽.

25 〈40년 전 일 정부 '핵보유 능력 있다'〉, 연합뉴스, 2010년 11월 30일.

26 Yukinori Komine, "Virtual Nukes: The Formulation of Japan's Non-nuclear Weapons Security Policy", *The International History Review*, 23쪽.

27 Kurt M. Campbell & Tsuyoshi Sunohara, 같은 책, 227쪽.

28 〈일본 막대한 플루토늄 보유, 북 비핵화 협상에 걸림돌〉, 《한겨레》, 2018년 7월 2일.

29 신동익, 〈NPT 준수와 한미 원자력협정 개정을 통한 한국의 핵연료주기 능력 확보 문제〉, 《한국의 독자적 핵능력 확보 가능성과 과제》(경남대극동문제연구소 2024), 51쪽.

30 한국원전수출산업협회 정보조사실, 〈일본 원자력발전 현황 및 전망〉, 《Monthly Nuclear Brief KNA 20-04-01》. 2021년 9월 기준으로 일본에는 60기의 원전이 있는데, 이 가운데 10기가 재가동 중이다.

31 〈일본 막대한 플루토늄 보유, 북 비핵화 협상에 걸림돌〉,《한겨레》.

32 〈일 원자력법 '안보 목적' 추가〉,《한겨레》, 2012년 6월 21일.

33 윤석정,《'안보 3문서' 이후의 일본의 안보 정책: 평가 및 함의》(국립외교원 외교안보연구소 2023), 1쪽.

34 "Abe suggests Japan start 'nuclear sharing' discussion",《아사히신문》, 2022년 2월 28일. https://www.asahi.com/ajw/articles/14560003

2부 5장

1 David Albright & Corey Gay, "Taiwan: Nuclear Nightmare Averted, Bulletin of the Atomic Scientists", *Bulletin of the Atomic Scientists*, 1998년 1/2월호, 54쪽.

2 대만의 핵무장 추진과 포기에 관한 깊이 있는 분석은 David Albright & Andrea Atricker, "Taiwan's Former Nuclear Weapons Program"(2018), Institute for Science and International Security 참조.

3 U.S. Embassy Tel Aviv, Airgram 793(1966. 3. 19), "Nationalist Chinese Atomic Experts Visit Israel"; U.S. Embassy Tel Aviv, Airgram 810(1966. 3. 24), "More on Nationalist Chinese Atomic Experts Visit to Israel", National Archives, Record Group 59, Department of State Records(1964~66).

4 U.S. Embassy Bonn, "German Nuclear Reactor for Taiwan", Cable 3000(1966. 3. 25). https://nsarchive2.gwu.edu/NSAEBB/NSAEBB20/docs/doc27.pdf

5   "State Department to Embassies in Bonn and Taipei", Cable 2896(1966. 3. 23). https://nsarchive2.gwu.edu/NSAEBB/NSAEBB20/docs/doc26.pdf

6   U.S. Embassy Taipei, Airgram 1037(1966. 6. 20), "Indications GRC Continues to Pursue Atomic Weaponry". https://nsarchive2.gwu.edu/NSAEBB/NSAEBB20/docs/doc18.pdf

7   David Albright & Corey Gay, "Taiwan: Nuclear Nightmare Averted, Bulletin of the Atomic Scientists", *Bulletin of the Atomic Scientists*, 56쪽.

8   "Taiwan Considered Developing Nuclear Weapons in 1960s", 《星島日報》 1997년 9월 22일, A10; Interview with Professor 吳大有(1997. 10. 10); David Albright & Corey Gay, "Taiwan: Nuclear Nightmare Averted, Bulletin of the Atomic Scientists", *Bulletin of the Atomic Scientists*, 55쪽.

9   George H. Quester, "Taiwan and Nuclear Proliferation", *Orbis*, vol. 18(1974년 봄호), 140~150쪽.

10 1971년 10월 25일 제1967차 유엔 총회는 중화민국의 유엔 회원국 지위를 박탈하고 중화인민공화국을 유엔 안전보장이사회 상임이사국으로 한다는 결의2758호를 채택했는데, 대만은 유엔 총회 결의 채택 직전 유엔 탈퇴를 선언했다.

11 Derek J. Mitchell, "Chapter 11 Taiwan's Hsin Chu Program: Deterrence, Abandonment, and Honor", *The Nuclear Tipping Point — Why States Reconsider Their Nuclear Choices*(Brookings Institution Press 2004), 298쪽.

12 U.S. Embassy Taipei, Airgram 566(1967. 2. 21), "GRC Plans for Purchase of 50 Megawatt Heavy Water Nuclear Power Plant". https://nsarchive2.gwu.edu/NSAEBB/NSAEBB20/docs/doc19.pdf

13 David Albright & Corey Gay, "Taiwan: Nuclear Nightmare Averted, Bulletin of the Atomic Scientists", *Bulletin of the Atomic Scientists*, 57쪽.

14 Edward Schumacher, "Taiwan Seen Reprocessing Nuclear Fuel", *Washington*

Post, 1976년 8월 29일.

15 David Albright & Corey Gay, "Taiwan: Nuclear Nightmare Averted, Bulletin of the Atomic Scientists", *Bulletin of the Atomic Scientists*, 58쪽.

16 Fox Butterfield, "Taiwan Denying Atomic Operation", *New York Times*, 1976년 9월 5일.

17 Derek J. Mitchell, 같은 책, 299~300쪽.

18 Director of Central Intelligence, "Memorandum: Prospects for Further Proliferation of Nuclear Weapons"(1974. 9. 4). https://nsarchive2.gwu.edu/NSAEBB/NSAEBB181/sa08.pdf

19 SNIE 4-1-74, "Prospects for Further Proliferation of Nuclear Weapons"(1974. 8. 23). https://digitalarchive.wilsoncenter.org/document/special-national-intelligence-estimate-snie-4-1-74-prospects-further-proliferation-nuclear

20 David Albright & Corey Gay, "Taiwan: Nuclear Nightmare Averted, Bulletin of the Atomic Scientists", *Bulletin of the Atomic Scientists*, 59쪽.

21 U.S. Embassy Taipei, Airgram 1037(1966. 6. 20), "Indications GRC Continues to Pursue Atomic Weaponry".

22 Derek J. Mitchell, 같은 책, 298쪽.

23 "Taiwan Considered Developing Nuclear Weapons in 1960s", 《星島日報》.

24 David Albright & Corey Gay, "How a Spy Left Taiwan in the Cold", *New York Times*, 1997년 12월 19일.

25 "Don't You Shove Me Around", *Economist*, 1988년 4월 2일.

26 〈CIA는 대만 핵무장을 어떻게 좌절시켰나〉, 《주간조선》 2255호.

27 "Roc Denies Research Into A-Bomb", *China Post*, 1988년 3월 25일.

28 파란만장한 대만 현대사와 관련해선 귀팅위·왕핀한·쉬야링·좡젠화 지음, 신효정 옮김, 천쓰위 감수, 《도해 타이완사》(글항아리 2021) 참조.

29　中華民國總統府, "Inaugural Address of ROC 16th-term President Lai Ching-te", https://english.president.gov.tw/News/6726
30　권석준, 〈동아시아 반도체 역학 급변…한국, 공적 파운드리 추진해야〉, 《한겨레》, 2025년 1월 1일자, 21면.

3부

3부 1장

1　National Foreign Assessment Center, "South Korea: Nuclear Developments and Strategic Decisionmaking", Central Intelligence Agency(1978. 6). http://nautilus.org/wp-content/uploads/2011/09/CIA_ROK_Nuclear_DecisionMaking.pdf
2　오원철, 《내가 전쟁을 하자는 것도 아니지 않느냐》(한국형경제정책연구소 1999), 421~422쪽. 오원철은 박정희 정권 시절 상공부 광공전차관보(1970. 1~), 대통령 경제2수석비서관(1971. 2~), 중화학공업기획단 단장(1974. 2~)을 맡아 박정희의 핵프로그램을 포함한 방위산업 정책을 최측근에서 보좌했다.
3　오원철, 《내가 전쟁을 하자는 것도 아니지 않느냐》, 421~422쪽.
4　[김종필 증언록 笑而不答 55], 〈핵개발은 좌절됐는가_박정희 핵 프로젝트' 한국 내부 스파이들이 CIA에 고자질, JP '미국은 한국을 자기들 손바닥 안에 가두려 했다'〉, 《중앙일보》 2015년 7월 10일.
5　1965년 8월 13일 대한민국 국회는 한국군의 베트남전 파병 결의안을 의결

(찬성 101명, 반대 1명, 기권 2명)했다. 당시 의원직을 사퇴한 민정당 62명을 포함해 야당 의원 71명이 불참한 상황에서다.

6 정식 명칭이 '한국군 월남 증파에 따른 미국의 대한 협조에 관한 주한 미대사 공한'인 브라운 각서는 "한미 두 나라는 양 정부 간에 사전 협의 없이 주한미군이나 한국군을 감축시키지 않는다"는 내용을 담고 있다. 당시 주한 미국대사 W. G. 브라운과 이동원 외무부 장관이 서명한 각서라 '브라운 각서'라 불린다. 오원철은 이를 "한국군을 월남에 파병해서 미국을 돕겠으니 주한미군을 철군하지 말라"는 박정희의 요구를 문서로 담보한 것이라고 풀이했다. 오원철, 《한국형 경제건설_엔지니어링 어프로치 제5권》(기아경제연구소 1996), 273~274쪽.

7 오원철, 《내가 전쟁을 하자는 것도 아니지 않느냐》, 393쪽.

8 오원철, 《한국형 경제건설_엔지니어링 어프로치 제5권》, 29쪽.

9 오원철, 《한국형 경제건설_엔지니어링 어프로치 제5권》, 552~553쪽.

10 [김종필 증언록 笑而不答 55], 〈핵개발은 좌절됐는가_'박정희 핵 프로젝트' 한국 내부 스파이들이 CIA에 고자질, JP '미국은 한국을 자기들 손바닥 안에 가두려 했다'〉, 《중앙일보》.

11 [비망록을 통해 본 대한민국 원자력 창업 스토리 4·마지막회] 〈박정희 대통령, '일본식으로 원자력 산업 발전시켜라'〉, 《월간조선》 2016년 5월호. 청와대 경제2수석 비서관실이 작성 주체이고 '보고번호 제48호'라 적혀 있는 이 문서는 뒷날 2급 비밀로 분류돼 일반에 공개돼, 국가기록원에서 열람할 수 있다.

12 〈'최초 공개' 박정희 정권 핵개발 책임자 오원철 전 수석, 30년 만에 입 열다〉, 《주간조선》 2089호.

13 한미 원자력협정은 1956년 2월 3일 '원자력의 비군사적 이용에 관한 미국 정부와 한국 정부 간의 협력을 위한 협정'이라는 이름으로 처음 채택됐으며, 1972년 한미 원자력협정은 박근혜 정부 시절인 2015년 4월 22일 현행

'대한민국 정부와 미합중국 정부 간의 원자력의 평화적 이용에 관한 협력 협정'으로 대체됐다.

14 김성준, 〈한국 원자력 기술 체제 형성과 변화, 1953~1980〉(서울대 대학원 협동과정 과학사 및 과학철학 전공 이학박사 학위논문, 2012. 8), 41~42쪽.
15 김성준, 같은 논문, 244쪽.
16 김성준, 같은 논문, 245~246쪽.
17 [김종필 증언록 笑而不答 55], 〈핵개발은 좌절됐는가_'박정희 핵 프로젝트' 한국 내부 스파이들이 CIA에 고자질, JP '미국은 한국을 자기들 손바닥 안에 가두려 했다'〉, 《중앙일보》.
18 김성준, 같은 논문, 245쪽.
19 김성준, 같은 논문, 262쪽.
20 오원철, 《한국형 경제건설_엔지니어링 어프로치 제5권》, 219쪽. 율곡사업은 1974년 3월 15일 국방부가 박정희의 재가를 받은 뒤 '5인 추진위원회'를 두었는데, 국방차관이 위원장이고 합동참모본부장, 군수차관보, 국방과학연구소장, 청와대 경제2수석 비서관이 당연직 위원으로 참여했다. 오원철은 경제2수석 비서관 자격으로 참여했다.
21 방위세는 한국군 현대화에 필요한 재원을 조달한다는 목적으로 1975년 7월 16일 법률 2768호로 공포돼 1990년 12월 31일 폐지된 한시적 목적세다.
22 오원철, 《한국형 경제건설_엔지니어링 어프로치 제5권》, 238~240쪽.
23 심융택, 《박정희 경제강국 굴기 18년_핵개발 프로젝트》(동서문화사 2015), 32쪽.
24 김성준, 같은 논문, 248~249쪽.
25 심융택, 같은 책, 36~37쪽.
26 심융택, 같은 책, 41~42쪽.
27 [김종필 증언록 笑而不答 55], 〈핵개발은 좌절됐는가_'박정희 핵 프로젝트' 한국 내부 스파이들이 CIA에 고자질, JP '미국은 한국을 자기들 손바닥 안

에 가두려 했다'〉, 《중앙일보》.
28 [비망록을 통해 본 대한민국 원자력 창업스토리 4·마지막회] 〈박정희 대통령, '일본식으로 원자력 산업 발전시켜라'〉, 《월간조선》.
29 Rowland Evans & Robert Novak, "Korea: Park's Inflexibility", *Washington Post*, 1975년 6월 12일.
30 심융택, 같은 책, 49쪽.
31 심융택, 같은 책, 50쪽.
32 S. G. Hong, "The Search for Deterrence: Park's Nuclear Option", *The Park Chung Hee Era, The Transformation of South Korea*(Harvard University Press 2011), 483~510쪽.
33 오원철, 《한국형 경제건설_엔지니어링 어프로치 제5권》, 559쪽.
34 심융택, 같은 책, 67~68쪽.
35 [김종필 증언록 笑而不答 55], 〈핵개발은 좌절됐는가_'박정희 핵 프로젝트' 한국 내부 스파이들이 CIA에 고자질, JP '미국은 한국을 자기들 손바닥 안에 가두려 했다'〉, 《중앙일보》.
36 SNIE 4-1-74, "Prospects for Further Proliferation of Nuclear Weapons", 9쪽.
37 Edward Walsh & George C. Wilson, "President Defends His Korea Policy: Push to Develop Nuclear Weapons Hinted in Seoul", *Washington Post*, 1977년 5월 27일; John Saar, "South Korean Groups Protest U.S. Troop Withdrawal Plan", *Washington Post*, 1977년 5월 27일.
38 오원철, 《한국형 경제건설_엔지니어링 어프로치 제5권》, 290쪽; 오원철, 〈박정희-카터 '혈투'와 핵개발 강행〉, 《신동아》(1994. 11), 422~447쪽.
39 [김종필 증언록 笑而不答 55], 〈핵개발은 좌절됐는가_'박정희 핵 프로젝트' 한국 내부 스파이들이 CIA에 고자질, JP '미국은 한국을 자기들 손바닥 안에 가두려 했다'〉, 《중앙일보》.

40 Central Intelligence Agency, "The Implications of Withdrawing Nuclear Weapons From Korea", RPM 77-10210 M(1972. 8. 11), 2쪽. https://nautilus.org/wp-content/uploads/2011/09/CIA_Withdrawing_ROK_NWs.pdf
41 National Foreign Assessment Center, "South Korea: Nuclear Developments and Strategic Decisionmaking".
42 Peter Hayes and Chung-in Moon, "Park Chung Hee, the CIA, and the Bomb", NAPSNet Special Reports(2011. 9. 23), https://nautilus.org/napsnet/napsnet-special-reports/park-chung-hee-the-cia-and-the-bomb/
43 National Foreign Assessment Center, "South Korea: Nuclear Developments and Strategic Decisionmaking".
44 오원철, 《한국형 경제건설_엔지니어링 어프로치 제5권》, 555쪽.
45 오원철, 《한국형 경제건설_엔지니어링 어프로치 제5권》, 555쪽.
46 오원철, 《한국형 경제건설_엔지니어링 어프로치 제5권》, 550·558쪽.
47 오원철, 《한국형 경제건설_엔지니어링 어프로치 제5권》, 559쪽.
48 [김종필 증언록 笑而不答 55], 〈핵개발은 좌절됐는가_'박정희 핵 프로젝트' 한국 내부 스파이들이 CIA에 고자질, JP '미국은 한국을 자기들 손바닥 안에 가두려 했다'〉, 《중앙일보》.
49 Peter Hayes and Chung-in Moon, 같은 논문.
50 오원철, 《한국형 경제건설_엔지니어링 어프로치 제5권》, 568~569쪽.
51 심융택, 같은 책, 236쪽.
52 오원철, 《한국형 경제건설_엔지니어링 어프로치 제5권》, 576쪽.
53 오원철, 《한국형 경제건설_엔지니어링 어프로치 제5권》, 560쪽.
54 오원철, 《내가 전쟁을 하자는 것도 아니지 않느냐》, 420쪽.
55 Peter Hayes and Chung-in Moon, 같은 논문.
56 Peter Hayes and Chung-in Moon, 같은 논문.

57 United States Embassy to South Korea, "ROK Nuclear Fuel Reprocessing Plans"(1975. 9. 4). https://nsarchive.gwu.edu/document/30851-document-14-united-states-embassy-south-korea-telegram-6900-department-state-rok
58 김성준, 같은 논문, 250~253쪽.
59 김성준, 같은 논문, 250~253쪽.
60 주재양, MBC 〈이제는 말할 수 있다〉 인터뷰; 김성준, 같은 논문, 241~242쪽. MBC의 〈이제는 말할 수 있다〉는 1999년 9월 12일 첫 방영 이래 2005년 6월 26일까지 1백 회에 걸쳐 진행된 현대사 다큐멘터리다.
61 김성준, 같은 논문, 152쪽.
62 김성준, 같은 논문, 152쪽
63 Foreign Relations of the United States, "Study Prepared by the Office of International Security Affairs in the Department of Defense, Washington"(1976. 1. 16). http://history.state.gov/historicaldocuments/frus1969-76ve12/d274.
64 National Foreign Assessment Center, "South Korea: Nuclear Developments and Strategic Decisionmaking".

3부 2장

1 〈전두환, 정권 승인 대가로 美에 핵포기, 전투기 구매 약속〉, 《신동아》, 2004년 8월호.
2 〈전두환, 정권 승인 대가로 美에 핵포기, 전투기 구매 약속〉, 《신동아》.
3 〈전두환, 정권 승인 대가로 美에 핵포기, 전투기 구매 약속〉, 《신동아》.
4 오원철, 《한국형 경제건설_엔지니어링 어프로치 제5권》, 581~582쪽.
5 심융택, 같은 책, 390쪽.

6　오원철, 《한국형 경제건설_엔지니어링 어프로치 제5권》, 546~547쪽.
7　[비망록을 통해 본 대한민국 원자력 창업 스토리 4·마지막회] 〈박정희 대통령, '일본식으로 원자력 산업 발전시켜라'〉, 《월간조선》.
8　Peter Hayes and Chung-in Moon, 같은 논문.
9　노태우 정권 시기 비핵화선언과 관련한 전반적 상황은 이제훈, 《비대칭탈냉전 1990-2020》; 이제훈, 〈노태우 정부의 북방정책과 비대칭적 탈냉전_남북미 3각관계와 3당 합당의 영향을 중심으로〉를 참조했다.
10　통일연구원, 《남북관계 연표 1948~2013년》, 157쪽.
11　"Re: President Roh", Presidential Meetings, Memorandum of Conversation(1991. 7. 11~22). https://bush41library.tamu.edu/files/memcons-telcons/n.d.--Tae-Woo.pdf 노태우가 회고록에서 밝힌 관련 발언의 내용은 비밀 해제된 미국 쪽 대화록과는 맥락이 사뭇 다르다. 노 대통령은 회고록에서 "다음의 세 가지 요건이 충족될 경우 주한미군 보유 핵무기의 철수를 수락할 수 있습니다. 첫째, 미국의 한국에 대한 핵우산은 계속 확실하게 제공되어야 합니다. 둘째, 북한은 모든 핵 관련 시설 및 물질에 대한 IAEA의 전면 사찰을 수용해야 합니다. 셋째, 북한은 핵 재처리시설의 건설을 중단하고 폐기해야 합니다. 각하께서 동의하신다면 우리가 나서서 북한과 협상하도록 하겠습니다. 미국은 핵 문제와 관련해 북한 측과 직접 협상하지 않는다는 기존 입장을 특히 공개적으로 계속 취해주시기 바랍니다"라고 부시 대통령한테 말했다고 밝히고 있다. 《노태우 회고록 하권_전환기의 대전략》, 374~375쪽.
12　"Re: President Roh", Presidential Meetings, Memorandum of Conversation.
13　이상옥, 같은 책, 439~440쪽.
14　당시 남북 고위급회담 대표이자 군비 통제 분야 협상 대표를 맡았던 임동원은 부시 미국 행정부가 핵 문제 전문가와 정보 분야 요원들을 한국에 수시로 보내 북한 핵 문제의 위험성을 경고하고 이를 어떻게 다뤄야 할지 한국

쪽에 "교육하다시피 설명"했다고 증언했다.

15 Robert A. Wampler, "North Korea and Nuclear Weapons: The Declassified U.S. Record", National Security Archive Electronic Briefing Book No. 87(2003. 4. 25). http://nsarchive.gwu.edu/NSAEBB/NSAEBB87/
16 이상옥, 같은 책, 435~437쪽 참조. 월포위츠는 애초 1991년 5월 11일 이상옥 장관을 만난 직후 프레스센터 외신기자클럽에서 이런 방안을 공개할 계획이었으나, 한국 외교부의 만류에 따라 '남북대화에서 남북한 모두 재처리 포기 합의 제안'은 언론에 공개하지 않았다.
17 이상옥, 같은 책, 439쪽. 미국 행정부의 북한 핵 문제 관련 실무 책임자인 레만은 노태우 정부 시기에 공식적으로만 세 차례 방한했다(1990년 3월 27~29일, 1991년 6월 4~6일, 1992년 2월 27~31일). 아울러 레만은 1991년 12월 8일 등 중요 고비에 비밀 방한하기도 했다. 레만의 구실과 관련해 임동원은 "미 국무성의 군비관리군축국 책임자인 레만이 여러 차례 한국에 왔다. 나를 포함해 한국 정부의 여러 인사들이 핵 문제를 그 사람한테 교육받았다"고 회고했다. 임동원 인터뷰, 2015년 9월 24일.
18 임동원 인터뷰.
19 《노태우 회고록 하권_전환기의 대전략》, 371쪽.
20 James Baker, "Dealing with the North Korean Nuclear Problem; Impressions from My Asia Trip".
21 김태우, 같은 책, 300쪽.

3부 3장

1 윤석열, 외교부·국방부 업무보고 마무리 발언 관련 서면 브리핑, 2023년 1월 11일. https://www.president.go.kr/newsroom/briefing/GvCftpuP.

2　White House, "Washington Declaration", (2023. 4. 26). https://www.whitehouse.gov/briefing-room/statements-releases/2023/04/26/washington-declaration-2/

3　KBS 특별 대담, 〈대통령실을 가다〉, 2024년 2월 7일.

4　〈우리도 자체 핵무장 해야〉, 연합뉴스, 2012년 6월 3일. https://www.yna.co.kr/view/AKR20120603038300001

5　〈북, 핵 포기 안 하면 우리도 핵무장해야〉, 《조선일보》, 2020년 11월 25일자, 5면.

6　〈나(경원), "대표되면 핵무장 당론 채택"〉, 《조선일보》, 2024년 6월 27일자, 6면.

7　《INSS 전략보고_러북 정상회담 결과 평가 및 대 한반도 파급 영향》, No. 275(2024. 6. 21), 11쪽.

8　이병철, 〈핵 비확산 체제 내에서 농축 가능성과 과제〉, 《한국의 독자적 핵능력 확보 가능성과 과제》(경남대극동문제연구소 2024), 5쪽.

9　신동익, 〈NPT 준수와 한미 원자력협정 개정을 통한 한국의 핵연료주기 능력 확보 문제〉, 《한국의 독자적 핵능력 확보 가능성과 과제》, 49쪽.

10　전봉근, 〈핵무장과 한미동맹, 둘 다 갖는 건 불가능〉, 《중앙일보》, 2024년 7월 1일자, 29면.

11　송민순, 〈한국의 안보 전략과 핵균형, 그리고 통일〉, 'IFES-UNKS 공동포럼: 한반도의 통일담론-과거, 현재 그리고 미래', 북한대학원대학교 정산홀(2024. 5. 21).

12　[박성원의 직설대담], 〈러, 북 비핵화 방해…한, 우크라 살상무기 지원 금지 풀어야〉, 《서울신문》, 2024년 10월 24일자, 29면.

13　신동익, 〈NPT 준수와 한미 원자력협정 개정을 통한 한국의 핵연료주기 능력 확보 문제〉, 《한국의 독자적 핵능력 확보 가능성과 과제》, 41·48쪽.

14　이병철, 같은 논문, 4쪽.

15 이병철, 같은 논문, 13쪽.

16 [박성원의 직설대담] 〈러, 북 비핵화 방해…한, 우크라 살상무기 지원 금지 풀어야〉,《서울신문》.

17 〈'트럼프가 허용한다'는 핵무장론…북러조약 뒤 또 나와도〉,《한겨레》 2024년 6월 27일.

18 신동익, 〈NPT 준수와 한미 원자력협정 개정을 통한 한국의 핵연료주기 능력 확보 문제〉,《한국의 독자적 핵능력 확보 가능성과 과제》, 48쪽.

19 [단독 인터뷰: 나랑 국방 차관보], 〈미-한, 핵 기반 동맹…한국 핵무장 시 '상당한 타격'〉, VOA, 2024년 7월 17일. https://www.voakorea.com/a/7701323.html

20 [문정인 칼럼], 〈'핵공유'는 없다〉,《한겨레》, 2021년 3월 22일자 26면.

21 〈홍준표 '나토식 핵공유'〉,《동아일보》, 2021년 8월 28일.

22 〈주호영 '나토식 핵공유, 강력한 선택지'〉,《한겨레》, 2023년 3월 28일.

23 〈백악관 '핵공유 아니다' 대통령실 반박…워싱턴선언 동상이몽〉,《한겨레》, 2023년 4월 29일.

24 [문정인 칼럼], 〈'핵공유'는 없다〉,《한겨레》.

25 〈전술핵이 뭐길래…한국의 핵보유 가능성과 걸림돌은?〉, BBC, 2022년 10월 26일. https://www.bbc.com/korean/news-63155629

26 [문정인 칼럼], 〈'핵공유'는 없다〉,《한겨레》.

3부 보론

1 Victor Cha, "Breaking Bad: South Korea's Nuclear Option", Center for Strategic and International Studies(2024. 4. 29). https://www.csis.org/analysis/breaking-bad-south-koreas-nuclear-option.

2　정상미, 〈한국민의 자체 핵무장 지지 여론 분석〉, IFANS 주요국제문제분석 2023-44, 국립외교원 외교안보연구소(2024. 1. 2), 2쪽.

3　한국갤럽, 〈데일리 오피니언〉 제602호(2024. 11. 15), 15쪽.

4　박주화, 〈핵무장을 원하는 국민인식의 세 가지 특징〉, 통일연구원(2023. 2. 7).

5　정상미, 〈한국민의 자체 핵무장 지지 여론 분석〉, 2쪽.

6　박주화, 〈우리 국민은 왜 자체 핵무장을 선호하는가?_안보 불안감과 국가적 자부심의 시너지 효과〉, 통일연구원(2024. 8. 22); 박주화, 〈핵무장을 원하는 국민인식의 세 가지 특징〉.

7　Toby Dalton·Karl Friedhoff·Lami Kim, "Thinking Nuclear: South Korean Attitudes on Nuclear Weapons", The Chicago Council on Global Affairs(2022. 2), 14쪽. https://globalaffairs.org/sites/default/files/2022-02/Korea%20Nuclear%20Report%20PDF.pdf

8　정상미, 〈한국민의 자체 핵무장 지지 여론 분석〉, 9쪽.

9　정상미, 〈한국민의 자체 핵무장 지지 여론 분석〉, 7쪽.

10　박주화, 〈핵무장을 원하는 국민인식의 세 가지 특징〉, 5~6쪽.

11　〈미국 믿을수록 자체 핵무장 선호…'뜨아이' 찾는 한국인의 복잡한 마음〉, 《한겨레》, 2024년 9월 17일.

12　Toby Dalton·Karl Friedhoff·Lami Kim, "Thinking Nuclear: South Korean Attitudes on Nuclear Weapons".

13　〈미국 믿을수록 자체 핵무장 선호…'뜨아이' 찾는 한국인의 복잡한 마음〉, 《한겨레》.

14　전봉근, 〈핵무장과 한미동맹, 둘 다 갖는 건 불가능〉, 《중앙일보》.

15　〈주한 미국대사, 핵무장론 일축…'확장억제 강화 계속 논의'〉, 《한겨레》, 2023년 2월 1일.

16　〈미국 믿을수록 자체 핵무장 선호…'뜨아이' 찾는 한국인의 복잡한 마음〉,

《한겨레》.

17 이경석, 〈핵무장에 따른 고통_한국 대중은 얼마나 인내할 수 있을까〉, 서울대학교 통일평화연구원 학술회의_'숫자에 가려진 핵무장 여론의 실체'(2024. 10. 10).

3부 4장

1 Scott D. Sagan, "Why Do States Build Nuclear Weapons?", *International Security*, Vol. 21, No. 3(1996), 54~86쪽.
2 Scott D. Sagan & Kenneth N. Waltz, *The Spread of Nuclear Weapons: An Enduring Debate*, 3th edition(W. W. Norton & Company 2013).
3 전봉근, 〈핵무장과 한미동맹, 둘 다 갖는 건 불가능〉, 《중앙일보》.
4 쟁거위원회는 NPT 3조 2항에 따라, 안전조치 적용 없는 핵물질 및 장비의 비보유국 수출 금지 의무를 이행하려고 만든 수출통제체제이다. 공식 이름은 'NPT수출국위원회NPT Exporter's Committee'인데, 창립 공로자이며 초대 위원장인 Claude Zangger 교수의 이름을 따서 쟁거위원회라고 부른다. 한국은 1995년 쟁거위원회에 가입했다.
5 신동익, 〈NPT 준수와 한미 원자력협정 개정을 통한 한국의 핵연료주기 능력 확보 문제〉, 《한국의 독자적 핵능력 확보 가능성과 과제》, 44쪽.
6 [단독 인터뷰: 나랑 국방 차관보], 〈미-한, 핵 기반 동맹…한국 핵무장 시 '상당한 타격'〉, VOA.
7 이병철, 〈핵 비확산 체제 내에서 농축 가능성과 과제〉, 《한국의 독자적 핵능력 확보 가능성과 과제》, 13~14쪽.
8 신동익, 〈NPT 준수와 한미 원자력협정 개정을 통한 한국의 핵연료주기 능력 확보 문제〉, 《한국의 독자적 핵능력 확보 가능성과 과제》, 48쪽.

9 〈경애하는 김정은 동지께서 핵무기연구소와 무기급 핵물질 생산기지를 현지지도하시였다〉, 《로동신문》, 2024년 9월 13일자, 3면.

10 전봉근, 〈한국 핵무장 시 동북아 안보 정세 전망: 핵억지의 불안정성〉, 《한국의 독자적 핵능력 확보 가능성과 과제》(경남대극동문제연구소 2024), 5쪽.

11 [문정인 칼럼], 〈'핵공유'는 없다〉, 《한겨레》.

12 [단독 인터뷰: 나랑 국방 차관보], 〈미-한, 핵 기반 동맹…한국 핵무장 시 '상당한 타격'〉, VOA.

13 〈한국수력원자력(주)_원자력발전소별 사용후핵연료 저장현황〉, https://www.data.go.kr/data/15060363/fileData.do#layer_data_infomation

14 SIPRI Yearbook 2024, 13쪽.

15 2004년 '핵물질 사건'의 상세 내용은, 이종석, 《칼날 위의 평화_노무현 시대 통일외교안보 비망록》, 370~376쪽 참조.

닫는 글

1 〈경애하는 김정은 동지께서 핵물질생산기지와 핵무기연구소를 현지지도 하시였다〉, 《로동신문》, 2025년 1월 29일자, 2면.

2 김정섭, 〈한국이 독자 핵무장과 전략적 안정성〉, 《세종정책브리핑》, NO. 2023-2, 19쪽.

3 김정섭, 〈멀어지는 북한 비핵화…우리에게 남은 선택지는?〉, 《한겨레》, 2025년 2월 18일자, 27면.

4 이만석·함형필, 《미국의 핵전략: 전략적 억제와 안정의 딜레마》(플래닛미디어 2024), 7~8쪽.

5 〈북 괴물 미사일 '화성-19형' 약점, 무게 못 견디는 열악한 내부 도로〉, 《한

겨레》, 2024년 11월 18일자, 21면.
6　이제훈, 《비대칭탈냉전 1990-2020》, 377쪽.
7　〈트럼프 '북 완전 비핵화' 첫 공식화…'김정은과 대화' 재확인〉, 《한겨레》, 2025년 2월 10일자, 3면.

핵무장 조선, 한국의 선택은

2025년 6월 23일 1판 1쇄

글쓴이 이제훈
편집 최일주, 이혜정, 홍연진 | **디자인** 디자인 〈비읍〉 | **제작** 박흥기
마케팅 양현범 | **홍보** 조민희
인쇄 천일문화사 | **제책** J&D 바인텍

펴낸이 강맑실 | **펴낸곳** (주)사계절출판사 | **등록** 제406-2003-034호
주소 (우)10881 경기도 파주시 회동길 252
전화 031)955-8588, 8558
전송 마케팅부 031)955-8595, 편집부 031)955-8596
홈페이지 www.sakyejul.net | **전자우편** skj@sakyejul.com
페이스북 facebook.com/sakyejul | **인스타그램** instagram.com/sakyejul
블로그 blog.naver.com/skjmail

© 이제훈 2025

값은 뒤표지에 적혀 있습니다. 잘못 만든 책은 구입하신 서점에서 바꾸어 드립니다.
이 책은 저작권법에 따라 보호받는 저작물이므로 무단전재와 복제를 금합니다.
사계절출판사는 성장의 의미를 생각합니다.
사계절출판사는 독자 여러분의 의견에 늘 귀 기울이고 있습니다.

ISBN 979-11-6981-381-5 03910